Klaus Türk (Hrsg.)

Hauptwerke der Organisationstheorie

WV studium Band 186

Klaus Türk (Hrsg.)

Hauptwerke der Organisationstheorie

Westdeutscher Verlag

Die Deutsche Bibliothek – CIP-Einheitsaufnahme
Ein Titeldatensatz für diese Publikation ist bei
Der Deutschen Bibliothek erhältlich

Der Westdeutsche Verlag ist ein Unternehmen der
Fachverlagsgruppe BertelsmannSpringer.

www.westdeutschervlg.de

Höchste inhaltliche und technische Qualität unserer Produkte ist unser Ziel. Bei der Produktion und Verbreitung unserer Bücher wollen wir die Umwelt schonen: Dieses Buch ist auf säurefreiem und chlorfrei gebleichtem Papier gedruckt. Die Einschweißfolie besteht aus Polyäthylen und damit aus organischen Grundstoffen, die weder bei der Herstellung noch bei der Verbrennung Schadstoffe freisetzen.

Umschlaggestaltung: Horst Dieter Bürkle, Darmstadt
Satz: Klaus Türk
Druck und buchbinderische Verarbeitung: Langelüddecke, Braunschweig
Printed in Germany

ISBN 3-531-22186-8

Vorwort

Idee und Titel des vorliegenden Bandes stammen nicht von dem Herausgeber; vielmehr ist dem Lektor des Westdeutschen Verlages, Herrn Dr. Gerd Nollmann, beides zu verdanken; er hat überdies einige Mühe gehabt, den Herausgeber davon zu überzeugen, dieses Buch zu machen, dessen Produktion zugleich eine dankbare wie undankbare Aufgabe war.
Wenn man sich die Literaturverzeichnisse z.B. der von Kieser oder von Ortmann/Sydow/Türk herausgegebenen Sammelwerke zur Organisationstheorie ansieht, wird man mit mehreren Tausend Schriften konfrontiert, die allesamt von den jeweiligen Autorinnen bzw. Autoren für wichtig gehalten werden. Im Verhältnis dazu enthält der hier vorliegende Band quantitativ so gut wie nichts. Deshalb wird es zwangsläufig Klagen über das Fehlen so vieler wichtiger Schriften geben. Und auch anders herum ist Kritik zu erwarten: Warum denn nun gerade *dieser* Titel aufgenommen wurde, wo er doch wirklich randständig ist?! Trotzdem wurde dieser Versuch dann doch gewagt.
Das Feld der Organisationstheorie ist inzwischen riesig und unübersichtlich geworden. Kein einführendes Lehrbuch könnte auch nur die wichtigsten Arbeiten hinreichend würdigen. Theorie- und Perspektivenvielfalt, Interdisziplinarität, komplexe Anschlüsse an allgemeinere soziologische und ökonomische Theoriedebatten erschweren die Erschließung dieses Faches erheblich. So soll dieser Band eine Hilfestellung für Studierende und Dozierende sein. Die Auswahl ist deshalb auch unter dem Aspekt getroffen worden, dass durch eine Reihe der aufgenommenen Titel der Zugang zu weiterer Literatur erschlossen wird.
Um möglichst vielen auf dem Gebiet der Organisationstheorie Arbeitenden gerecht zu werden, wurde zunächst eine Startliste von Titeln erstellt, die dann von etwa 40 Expertinnen und Experten kritisch durchgesehen wurde. Eine Vielzahl von Ergänzungs- und Streichungsvorschlägen kam zurück, wenn auch andererseits ein erheblicher Konsens zu Tage trat; der weitaus größte Teil der Liste wurde nicht in Zweifel gezogen. Die endgültige Zusammenstellung berücksichtigt eingegangene Vorschläge. Die Zusammenstellung musste viele Kom-

promisse und Abstriche vornehmen, da von vornherein eine Beschränkung auf etwa 150 Werke vorzunehmen war; es war ja keine »annotierte Bibliographie« angestrebt, sondern eine ausführlichere Information über für wichtig gehaltene Literatur. So fehlen z.B. fast alle Schriften zu speziellen Organisationen wie Schulen, Parteien, Verbänden, Krankenhäusern, öffentlichen Verwaltungen und dergl. mehr. Genau genommen ist ja auch die Industrie- und Betriebssoziologie eine spezielle Organisationssoziologie; auch zu diesem Feld taucht aber nur solche Literatur in Beispielen auf, die für die allgemeine Organisationstheorie von besonderer Bedeutung ist. Der vom Verlag gewählte Titel »Hauptwerke« klingt etwas provokativ, gemeint sind »wichtige Werke« der Organisationstheorie, wobei es nicht auf »große Namen« ankam; es handelt sich nicht um ein Buch mit dem Titel »Klassiker der Organisationstheorie«. Wenn auch einige »Klassiker« nicht fehlen durften, so finden sich diese mit Autorinnen und Autoren vereint, die (noch) nicht in aller Munde sind, gleichwohl aber nach Auffassung von ExpertInnen und des Herausgebers einen interessanten Beitrag geleistet haben. Ein solches Buch birgt die Gefahr in sich, dass Referate anstelle der Originale gelesen werden – der Band gleichsam wie eine »Readers-Digest-Version« organisationstheoretischer Literatur benutzt wird. Der Herausgeber hofft allerdings, dass in vielen Fällen das Gegenteil der Fall sein wird, indem die Lektüre der Referate Interesse weckt, nun doch einmal den einen oder anderen Text im Original zu lesen – so zumindest ist dieser Band auch gemeint. Die Anordnung der Literaturreferate folgt dem Alphabet der Verfasser; um die Suche nach bestimmten Themen zu erleichtern, wurde die nachstehende Übersicht angefertigt. Querverweise in den einzelnen Referaten sollen überdies die Orientierung erleichtern. Den Referentinnen und Referenten danke ich für die Mühe und Arbeit sehr herzlich.
Übrigens: Verbesserungswünsche für eine zweite Auflage nimmt der Herausgeber gern entgegen.

Wuppertal, im Januar 2000 *Klaus Türk*

Überblickswerke und allgemeine Monografien

eher ökonomische: Fayol, Frese 1998, Kieser/Kubicek, Kirsch, Kosiol, Picot/Dietl/Franck, Probst, Staehle.

eher soziologische: Bosetzky, Burrell/Morgan, Clegg, Clegg/Dunkerley, Czarniawska-Joerges, Etzioni, Friedman, Gabriel, Luhmann, March/Simon, Naschold, Mayntz 1977, Morgan, Perrow 1986, Reed, Scott 1986, Thompson, Türk 1989, Weber.

eher psychologische: Cyert/March, Gebert, Katz/Kahn, Schein, Weick.

Hand(wörter)bücher

Clegg/Hardy/Nord, Frese 1992.

Sammelbände zu verschiedenen Theorien

Büschges, Child 1973, Gebert, Hassard/Parker, Kieser, Lane/Bachmann, Mayntz 1971, Ortmann, Ortmann/Sydow/Türk.

Theoriedebatten

Benson, Boland/Pondy, Burrell/Morgan, Clegg/Dunkerley, Cooper/Burrell, Hassard/Parker, Lane/Bachmann, Perrow 1986, Powell/DiMaggio, Reed, Reed/Hughes, Ortmann, Ortmann/Sydow/Türk, Türk 1989.

Arbeiten zu speziellen Theorien

Bürokratietheorie: Bosetzky, Fayol, Hartmann, Mayntz 1971, Selznick 1943, Weber.

Dekonstruktivismus: Postmodernismus: Burchell et al., Chia, Clegg, Cooper/Burrell, Hassard/Parker.

Handlungstheorie: Cyert/March, Friedberg, Goffman, Roethlisberger/Dickson, Silverman, Weick.

Institutionalismus: DiMaggio/Powell, March/Olsen/Cohen, Meyer/Rowan, Meyer et al., North, Ouchi, Powell/DiMaggio, Scott 1996, Scott/Meyer, Selznick, Williamson 1982, Williamson 1985, Westerlund/Sjöstrand, Zucker.

Kontingenztheorie: Blau/Schoenherr, Child, Kubicek/Welter, Lawrence/Lorsch, Mayntz 1971, Pugh et al., Schreyögg, Woodward.

Mikropolitik: Burns, Crozier/Friedberg, Friedberg, Küpper/Ortmann, Neuberger, Ortmann/Windeler/Schulz.

Phänomenologie / Mikrosoziologie: Bensman/Gerver, Coleman, Silverman.

Politische Ökonomie: Adorno, Benson, Braverman, Burawoy, Edwards, Heydebrand, Karpik, Marglin, Türk 1995.

Populationsökologie: Aldrich, Carroll, Hannan/Freeman.

Systemtheorie: Gabriel, Katz/Kahn, Luhmann, Parsons, Probst, Tacke.

Arbeiten zu speziellen Themenbereichen

Entscheidungen: Brunsson, Child, Cyert/March, Kirsch, March 1990, March 1994, March/Olsen, Ortmann/Windeler/Schulz, Simon 1997, Simon 1964, Weick.

Führung: Barnard, Burnham, Hartmann, Roethlisberger/Dickson, Schein, Selznick 1957, Staehle.

Interaktion in Organisationen: Bensman/Gerver, Crozier/Friedberg, Friedberg, Goffman, Küpper/Ortmann, Menzies, Roethlisberger/Dickson, Silverman, Starbuck 1982, Starbuck 1983, Volmerg/Senghaas-Knobloch, Weick.

Kultur und Symbole: Czarniawska-Joerges, Ebers, Menzies, Schein, Smircich, Weick, Westerlund/Sjöstrand.

Lernen: Argyris/Schön, Senge

Macht, Herrschaft und Kontrolle: Bendix, Bourdieu, Braverman, Burawoy, Burchell et al., Büschges, Burnham, Coleman,

Dreßen, Edwards, Foucault, Friedberg, Hartmann, van Krieken, Marglin, Michels, Naschold, Ortmann/Windeler/Schulz, Perrow 1986, Perrow 1989, Selznick, Sofsky/Paris, Tannenbaum, Weber.

Organisation und Geschlechterverhältnis: Acker, Ferguson, Kanter, Mills/Tancred, Müller, Rastetter, Savage/Witz.

Organisation und Individuum: Adorno, Argyris, Cyert/March, Gebert, Goffman, van Krieken, Menzies, Presthus, Volmerg/Senghaas-Knobloch, Whyte.

Organisation und Umwelt: Aldrich, Blau/Schoenherr, Carroll, Child, DiMaggio/Powell, Karpik, Kubicek/Welter, Lawrence/Lorsch, Pfeffer/Salancik, Schreyögg.

Organisationsnetzwerke: Sydow.

Rationalität und Rationalisierung: Boland/Pondy, Brunsson, Küpper/Ortmann, Luhmann, Ortmann/Windeler/Schulz, Simon 1997, Simon 1964, Starbuck 1982, Starbuck 1983, Tacke, Taylor, Weick, Westerlund/Sjöstrand.

Rechenschaftslegung: Boland/Pondy

Strukturierung von Organisationen: Bartölke et al., Blau/Schönherr, Bosetzky, Burawoy, Burns/Stalker, Chandler, Friedman, Gouldner, Karpik, Naschold, Ouchi, Weick, Woodward.

Vertrauen: Lane/Bachmann

Historisches: Bendix, Böckenförde/Dohrn-van Rossum, Braverman, Burnham, Chandler, Coleman, Dreßen, Edwards, Foucault, Friedman, Galambos, Klein, Marglin, Türk 1995, Zucker.

Acker, Joan
Hierarchies, Jobs, Bodies – A Theory of Gendered Organizations. In: Gender & Society, Vol. 4, No. 2, 1990, S. 139-158.

Ackers Entwurf einer Theorie vergeschlechtlichter Organisationen schließt an neuere Entwicklungen der Frauen- bzw. Geschlechterforschung an und hebt die Zentralität der Kategorie Geschlecht für das Verständnis sozialer Praxis hervor. Nicht nur legt sie nahe, Organisationen intern als Orte vergeschlechtlichter Strukturen und Prozesse zu begreifen, sondern auch als Institutionen, die wesentlich zur Aufrechterhaltung gesamtgesellschaftlicher hierarchischer Geschlechterverhältnisse beitragen. Die vermeintliche Geschlechtsneutralität organisationaler Praxis, wie sie sich in herrschenden theoretischen Sichtweisen auf Organisationen widerspiegelt, ist vor diesem Hintergrund selbst als Aspekt und Ausdruck dieses Herrschaftsverhältnisses zu verstehen. Organisationale Prozesse und Strukturen sind für die Verf. keineswegs geschlechtsneutral, sondern fundamental mit einer vergeschlechtlichten Substruktur unterlegt, welche auf Grund des abstrakten, verdinglichenden und objektivierenden Charakters alltäglicher organisationaler Praxen gleichzeitig unkenntlich gemacht als auch (re-)produziert wird. Sie geht von einer kontinuierlichen geschlechtlichten Strukturierung sozialer Prozesse (innerhalb und außerhalb von Organisationen) aus und fasst Geschlecht damit als soziale Konstruktion, welche mit Sexualität und Klassenverhältnissen fundamental verbunden ist.
Acker verdeutlicht ihre Überlegungen anhand von Arbeitsbewertungssystemen und zeigt daran auf, wie auf Grund alltäglicher organisationaler Routinen entkörperte und geschlechtslose Kategorien von Arbeitsplatz, Hierarchie und Arbeitskraft konstruiert werden. Faktisch implizieren diese jedoch eine Trennung von Produktions- und Reproduktionssphäre samt damit verbundener traditionaler geschlechtlicher Arbeitsteilung und zielen letztlich auf ein männliches Normalarbeitsverhältnis. Historisch gesehen sind zudem Geschlecht, Sexualität und Körper – als potenzielle ›Störfaktoren‹ geordneter organisationaler Abläufe – immer schon Ressourcen managerieller Kontrolle des Arbeitsprozesses gewesen. Durch derar-

tige Kontrolle, primär über Abwertung, Marginalisierung und Ausschluss von Frauen vollzogen, wurde und wird eine vergeschlechtlichte Hierarchie innerhalb von Organisationen hergestellt. Symbolisch geht organisationale Macht damit mit einer spezifischen heterosexuellen Männlichkeit einher. Der mit dem Entwurf von Acker verbundene Anspruch, der Kategorie Geschlecht einen zentralen analytischen Stellenwert einzuräumen, ist bisher kaum in die organisationstheoretische Diskussion eingegangen. Die Rezeption beschränkt sich zumeist auf (pro-)feministische Organisationsanalysen.

Weiterführende Literatur:

Acker, J.: Doing comparable worth – Gender, class and pay equity. Philadelphia 1989; dies.: Gendering Organizational Theory. In: Mills, Albert J./Tancred, P. (Hrsg.): Gendering Organizational Analysis. Newbury Park 1992, S. 248-260; dies.: The Future of ›Gender and Organizations‹ – Connections and Boundaries. In: Gender, Work and Organization, Vol. 5, No. 4, 1998, S. 195-206; Lange, R.: Geschlechterverhältnisse im Management von Organisationen. München usw. 1998.

Karsten Kassner

Adorno, Theodor W.
Individuum und Organisation. In: Neumark, Fritz (Hrsg.): Individuum und Organisation. Darmstädter Gespräche. Darmstadt 1954, S. 21-35.

Für Adorno gerät eine Kritik, die die Tendenz moderner Gesellschaft zu einer immer umfassenderen Herrschaft auf den Verweis ihrer organisatorischen Durchdringung beschränkt, in Gefahr, von den eigentlichen, die moderne Gesellschaft kennzeichnenden Problemen abzulenken. Organisation lässt sich nicht umstandslos mit Herrschaft gleichsetzen. Als gesellschaftliches Phänomen kann Organisation, wie ihre Funktion und Wirkung, nur innerhalb einer ausgeführten Theorie der Gesellschaft bestimmt werden. Gleichwohl ist Organisation für Adorno kein spezifisch modernes Phänomen. Als Werkzeug zur Realisierung gesetzter Zwecke und der ihr eigenen Tendenz zur Entfremdung und Verdinglichung ist sie ein ubiquitäres Phänomen. Die für die Moderne bestürzende

Qualität von Organisation ist ihrer Ausdehnung und Verfügungsgewalt, d.h. dem Umschlag von Quantität in Qualität, geschuldet. Die These von der Unausweichlichkeit der Organisation stellt sich vor diesem Hintergrund als wahr und unwahr zugleich dar. Wahr ist sie insofern, als Organisation als notwendiger Bestandteil menschlicher Reproduktion zu gelten hat. Unwahr ist sie insoweit, als die von Organisation ausgehende Bedrohung nicht in ihr selbst liegt, sondern in den irrationalen Zwecken, von denen sie abhängt. Organisation kann in diesem Sinne keine eindeutige Qualität zugeschrieben werden. Ihre Wirkung hängt vielmehr von den Diensten ab, in denen sie steht. Die Rede von Organisation als Schicksal, die auf die Tendenz verweist, jeden Einzelnen zu einer Funktion im gesellschaftlichen Getriebe zu verwandeln, trägt selbst zur Verdinglichung dieses Prozesses bei. Die Menschen erkennen sich in dem scheinbar über sie verhängten Schicksal nicht wieder und neigen deshalb dazu, sich ihm zu fügen. Damit korrespondiert die Tendenz, dass die Menschen nicht nur objektiv zu Bestandstücken der Maschinerie geprägt werden, sondern dass sie sich auch subjektiv, ihrem eigenen Bewusstsein nach, in Werkzeuge, in Mittel statt in Zwecke, verwandeln. Vor diesem Hintergrund, so betont Adorno, kann es nicht darum gehen, dem entmenschlichenden Charakter von Organisation mittels des Einbaus von Menschlichem und Individuellem in sie zu begegnen. Dieser würde selbst nur wieder zur dem Verlust jener Qualitäten führen, die es gerade zu bewahren gilt. Gedient wäre den Menschen eher dadurch, dass sie sich ihrer Stellung bewusst würden, an die sie der Zwang der gesellschaftlichen Verhältnisse bindet, statt sie in der Vorstellung zu bestärken, sie seien dort Subjekte, wo sie sich zu fügen haben.

Michael Bruch

Aldrich, Howard E.
Organizations and Environments. Englewood Cliffs 1979, XIV, 384 S.

Der Verf. geht davon aus, dass wir in einer Gesellschaft leben, die von Organisationen geprägt ist und definiert diese

als »goal-directed, boundary-maintaining, activity systems« (S. 4). Damit soll deren Prozesscharakter hervorgehoben werden. Ausgehend von den Variablen des Weberschen Bürokratiemodells und den Arbeiten zum situativen Ansatz wird vor allem die Bedeutung von Umwelt für Organisationen betont und zugleich eine Überbetonung von Rationalität und Anpassungsfähigkeit kritisiert.
Hintergrund dieser Kritik ist die Verortung des Buches im Population Ecology-Ansatz. Er ist jener Theorielinie zuzuordnen, bei der das Selektionsmodell auf ganze Organisationen und deren Bestand innerhalb der sozialen Evolution bezogen wird. Aus biologischer Sicht angemessener scheint ein Modell, das auf die Reproduktion und langsame Veränderung des vorhandenen Genpools einer Population abhebt und nicht das einzelne Exemplar einer Gattung betrachtet. Das Pendant zum Genpool findet sich im Comppool (dem Pool an organisatorischen Kompetenzen), worin sich verschiedene strukturelle und prozessuale Elemente der Organisation versammeln.
Er versteht seinen Ansatz als Kontrastprogramm zu John Childs (→) Arbeiten über Strategic Choice. War Child davon ausgegangen, dass Organisationen sich vergleichsweise beliebig in ihrer Umwelt bewegen können (Standortverlagerungen, Abwanderungen, Zuwendung zu neuen Marktsegmenten etc.), sieht Aldrich in der Umwelt eine Selektionsinstanz. Anhand eines Evolutionsmodells, bestehend aus Variation, Selektion und Retention, wird das Entstehen neuer und der Untergang bestehender Organisationen betrachtet. Umwelt ist für die betrachtete Organisation eine bestimmte Nische, die mit Ressourcen ausgestattet ist, die immer auch von anderen Organisationen benötigt werden. Das Überleben bzw. der Fortbestand der Organisation ist von der Verfügbarkeit und dem Zugriff auf die Ressourcen abhängig. Die Verfügbarkeit oder Knappheit von Ressourcen ist damit wesentlich, um das einzelorganisatorische Schicksal über den gesamten Lebenszyklus hinweg zu beleuchten. Der Verf. bettet seine Überlegungen stark in bestehende Arbeiten ein; so werden Umwelten etwa anhand Emery/Trists Vierertypologie (The Causal Texture of Organizational Environments, 1965) unterschieden. Aufgenommen wird auch die Debatte zwischen Ansätzen, die Umwelt als Ressourcenpool und jenen, die Umwelt als Quelle

von Informationen ansehen. Einerseits geht es um Abhängigkeit (von knappen Ressourcen), andererseits um die Unsicherheit in Entscheidungssituationen. Aldrich verknüpft die beiden Perspektiven und unterstellt, dass der Handlungsspielraum von Organisationen, wenn sie sich an veränderte Bedingungen anzupassen versuchen, vor allem durch die Ressourcenabhängigkeit eingeschränkt ist. Entscheidungsunsicherheit bedinge zwar grundsätzlich ungesicherte Ergebnisse, limitiere aber nicht per se die Handlungsmöglichkeiten. Hierin liegt letztlich auch das entscheidende Argument gegen den Strategic Choice-Ansatz: Da er Ressourcenabhängigkeit unberücksichtigt lässt, entsteht ein zu voluntaristisches Bild der Organisation.

Ein reines Selektionsmodell scheint Aldrich zu einfach, da es die Optionen des Umgangs mit Abhängigkeiten und die Möglichkeiten der Gestaltung von Abhängigkeitsbeziehungen vernachlässige. Hierin spiegelt sich erneut die Annahme, dass Organisationen in ihrer Handlungsfähigkeit zwar begrenzt, sie dem Evolutionsmechanismus aber nicht völlig ausgeliefert sind. Restriktionen ergeben sich durch Ressourcenknappheit in einzelnen Nischen, was zur Auslese der zu schlecht angepassten Organisationen führt, da diese die für den eigenen Fortbestand benötigten Materialien oder Kunden nicht sichern können. Ein großer Teil des Buches widmet sich dementsprechend möglichen Strategien von Unternehmen, bestehende Ressourcenabhängigkeiten in einer Form zu gestalten, dass diese nicht zu Bestandsgefährdungen und damit zur negativen Auslese führen. Diese Strategien zielen darauf, Unterstützung in der Umwelt zu mobilisieren und die eigene Legitimität und Anerkennung abzusichern. So wird vorgeschlagen, Aufsichtsräte untereinander zu verschränken, um wechselseitige Bindungen einzugehen, die es beiden Seiten schwer machen, Unterstützung und Anerkennung zu entziehen.

Die Arbeit gehört zu den wesentlichen Startpunkten des Population-Ecology-Ansatzes, der in den 80er und 90er Jahren in der Organisationstheorie Popularität erlangen konnte, da sich Ansatzpunkte ergaben, die vielfach als zu eng empfundene Beschränkung der Analyse auf die einzelne Organisation und ihre Strukturen oder Entscheidungsprobleme zu erweitern. Damit ergibt sich zwar kein gesellschaftstheoretisches

Fundament, aber doch eine Perspektive, die es erlaubt, von der Organisationsgesellschaft zu sprechen.

Weiterführende Literatur:

Child, J. (→); Hannan, M./Freeman, J. (→); McKelvey, B./Aldrich, H.E.: Populations, Natural Selection and Applied Organizational Science. In: Administrative Science Quarterly, Vol. 28, No. 1, 1983, S. 101-128.

Bernd Steffensen

Argyris, Chris/Schön, Donald A.
Organizational Learning I: A Theory of Action Perspective. Reading, Mass. usw. 1978, VII, 344 S.
Argyris, Chris/Schön, Donald A.
Organizational Learning II: Theory, Method, and Practice. Reading, Mass. usw. 1996, XXIX, 305 S. Aus dem Amerikanischen übersetzt von Wolfgang Rhiel: Die lernende Organisation: Grundlagen, Methode, Praxis. Stuttgart 1999, 350 S.
Argyris, Chris
Knowledge for Action. A Guide to Overcoming Barriers to Organizational Change. San Francisco 1993, 309 S. Aus dem Amerikanischen übersetzt von Hans Kray: Wissen in Aktion. Eine Fallstudie zur lernenden Organisation. Stuttgart 1997, 288 S.

Die Entwicklung eines mit wissenschaftlichem Anspruch auftretenden Konzeptes zum organisationalen Lernen ist wesentlich den Arbeiten von Argyris/Schön zu verdanken. Frühe Überlegungen von Argyris zum Verhältnis formeller und informeller Organisation und zur Möglichkeit von Veränderungshandeln in Organisationen nahmen die Anregungen der von Kurt Lewin in den 40er Jahren entwickelten Interventionsforschung auf. Die Vielzahl der seit den 70er Jahren von den Verf. in Harvard und am MIT vorgelegten Studien zum organisationalen Lernen stecken ein weites Terrain theoretisch-konzeptioneller und empirischer Arbeiten ab. »Organizational Learning« von 1978 markiert den Ausgangspunkt der Konfigurierung ihrer Überlegungen, »Organizational Learning II«

einen vorläufigen Endpunkt der Zusammenführung der Resultate eines zwanzigjährigen Forschungsprogrammes. Der Band stellt im ersten Teil eine aktualisierte Einführung in die Grundkonzepte der Autoren dar, erläutert diese im Folgenden anhand verschiedener Fallbeispiele und diskutiert schließlich kritisch die mittlerweile unter den Stichworten des Organisationalen Lernens oder des Lernenden Unternehmens versammelte neuere Literatur, Forschungs- und Beratungspraxis. Auch in »Knowledge for Action« von 1993 findet sich eine knappe Einführung in die Grundgedanken von organisationalem Handeln und Lernen. Der Band ist im Wesentlichen eine ausführliche Darstellung von Diagnose-, Interventions- und Lernschritten im Rahmen einer Langzeitstudie, deren fortgeschriebene Ergebnisse in Kapitel 7 des 96er Bandes vorgestellt werden.
Das vorgelegte Konzept besteht aus einer Reihe handlungstheoretischer Annahmen über normative Grundorientierungen, Handlungsstrategien und Handlungsfähigkeiten kollektiver Akteure, sogenannter *theories of action*, und daraus folgend aus Interventionsverfahren zur Erlangung und Stabilisierung eines höher stufigen individuellen und organisationalen Lernens. Die Ausgangsannahme besagt, dass menschliches Handeln von einer systematischen Nichtübereinstimmung zwischen den tatsächlich wirksamen Handlungsorientierungen (der *theory-in-use*) und den Handlungsorientierungen, die die Akteure zu benutzen vorgeben (der *espoused theory*) bestimmt ist. Die tatsächlich praktizierte Handlungstheorie ist stillschweigend wirksam. Ihre Nichtübereinstimmung mit der nach außen Vertretenen bleibt unentdeckt. Im Anschluss an Bateson werden drei basale Formen des Lernens unterschieden: *Single-loop learning* ist ein Lernvorgang, bei dem Ausführungsfehler, z.B. inadäquate Mittel- und Strategienwahl, korrigiert werden. *Double-loop learning* stellt demgegenüber einen weit anspruchsvolleren Lernvorgang dar, insofern sich die Fehlerkorrektur nun auf die zugrundeliegenden Ziele und Prämissen, auf die Normen und Wertvorstellungen der handelnden Akteure selbst bezieht. Durch double-loop learning soll das zugrundeliegende *master program* handlungsleitender Wertorientierungen veränderbar werden. Die dritte Form, *deutero learning*, learning how to learn, bezeichnet den Über-

gang vom einfachen zum Doppelschleifen-Lernen, d.h. den gesamten Interventions- und Veränderungsprozess, durch den sich die Akteure ihrer jeweils gebrauchten individuellen und organisationalen Handlungsmuster bewusst werden und Verfahrensweisen zu deren Überwindung erlernen können.
Im Kern der Aktionstheorie findet sich das Konzept einer Handlungsfolge von Leitwerten, Aktionsstrategien und Konsequenzen, die – korrespondierend dem single- und double-loop learning – von zwei grundlegend differenten Handlungsmodellen bestimmt sind: zum einen der *model-I theory-in-use*. Sie sei das allgemein in der industrialisierten Welt gebrauchte Handlungsmodell, von dem alle Akteure entgegen ihrer Selbsteinschätzung qua Sozialisation und kulturellen Gegebenheiten beherrscht sind. Die Leitwerte dieses Modells sind auf die Abschottung und Durchsetzung der jeweils eigenen Handlungsrationalität gerichtet. Die darauf aufbauenden Handlungsstrategien der Akteure sehen vor, die Verteidigung der eigenen Position, die Beurteilung der Gedanken und Aktionen anderer, die Zuschreibung von Ursachen stets auf eine Weise so vorzunehmen, dass sie von anderen Menschen nicht untersucht und nicht getestet werden können. Die Konsequenzen sind defensive Routinen organisationalen Handelns: Abwehrverhalten, Vertuschen mikropolitischer Zusammenhänge, defensives Verhalten, Prozesse, die sich selbst verriegeln. Anspruchsvolles individuelles und organisationales Handeln erfordere demgegenüber das Erlernen eines anderen Handlungsmodells: der *model-II theory-in-use*. Gegenüber model-I ist dieses gekennzeichnet durch die Leitwerte relevanter Information und freier und informierter Entscheidung, damit Fehler entdeckt und korrigiert werden. Aus diesen Leitwerten folgen Aktionsstrategien, die Verteidigung, Beurteilung und Zuschreibung so anlegen, dass andere überprüfen können, wie diese zu Stande kommen. In der Konsequenz werde ein Abwehrverhalten, das lernfeindlich ist, auf ein Minimum reduziert. Während defensive organisationale Routinen nach der model-I theory-in-use in einem sich selbst verstärkenden Prozess Strategien des Umgehens und Überspielens hervorbringen, ist es das Ziel organisationalen Lernens, diese Systematik von Lernblockaden zu dechiffrieren und zu überwinden. Die für model-II erforderlichen Fähigkeiten kön-

nen allerdings nur durch eine langfristige Interventionspraxis organisationalen Lernens erworben werden – eben weil die stets noch wirksame model-I theory-in-use dies beständig verhindert.
Der Ansatz der Verf. ist voraussetzungsvoll in einem doppelten Sinne: Einmal, weil er im Gegensatz zu den Empfehlungen und Ratschlägen der Consulting-Literatur mit dem theoretischen Anspruch auftritt, gerade die Bedingungen systematischer Verhinderung organisationalen Lernens zu klären. Zum anderen, weil er in seinen pädagogischen und kognitionspsychologischen Grundorientierungen auf eine prinzipielle Lernfähigkeit und Veränderungsbereitschaft der Akteure baut. Unterstellt wird eine ethisch anspruchsvolle Normativität, ein basales Interesse an partizipativen Prozessen, das zumindest langfristig bornierte model-I-Verhaltensweisen überwinden können soll. Im Gegensatz zu mikropolitischen Konzepten stößt der Ansatz freilich dort auf Grenzen empirischer Relevanz, wo er auf die Existenz veränderungsbereiter Gruppen und die Langfristperspektive von Analyse- und Veränderungsprozessen angewiesen ist. Allerdings zeigt er genau dadurch, dass ein wirklich anspruchsvolles organisationales Lernen ohne ein ethisch höherstufiges individuelles und soziales Lernen nicht denkbar ist. Sollen Organisationen in einem partizipativen und nachhaltigen Sinne lernen können, müssen die Individuen bereit und in der Lage sein, ihre mind maps und master programs zu revidieren. Insofern leistet der Ansatz auch einen Beitrag zur Überwindung einer ausschließlich strategisch-utilitaristischen Analyse organisationaler Dynamiken.

Helmut Brentel

Argyris, Chris
Personality and Organization. The Conflict Between System and the Individual. New York 1957, XIII, 291 S. Neudruck, New York usw. 1970.

Das Buch ist als eines der zentralen Werke anzusehen, die dem sozialwissenschaftlichen Ansatz in der Managementlehre zum Durchbruch verholfen haben. Es ist geprägt von den

Ideen der humanistischen Psychologie, die dem damaligen Zeitgeist ein völlig neues Menschenbild entgegenstellte, indem es Selbstverwirklichung und personales Wachstum in das Zentrum rückt. Die zentrale These ist, dass die Prinzipien der formalen Organisation dem menschlichen Reifungsstreben zuwider laufen und dass der daraus resultierende Konflikt zwischen Individuum und System als Hauptursache von Ressourcenvergeudung und Desinteresse angesehen werden muss. Der Verf. möchte mit seinem Buch die Fruchtbarkeit der sozialwissenschaftlichen Perspektive für die Führungspraxis unter Beweis stellen.
An den Anfang seiner Ausführungen stellt Argyris eine Persönlichkeitstheorie, die sowohl deskriptiv als auch präskriptiv sein soll. Betont werden nicht statische Eigenschaften, sondern der Entwicklungsprozess. Menschen streben nach dieser Auffassung nach Selbstverwirklichung und Reifung; ein Prozess, der zwar nie ein Ende findet, aber je nach Lebensumständen mehr oder weniger stark zur Erfüllung gebracht wird. Das Reifungsstreben oder die Reifungsbedürfnisse drängen den Menschen von Passivität zu Aktivität, von Abhängigkeit zu Unabhängigkeit, von vordergründigen Belohnungsinteressen zum Interesse an der Sache selbst usw. Argyris stellt in einem nächsten Schritt die Prinzipien der formalen Organisation dem Reifungsstreben des Menschen gegenüber. Die formale Organisation wird mit vier Kernprinzipien charakterisiert: Spezialisierung, Befehlskette, Einheit der Leistung und limitierte Kontrollspanne. Ein Vergleich der Verhaltenserwartungen, die aus diesen Kernprinzipien fließen, mit den grundsätzlichen Tendenzen des menschlichen Reifungsstrebens zeigt, dass diese diametral entgegen laufen. Die traditionell-formale Organisationsstruktur erweist sich als in höchstem Maße reifungshemmend. Sie fördert eine passive Haltung, betont Unselbstständigkeit, erlaubt keine Selbstkontrolle, reduziert das Verhaltensspektrum auf wenige Routinen, verpflichtet auf externe Anreize usw. Das Ergebnis dieser strukturellen Inkongruenz zwischen den Bedürfnissen einer reifen Persönlichkeit und den Erwartungen der formalen Organisation sind Enttäuschung, Frustration und Konflikt. Die Organisationsmitglieder reagieren auf diese Erfahrung, indem sie die Organisation verlassen (hohe Fluktuation), sich innerlich aus

der Arbeit zurück ziehen (hohe Fehlzeiten), passiven Widerstand aufbauen (hohe Fehlerquote) oder sich mit offener Aggression zur Wehr setzen. Diese Reaktionsweisen sind umso wahrscheinlicher, je strikter die formalen Prinzipien praktiziert werden und je weiter fortgeschritten die Individuen in ihrer Reifeentwicklung sind. Das Management sieht sich – in Verkennung von Ursache und Wirkung – durch diese Negativerscheinungen zumeist in der Auffassung bestätigt, dass der durchschnittliche Mitarbeiter arbeitsscheu, uninteressiert und phlegmatisch ist, und reagiert daher in der Regel mit Androhung von Strafen, der Einrichtung schärferer Kontrollen, dem Aufbau monetärer Anreizsysteme usw. Durch diese Maßnahmen wird aber – so die These von Argyris – die Inkongruenz nur weiter vertieft und die Vergeudung menschlicher Ressourcen weiter stabilsiert.
Aufbauend auf dieser Analyse entwirft der Verf. schließlich ein Konzept zur Verminderung der Inkongruenz, wobei er allerdings eine völlige Harmonisierung wegen der Notwendigkeit formaler Regelungen für illusorisch hält. Im Kern laufen seine praktischen Empfehlungen auf folgende Veränderungen hinaus: Anreicherung der Arbeit (job enlargement), partizipative Führung und eine flexible Gesamtorganisation, die mehr Selbstverantwortlichkeit zulässt. Insgesamt soll durch diese Maßnahmen dem Organisationsmitglied mehr Entfaltungsraum und der Organisation eine effektivere Nutzung der menschlichen Ressourcen ermöglicht werden. Trotz breiter Akzeptanz in Theorie und Praxis sind die Thesen von Argyris keineswegs unbestritten geblieben. Kritisiert wird vor allem das Menschenbild, das vielen zu optimistisch erscheint sowie die angenommene Harmonisierbarkeit der Interessen über eine neue Organisationsgestaltung.

Georg Schreyögg

Barnard, Chester I.
The Functions of the Executive. 1. Auflage Cambridge, Mass. 1938, XVI, 334 S.; 30th anniversary ed. with an introduction by Kenneth R. Andrews Cambridge, Mass. 1968, XXXVI, 334 S. Aus dem Amerikanischen übersetzt von Karl W. Boetticher: Die Führung großer Organisationen. Essen 1970, 250 S.

Der Verf. entwickelt in seinem Werk eine Allgemeingültigkeit beanspruchende Theorie über die Entstehung und das Überleben von Organisationen wie Regierungen, Parteien, Kirchen, Universitäten und vor allem Industrieunternehmen. Das Theoriegebäude ruht auf zwei Fundamenten: der formalen Organisation und den Funktionen der Führung von Organisationen. Die formale Organisation besteht aus einem System kooperativer Beziehungen. Die Zusammenarbeit zwischen den Beteiligten erfolgt bewusst, absichtsvoll und ist auf einen gemeinsamen Zweck ausgerichtet. Die verschiedenen Führungsfunktionen bzw. Managementaufgaben in Unternehmen leitet Barnard aus einem tiefen Verständnis der Koordinations- und Entscheidungsprozesse in formellen Organisationen ab, die sich auf Grund einer hohen Arbeitsteilung und Spezialisierung ergeben. Grundlegend für seine Theorie ist die Erkenntnis, dass kooperative Systeme dazu dienen, die natürlichen Begrenzungen individueller Leistungsfähigkeit durch Spezialisierung auf Teilaufgaben zu überwinden. Erst die vielfältigen Möglichkeiten der Spezialisierung bewirken, dass Menschen gemeinsam ein Ziel besser erreichen, als das jeder für sich alleine könnte. Vor allem die eingeschränkte kognitive Fähigkeit – sprich die begrenzte Rationalität – führt dazu, dass die Gedächtnisleistung, das Lern- und Urteilsvermögen, die Wahrnehmungs- und Auffassungsgabe und damit auch die notwendige Entscheidungs- und Kommunikationsfähigkeit engen individuellen Grenzen unterliegen. Er argumentiert, dass Hierarchien entstehen, um die Grenzen der Koordination durch direkte Kommunikation zu überwinden. Wenn jeder mit jedem im Unternehmen redet, dann entsteht bereits bei mehr als 15 Personen ein Chaos. Durch Bündelung der Kommunikation auf eine zentrale Person wird die Kommunikation geordnet. Diese Person übernimmt eine Füh-

rungsposition, weil sie die Aktivitäten der anderen Personen im Hinblick auf die Ziele der Organisation koordiniert. In großen Unternehmen entstehen so mehrstufige zentralisierte Hierarchiestrukturen. Je länger aber die Hierarchie, desto größer sind die Informationsverzerrungen und desto langwieriger die Entscheidungs- und Anpassungsprozesse. Große Organisationen müssen deshalb immer neue Wege finden, um Hierarchien zu verkürzen und die Anpassungsschnelligkeit der Organisation in einer dynamischen Umwelt zu erhöhen.
Im Mittelpunkt der Theoriekonzeption von Barnard steht allerdings die Anreiz-Beitrags-Gleichgewichtstheorie, die im Kern eine ökonomische Theorie der Organisation darstellt und für Unternehmen wie für alle anderen Arten von Organisationen Gültigkeit besitzt. Um überleben zu können, muss das Unternehmen in einem ständigen Anpassungsprozess einen Werteüberschuss erzielen. Die Mitglieder der Organisation – ob Mitarbeiter, Kunde, Lieferant, Geldgeber, Staat und Öffentlichkeit –, mit denen die Organisation in Interaktions- bzw. Tauschbeziehung steht, müssen jeweils der Meinung sein, dass der Wert der Anreize (Gegenleistungen) höher ist als der Wert der Beiträge (Leistungen), die sie für die Organisation erbringen. Die Leistungen bilden die Ressourcen, die in einem schöpferischen Prozess so kombiniert und koordiniert werden, dass ein Werteüberschuss entsteht. Um das komplexe ökonomische Gleichgewicht zu erhalten, muss die Unternehmung nicht nur materielle Werte mit, sondern auch nicht-materielle Werte ohne Preisäquivalent schaffen wie Motivation der Mitarbeiter, Vertrauen und Goodwill bei Kunden, Lieferanten, Kapitalgebern und Öffentlichkeit.
Es kommt selten vor, dass sich ein praktizierender Manager wie Barnard in dieser Weise wissenschaftlich betätigt. Die Sprache ist nicht leicht, sondern wirkt auf den ersten Blick merkwürdig konstruiert und unrealistisch. Wer als Manager oder Wissenschaftler diese Hürde nimmt, der wird allerdings feststellen, dass hier die Grundprinzipien formuliert sind, nach denen Organisationen funktionieren, ebenso wie die Regeln, die den Erfolg eines Managers bestimmen. In neueren Managementkonzepten wurde die Anreiz-Beitrags-Theorie verkürzt auf das Arbeitgeber-Arbeitnehmer-Verhältnis angewendet, obwohl der holistische Ansatz von Barnard wesentlich

breiter ist. Angeblich neue moderne Anreiz-Beitrags-Konzepte wie Stakeholder-Ansatz oder Shareholder-value-Konzepte sind ebenso Teil der ökonomischen Theorie der Organisation von Barnard wie marktorientierte Unternehmensführungskonzepte, die Kundenorientierung und Kundenintegration hervorheben.

Margit Meyer

Bartölke, Klaus/Kappler, Ekkehard/Laske, Stephan/ Nieder, Peter (Hrsg.)
Arbeitsqualität in Organisationen. Wiesbaden 1978, 401 S.

Der im Kontext der Humanisierungsdiskussion entstandene Aufsatzband ordnet 25 Beiträge unterschiedlichster Fragestellungen unter fünf erkenntnisleitende, den Gegenstand ›Arbeitsqualität (AQ)‹ konstituierende Perspektiven: (1.) Begründung der Forderung, (2.) Indikatoren, (3.) Strukturelle Bedingungen – (a) Mitbestimmung und (b) Organisationsstruktur –, (4.) Organisationsentwicklung und (5.) Verknüpfung einzel- und gesamtwirtschaftlicher Aspekte.

(1.) Das methodologische, alle Beiträge überlagernde Begründungsproblem einer Forderung nach AQ wirft die Frage auf, wie AQ als positiver Begriff und Norm intersubjektiv konstituiert werden kann. Koubek identifiziert Arbeit als vernachlässigte ontologische Grundkategorie und argumentiert für arbeitsorientierte Rationalität als Maßstab zur Erfassung ökonomischer Prozesse. Maßnahmen der Arbeitsgestaltung erscheinen als theorieimmanente Zielbündel und bedürfen keiner Legitimation durch emanzipatorische Erkenntnisinteressen. Gerum rekonstruiert, dass die Begriffe ›gesicherte Erkenntnis‹ und ›menschengerecht‹ des BetrVG einem Defizit an methodischer und konsensuell vernünftiger Begründung unterliegen. Das resultierende Problem, dass einerseits kaum verallgemeinerungsfähige Erkenntnisse zur bedürfnisadäquaten Arbeitsplatzgestaltung vorliegen, andererseits die Gesetzesgrundlage zum Handeln auffordert, soll durch Installation herrschaftsfreier Dialoge zwischen den Betroffenen, in denen über die Gesichertheit arbeitswissenschaftlichen Wissens und

dessen Eignung für Gestaltung entschieden wird, gelöst werden. Vorstehende Ansätze kritisiert Gohl dahingehend, dass sie dominante Interessendurchsetzung vernachlässigen. Die Logik der Kapitalverwertung restringiert Gestaltungsalternativen und steuert die Integration von Veränderungsvorschlägen mit abweichendem Interessenbezug in das ansonsten unveränderte Zielsystem von Unternehmen. Solche Dominanz sowie methodische Unbestimmtheit von Forderungen wird nur vermittels systematischer Gestaltungslegitimation durch die Interessen der Betroffenen verringert. Dialogische Verfahren erscheinen zur methodischen Untermauerung paritätisch entwickelter Gestaltungsnormen grundsätzlich geeignet, wobei das faktische Problem der Herstellung unverzerrter Dialogsituationen eher den heuristischen Wert des idealtypischen Modells als dessen praktische Realisierbarkeit kennzeichnet.
(2.) Mit Ausnahme von Fürstenberg, der situationsspezifische Kriterien der Bestimmung und Verbesserung von AQ aus identifizierbaren Grundinteressen der Arbeitenden ableitet, belegen Doerken, Neuberger und Conradi/Frieling – wenn auch mit verschiedenen Begründungen –, dass Arbeitszufriedenheit ein subjektiv konstituierter und auf Grund mangelnder Objektivierbarkeit von Messergebnissen problematischer Indikator von AQ ist. Arbeitszufriedenheitsforschung als die Frage nach subjektiver Arbeitszufriedenheit bei Unterstellung eines Kausalzusammenhangs zwischen AQ und Arbeitszufriedenheitsäußerung ist somit erheblichen methodischen Vorbehalten ausgesetzt, zementiert bestehende (Miss-)Verhältnisse und verhindert Reformen.
(3a.) Die Problematik divergenter Verläufe von gesellschaftlicher Demokratisierung und der Entwicklung ökonomischer Verfassung zeigt Häberle, der sozialhistorisch rekonstruiert, dass sich autokratische Unternehmensführung entgegen politischer Legitimationsdefizite durchzusetzen vermag. Aus personfunktionaler Perspektive fragt Rotter nach der Komplementarität sozialen Handelns in formaler Organisation und Familie und konstatiert, dass als Mangel erlebte personelle Entfaltungsmöglichkeiten in der Arbeitssituation nicht durch familiale Regeneration kompensiert werden können, in der Familie selbst aber persönlichkeitsfundierende Ich-Leistungen verhindern. Oechsler geht von strukturellen Interessens-

gegensätzen zwischen Kapital und Arbeit aus und plädiert zum Abbau feststellbarer Demokratiedefizite für eine duale Konfliktstrategie, die neben die Betriebs- eine pluralistische Unternehmensverfassung treten lässt. Die Begrenztheit der Einflussnahme von Arbeitnehmervertretern auf Vorstandsentscheidungen beschreibt Strohhauer und stellt ein kennzifferngeleitetes, arbeitnehmerorientiertes Informationssystem zur gezielteren Intervention vor. Scholl/Gerl/Paul zeigen die analytische Wirksamkeit idealtypischer Kategorien – ›exit/voice‹ als Formen der Bedürfnisartikulation und ›Marketing/Partizipation‹ als Chancen der Berücksichtigung von Arbeitnehmerbedürfnissen – für die Reichweite von Mitbestimmung. Eine Kennzeichnung inhärenter Probleme der Mitbestimmungspraxis verdeutlicht, dass Optionen authentischer Partizipation eher durch zusätzliche Mitbestimmung am Arbeitsplatz eröffnet werden.
(3b.) Verhaltensanforderungen, die aus objektiven Merkmalen der Arbeitsaufgabe ableitbar und konstitutiv für Wahrnehmung und Beeinflussung der Arbeitssituation sind, untersucht Gaitanidis in Beziehung zum technisch-organisatorischen Bedingungskontext. Die Untersuchung typischer Produktionsarrangements verdeutlicht, dass Maßnahmen zur Verbesserung der AQ an der fertigungstechnischen Variationsbreite ansetzen müssen. Restriktive produktionsprozessdeterminierte Verhaltensanforderungen können grundsätzlich nur technischen Lösungen zugeführt werden, während bei zunehmender menschlicher Steuerungsautonomie auch arbeitsorganisatorische Ansätze greifen. Gegenstand der Kritik der Verf. ist u.a. das von Unternehmensleitungen initiierte Organisationslenkungskonzept ›Management by Objectives‹: Partizipation beschränkt sich auf Affirmation gegenüber bereits vorgegebenen Zielen; AQ gibt sich in ihrer sozialtechnologischen Prägung zu erkennen. Für Kissler bleibt AQ stets vorläufiges Resultat individueller und organisationaler Lernkapazität in der Humanisierungsbestrebungen innewohnenden Ambivalenz von Kapitalverwertung und selbstbestimmter Gestaltung der Arbeitsbedingungen. Herrschaftsabbau und Aufklärung werden möglich durch demokratisch organisierte Kommunikation. Budäus untersucht die Auswirkung von Partizipation auf die Instrumental- und Steuerungsfunktion der Unterneh-

mung. Vor allem die Integration von Partizipation in das Führungs- und Zielsystem der Unternehmung führt zur Substitution strukturorientierter durch prozessorientierte Steuerung und erweist sich bei durch Umweltänderungen erzwungenen Anpassungsmaßnahmen als wirksame Sozialtechnologie.

(4.) Organisationsentwicklung – als Voraussetzung und Resultat der Erzeugung höherer AQ – bildet einen Bezugsrahmen zur Reflexion von Veränderungsprozessen. Während Gebert Teamentwicklung und Datenrückkopplung für die Herstellung kooperativen Führungsverhaltens auf der Basis von Personalleiterbefragungen untersucht, verstehen Rieckmann/Sievers AQ als einen Prozess, das Lernen zu lernen, bei dem Berater Betroffene – Lernende – unterstützen und Organisationsentwicklung als Institutionalisierung solcher Prozesse gilt. Da Organisation und Qualifikation in einer Wechselbeziehung zueinander stehen, müssen nach Fricke sowohl Arbeitende als auch Betriebsrat, Vorgesetzte, Unternehmensleitung, Experten und Wissenschaftler den Lernprozess gemeinsam tragen, damit Organisationsentwicklung zur Demokratisierungsstrategie wird. Für Gabriel/Kießler/Pohl erfordern dynamische Umwelten hohe Kooperations- und Veränderungsbereitschaft. Verhandlungen über Humanisierung erscheinen als Instrumente der Sicherstellung von Motivation, aber auch als Basis für Interessenartikulation.

(5.) AQ als gesellschaftliches Produkt verweist auf die Vermittlung von Einzel- und Gesamtwirtschaft. Goetzke zeigt, dass die formale Struktur kapitalorientierter Entscheidungsmodelle eine Basis zur Formulierung interessenpluralistischer Kalküle bildet, mit denen nicht primär kapitalorientierte Entscheidungsträger zu angemesseneren Ergebnissen kommen können. Die Verknüpfung von Zielbildung und -realisierung in selbstverwalteten Betrieben mit ihren gesellschaftlichen Wirkungen sieht Nutzinger im Bewertungsmechanismus des Marktes begründet. Die Aufhebung sozialer Ungleichheit durch Partizipation als Lernprozess macht Selbstverwaltungsansprüchen entgegenlaufende Staatseingriffe überflüssig und leistet einen Beitrag zur AQ. Für Käutner vergrößert machtbasierte Unabhängigkeit der Mikroentscheider von der parametrischen Steuerung des Marktes das Konfliktpotential zwischen mikro- und makroökonomischen Zielsystemen. Mit solcher Ausschaltung der Marktsteuerung werden gesellschaftliche Ziele (Preisstabilität, Vollbeschäftigung, Wachstum) zu Instrumenten verteilungspolitischer Konflikte, worin sich die makroökonomische Dimension von AQ spiegelt. Meinrad/Novy kritisieren die technokratische Wende der Investitionslenkungsdebatte zur Kontroverse über indirekte, traditionelle Globalsteuerung. So verschwinden kritisches Potential und sozialreformerischer Anspruch, und es ist nicht mehr sichtbar, dass Produktion der Bedarfsdeckung und nicht Bedarfsweckung dem Produktionsziel dient.

Den einzelnen Teilen sind kommentierende Überblicke der Herausgeber vorangestellt, die AQ als Emanzipation interpretieren – als Chance, dass durch Beteiligung der Betroffenen Lern- und in der Folge Qualifizierungsprozesse in Gang gesetzt werden. Dieses Verständnis wird im abschließenden, die Ergebnisse schlussfolgernden Beitrag erläutert: »Arbeitsqualität wird zu einer prozessualen Kategorie, die nicht a priori durch eindeutige Regeln des Prozessablaufs und festgeschriebene Utopien [...] gekennzeichnet ist, sondern aus der Rekonstruktion der Gegenwart ihr kritisches Veränderungspotential erhält« (S. 360). Gegenüber den vorstehenden, im Verlauf der Humanisierungsdebatte zunehmend instrumentell gewendeten Perspektiven weist die aktuelle wirtschaftswissenschaftliche Rede von der strategischen Bedeutung des Humankapitals einem Human-Resources-Management die Aufgabe zu, Qualifizierung, Integration und Motivation des Personals erfolgsorientiert – kapitalrational – zu steuern. Die emanzipatorische Dimension von AQ tritt zurück hinter eine Perspektive effizienten Personalmanagements, wobei gilt, dass entwicklungsfähige und -offene Organisationen die Entwicklungsbedingungen ihrer Mitglieder nicht rein sozialtechnisch vereinnahmen können und Ressourcennutzung und -entwicklung persistent eigenständige Ansprüche der Individuen berücksichtigen müssen.

Lydia Hackl / Jürgen Grieger

Bendix, Reinhard
Work and Authority in Industry. Ideologies of Management in the Course of Industrialization. New York usw. 1956, XXV, 466 S. Aus dem Amerikanischen übersetzt von Ralf Dahrendorf: Herrschaft und Industriearbeit. Untersuchungen über Liberalismus und Autokratie in der Geschichte der Industrialisierung. Frankfurt/M. 1960, 611 S.

Das 1956 unter dem Titel »Work and Authority in Industry« erschienene Buch steht unter Rousseaus Motto: »Der Stärkste ist nie so stark, dass er ewig herrschen kann – es sei, daß er wandle Stärke in Recht und Gehorsam in Pflicht.« In den drei Hauptteilen über Unternehmensideologien der angloamerikanischen und russischen Frühzeit des 18. und 19. Jahrhunderts, über die Bürokratisierung der Wirtschaftsunternehmen und über Management-Ideologien der 50er Jahre (UdSSR, USA) wird der Unterschied zwischen totalitären und nichttotalitären Formen der Subordination herausgearbeitet.
1. Zu Beginn der englischen Industrialisierung herrschte noch die patriarchalische Fürsorge- und Gängelungsideologie. Die Arbeiter hatten bereitwillig zu arbeiten, bauten aber auf die »Treuepflicht« der Unternehmer. Arme und Reiche wurden über eine moralische Ordnung verbunden. Als dann in der Zeit des laissez faire die Sorgepflicht der Reichen für die Armen verneint wurde, musste auch die Abhängigkeit der Armen als selbstverschuldetes Schicksal gedeutet werden. Die Konzentration auf das jeweils eigene Bemühen degenerierte gegen Ende des 19. Jahrhunderts zur sozialdarwinistischen Theorie des Kampfes ums Dasein. Erfolg ist jeweils der Beweis für die Fähigkeit zu überleben und rechtfertigt aus der Sicht der Fabrikbesitzer ihre unumschränkte Autorität als Einzelentscheider. Diese konfrontative Über- und Unterordnung blickt uns auch aus dem »Wissenschaftlichen Management« (Taylor →) entgegen, das die Menschen in widerspenstige Objekte von Managerbefehlen und erfolgreichen Entscheidern unterteilt. Erst langsam wurde die »laissez faire-Theorie« durch die »Human-Relations-Theorie« in der angloamerikanischen Kultur abgelöst, der zufolge Menschen als Gruppenmitglieder Anerkennung erstreben und so ihre Pro-

duktivität steigern. Auch im zaristischen Russland herrschten patriarchalische Abhängigkeitsverhältnisse. Sie inkarnierten sich in der Figur des Zaren, der höchste Autorität über das Volk und väterliche Sorge verkörperte. Mit der Befreiung der Leibeigenen 1861 und der beginnenden Industrieentwicklung ging dieser Autoritätsanspruch auf die Fabrikbesitzer über, die ihrerseits aber unter der Oberaufsicht der zaristischen Beamten standen. Die Schwierigkeiten der Kontrolle führten schließlich zur Revolution (1917) und zum Sturz des Zaren. Trotzdem aber blieb die zaristische Management-Ideologie unverändert erhalten. Nur behauptete jetzt die kommunistische Partei als Nachfolger des Zarismus die höchste Autorität und verlangte von allen eine loyale Unterwerfung unter ihre Herrschaft. Auch die Gewerkschaften hatten diesem Ziel der noch weiter verstärkten Disziplinierung der Arbeiter zu gehorchen, um die Industrialisierung voranzutreiben. Unterwerfung allein genügte nicht mehr, die Disziplinarordnung des Staates musste durch Selbstdisziplinierung der Arbeiterschaft ergänzt werden.

2. Augenscheinlich suchen die herrschenden Schichten immer nach Rechtfertigungsgründen für ihr eigenes Wohlergehen und für die Misere der Herrschaftsunterworfenen. Sie spiegeln aber auch die Veränderung in den Klassenbeziehungen wider und sind damit ein wichtiges Moment für das Verständnis industrialisierter Länder überhaupt. Beim Übergang von der vorindustriellen zur industriellen Gesellschaft tritt eine neue Figur – der Unternehmer – auf, der im Sinne der Vertragstheorie seine Rechte einfordert, zugleich aber die Gleichheitsrechte anderer als Eigentümer mitberücksichtigen muss. Im Arbeitsvertrag hingegen kann von gegenseitiger Anerkennung kaum die Rede sein. Die Arbeiterschaft meldet deshalb neue Ansprüche auf bürgerliche Gleichheitsrechte an und rebelliert gegen die Subordination. Mit dem Bruch der traditionellen Subordinationsformen entstand also das Problem, welchen Platz die Industriearbeiterschaft in der wirtschaftlichen und politischen Ordnung des Staates einnehmen sollte. Das zeigt sich auch da, wo die industriellen Verhältnisse – wie im englischen, amerikanischen und russischen Fall – langsam unpersönlich wurden und sich bürokratisierten. Hier – mehr noch als bei persönlicher Aufsicht – hängt die Leistungsfähig-

keit einer Organisation davon ab, in welchem Maß Arbeitsethos, Ausdauer, Präzision und Pflichtgefühl wirksam sind. Der Hauptunterschied zwischen totalitären und nicht-totalitären Formen der Subordination besteht darin, wie Manager die Begleiterscheinung aller Autoritätsbeziehungen – nämlich die Verweigerung der vollen Leistungsmöglichkeit – handhaben. In England und den USA war man immer der Meinung, dass Manager ihre Untergebenen durch Anreiz und Überzeugungsarbeit für eine Kooperation gewinnen können. In Russland blieb diese Möglichkeit aus historischen Gründen verbaut. Hier gab es keine Verständigung zwischen Machthabern und Machtunterworfenen, so dass die Manager nur auf die Pflicht zum Gehorsam gegenüber der Autorität bauen konnten. Die Unternehmens- und Verwaltungshierarchie dabei wurde durch eine Parteihierarchie ergänzt, die die administrativen Organe zu überwachen hatte. Der Verf. erklärt diese Doppelkontrolle mit Hilfe von Max Webers Bürokratieanalyse, die zeigt, dass eine ideal funktionierende Bürokratie ihre Aufgaben nur dann lösen kann, wenn Unparteilichkeit und Herrschaft des Rechts garantiert sind. Beides fehlt in totalitären Regimen. Das führt die Untergebenen zur Taktik des Verbergens und zur »Drückebergerei«. Die Doppelhierarchie dient dazu, die verschiedenen Unabhängigkeitsstrategien zu verhindern und Arbeitsleistung mit Hilfe politischer Drucksituationen, Loyalitätserklärungen, öffentlichen Geständnissen etc. zu maximieren. Der Einzelne wird von seinen Vorgesetzten und der Parteihierarchie eingekreist.

So gewinnt Bendix über die Management-Ideologien auch einen Schlüssel zum Studium der Gesellschaftsstrukturen insgesamt. Der Vergleich zwischen der westlichen und der östlichen Tradition macht den Unterschied zwischen beiden daran fest, ob die Ideologien den guten Willen der Untergebenen voraussetzen oder nicht. Wo dies nicht gegeben ist, muss maximaler Druck ausgeübt und die letzte Möglichkeit von Initiative ausgelöscht werden. Demokratien und Unternehmerinitiative bieten hingegen immerhin noch Raum für die Entwicklung wenigstens begrenzter Loyalitäten und für Nachahmung. Diese Überlegungen zum Legitimationsglauben von Herrschaft lassen sich auch auf die Probleme der nachkolonialistischen und nachkommunistischen Entwicklung übertragen. Obwohl das Buch noch zur Zeit des ärgsten Stalinismus und des »Systemkonflikts« geschrieben wurde, hat es in seinen allgemeinen gesellschaftspolitischen Folgerungen nichts an Aktualität eingebüßt.

Weiterführende Literatur:

Kößler, R.: Arbeitskultur im Industrialisierungsprozeß. Münster 1990.

Robert Hettlage

Bensman, Joseph/Gerver, Israel
Crime and Punishment in the Factory. The Function of Deviancy in Maintaining the Social System. In: American Sociological Review, 28, 1963, S. 588-598. Aus dem Amerikanischen: Vergehen und Bestrafung in der Fabrik. In: Steinert, Heinz (Hrsg.): Symbolische Interaktion. Stuttgart 1973, S. 126-138.

Die Augen öffnende Arbeit beruht auf einer 1953/54 durchgeführten teilnehmenden Beobachtung in einer New Yorker Flugzeugfabrik mit 26.000 Arbeitern, deren Kunde die Luftwaffe war. Bei der Endmontage von Tragflächen und Landeklappen ergab sich dabei für alle Beteiligten ein an sich unauflösbares Dilemma, in dessen Mittelpunkt der Gebrauch des Gewindebohrers stand. Der Mechaniker hatte zwei sich überlappende Teile durch bolzenähnliche Schrauben miteinander zu verbinden, wobei die Schraubenmutter jeweils schon fest in das unterste, ihm zugelieferte Teil eingearbeitet worden war. Fand er nun die Öffnung in seiner Tragfläche und die Schraubenmutter gegeneinander verschoben, kam Panik bei ihm auf, denn die wichtigste Regel von Fabrik und Luftwaffe war eindeutig genug: »Wenn Bohrungen in der Montage nicht übereinstimmen, sind die bereits fertigen Installationen wieder völlig auseinander zu nehmen!« Für eine solche Demontage brauchte er zusammen mit der neuerlichen Montage bis zu acht Arbeitsstunden, was sich in der Produktionskurve so darstellte, als sei keinerlei Arbeit geleistet worden und seinen Job ebenso gefährdete wie den seiner Vorarbeiter und Inspektoren. Durch diese Konstellation fiel nun dem Gewindebohrer die entscheidende Rolle zu. Mit ihm konnte man in das untere Teil ein neues Gewinde schneiden und alles passend machen, gleichzeitig aber gefährdete man dadurch die maximale Sicherheit der Verbindungen und das richtige Gleichgewicht der verschiedenen Züge und Spannungen, also die Flugtüchtigkeit der Maschine. Darum galt der Gebrauch des Gewindebohrers offiziell als die ernsthafteste Verletzung der in der Fabrik geltenden Handwerksregeln, und einem Arbeiter konnte gekündigt werden, wenn er auch nur einen davon besaß. Und trotzdem hatte und benützte zumindest die Hälfte der Arbeiter Gewindebohrer. Sie hatten sich dabei mit drei Kontrollinstanzen auseinander zu setzen: den Vorarbeitern, der Qualitätskontrolle in der Fabrik durch betriebseigene Inspektoren und der Kontrolle durch externe Luftwaffeninspektoren. Zur letzten Gruppe, die man als Gestapo bezeichnete, merken die Verf. fast lakonisch an: »Wenn es nötig ist, ein Gewinde aufzubohren und es ist bekannt, dass Luftwaffeninspektoren in der Nähe sind, stellen die Arbeiter Wachen auf, die den, der das Gewinde bohrt, vorwarnen, falls der Inspektor sich nähern sollte.« Die Fabrikinspektoren waren gezwungen, mit den Arbeitern zu fraternisieren, weil sie – beim damaligen Stand der Technik – nicht in der Lage waren, im Nachhinein zu begutachten, ob die gut und normgerecht gearbeitet hatten, sich also auf sie verlassen mussten. Spielten sie nicht die Rolle des guten Kerls, waren die Mechaniker jederzeit in der Lage, sie hereinzulegen. Bemerkten sie den Gebrauch des Gewindebohrers, so sahen sie schnell weg und sagten ihren Leuten auch: » [...] benützt um Himmels willen keinen, wenn ich in der Nähe bin. [...] Schaut vorher herum, überzeugt euch, dass ich weg bin.« Manchmal wurden erwischte Arbeiter auch zum Schein angeschnauzt. Noch auffälliger war die zeremonielle Scheindurchsetzung der Regel »Gebrauche nie einen Gewindebohrer« durch den Vorarbeiter. War ein Arbeiter durch einen Luftwaffeninspektor beim Aufbohren eines Gewindes erwischt worden, kam es zu einer echten Zurechtweisung und der Arbeiter hatte dabei die Verpflichtung, sie reuig hinzunehmen und zu versprechen, es werde nicht mehr vorkommen. In Wirklichkeit musste er dem Arbeiter dankbar dafür sein, dass er den Gewindebohrer gebraucht hatte, denn anders konnte er sein ihm von oben gesetztes Soll nicht erfüllen. Es gab Fälle, wo er die Arbeiter sogar persönlich darum gebeten hatte, wobei er dann auch noch gegen die Gewerkschaftsnorm verstieß, dass Vorarbeiter nicht selber Montagearbeiten ausführen durften. So ziehen die Verf. das folgende Fazit: »Abweichendes Verhalten wird so ein wichtiger Bestandteil des Funktionierens der Organisation.« Sie sprechen von einer Art institutionalisierter Schizophrenie in diesem Ziel- und Ziel-Mittel-Konflikt, wobei sie aber hervorheben, dass die informellen Kontrollen den Gebrauch des Gewindebohrers auf das Notwendigste einschränken. »Ein ›Vergehen‹ ist kein Vergehen, so lange es unter Kontrolle bleibt und von den Autoritäten auf Ziele gelenkt wird, die sie als sozial konstruktiv definieren.«

Die Studie ist insofern klassisch, als sie schon sehr früh den Mythos der Rationalität, mit dem sich Großorganisation so gern umgeben, als Fassade entlarvt und zudem nachweist, dass abweichendes Verhalten der Erreichung der Organisationsziele auch dienlich sein kann. Aber: Wie schön, wenn man in einem Flugzeug sitzt, auf die Tragfläche starrt und an den Gewindebohrer mit seinen destabilisierenden Folgen denken muss. Die Erhaltung eines sozialen Systems – auch mittels abweichendem Verhalten – wird hier zweifellos auf Kosten der umgebenden Systeme, der Kunden, erkauft; es triumphieren also die Partikularinteressen gegenüber dem Ganzen und der Systemrationalität.

Horst Bosetzky

Benson, J. Kenneth
Organizations: A Dialectical View. In Administrative Science Quarterly 22, 1977, S. 1-21.
Benson, J. Kenneth
Innovation and Crisis in Organizational Analysis. In: The Sociological Quarterly 18, 1977, S. 3-16.

Der Verf. umreißt einen dialektischen, politökonomischen Ansatz der Organisationstheorie. Kritisch gegenüber Marxisten stellt er die Bedeutung von Organisationen heraus, vor allem aber verwirft er das vorherrschende Rationalmodell der Organisation. Strukturen, Strategien, Koordinationsmechanismen usw. können nicht, so seine Botschaft, als Resultat intern verfolgter rationaler Ziele und Ausdruck interner Bedürfnisse von Organisationen betrachtet werden. Entscheidend sind die Handlungen und die Macht der Akteure, die Kontexte der Handlungen und der Prozess der (Re-)Produktion. Handlung: Variablen wie Differenzierung, Hierarchie, Kontrollspanne werden in Studien oft – und zu Unrecht – als unabhängig von Handlungen betrachtet. Bemüht werden mechanistische Verbindungen oder simplifizierende Annahmen wie rationale, ziel-orientierte Wahlhandlungen. Macht: Ziele und Funktionen von Organisationen werden zumeist als gegeben angesehen. Sie sind aber Resultat von Aushandlungen und Machtverteilungen in Organisationen. Macht ist der wesentliche Kern von Organisation(en). Machtvolle Akteure prägen interessiert die Ideen, die bei der Gestaltung einer Organisation bestimmend sind, die erzeugten Resultate schränken ihr Handeln und das anderer jedoch ebenso ein. Kontext (levels): Organisationen gelten traditionell als distinkte, grenzerhaltende Einheiten, die Fähigkeiten besitzen, strukturelle Arrangements intern auszuwählen, zumindest externen Druck und externe Einschränkungen eigenständig zu vermitteln. Ziele, Technologien und Regeln werden aber in organisationalen Arenen und im Zusammenspiel mehrerer Organisationen im gesellschaftlichen Kontext produziert. Prozess: Organisationsstudien untersuchen oft variable Korrelationen zwischen Merkmalen einer relativ stabilen Realität. Prozessorientierte Analysen heben dagegen die Widersprüche und den Wandel der Infrastruktur als Moment der (Re-)Produktion von Organisation(en) hervor. Die Theorie offener Systeme, das Zusammenspiel von Konflikt- und Handlungstheorie, die Evolutionstheorie und vor allem die dialektische Theorie bieten Ansatzpunkte für eine adäquate Organisationstheorie, die vier Dinge berücksichtigt: (1.) die soziale Produktion organisationaler Realität, (2.) deren politische Basis, (3.) die Verbindungen von Organisationen (mit der Gesellschaft) und (4.) den kontinuierlich emergenten Charakter organisationaler Muster.

Bensons Arbeiten stehen für eine bisher wenig ausgearbeitete politökonomische Organisationstheorie (vgl. Türk →). Rezipiert worden sind seine Aufsätze stärker in der Interorganisationstheorie. Sie bieten eine Vielzahl (bisher wenig beachteter) Bezugspunkte für neuere Entwicklungen im soziologischen Institutionalismus, in der Populationsökologie, im Rahmen der Strukturationstheorie und in der Diskussion um interorganisationale Netzwerke.

Arnold Windeler

Blau, Peter Michael/Schoenherr, Richard A. ***The Structure of Organizations. New York, London 1971, XIX, 445 S.***

Das Werk ist eines der typischen Beispiele für Arbeiten zum situativen Ansatz (Contingency Approach): Mit einer quantitativen Untersuchung von 53 Arbeitsverwaltungen der einzelnen amerikanischen Bundesstaaten, ihren 387 Hauptverwaltungen sowie 1201 lokalen Arbeitsverwaltungen mit mindestens 5 Beschäftigten und zwei Hierarchieebenen, versuchen die Verf. einerseits, systematische Zusammenhänge zwischen internen Strukturvariablen, andererseits zwischen Strukturen und externen Einflüssen zu ermitteln. Sie berufen sich hierbei auf das Webersche Forschungsprogramm (S. 4 ff.), Organisationen und ihre Strukturen zu untersuchen, den Schwerpunkt aber nicht auf die Auswirkungen von Hierarchie und Autoritätsstrukturen auf die Individuen zu legen. Diese Suche nach allgemeinen Strukturprinzipien wollen sie mit modernen Methoden der quantitativen Datenanalyse durchführen, wobei sie ausdrücklich explorativ vorgehen. Angeleitet von vorliegenden theoretischen Überlegungen zur Struktur von Organisationen formulieren sie ihre Fragen, um aus den ermittelten Daten Hinweise für eine deduktive Theorie der Organisation (297 ff.) abzuleiten. Diese Zielsetzung begründet auch die Struktur des untersuchten Samples: eine große Zahl Organisationen mit grundsätzlich identischen Aufgaben (Auszahlung der Arbeitslosenunterstützung und Jobvermittlung). Gegen ein Sample, in dem auch andere Verwaltungen oder Wirtschaftsorganisationen berücksichtigt werden, wenden die Verf. ein, dass Auswirkungen etwa der Variable »Branche« großen Einfluss entfalten und die eigentlich gesuchten Zusammenhänge überdecken könnte. Zugleich sei damit in Kauf zu nehmen, dass die ermittelten Ergebnisse eventuell nur bedingt auf andere Typen von Organisationen übertragbar seien. Die Datenanalyse findet in zwei Teilsamples statt: Einerseits konzentrieren sich die Verf. auf die 53 Dachorganisationen in den Bundesstaaten und untersuchen deren Differenzierungsgrad, Administration, Dezentralisierung sowie die externen Einflussfaktoren (Anpassung an die Umwelt, Auswirkungen des Arbeitsmarktes und vorhandene Ressourcen). In Bezug auf den Differenzierungsgrad stellen sie einen überragenden Einfluss der Variable Größe (Zahl der Beschäftigten) fest, die sich auf die Zahl der Abteilungen und die Gestalt der Hierarchie deutlich auswirkt. Administration bezieht sich sowohl auf den Verwaltungsüberbau als auch auf die angebotenen Dienstleistungen in Abhängigkeit von der Organisationsstruktur. Hier zeigt sich, dass große Einheiten zwar einen relativ kleineren verwaltenden Überbau aufweisen, dass deren Größe aber nicht linear mit wachsender Organisationsgröße abnimmt. Konterkariert wird dieser Effekt durch einen anderen Zusammenhang: Eine größere Komplexität der Organisationsstruktur führt zu einem Anwachsen des Überbaus.

Im dritten Teil geht es um die Hauptverwaltungen und lokalen Organisationen, die stärker in Hinblick auf Zusammenhänge zwischen den lokalen Gegebenheiten, die als Umweltanforderungen die zu erfüllenden Aufgaben beeinflussen, und den sich in der Folge ausbildenden Organisationsstrukturen untersucht werden. Auch hier wirkt der Faktor Größe stark auf die ausgebildeten Strukturen, z.B. auf die Anzahl der Tätigkeitsgruppen, der Hierarchieebenen oder Abteilungen. Die Größe der einzelnen Einheit wird wiederum durch Kontextvariablen beeinflusst. Wichtig ist der Urbanisierungsgrad des Umfelds sowie die Größe der zu betreuenden Population. Darüber hinausgehende Auswirkungen des Kontextes auf die Ausbildung bestimmter interner Strukturen ließen sich allerdings nicht finden (S. 235).

Abschließend verdichten die Verf. ihre empirischen Ergebnisse zu einer Reihe theoretischer Sätze, die sie in Grundthesen wie die Folgenden kleiden: »Increasing size generates structural differentiation in organizations along various dimensions at decelerating rates.« (S. 301) oder »structural differentiation in organizations raises requirements for managerial manpower« (S. 312), aus denen sie weitere propositions ableiten. Was bleibt ist einerseits, die aufgestellten Sätze anhand anderer Samples zu testen und auf ihre Übertragbarkeit zu prüfen. Im Kapitel 12 werden die Ergebnisse einer ähnlichen Untersuchung in 416 Finanzbehörden dargelegt, die die aufgestellten Annahmen stützen. Es handelt sich zwar ebenfalls um ein Behördensample, deren Aufgaben wie auch Umweltkontakte seien jedoch deutlich anders, so dass vom Vorliegen unterschiedlicher Organisationstypen auszugehen sei. Zudem folgen einige Ausführungen zu den Auswirkungen großer Organisationen und ihrer Strukturen auf die Gesellschaft, deren Sozialstruktur und Formen der Machtverteilung. Organisationen entwickeln zunehmend Kontrollmechanismen, um die Beschäftigten zur erforderlichen Mitarbeit zu veranlassen. Bürokratische Regeln, standardisierte Vorgehensweisen oder auch Technik lassen sich diesbezüglich nutzen. Hierin sehen die Verf. eine mögliche Bedrohung der demokratischen Gesellschaftsordnung, weil Kontrollpotentiale in anonymen Strukturen verschwinden, so dass sie von den ihnen unterworfenen Personen kaum noch als solche erkannt werden könnten (S. 353 ff.).

Bernd Steffensen

Böckenförde, Ernst-Wolfgang/Dohrn-van Rossum, Gerhard
Organ, Organismus, Organisation, politischer Körper. In: Brunner, Otto/Conze, Werner/Koselleck, Reinhart (Hrsg.): Geschichtliche Grundbegriffe. Historisches Lexikon zur politisch-sozialen Geschichte in Deutschland. Band 4. Stuttgart 1978, S. 519-622.

Bis ins 18. Jahrhundert hinein war der Organisationsbegriff ausschließlich für die Sprache der Naturbeschreibung reserviert. Eine eigenständige soziale Bedeutung gewinnt er erst durch seine Absetzung von antiken und mittelalterlichen Konzeptionen des *corpus politicum* einerseits und die Abwehrstellung zu mechanistischen Theorien andererseits. Dies ist das Ergebnis des von Dohrn-van Rossum verfassten ersten Teils des Lexikonbeitrags, der eine metaphern- und begriffsgeschichtliche Rekonstruktion des semantischen Komplexes politischer Körper-Organismus-Organisation-Organ von der griechischen Antike bis zur Französischen Revolution zum Gegenstand hat. Anders als die Körper-Metapher der Ständegesellschaft, die auf der Vorstellung eines strikt hierarchischen Systems von Oberhaupt und Untertanen mit einer feststehenden Zuweisung von Funktionen beruht, akzentuiert das Organismuskonzept die aufklärerisch-liberale Idee einer freien Verbindung von selbstorganisierenden Teilen zu einem zwecksetzenden lebendigen Ganzen.

Das Auseinandertreten von Organismus und Organisation im 19. Jahrhundert steht im Mittelpunkt des zweiten Teils. Ernst-Wolfgang Böckenförde weist auf der Grundlage umfangreichen Quellenmaterials nach, dass der Organismusbegriff die staatstheoretische und verfassungspolitische Diskussion in Deutschland vom Ende der Reformzeit bis in die zweite Jahrhunderthälfte dominierte. Die Vorstellung des Staates als Organismus erlaubte es nicht nur, die demokratisch-egalitären Organisationsideen der Französischen Revolution zu disqualifizieren, sondern bot darüber hinaus die Möglichkeit, die fehlende nationale Einheit als theoretisches Problem und politische Aufgabe zu formulieren. Der gegen Ende des 19. Jahrhunderts abnehmenden politisch-programmatischen Bedeutung des Organismusbegriffs korrespondiert die Ausbreitung und Verselbstständigung des Organbegriffs, der zu einem eigenständigen juristischen Fachterminus wird. Mit der Durchsetzung der Konzeption des Staates als einer juristischen Person wird die ältere Staatsrechtstradition auf den Kopf gestellt: Der staatliche Organismus erscheint nicht mehr als Voraussetzung, sondern als Ergebnis politischer Willensbildung. Damit ist der Schritt vom Singular der (politischen) Organisation zur Pluralität (sozialer) Organisationen vollzogen, die jetzt beliebige soziale Gebilde bezeichnen, die sich als Willenseinheiten qualifizieren und auf eine aktiv-dynamische Veränderung der Organisationsumwelt ausgerichtet sind.

Auch wenn die Darstellung zu Beginn des 20. Jahrhunderts abbricht, lassen sich den begriffsgeschichtlichen Überlegungen der Verf. doch Hinweise für eine aktuelle Analyse der heute immer prekärer erscheinenden Grenze zwischen Gesellschaft und Natur aus organisationssoziologischer Perspektive entnehmen. Dabei wäre nicht nur die Übertragung naturaler Metaphorik in gesellschaftliche Kategorien und die damit einhergehenden politisch-ideologischen Auseinandersetzungen zu verfolgen, sondern umgekehrt auch aufzuzeigen, wie das Naturbild selbst von sozialen und politischen Vorstellungen durchzogen ist – die dann wiederum auf die Gesellschaft übertragen werden können. Die spannungsreiche Geschichte von Organismus und Organisation ist sicherlich noch nicht zu Ende.

Weiterführende Literatur:

Stollberg-Rilinger, B.: Der Staat als Maschine. Zur politischen Metaphorik des absoluten Fürstenstaates. Berlin 1986.

Thomas Lemke

Boland, Richard J./Pondy, Louis R.
Accounting in Organizations: A Union of Natural and Rational Perspectives. In: Accounting, Organizations and Society Vol. 8, No. 2/3, 1983, S. 223-234.

Die Verf. nutzen die scheinbar exakte, rein formale und rationale Disziplin des Accounting (Rechnungswesen, Controlling), um an diesem Beispiel zu zeigen, dass Praktiken in Organisationen unvermeidlich zwei Seiten haben: eine rationale und eine naturale. Rechnungswesen ist der Paradefall eines formalisierten Symbolsystems, mit dem Akteure organisationale Handlungen und Erfahrungen einerseits ordnen und interpretieren, andererseits objektivieren, rationalisieren und steuern. Als Sprache bietet es Diskurskategorien und etabliert sich als rationales Instrument zur Erfassung objektiv messbarer Charakteristika von Organisation und Umwelt, es ist aber zugleich ein natürliches Instrument, das der Wirklichkeit eine Ordnung auferlegt, Dinge für (un-)wirklich und (un-) wichtig erklärt. Rechnungswesen fungiert als Ritual, das der Budgetierung, Planung und Bewertung Struktur und Sinn verleiht und so bei den Mitgliedern für geteilte interpretative Schemata sorgt, den Ausdruck von Werten ermöglicht und politische Prozesse sowohl kaschiert wie kanalisiert. Die in simplen Wenn-Dann-Beziehungen argumentierende Kontingenztheorie der Organisation ist unzulänglich, weil sie nicht

im Stande ist, die Interaktion natürlicher und rationaler Aspekte des Organisierens zu erfassen. Statt des typologisierenden Entweder-Oder postulieren die Autoren ein Sowohl-Als-Auch von Naturalem und Rationalem, also – wie es im Titel heißt – eine ursprüngliche und echte Vereinigung (genuine union). Jeder Aspekt dient als Kontext für den jeweils anderen, sie bedingen und ermöglichen einander; ein trennender Dualismus wird durch eine vereinigende/vereinigte Dualität überwunden, bei der ein Pol nur die Kehrseite des anderen ist: »[...] jedes organisationale Objekt oder Ereignis besitzt das Potential für beides« (S. 225). Während der eine Aspekt fokussiert wird, tritt der andere nur in den Hintergrund, ist aber latent stets präsent. Die Verf. berichten zwei Fallstudien, mit denen sie ihre Überlegungen veranschaulichen. In der ersten geht es um Budgetkürzungen und Umschichtungen in einer renommierten Staatsuniversität, in der anderen um die mögliche Schließung eines Teils einer Grundschule. In beiden Fällen werden unter dem Deckmantel rationaler Analysen und legitimierender Zahlenwerke die lebensweltlichen Anliegen der partiell antagonistischen Akteure verfolgt. Zugleich bietet das formale Controlling ein Forum und ein Medium, Interessen zu artikulieren und Kompromisse auszuhandeln.
Mit der assoziationsträchtigen Kontrastierung des Rationalen und Naturalen reiht sich der Aufsatz in eine reiche organisationstheoretische Tradition ein, die mit typologisierenden Gegenüberstellungen arbeitet (z.B. des Systemischen und Lebensweltlichen, Kausalanalytischen und Interpretativ-Konstruktivistischen, Objektiven und Sinnhaften, Mechanischen und Organischen usw.). Ohne einen übergreifenden theoretischen Rahmen zu präsentieren, plädieren die Autoren für die moralisierende Überwindung der Dichotomie, der sie harmonistisch eine ›genuin union‹ attribuieren.

Oswald Neuberger

Bosetzky, Horst
Grundzüge einer Soziologie der Industrieverwaltung. Möglichkeiten und Grenzen der Betrachtung des industriellen Großbetriebs als bürokratische Organisation. Stuttgart 1970, VII, 342 S.

Der Verf. geht davon aus, dass die in Deutschland zum damaligen Zeitpunkt dominante industriesoziologische Forschung sich vor allem auf den Produktionsbereich beschränkt und es ein Defizit im Wissen über die Industrieverwaltung gibt. Ziel des Buches ist demzufolge »die Möglichkeiten und Grenzen der Betrachtung des industriellen Großbetriebes als bürokratische Organisation aufzuzeigen und [...] die Grundzüge einer Soziologie der industriellen Verwaltung zu entwerfen« (S. 2). Den Ausgangspunkt der Analyse bildet das Bürokratiekonzept Max Webers. Interessant ist dabei, dass Bosetzky versucht, nicht nur den Herrschaftsaspekt, sondern auch den Aspekt der Leistungsorganisation zu analysieren. Als Herrschaftsverband strebe der industrielle Großbetrieb nach einer optimal herrschaftserhaltenden Bürokratie, als Leistungsorganisation muss er sich aber auch gegenüber der Umwelt orientieren und daraus ergeben sich Einschränkungen für eine idealtypische bürokratische Organisation.
Auf Basis zeitgenössischer organisationstheoretischer Ansätze (Cyert/March (→), Perrow (→), Etzioni (→), Gouldner (→) wird im Weiteren ein Überblick über Grundbegriffe und Annahmen der Organisationsforschung bezüglich Organisationszielen, Organisationsnotwendigkeiten, Struktur, Stellen und Stellenrollen sowie Prozessen gegeben. Die zentral diskutierte Frage ist, unter welchen Bedingungen eine bürokratische Organisation zweckmäßig ist. Mit Bezug auf systemtheoretische Überlegungen von Luhmann und Parsons charakterisiert der Verf. den Betrieb als offenes System, welches ständigen Umwelterfordernissen ausgesetzt ist. Daraus wird die Überlegung entwickelt, dass zwar auch in Teilsystemen oder Untersystemen (Fachabteilungen) ein ›Mindestmaß an Bürokratie notwendig ist‹, aber hier durchaus Organisationsnotwendigkeiten existieren, die eine alternative Organisationsform zweckmäßig erscheinen lassen: die ›assoziative Organisation‹. Diese wird im Folgenden idealtypisch als Alternative zur bürokratischen

Organisation entwickelt. Bürokratische Organisation einerseits und assoziative Organisationen andererseits stellen für Bosetzky Grenztypen dar, die in der Realität in verschiedenen Mischformen anzutreffen sind. Er fasst dabei assoziative Organisationen ebenso als rationale Organisationen wie bürokratische. Die ›assoziative Organisation‹ wird – gemessen an den Kriterien bürokratischer Organisation – sehr ausführlich charakterisiert. Sie ist vor allem in solchen Untereinheiten zweckmäßig, die in starkem Maße Umwelterfordernissen ausgesetzt sind (Forschung und Entwicklung, Public Relations, Kundendienst, Organisationsabteilungen u.ä.). Das Grunddilemma liegt darin, dass die Gesamtorganisation nach der zweckmäßigsten Form der Herrschaftsausübung, also bürokratisch, gestaltet ist, während das Untersystem nach der zweckmäßigsten Form der Leistungsorganisation, also möglicherweise assoziativ, ausgerichtet wird. Nach einer Diskussion der Effizienzverluste bürokratischer und assoziativer Organisationen kommt der Verf. zu dem Schluss, »dass tendenziell bürokratisch organisierte Untersysteme weitaus eher in die Gefahr des ineffizienten Arbeitens geraten als tendenziell assoziativ organisierte« (S. 192). Gegen eine Durchsetzung assoziativer Organisationsformen scheint jedoch der Herrschaftsapekt zu sprechen.
Bosetzky kommt so zu dem Schluss, dass die Bürokratie zwar zunehmend an Leistungsfähigkeit verliert und das Aufkommen alternativer Strukturprinzipien zu beobachten ist, der Industriebetrieb dennoch ein Herrschaftsverband bleibt: Die Schrift trägt den Charakter eines Kompendiums, in dem in sehr systematischer Weise alle relevanten Aspekte organisationssoziologischer Unternehmensforschung behandelt werden. Dabei wird auch ausführlich der damalige Stand der Organisationsforschung und -theorie wiedergegeben. Den Charakter eines Kompendiums erhält das Werk vor allem durch eine Vielzahl von Begriffsklärungen, durch Kataloge von Variablen über Bedingungen einer effektiven Organisation, Typisierungen zu Formen der Herrschaft, Prinzipien des Personaleinsatzes usw.
Die tragende Überlegung der Publikation, dass assoziative Organisationen unter bestimmten Bedingungen effektiver sind als bürokratische Organisationen, wird in der neueren Orga-

nisationsliteratur so kaum wieder aufgegriffen. Befasst man sich allerdings mit aktuellen Entwicklungen in der Managementtheorie und -praxis (neue Organisationsmodelle, Unternehmenskultur, partizipatives Management), so lassen sich durchaus theoretische Anknüpfungspunkte zum Begriff der assoziativen Organisation finden. Die versuchte Synthese von Herrschaftsaspekt und Leistungsorganisation in modernen Großorganisationen ist sicher auch heute noch aktuell. Erweiterungen der modernen Organisationsforschung um subjektorientierte, systemtheoretische, neo-institutionalistische und (mikro-)politische Ansätze können durchaus an die hier vorgestellten Überlegungen anknüpfen.

Karin Lohr

Bourdieu, Pierre/Boltanski, Luc/de Saint Martin, Monique/Maldidier, Pascale
Titel und Stelle. Über die Reproduktion sozialer Macht. Frankfurt/M. 1981, 237 S. Aus dem Französischen übersetzt und herausgegeben von Helmut Köhler.

Bourdieu hat in diesem Werk eine Sammlung von vier Aufsät-zen aus den Jahren 1971-75 vorgelegt, deren gemeinsamer Ge-genstand die Frage ist, wie Individuen unter dem Eindruck ei-ner sich wandelnden Gesellschaft ihre Positionen in der Sozial-struktur – auch in einer Organisation – behaupten, verbessern und damit diese Strukturen selbst reproduzieren. Diese Strategien umfassen den Umgang der Menschen mit Geld, Macht, Zeit und vor allem, wie in diesem Band vorrangig, mit der Bildung. Bildungsexpansion ist nicht nur ein Element der Öffnung und Egalisierung der Gesellschaft, sondern auch ein Element der Verfestigung von Ungleichheit und damit der sozialen Schließung. Denn da viele Zugang zu symbolischen Gütern wie etwa Bildungsabschlüssen haben, verschärft sich die Konkurrenz um diese in gleichem Maße. Auch kulturelle Güter sind ein Besitz bzw. Mittel zur Besitzaneignung, die eine auffällige Parallelität zur materiellen Güterwelt aufweisen. Denn auch sie tragen dazu bei, die soziale Welt zu definieren und damit die Lebenschancen der Gesellschaftsmitglieder (neu) zu formulieren. Deswegen erweitert der Verf. den Kapitalbegriff über seine ökonomische Bestimmung hinaus. Zum ökonomischen Kapital treten das kulturelle oder Bildungskapital bzw. das soziale oder Beziehungskapital hinzu. Bildungszertifikate, Abschlüsse, Diplome, Titel wirken wie Besitztitel auf kulturelles Kapital, denn sie ermöglichen Zugangschancen zu sozialen Positionen und Lebensstilen. Wie ökonomisches Kapital kann man auch Geld, Zeit und Anstrengung in Bildungstitel investieren und daraus Erträge erwirtschaften. Dasselbe gilt für das Beziehungskapital. Deswegen interessiert sich der Verf. dafür, wie sich in einer stark geschichteten Gesellschaft – wie der französischen – die verschiedenen Kapitalsorten verbinden, jeweils ineinander verwandelt werden und damit zur Steigerung sozialer Macht und wirtschaftlichen Erfolgs führen können. Am Bildungssystem wird offenbar, wie ein Mangel an ökonomischem Kapital durch andere Kapitalien ausgeglichen werden kann.

Der erste Aufsatz »Kapital und Bildungskapital« dreht sich um die Möglichkeiten dieser Kapitaltransformationen. Er untersucht, wie die Nutzung der einen Kapitalsorte auch dem Kapitalerwerb anderer Sorten dienlich sein kann. So stellt er fest, dass für die herrschende Klasse die Investition in Bildung immer wichtiger wird, was andererseits die Strategien der Bildungs- und Kleinbürger nicht unberührt lässt. Denn der Wettbewerb verlagert sich nun in verschärfter Form auf den Markt der symbolischen Güter. Die Parallelschaltung der verschiedenen Kapitalien erzeugt einen einzigen Markt für die gesamten Lebenschancen der Individuen einer Gesellschaft. Er hebt Ungleichheiten nicht auf, sondern erlaubt neue, flexible und diskretere Formen der Machtbehauptung. Herrschaftsstrukturen werden nicht aufgebrochen, sondern nur modifiziert.

Im zweiten Aufsatz »Titel und Stelle« wird dieser Gedanke weitergeführt. Hier zeigen die Verf., dass Auseinandersetzungen häufig symbolischer Art sind, in denen es um Bezeichnungen (Titel), soziale Taxonomien, Qualifikationsgrenzen, Berufsbenennungen usw. geht. Für Bourdieu/Boltanski sind es nicht soziale Kuriositäten, sondern Formen des Klassenkampfes. Denn mit ihrer Hilfe werden Rangordnungen festgeschrieben und gesellschaftliche Räume strukturiert. Sie sind damit zur Sicherung sozialer Positionen unerlässlich. Deswegen wird in diese Kämpfe in kollektiver und individueller Hinsicht viel Energie investiert. Das Bildungssystem wirkt nicht so sehr über die tatsächliche Qualifikation als über die Verteilung gesellschaftlich gültiger Markenzeichen und Ansprüche (Zugangsrechte bzw. Ausschluss der Positionen). Über Titel und die damit verbundenen Ordnungsvorstellungen greifen Bildungs- und Wirtschaftssystem ineinander. Dies lässt sich etwa an der Akademisierung der Führungsebenen großer Unternehmen illustrieren.

Ein anderes Beispiel ist der Hochschulbereich. Diesem ist der dritte Aufsatz »Die Verteidigung der Zunft« gewidmet. Der dramatische Umbruch der französischen Gesellschaft der 70er Jahre und dessen Folgen für das bisherige Gefüge wird am Beispiel der Philosophischen Fakultäten illustriert. So wundert es nicht, dass sich die heftigen Kämpfe auf die Klassifizierungssysteme verlagerten, auf die weiterhin gültigen, häufig nur formal abgeschafften oder nivellierten Rangordnungen unter den Dozierenden auf die Karriereregeln, auf die Verteidigung wissenschaftlicher Standards usw. Ganz konnte die alte Ordnung nicht wiederhergestellt werden. Die Verteidigung der Zunft erfolgte zu dem Preis, dass sich eine sozialwissenschaftliche neue Kultur in der vormals literarisch geprägten Philosophischen Fakultät festsetzen konnte und den Lehrkörper seitdem spaltet. Der paradoxen Tendenz, dass sich – individuell gesehen – die Kämpfe auf eine Verbesserung und Veränderung der individuellen Situationen richten, kollektiv aber meist in einer Reproduktion der Sozialstruktur enden, widmet sich der vierte Aufsatz »Klassenschicksal, individuelles Handeln und das Gesetz der Wahrscheinlichkeit«. Hier greift Bourdieu auf die Kategorie des Habitus zurück, der die Dispositionen von Individuen mit deren objektiver sozialer Lage verknüpft. Demnach sind die erfolgreichen Bildungsstrategien etwa der Mittelschichten Ausdruck nicht nur der gesamten Lebensgewohnheiten, die Wünsche sind immer auch positionsbedingt und stehen damit im Verhältnis zu anderen Positionen in der sozialen Struktur. Folglich ergibt sich, dass die Abstände im sozialen Raum jeweils erhalten bzw. wiederhergestellt werden müssen. Daraus erklärt sich nicht unwesentlich das Beharrungsvermögen, das bestimmten Machtverhältnissen innewohnt, eine Tendenz, die von marxistischen

Kritikern als zu pessimistisch und deterministisch gedeutet wird.

Weiterführende Literatur:

Bourdieu, P.: Die feinen Unterschiede, 3. Aufl., Frankfurt/M. 1984; Bourdieu, P.: Homo academicus. Frankfurt/M. 1988.

Robert Hettlage

Braverman, Harry
Labor and Monopoly Capital. The Delegation of Work in the 20th Century. New York usw. 1974, XIII, 465 S. Aus dem Amerikanischen übersetzt von Karin de Sousa Ferreira: Die Arbeit im modernen Produktionsprozess. 1. Auflage Frankfurt/M. usw. 1977, 352 S., 2. Auflage Frankfurt/M. usw. 1985.

Mehr als 100 Jahre nach dem Erscheinen des ersten Bandes des »Kapitals« von Karl Marx häuften sich in den USA die Aussagen von Wirtschafts- und Sozialwissenschaftlern, die die Marxsche Kapitalismustheorie als historisch-empirisch widerlegt erachteten. Daniel Bell z.B. schrieb über »The Coming of the Post-Industrial Society« und Robert Blauner wähnte das Ende der Entfremdung und den Beginn von Freiheit herannahen mit der Automatisierung der industriellen Arbeit. Gleichzeitig erschien jedoch der Aufsehen erregende Bericht einer vom amerikanischen Ministerium für Gesundheit, Erziehung und Wohlfahrt eingesetzten Expertenkommission mit dem Titel »Work in America«, in welchem gravierende Probleme und hochgradige Unzufriedenheiten im amerikanischen Beschäftigungssystem dargestellt wurden. Diese Widersprüche waren für den Journalisten Braverman, der selbst lange Jahre als Industriearbeiter tätig gewesen war, ein Anlass, die Strukturveränderungen in der kapitalistischen Organisation der Arbeit und in der Zusammensetzung der erwerbstätigen Bevölkerung genauer zu analysieren.
Grundlegend sind ihm dafür die zentralen Kategorien der Marxschen Kritik der politischen Ökonomie. Bravermans Anliegen ist es zu zeigen, dass sich sehr wohl die äußeren Erscheinungsformen des Kapitalismus historisch verändern, nicht

aber seine innere Natur. Zu deren Kern gehört, dass der Arbeitsprozess, durch die gesellschaftlichen Eigentumsverhältnisse bedingt, in der Verantwortlichkeit der Kapitalisten stattfindet. Daraus folgt, dass die Organisation und die Überwachung der Produktion nicht bei den Arbeitern selbst, sondern in den Händen der Kapitaleigner und von deren Beauftragten liegt. Diese können jedoch zur Mehrung des eingesetzten Kapitals nicht Arbeit an sich, sondern nur das Recht auf den Gebrauch der Arbeitskraft für einen bestimmten Zeitraum kaufen. Die Arbeit selbst bleibt eine untrennbare Funktion des Individuums, welches deswegen durch geeignete Maßnahmen dazu veranlasst werden muss, sie im Sinne des Kapitals zu verrichten. D.h., die relativ unspezifische Arbeitskraft muss in konrekte Arbeitstätigkeit transformiert werden. Organisation und Management haben ihren Ursprung in der Bewältigung dieses Transformationsproblems, was als Grundbedingung für das Gelingen aller kapitalistischen Arbeitsprozesse die größte Herausforderung für die Kapitalisten darstellt.
Der Verf. beschreibt auf dieser theoretischen Grundlage die Geschichte des Kapitalismus als einen Prozess der zunehmenden systematischen Kontrolle des Kapitals über die lebendige Arbeit. Sowohl die Entwicklungen der innerbetrieblichen Arbeitsteilung und der Kontrolle als auch der Wandel in der Struktur des gesamten gesellschaftlichen Arbeitsprozesses, verbunden mit den Veränderungen in der berufs- und branchenmäßigen Zusammensetzung der Beschäftigten, haben ihre Wurzeln in den von der laufenden Kapitalakkumulation geprägten Transformationsprozessen. Zwangsläufig führt dies zu einer umfassenden Dequalifizierung und Degradierung der Beschäftigten in allen Bereichen der Wirtschaft, verbunden mit einer Intensivierung der Kontrolle im Arbeitsprozess. Diese mit vielen Beispielen und statistischen Materialien belegten Thesen Bravermans wurden vielfach kritisiert und weiterentwickelt in einem sozialwissenschaftlichen Diskussionszusammenhang, der unter dem Etikett »Labour Process Debate« in die Geschichte der Arbeits- und Organisationssoziologie eingegangen ist. Er lenkte die Aufmerksamkeit auf die Analyse der Entwicklung von Qualifikation und Kontrolle im kapitalistischen Arbeitsprozess, wobei man jedoch die deterministische Annahme unabänderlicher Gesetz-

mäßigkeiten zunehmend verwarf und den arbeitenden Subjekten eine größere Bedeutung bei der konkreten Ausgestaltung des Arbeitsprozesses zubilligte.

Weiterführende Literatur:

Burawoy (→); Edwards (→); Friedman, E.: Industry and Labour. London 1977; Hildebrandt, E./Seltz, R. (Hrsg.): Managementstrategien und Kontrolle. Eine Einführung in die Labour Process Debate. Berlin 1987.

Günther Wachtler

Brunsson, Nils
The Organization of Hypocrisy. Talk, Decisions, and Actions in Organizations. Chichester et al. 1989, VIII, 242 S. Reprint 1994.
Brunsson, Nils
The Irrational Organization. Irrationality as a Basis for Organizational Action and Change. Chichester et al. 1985, 193 S. Reprint 1996, XI, 193 S.

Der Verf. geht in seinem Buch über die »irrationale Organisation« von dem Grundproblem allen organisierten Entscheidens aus, wie das Abwägen von Entscheidungsalternativen und deren Kosten bei notorisch unzureichender Information zu effektiven Handlungen führen kann. Die Umwelt von Organisationen ist intransparent, Beziehungen zwischen Zielen und Mitteln sind mehrdeutig und den verfügbaren Informationen wird kein ausreichendes Vertrauen entgegengebracht. Zwischen wirtschaftlichen und öffentlichen Organisationen mögen diesbezüglich Unterschiede bestehen. Brunsson geht gleichwohl davon aus, dass in modernen Gesellschaften vor allem Großorganisationen in zunehmendem Maße dieser Bedingungskonstellation unterliegen. In dem Maße, wie sie dies tun, müssen sie die eigenen Rationalitätsanforderungen aufgeben und zu irrationalen Formen des Entscheidens, der Unsicherheitsabsorption, übergehen.
Irrational heißt dabei, dass die unsicherheitsabsorbierenden Operationen von der kognitiv dominierten Sach- in die normativ dominierte Sozialdimension wechseln. Die Schließung

von ungewissheitsbelasteten Entscheidungsprozessen erfolgt dann nicht durch rationale Informationsverarbeitung, sondern durch irrationale Kopplung von Erfolgserwartungen, Motivation und Wertbindung. Er differenziert nach schwachen und starken Ideologien, die diese Kopplung unwahrscheinlich oder wahrscheinlich machen. Starke Ideologien sind komplex, umfassend und konsistent. Schwache Ideologien sind einfach, begrenzt und inkonsistent. Stark und schwach wird unterschieden nach der unsicherheitsabsorbierenden Effektivität einer Ideologie. Es liegt nahe, dass handlungsrationale Zentren der Staatlichkeit in erster Linie auf starke Ideologien angewiesen sind. Die diskutierende Peripherie (Parteienstreit) dagegen wäre schlecht bedient, wenn sie zu viel Unsicherheit absorbieren würde. Deshalb herrschen hier schwache Ideologien vor, die kaum in der Lage sind, Unsicherheit so weit zu reduzieren, dass Motivation, Erfolgserwartungen und Wertbindung eine handlungsgenerative Synthese eingehen. Handeln und Denken werden getrennt. Operation und Beobachtung finden in verschiedenen Arenen statt. Im Hintergrund dieser Differenzierung zwischen rationalistischem und impressionistischem Entscheiden erfolgt eine Umstellung des Rationalitätsbegriffs von optimalem Entscheiden auf die Ermöglichung verbindlichen Entscheidens überhaupt. Der verwendete Rationalitätsbegriff ist nicht länger substantiell auf den Wert etwa der Realisierung vernünftiger Zwecke bezogen, sondern nur noch auf die operative Dimension des Verknüpfens von unsicherheitsabsorbierenden Entscheidungen. Brunsson demonstriert diese Überlegungen am Beispiel der Reorganisation der schwedischen Stahlindustrie in den siebziger Jahren. Er zeigt an diesem Fall, wie beide Entscheidungsstile zum Zuge kommen.

Diese Annahme, dass moderne (Groß-)Organisationen sowohl handlungsrational als auch entscheidungsrational operieren, bildet die Grundlage von Brunssons Buch über die »Organisation von Heuchelei«. Zugleich bildet diese Annahme über die Differenz zwischen talk und action den zentralen Gegenstand dieser Arbeit. Entscheidungsrationale Kommunikation, die hohe Mehrdeutigkeit von Zielen und Mitteln verarbeitet, bedient die Erfordernisse von talk: Symbolische Kommunikation, die keineswegs manipulativen Zielen sondern der

Verarbeitung komplexer, mehrdeutiger und heterogener Umwelterwartungen dient. Ökonomische, ökologische und sozialpolitische Anforderungen können nicht gleichzeitig und widerspruchsfrei in die Entscheidungsprogramme der Organisation integriert werden. Sie müssen durch talk, im weiteren hypocrisy und double talk abgepuffert werden. Diese Art des buffering durch Kommunikation von Unbestimmtheit schützt den handlungsrationalen Kern der Organisation vor zu viel externem Änderungsdruck.
Um etwa organisatorische Festlegungen im staatlichen Zentrum kollektiv bindenden Entscheidens zu ermöglichen, muss die Peripherie entscheidungsfähige Themen aus der Masse inkonsistenter Erwartungen an die Politik herausfiltern. Sie setzt dazu Opportunismus, Unbestimmtheit sowie hypocrisy und double talk ein. Demnach ist es nachgerade die Bestimmung der political organization (dies kann auch die Telecom sein), effektive Handlungen (es müsste immer unklar bleiben, was dies genau sein könnte) zu umgehen und für die Kommunikation von Symbolen des je Erstrebenswerten zu sorgen. Der Inkrementalismus etwa der staatlichen Administration, aber auch des Managements großer Wirtschaftsorganisationen, wird so gegen die gesellschaftliche Wert- und Interessendifferenzierung abgeschirmt. Brunsson demonstriert diese Zusammenhänge an den Beispielen kommunaler Verkehrspolitik und Budgetierung.
Die Kehrseite der Medaille kollektiver Handlungsfähigkeit trotz Intransparenz, Mehrdeutigkeit und fehlender Information besteht darin, dass trotz Zunahme negativer Signale (man denke nur an die Barings Bank) Anreize für ein Abbrechen des Entscheidungs- beziehungsweise Handlungsprozesses eliminiert werden. Der Preis für entscheidungs- und handlungsbefähigende Schließung unter Ungewissheit ist die im Hintergrund mitlaufende Selbstverstärkung *der* Entscheidungsprämissen, die durch talk, hypocrisy und double talk abgeschirmt werden. Brunsson sichert seinen Zugriff auf organisationale Kommunikation primär durch Trennung von Handeln und Denken, von impressionistischen und rationalistischen Entscheidungen, von talk und action. Klassische Rationalitätsannahmen wie das Erreichen vernünftiger Zwecke durch klug gewählte Mittel werden durch die Differenz von Entschei-

dungs- und Handlungsrationalität ersetzt. Man kann sich dann fragen, in welchem Sinne die Auftrennung des Rationalitätsbegriffs eigentlich rational ist.
Die Arbeiten sind Bestandteil einer breiten und mehr oder minder tief greifenden Wendung gegen klassische und neoklassische Rationalitätsannahmen, die man vor allem in Interpretationen des Werkes von Max Weber, fortgesetzt durch »Theorien rationaler Wahl« (Elster 1986), finden kann. Optimale Problemlösungen werden in abnehmendem Maße erwartet, Inkonsistenzen in den Zielsetzungen und instabile Präferenzen werden in Kauf genommen, die Realisierungschancen von Kausalplänen und Zwecken eher pessimistisch bewertet. Brunsson befindet sich hier in der Gesellschaft von Autoren wie March (→), Simon (→) und vielen anderen Organisationstheoretikern vor allem der neo-institutionalistischen Schule. Mit Bezug auf gesellschaftstheoretische Fassungen von Organisationstheorie finden sich Anknüpfungspunkte zu den Arbeiten von Niklas Luhmann (→).
Der Verf. stimmt mit vielen begriffsverwandten Arbeiten darin überein, dass er gleichsam von der Seite der illusionär gewordenen Rationalität auf die Seite der sich durchsetzenden Irrationalität wechselt: Wenn die Orientierung an Zwecken zunehmend die nötige Motivation zur Entscheidung zersetzt, dann gewinnt die Orientierung an der Motivation selbst (indifferent gegen materiale Zwecke) an Gewicht. Dieses Übersetzen von einer zur andern Seite der Unterscheidung von organisationaler Rationalität und Irrationalität dokumentiert sich bei James G. March in der Vorstellung einer technology of foolishness und bei Karl Weick (→) im Prinzip des loose coupling. Es ist allerdings die Frage, ob dieses Verfahren des Übersetzens von einer auf die andere Seite ausreicht. Bei Brunsson (1985, S. 185) kann man sehen, dass das Prinzip des loose coupling von talk und action, von Entscheidungsrationalität und Entscheidungsirrationalität zur Selbstverstärkung interner Festlegungen, der Unsicherheitsabsorption, führt und die Korrekturfähigkeit der Organisation erheblich einschränkt. Dieser Effekt der Einschränkung von Irritation, der Reduktion von Optionen, die ein gewisses Maß an Reversibilität zu gewährleisten hätten, lässt sich schwerlich als rational bezeichnen. Die Arbeiten des Verf. machen auf diese

Kosten von ansonsten funktional erforderlicher Irrationalität aufmerksam. Sie beerben die Organisationsforschung allerdings mit der Frage, wie Organisationen aus dieser Falle entkommen – und zumindest operative Rationalität zurückgewinnen. Für diese Problemstellung ist es vermutlich nützlich zu sehen, dass die von Brunsson bearbeiteten Probleme allesamt in der System/Umwelt-Differenz von Organisationen platziert sind. Von daher kann es wohl nur noch um eine organisationstheoretische Interpretation von Systemrationalität gehen (Luhmann 1968).

Weiterführende Literatur:

Elster, J. (Hrsg.): Rational Choice. New York 1986; Luhmann 1964 (→); Luhmann 1968 (→).

Klaus P. Japp

Büschges, Günter (Hrsg.)
Organisation und Herrschaft. Klassische und moderne Studientexte zur sozialwissenschaftlichen Organisationstheorie. Reinbek b. Hamburg 1976, 346 S.

Der Reader vereinigt unter dem Leitthema Auszüge klassischer Literatur zur sozialwissenschaftlichen Organisationstheorie. Er gliedert sich in die Teile Organisationen als Herrschaftsinstrumente und Herrschaftsverbände (1.), Organisationen als Kooperations-, Entscheidungs- und Kontrollsysteme (2.) und Organisationen als Momente des gesellschaftlichen Wandels (3.). Einführende, die Systematik der Auswahl erläuternde Bemerkungen des Verf. kennzeichnen Organisationen als von Menschen geschaffene Instanzen u.a. der Sozialisation und Ausübung sozialer Kontrolle und als Träger von Merkmalen des Gesellschaftssystems. Funktionale, arbeitsteilige Organisation wird als Kooperations- und Kontrollsystem begriffen und als »hierarchisch gegliedertes, Über-, Neben- und Unterordnungsbeziehungen begründendes, Weisungsbefugnisse zuteilendes, Kompetenzen regelndes, abgrenzendes und abstufendes Herrschaftssystem« (S. 22) beschrieben.
In »Das Kapital« charakterisiert Karl Marx das Wesen der Kooperation als Bedingung, Folge und Grundform kapitali-

stischer Produktionsweise. Die die Einheit des Arbeitsprozesses erzeugende Leitung ist – gegen Widerstand und Disziplinmangel der Arbeiter – Funktion der Ausbeutung des arbeitsteiligen, entfremdeten und maschinellen Arbeitsprozesses, der selbst die Bedingungen der Herrschaft des Kapitals über die Arbeit in Kooperativfabriken produziert. Der industrielle Kapitalist als Exploiteur fremder Arbeit bedient sich industrieller Manager, wird als Funktionär der Produktion entbehrlich und begründet die Trennung von Eigentum und Verfügungsmacht. »Von der Autorität« sagt Friedrich Engels, dass sie das kombinierten Tätigkeiten und dependenten Prozessen inhärente Erfordernis der Überordnung eines fremden Willens sei und zeigt, dass Organisation – unabhängig von gesellschaftlicher Verfasstheit – ohne Autorität nicht denkbar ist. Max Weber (»Wirtschaft und Gesellschaft«) kennzeichnet – idealtypisch – legale, sachlich unpersönliche Herrschaft mit bürokratisch-monokratischem Verwaltungsstab (Behörde, Beamte; auch: privatwirtschaftlicher Betrieb) als formal rationalste, reinste Form der Herrschaftsausübung qua Überlegenheit an Fachwissen und Tatsachenkenntnis, aber auch Regelhaftigkeit, Aktenmäßigkeit, Präzision, Hierarchie, Amtskompetenz, Disziplin, Recht: »›Herrschaft‹ soll [...] die Chance heißen, für spezifische [...] Befehle bei einer angebbaren Gruppe von Menschen Gehorsam zu finden« (S. 59). Die – für moderne Gesellschaften unentbehrliche – bürokratische Organisation (Rationalismus) bildet ein Gehäuse der Hörigkeit, demgegenüber die Rettung »einer in irgendeinem Sinn ›individualistischen‹ Bewegungsfreiheit« (S. 85) fraglich erscheint. Robert Michels («Zur Soziologie des Parteiwesens in der modernen Demokratie«) zeigt die zu Organisation gehörende Tendenz zur Oligarchie. Mit ihrem Wachstum wird die bürokratische Parteiorganisation schwerfällig, zum Selbstzweck der politischen Bewegung, zum Herrschaftsorgan der Gewählten über die Wähler: »Der Wechsel des Kapellmeisters ändert nichts an der Musik« (S. 111). In »Soziale Klassen und Klassenkonflikt in der industriellen Gesellschaft« analysiert Ralf Dahrendorf die Autoritätsstruktur des Industriebetriebes als ein fundamentales, sich gesellschaftlichem Wandel entziehendes Herrschaftsverhältnis, das latente Interessen und Quasi-Gruppen erzeugt. Anteil an oder Ausschluss von Herrschaft ist »letzter Bestimmungsgrund des industriellen Klassenkampfes« (S. 126). Chester I. Barnard (»Die Führung großer Organisationen«) untersucht formelle (komplexe) Organisation als unpersönliches »System bewusst koordinierter Handlungen oder Kräfte von zwei oder mehr Personen« (S. 140); ihre Elemente sind Kommunikation, Dienstbereitschaft und ein gemeinsames Ziel; ihr Material sind Handlungen von Personen; ihr Bestand wird gesichert durch Leistungsfähigkeit und dauerhafte Kooperation. Dem dienen u.a. die Führungsorganisation, informelle Kooperationssysteme, die Autorität der Anordnung und Entscheidungen.

In »Das Verwaltungshandeln« betrachtet Herbert A. Simon zweckgerichtete Entscheidungsprozesse als Analyseeinheit von Vorgängen in Organisationen. Sie bilden – bei Beachtung organisatorischer Gleichgewichtsmechanismen und Leistungsstärke – die Basis für verfahrensmäßige Koordinierung, Organisationsloyalität (Identifikation) und organisatorische Einflussnahmen (Weisungsmacht), denen sich Individuen – in Grenzen – unterwerfen, um eigene Ziele zu erreichen. Martin Irle fokussiert »Soziale Systeme« und deren Strukturierung in über- und untergeordnete Sub-Einheiten (Handlungszentren) als Ausgangspunkt der Analyse von Abläufen und Vorgängen, die das System als Ganzes betreffen. In »Funktionen und Folgen formaler Organisation« untersucht Niklas Luhmann organisierte soziale Handlungssysteme. Deren innere Ordnung dient dem Systemerhalt, ist durch eine Struktur formalisierter Erwartungen definiert und durch formale Mitgliedschaftsrollen gedeckt, auf deren Basis formales und informales Verhalten akzeptiert oder sanktioniert wird. Die funktionale Analyse »definiert System durch relative Invarianz seiner Grenzen gegenüber einer Umwelt« (S. 195); Zweck und Herrschaft erscheinen formalisiert. Friedhart Hegner rekonstruiert »Strukturelemente organisierter Handlungssysteme« im Problemfeld des Aufeinandertreffens von Individuen und sozialen Systemen, in das er die Fragen nach der Art sozialer Regelhaftigkeiten und der Weise, in der diese Kontingenz und Unsicherheit abbauen, projiziert und mit organisationssoziologischen Begriffen (Regel, Handlung, Kooperation, Ziel, Programm-, Kommunikations-, Autoritäts- und Kontroll- sowie Personalstruktur) diskutiert.

In »Die postindustrielle Gesellschaft« konzipiert Alain Touraine Grundlinien einer Soziologie »einer privaten Institution, die eine soziale Funktion erfüllt; eines Willens zur Rationalität, den ein privates politisches System lenkt« (S. 257). Entscheidungs- und Verhandlungssysteme charakterisieren das Unternehmen als strategisches Feld (Funktionalität und Machtkonflikte), in dem nicht die Regel, sondern das Ziel, nicht die Abteilung, sondern das Projekt die Aktionseinheit bilden. Wolfgang Schluchter («Aspekte bürokratischer Herrschaft«) untersucht das Verhältnis von Amtsautorität (Recht), Sachautorität (Wissen) und demokratischer Kontrolle bei zunehmender Rationalisierung (Professionalisierung). Die Institutionalisierung dieser widersprüchlichen Gegenprinzipien bedeutet u.a. »den Zwang, sich demokratischer Kontrolle [...] zu bedienen, weil dies der Erhaltung und Steigerung der Komplexität von Organisationen zugute kommt« (S. 296) und deren flexibler Umweltanpassung dient.
Im Originalbeitrag »Organisation und sozialer Wandel« beleuchtet Karl Gabriel Theorien des sozialen Wandels. Organisationen sind »ein spätes Produkt sozialer Wandlungsprozesse und können als eine wesentliche Dimension des gesellschaftlichen Wandels betrachtet werden« (S. 309). Strukturelle Aspekte des Organisationswandels finden sich im Bereich der Vorschriften (Zentralisierung, Formalisierung, Programmstruktur), des Personals (Professionalisierung, Autorität, Kommunikation) und in der Umwelt (Statik, Dynamik). Grenzen der Organisationslogik markierende Legitimationsprobleme – u.a. der Widerspruch zwischen Zweckrationalität und Intentionalität – scheinen überwindbar, »wo der Konflikt zwischen unterschiedlichen Gruppen und gegensätzlichen Prinzipien tatsächlich anerkannt wird und Konfliktlösungsmechanismen an Stelle von managementorientierten Harmonievorstellungen im Mittelpunkt stehen« (S. 322).
Die Beiträge vermitteln in kompakter Form und aus unterschiedlicher Perspektive ein Grundverständnis von Organisation und Organisationstheorie dadurch, dass Organisationen als umfassendes Phänomen sozialer Ordnungsbildung thematisiert werden. Die in ihnen begründete Chance, durch die Ausübung von Verfügungsrechten Herrschaft zu erzeugen und der Widerspruch zwischen Fremd- und Selbstbestimmung der

Individuen leiten die Auswahl der Auszüge – wohl auch, um einer auch heute aktuellen Reifikation von Organisationen in der Diskussion, dem damit verbundenen Bedeutungsverlust der Herrschaftskategorie und der Verschleierung von Organisierbarkeit als tragende Ideologie der Moderne (Türk 1995) entgegenzutreten.

Jürgen Grieger

Burawoy, Michael
The Politics of Produktion. Factory Regimes under Capitalism and Socialism. 1. Auflage London 1985, 272 S., 3. Auflage 1990.
Burawoy, Michael
Manufacturing Consent. Changes in Labor Process under Monopoly Capitalism. 1. Auflage Chicago 1979, 266 S., 6. Auflage 1991, XVII, 267 S.

Ein zentrales Thema der Organisationsforschung ist die Analyse der Bildungsprozesse organisationaler Strukturen. Politikorientierte Ansätze begreifen Organisation und ihre jeweilige Struktur als Resultat politischen Handelns konkreter Akteure. Die Studien Burawoys lassen sich dieser Theorierichtung zuordnen, wenngleich sie ihrem Anspruch nach über diese hinausreichen. Sowohl in »Manufacturing Consent« als auch in »The Politics of Production« geht es dem Verf. um einen kritischen Beitrag zur Weiterentwicklung der Marxschen Theorie. Im Zentrum beider Arbeiten, in die die Ergebnisse seiner empirischen Studien eingehen, steht der kapitalistische Arbeitsprozess und dessen historische Veränderung. Seine Transformation erklärt er über das spezifische Zusammenwirken innerbetrieblicher Politikformen und dem allgemeinen Formwandel des Kapitalismus. Die Kritik an der Marxschen Konzeptionalisierung des kapitalistischen Arbeitsprozesses setzt an dessen Interpretation der Lösung des Transformationsproblems an. Der Einsatz äußerer Zwangsmechanismen kann nicht als einzige der kapitalistischen Produktionsweise eigenen Lösungsform des Transformationsproblems gesehen werden. Vielmehr variiert sie historisch mit dem Formwandel des Kapitalismus selbst. Entgegen Bravermans

Interpretation der Herrschaft im modernen, durch das Monopol gekennzeichneten, kapitalistischen Produktionsprozess hebt er die spezifischen Mechanismen der innerbetrieblichen Konsensbildung hervor. Damit verbindet sich jedoch nicht nur die Analyse des Strukturierungsprozesses der kapitalistischen Arbeitsorganisation. Orientiert am Hegemoniekonzept Antonio Gramscis und dessen Arbeit über den amerikanischen Fordismus versucht Burawoy zu zeigen, wie über den betrieblichen Konsens gesellschaftliche Hegemonie hergestellt wird. Das Transformationsproblem als allgemeines Problem von Herrschaft und Ausbeutung muss hinsichtlich der kapitalistischen Produktionsweise spezifiziert werden. Diese unterscheidet sich von der feudalen Produktionsweise durch die gleichzeitige Sicherstellung und Verschleierung von Mehrarbeit. Diese Eigentümlichkeit der kapitalistischen Produktionsweise schlägt sich in der spezifischen Struktur des Arbeitsprozesses nieder, die als historisch variierende Kombination von Zwang und Konsens verstanden werden muss. Diese führt zu Kooperation zwecks Profiterzielung. Unter dieser Perspektive lässt sich die herkömmliche Unterscheidung von Basis und Überbau bzw. Ökonomie und Politik nicht aufrechterhalten. Beide Bereiche müssen vielmehr als mit je eigener Basis und eigenem Überbau ausgestattet begriffen werden. Die Struktur des kapitalistischen Arbeitsprozesses ergibt sich damit aus dem Zusammenwirken der organisationsinternen sozialen Prozesse, den ›relations in production‹ und den die Organisation umschließenden gesellschaftlichen Verhältnissen, den ›relations of production‹, die unter Berücksichtigung ihrer jeweiligen historischen Ausformung in Gestalt so genannter Fabrik- oder Produktionsregime zusammengeführt werden. Zentral für das Verständnis der relations in production ist die spezifische Form der Konfliktaustragung und Konsensbildung. Entscheidend sind hier nicht die institutionalisierten formalen politischen Regelwerke, sondern, am Beispiel des Spiels ›making out‹ demonstriert, die unterhalb dieser Ebene liegenden informellen Aushandlungsprozesse. Mittels dieses Spiels, in dem es um die Auseinandersetzung mit den vorgegebenen Akkordrichtsätzen zwischen den Beschäftigten und dem Management geht, wird der Eindruck von Spielräumen bzw. Veränderungsmöglichkeiten erweckt. Die so erzielten

ideologischen Effekte tragen zur Konsensbildung bei.
Der Verf. erweitert seine Analyse mittels der Unterscheidung zwischen politischen Kämpfen, den ›politics of production‹ einerseits und den sich daraus entwickelnden Regulationsmodi, den ›political apparatuses‹, andererseits. Er geht damit über die herkömmlichen mikropolitischen Ansätze hinaus, die auf Grund der fehlenden Theoretisierung dieser Differenz nicht in der Lage sind, die Reflexivität politischen Handelns hinreichend zu erfassen. Aus dieser Perspektive geht Organisation und ihre Struktur nicht in politischem Handeln auf. Vielmehr sind die politischen Kämpfe wie die sie strukturierenden politischen Apparate durch den Arbeitsprozess, die Marktkräfte und die staatliche Politik und die Staatsapparate begrenzt. Im weiteren Verlauf seiner Analyse nutzt er diese Dimensionen zu einer alternativen Konzeptionalisierung der kapitalistischen Entwicklungsdynamik und zur Interpretation der unterschiedlichen nationalen Ausprägungen des Produktions- und Akkumulationsprozesses. Die Dynamik des Kapitalismus erklärt sich nicht mehr aus einer ihm innewohnenden objektiven Logik, sondern sie ist Resultat unterschiedlicher politischer Apparate, die zu unterschiedlichen politischen Kämpfen und darüber zu verschiedenen Mustern der Kapitalakkumulation führen. Historisch lassen sich dabei drei verschiedene Entwicklungsphasen oder Fabrikregime unterscheiden:
1. Das despotische Regime (differenziert in den Marktdespotismus und den patriarchalen und paternalistischen Despotismus), in dem über die Trennung von Kapital und Arbeit die Reproduktion der Arbeitskraft unmittelbar dem kapitalistischen Produktionsprozess unterworfen ist und in dem Zwang und nicht Konsens den Arbeitsprozess kennzeichnet. 2. Das hegemoniale Regime, das durch die Trennung der Reproduktion der Arbeitskräfte vom Produktionsprozess (durch die Etablierung des fordistischen Wohlfahrtstaats) und eine auf Konsens angelegte Produktionspolitik gekennzeichnet ist. 3. Das hegemonial despotische Regime, das vor allem auf der zunehmenden Kapitalmobilität und Internationalisierung des Kapitals beruht. Hier generiert sich der erneuerte Despotismus über die Drohung der Unternehmensschließung oder der Kapitalflucht. Eine auf Zugeständnisse seitens der Beschäftigten ausgelegte Produktionspolitik und die verschiedenen Pro-

gramme der Qualitätssicherung- und verbesserung stellen dabei nur zwei Seiten des hegemonialen Despotismus dar.
Die nationalen Variationen der einzelnen Produktionsregime erklären sich aus den je unterschiedlichen Beziehungen zwischen den Produktions- und Staatsapparaten. Insbesondere die national differierenden Formen der Arbeitnehmerorganisationen und der staatlichen Regulierung des Verhältnisses von Kapital und Arbeit spielen hier eine entscheidende Rolle.
Im Vergleich zu mikropolitischen Ansätzen in der Organisationsforschung liegt die Stärke des Burawoyschen Konzepts vor allem in der gesellschafts- bzw. kapitalismustheoretischen Fundierung. Politisches Handeln bzw. politische Kämpfe erscheinen hierdurch nicht als allgemeine Form sozialen Handelns, sondern als spezifische Handlungsform unter herrschaftsförmigen Verhältnissen.

Michael Bruch

Burchell, Graham/Gordon, Colin/Miller, Peter (Hrsg.) The Foucault Effect. Studies in Governmentality. Hemel Hempstead 1991, 307 S.

Michel Foucaults Vorlesungen der Jahre 1978 und 1979 am Collège de France markieren eine wichtige Verschiebung seiner Machtanalytik. Stärker als in den vorangegangenen mikrophysikalischen Arbeiten, in denen die Untersuchung der Souveränitäts- und Disziplinarmechanismen im Vordergrund stand, konzentriert Foucault sich hier auf die Analyse von Führungsverhältnissen und Subjektivierungsformen unter dem Blickwinkel einer Genealogie des modernen Staates. Die historisch-politische Rekonstruktion umfasst einen Zeitraum von der griechisch-römischen Antike bis hin zu neoliberalen Regierungsformen, wobei dem im Rahmen der Vorlesungsreihe entwickelten umfassenden Begriff von Regierung eine zentrale theoriestrategische Bedeutung zukommt. Aus organisationssoziologischer Sicht sind vor allem drei Aspekte hervorzuheben. Foucaults Begriff der Regierung erlaubt zum einen die Unterscheidung in mikro- und makropolitische Analyseebenen zu umgehen: Die politische Regierung als Regierung des Staates ist eine Führungstechnik unter anderen. Zum anderen dient der Begriff dazu, das Verhältnis der Regierung anderer zu Formen der Selbstregierung präziser zu fassen, um auch Subjektivierungsprozesse, die nicht auf Körperdisziplinierungen zurückzuführen sind, in ihren Herrschaftseffekten untersuchen und das Verhältnis von Individuum und Organisation genauer analysieren zu können. Schließlich artikuliert der von Foucault eingeführte Begriff der Gouvernementalität (gouvernementalité) die Arbeitsthese einer wechselseitigen Konstitution von Machttechniken und Wissensformen. Die Untersuchung der Regierungspraktiken ist daher zugleich angeleitet von der Frage nach den sich in ihnen materialisierenden politischen Rationalitäten. In dem Sammelband finden sich zunächst drei Texte von Michel Foucault: Der Erste erläutert die politische Bedeutung der Diskursanalyse (»Politics and the Study of Discourse«, französisches Original von 1968); »Questions of method« (französisches Original von 1980) befasst sich mit zentralen theoretischen und methodologischen Fragen der Foucaultschen Genealogie der Macht; der dritte Beitrag ist die Mitschrift einer Vorlesung von 1978 am Collège de France, in der Foucault das historische Profil der Regierungsperspektive in Absetzung von Souveränitätsmechanismen einerseits und Diszplinartechnologien andererseits skizziert (Governmentality). Neben dem letztgenannten Text stellt vor allem der Aufsatz von Gordon (»Governmental Rationality: an Introduction«) eine sehr informative Einführung in das komplexe Thema der Gouvernementalität dar. Gordons Überblicksartikel hat auch den Vorzug, dass er die theoretische Veränderung der Machtproblematik Foucaults auf den zeithistorischen Kontext einer wachsenden politischen Attraktivität neoliberaler Regierungsformen gegen Ende der 70er Jahre bezieht. Foucaults Beitrag zu einer Genealogie des Liberalismus geht Burchell in seinem Beitrag nach (»Peculiar Interests: Civil Society and Governing ›the System of Natural Liberties‹«). Er zeigt, dass Foucault den Liberalismus eher als eine Praxis der Kritik und eine Reflexion des Regierungsdenkens denn als theoretische Doktrin oder politische Ideologie betrachtet.

Der Schwerpunkt des Bandes liegt auf Beiträgen von Mitarbeiterinnen und Mitarbeitern Foucaults. Die meisten dieser Arbeiten sind bereits Ende der 70er oder Anfang der 80er

Jahre in der Zeitschrift »Ideology and Consciousness« (ab 1979 I&C) in englischer Übersetzung erschienen und gehen zum größten Teil auf Forschungsprojekte im Rahmen der vorlesungsbegleitenden Seminare zurück, die einige der von Foucault entwickelten Themen vertiefen und konkretisieren. Einen wichtigen Bezugspunkt bildet dabei die Untersuchung der Transformation der liberalen Sicherheitspolitik, in deren Zentrum das Individuum stand, zur Institutionalisierung eines Sozialversicherungssystems im 19. Jahrhundert. Eine Reihe von Beiträgen hebt die Bedeutung von Risikokalkulationen und Versicherungstechniken für moderne Regierungsformen hervor. Der Text von François Ewald (»Insurance and Risk«) ist die gekürzte Fassung eines Kapitels aus seinem 1986 erschienenen Buches »L'Etat Providence« (deutsch: »Der Vorsorgestaat«, 1993). Ewald stellt in dem Aufsatz die Differenz von sozialer Versicherungsrationalität und dem juridisch-moralischen Verschuldenskonzept heraus. Der Versicherungstechnologie kommt Ewald zufolge im Rahmen einer Genealogie des Sozialstaats die Rolle einer politischen Technologie zu, da durch das Risikokalkül Verantwortung ohne Rekurs auf einen individuellen Fehler oder ein moralisches Fehlverhalten übernommen und auf eine Kollektivität umgelegt werden kann. Gegen eine Sichtweise, die das Sozialversicherungssystem einfach als einen Sieg der Arbeiterklasse reklamiert, kann Daniel Defert (»›Popular Life‹ and Insurance Technology«) zeigen, dass die Versicherungstechnologie sich nur gegen bestehende Formen von Solidarität innerhalb der Arbeiterbewegung durchsetzen konnte und sowohl der Risikobegriff als auch die zu Grunde gelegten statistischen Berechnungen und das Wahrscheinlichkeitskalkül (vgl. dazu auch den Beitrag von Ian Hacking) erfolgreich zu einer Entpolitisierung der sozialen Konflikte beitrugen: An die Stelle gesellschaftlicher Antagonismen trat die Homogenisierung des sozialen Felds durch die Konzentration auf quantitative Abweichungen und individuell unterschiedliche Risikoverteilungen. Zwei weitere Beiträge beschäftigen sich mit der Ergänzung der politischen Ökonomie durch eine soziale Ökonomie im 19. Jahrhundert (Giovanna Procacci) und der Ausarbeitung der Idee einer sozialen Verteidigung in der Kriminologie am Ende des 19. Jahrhunderts (Pasquale Pasquino).

Robert Castel (»From Dangerousness to Risk«) geht den Modifikationen des Risikobegriffs anhand der Transformation traditioneller Interventionsformen in Psychiatrie und Sozialarbeit nach. War die Risikowahrnehmung lange Zeit an die Gefährlichkeit konkreter Individuen geknüpft, so werde seit den 70er Jahren der direkte Subjektbezug immer weiter aufgegeben: Risiken erscheinen jetzt als Resultat einer Kombination von abstrakten Faktoren, deren Erhebung durch die neuen Informationstechnologien ermöglicht wird. Castels These ist, dass dieser Wechsel von Gefährlichkeit zu Risiko die »sanfte« Integration von Individuen über die Zuteilung unterschiedlicher Lebenswege in einer postdisziplinären Ordnung erlaubt. Dieser Interpretation folgt auch Jacques Donzelot in seinen Beiträgen zur Analyse einer Ökonomisierung des Sozialen. Für Donzelot signalisiert die Krise des Keynesianismus und der Abbau wohlfahrtsstaatlicher Regulationsformen nicht die Rückkehr zu frühliberalen Politikmodi, sondern ein Umcodieren der Sicherheitspolitik, das die Entwicklung von interventionistischen Techniken ermöglicht, die Individuen anleiten und führen, ohne für sie verantwortlich zu sein.

Die besondere Bedeutung des Sammelbandes besteht darin, dass er den Auftakt der sog. »governmentality studies« darstellt. Mit der Gründung eines History of the Present-Netzwerkes 1989 in London verlagerte sich das Zentrum der Gouvernementalitätsliteratur immer weiter aus der frankophonen in die englischsprachige Welt. Nach »The Foucault Effect« sind inzwischen mehrere Sammelbände und einige Hundert Aufsätze zum Problem der Regierung erscheinen (für einen Überblick s. die Bibliographie der governmentality studies im Internet: http://www.yorku.ca/faculty/academic/isin/hop-1/bib.htm, deren thematische Breite beeindruckend ist, die leider aber auch häufig hinter die von Foucault formulierten methodologischen und theoretischen Problemstellungen zurückfallen. Dennoch liegt der prinzipielle theoretische Vorzug dieser Studien in der Analyse des Verhältnisses von abstrakten politischen Rationalitäten zu den Mikrotechniken des Alltags sowie in der Anbindung der scheinbar privaten Selbsttechnologien an übergreifende politisch-ökonomische Regulations- und Organisationsformen.

Weiterführende Literatur:
Barry, A./Osborne, T./Rose, N.: Foucault and Political Reason. Liberalism, neo-liberalism and rationalities of government. London 1996; Dean, M./ Hindess, B.: Governing Australia. Studies in Contemporary Rationalities of Government. Cambridge 1998; Economy and Society: Special Issue: Liberalism, Neo-Liberalism and Governmentality, Vol. 22, No. 3, August 1993; Economy and Society: Special Issue: Alternative Political Imaginations, Vol. 24, No. 4, November 1995.

Thomas Lemke

Burnham, James
The Managerial Revolution. New York 1937. Aus dem Amerikanischen von Helmut Lindemann: Das Regime der Manager. Stuttgart 1948, 348 S.

Wenige Jahre sind vergangen, seit Berle/Means 1932 das Problem der Trennung von Eigentum und Kontrolle in modernen Kapitalgesellschaften in die Diskussion gebracht haben, als Burnham in der »Revolution der Manager« den Eigentümerkapitalismus der bürgerlichen Gesellschaft ebenso im Verfall begriffen sieht wie die überkommenen Institutionen des Kapitalismus überhaupt. Diese Welt von gestern – die Welt des national begrenzten und gegenüber der Wirtschaft zurückgenommenen Staates, der auf Privateigentum beruhenden und durch Gewinnstreben und Wettbewerb in Gang gehaltenen Wirtschaft – wird angesichts von Weltwirtschaftskrise, Massenarbeitslosigkeit und öffentlicher wie privater Verschuldung ebenso brüchig wie die kapitalistischen Leitideen von Individualismus und Privatinitiative, von Vertragsfreiheit und Fortschritt. Dem Glauben an die Unvergänglichkeit des Kapitalismus war zwar bereits in der Vision einer proletarisch-sozialistischen Revolution scheinbar eine Absage erteilt worden; die Entwicklungen der 30er Jahre in Sowjetrussland, dem nationalsozialistischen Deutschland oder sogar in den USA während der Ära des New Deal zeigten aber, dass aus den vor sich gehenden Umwälzungen nicht Kapitalismus oder Sozialismus, sondern ein völlig anders gearteter Gesellschaftstyp hervorgehen werde: die Herrschaft der Manager, die Managergesellschaft.

Die Revolution der Manager ist für den Verf. Ende der 30er Jahre des 20. Jahrhunderts bereits – unauffällig aber unübersehbar – vorangeschritten und vollzieht sich in zwei parallel zueinander verlaufenden Bahnen: Zum einen tritt der individuelle Kapitaleigentümer seine Verfügungsrechte im Zuge der Bildung von Kapitalgesellschaften mehr und mehr an das Management der Unternehmen ab. Mit den Verfügungsrechten über das Kapital übt nun das Management die Herrschaft über das Unternehmen aus, während den Eigentümern zwar bevorzugte Nutzungsrechte, kaum aber noch wirksame Kontrollrechte verbleiben. Zum anderen wächst mit der Ausweitung von Staatsunternehmen in der Wirtschaft und zunehmender staatlicher Regulierung der Privatunternehmen eine Managerelite heran, die immer weitere Bereiche der Wirtschaft unter ihre Kontrolle bringt, durch Privateigentum überhaupt nicht mehr gebunden und weder durch Markt noch Politik steuerbar ist. Im Ergebnis beider Prozesse entsteht in den Unternehmen wie in der staatlichen Administration eine miteinander verschmelzende bürokratisch-managerielle Oberschicht, die die alte bürgerlich-privatkapitalistische Herrschaft ablöst und – in ihren Grundzügen weltweit – durch ein Regime der Manager ersetzt. Alle Unterschiede von Staatskapitalismus und Staatssozialismus übergreifend, kündigt sich in der Managerherrschaft eine Gesellschaft an, in der der Ton »nicht mehr auf dem Individuum, sondern auf Staat, Volk und Rasse; nicht mehr auf Gold, sondern auf Arbeit und Arbeitern; nicht mehr auf Privatunternehmen, sondern auf Sozialismus und Kollektivismus; nicht mehr auf Freiheit und freier Initiative, sondern auf Planung liegt«.
Burnhams Prognose einer Ablösung der kapitalistischen Gesellschaft durch eine bürokratische oder technokratische Managergesellschaft ist heute Geschichte, gleichgültig, ob man seine Vision als Lösung kapitalistischer Krisen oder als Bedrohung individueller Freiheit verstehen will. Geblieben ist bis heute als Problem des Managerkapitalismus der Übergang von Verfügungsrechten auf ein Management, das durch Eigentum nicht mehr in Verantwortung und Risiken eingebunden und durch Eigentümer oder Politik und Öffentlichkeit kaum noch kontrolliert werden kann. Nach ersten Auseinandersetzungen mit Burnhams Managerkapitalismus bei Hel-

mut Schelsky (1950) und Helge Pross (1965) nehmen sowohl institutionenökonomisch wie eher kommunikativ-ethisch geprägte Argumentationen Burnhams Managerkapitalismus zum Ausgangspunkt und suchen nach Wegen zur Kontrolle des Managements eben und gerade dort, wo in entpersonalisierten Kapitalgesellschaften individuelle Eigentümer entmachtet und in der Umwelt von Entscheidungen im Unternehmen Betroffene keinen Einfluss auf Entscheidungen des Managements ausüben können. Während in der Institutionenökonomie die institutionelle Verteilung von Verfügungsrechten (Property Rights) und das Prinzipal-Agenten-Verhältnis zwischen Eigentümer und Management im Vordergrund stehen und in darauf aufbauenden soziologischen Untersuchungen die Asymmetrie von Verfügungsrechten thematisiert wird (Coleman →), setzen kommunikativ-ethisch und politisch inspirierte Ansätze an der Aushöhlung privater Verfügungsrechte im Unternehmen an, indem entpersonalisierte Kapitalgesellschaften als quasi-öffentliche Institutionen gesehen werden, deren Rationalitäten nicht durch ein unkontrolliertes Management bestimmt, sondern diskursiv unter Einbeziehung intern und extern von den Entscheidungen Betroffener in Form einer unternehmenspolitischen Verständigungsgemeinschaft erst gefunden werden müssen (im Überblick: Ulrich). Übernahmedrohungen schließlich scheinen auf einem im Zuge der Globalisierung wiedererwachten Markt für Unternehmenskontrolle Macht und Kontrollmöglichkeiten institutioneller Eigentümer gegenüber dem Management zu verstärken und ein unkontrolliertes Regime der Manager mit marktlichen statt politischen Mitteln zu vereiteln (Windolf).

Weiterführende Literatur:

Schelsky, H.: Berechtigung und Anmaßung in der Managerherrschaft (zuerst 1950). In: ders.: Auf der Suche nach Wirklichkeit. Düsseldorf usw. 1965; Pross, H.: Manager und Aktionäre in Deutschland. Frankfurt/M. 1965; Richter, R./Furubotn, E.: Neue Institutionenökonomik. Tübingen 1996; Coleman (→); Ulrich, P.: Transformation der ökonomischen Vernunft. Bern usw. 1986; Windolf, P.: Die neuen Eigentümer. In: Zeitschrift für Soziologie 23, 2, 1994, S. 79-92.

Thomas Edeling

Burns, Tom
Micropolitics. Mechanisms of Institutional Change. In: Administrative Science Quarterly, 1961, S. 257-281.

Der Wandel von Organisationen wird durch politisches Handeln bewirkt – so die Message des Verf.. Politisches Handeln kann unter zwei Perspektiven betrachtet werden: als ein (wie immer definiertes) Verfolgen eigener Interessen und als Instrument zur Überführung sich wandelnder externer und interner Bedingungen in organisationale Prozesse. Politische Aktivitäten in Organisationen verbindet der Verf. mit Verhalten, bei dem Akteure einander im Wettbewerb als Ressourcen benutzen. Das Wort ›politisch‹ wird in Korporationen fast ausschließlich ›backstage‹, als informelle, abwertende Kritik am Handeln anderer verwendet. Es gilt nur als moralisch legitim, wenn die Möglichkeit besteht, Wert- und Interessensysteme miteinander auf einer Ebene höherer Moralität zu versöhnen – sei es die der Unternehmung, der Industrie oder der Gesellschaft. Politisches Handeln ist notwendig, um internen Wandel zu bewerkstelligen, auch wenn es für einen Beobachter von außen so aussieht, als ob der Wandel die unvermeidliche Konsequenz einer neuen Situation sei. Politisches Handeln und sozialen Wandel diskutiert der Verf. im Zusammenhang mit der Einführung neuer Ressourcen in eine Unternehmung oder als Ausdehnung oder Schwächung existierender Ressourcen auf der Grundlage geteilter oder umkämpfter Vorstellungen über die Regeln des Spiels. Zum Schluss wird gezeigt, dass die Ausbeutung von Ressourcen Verpflichtungen als Austauschwährung einschließt und bemerkt, dass die Akkumulation von Ressourcen die Möglichkeiten politischen Handelns sowie des Wandels gesellschaftlicher Strukturen ausgeweitet und verändert hat.
Der Aufsatz formuliert eine der ersten systematischen Überlegungen zum Verhältnis von Politik und Organisation und stellt ein Konzept organisationalen Wandels vor, das der kontingenztheoretischen Vorstellung extern erzwungener Fits interner Strukturen entgegengesetzt ist. Bosetzky hat in Deutschland den Begriff der Mikropolitik als Verfolgen individueller Interessen aufgegriffen. Erst seit Mitte der achtziger Jahre wird, angestoßen durch die Arbeit von Küpper/Ortmann

(1988 →), die von Burns angedachte doppelte Perspektive auf Politik für ein Verständnis von Organisation und organisationalem Wandel ausgearbeitet (z.B. Ortmann et al. 1990; zusammenfassend a. Neuberger 1995).

Weiterführende Literatur:

Küpper, W./Ortmann, G. (→); Ortmann, G./Windeler, A./Becker, A./ Schulz, H.-J. (→); Neuberger, O. (→).

Arnold Windeler

Burrell, Gibson/Morgan, Gareth (Hrsg.) Sociological Paradigms and Organisational Analysis. Elements of the Sociology of Corporate Life. London 1979, XII, 432 S.

Die Verf. untersuchen die paradigmatischen Verbindungen zwischen organisationssoziologischen Ansätzen und allgemeiner soziologischer Theorie. Die Paradigmen soziologischer Theoriebildung unterscheiden sich v.a. im Hinblick auf je zwei Spannungslinien – zum einen die Annahme über die Natur der Sozialwissenschaft, wobei die Konfliktlinie zwischen den Polen subjektivistisch und objektivistisch verläuft, zum anderen die Annahme über die Natur der Gesellschaft. In diesem Bereich lassen sich wiederum zwei gegensätzliche Pole unterscheiden: Ordnung und Konflikt. Diese beiden Grundpositionen bezeichnen die Verf. als ›sociology of regulation‹ bzw. ›sociology of radical change‹.

Auf dieser Basis ergeben sich vier Paradigmen, die ihren unmittelbaren Niederschlag in der Organisationstheorie finden. *Erstens:* Funktionalistische Ansätze (objektivistisch – Ordnung): Funktionalismus ist sowohl das umfassendste wie auch das zahlenmäßig bedeutsamste Paradigma. Fast die gesamte klassische Organisationstheorie, vom Scientific Management über die Hawthorne Studien bis hin zur Kontingenztheorie, sind hier zu verorten. Burrell/Morgan platzieren hier darüber hinaus auch von Max Weber inspirierte handlungstheoretische Konzeptionen wie auch die von der Phänomenonologie und dem Konstruktivismus angeleitete Theorie der Organisationen David Silvermans (→). *Zweitens:* Interpretative Organisationsforschung (subjektivistisch – Ordnung): Der wesentliche Unterschied dieser Theorietradition zu jener des Funktionalismus besteht darin, dass die Annahme einer vom Bewusstsein der Akteure unabhängigen, also objektiv erkennbaren Welt, strikt abgelehnt wird. Von dieser Position aus können Organisationen als konkrete Fakten nicht existieren, sondern einzig als Konzept, mit dessen Hilfe Akteure Sinnzuschreibungen vornehmen. Innerhalb dieses Feldes finden sich z.B. die Ethnomethodologie wie auch die Phänomenologie. *Drittens:* Radikaler Humanismus (subjektivistisch – Konflikt): Die Gemeinsamkeit dieses Ansatzes mit dem vorgenannten besteht darin, dass beide von einer subjektivistischen Position, also von der Annahme, dass Handelnde die Welt kreieren, ausgehen. Der innerhalb dieses Ansatzes bekannteste Teilbereich ist jener der Kritischen Theorie in der Nachfolge von Marx, Lukacs, Gramsci und der Frankfurter Schule. Die Grundannahmen dieses Paradigmas haben bislang kaum Niederschlag in der Organisationstheorie gefunden und müssten, konsequent zu Ende gedacht, zu einer Anti-Organisationstheorie führen. *Viertens:* Radikaler Strukturalismus (objektivistisch – Konflikt): Dieses Paradigma wird als ›radikale Organisationstheorie‹ bezeichnet, wobei sich das Feld wiederum in zwei bedeutsame Strömungen aufteilt: einerseits in solche Arbeiten, die an Marx anschließen und anderseits in solche, die sich auf Weber beziehen.

Insgesamt handelt es sich um einen außerordentlich ambitionierten und verdienstvollen, ziemlich einflussreichen, aber auch mit einigen Schwächen versehenen Band. Die gesetzte Aufgabe war sehr schwierig. Gerade die dominante amerikanische Organisationssoziologie hatte praktisch keinen Bezug zur Entwicklung der soziologischen Theorie, vielmehr überwogen quantitative Analysen, die häufig durch geringen theoretischen Gehalt und geringe theoretische Kenntnisse gekennzeichnet waren. Während das Buch in den Vereinigten Staaten kein besonders großes Echo fand, setzte es hingegen in Europa die Anfang der 70er Jahre begonnene Distanzierung von der us-amerikanischen Organisationsforschung konsequent fort. Gerade in Europa und hier v.a. in Großbritannien wurde das Werk umfassend rezipiert, was sich z.B. daran zeigt, dass es sich um das in der Zeitschrift Organization Studies am zweithäufigsten zitierte Werk überhaupt handelt (Üsdüken/Paradeos 1995). Dennoch sollte nicht übersehen werden, dass die als quasi zeitlos dargelegten Spannungslinien der soziologischen Theoriebildung außerordentlich stark in die damalige Theoriediskussion eingebettet waren. Neuere Entwicklungen (z.B. postmodernistische Theorie oder die sex/gender-Debatte) lassen sich mit Hilfe dieser Spannungslinien teilweise nicht mehr erfassen. So verweist auch Deetz (1996) darauf, dass ungeachtet des Nutzens, den die Arbeit zweifelsohne liefere, sie durch die Annahme dieser harten Trennungslinien relativ wenig zur Weiterentwicklung der Organisationsforschung beitragen könne.

Weiterführende Literatur:

Burrell, G.: Pandemonium. London 1997; Deetz, S.: Describing Differences in Approaches to Organization Science: Rethinking Burrell and Morgan and their Legacy. In: Organization Science 7, 1996, S. 190-207; Morgan, G. (→); Üsdiken, B./Pasadeos, Y.: Organizational Analysis in North-America and Europe: A Comparison of Co-Citation Networks. In: Organization Studies 16, 1995, S. 503-526.

Petra Deger

Carroll, Glenn R. (Hrsg.)
Ecological Models of Organizations. Cambridge, Mass. 1988, XVI, 280 S.

Das Buch vereinigt eine Anzahl sehr interessanter Arbeiten zum Population Ecology-Ansatz, die einerseits dessen Entwicklung seit seiner Entstehung im Jahre 1977 mit dem Artikel von Hannan/Freeman (→) im American Journal of Sociology dokumentieren, andererseits aber auch wichtige Anregungen für populationsökologische Arbeiten geben, die teilweise erst Jahre später geschrieben werden sollten.
Zu den aus populationsökologischer Perspektive zentralen Aspekten, die in dem Buch angesprochen werden, zählen: (1) die Analyse der Beziehungen zwischen Entrepreneurship-Research und Population Ecology Forschung, (2) die Beschäftigung mit dem Entstehen und der Messung von (Markt)nischen, (3) die Einführung von Social Movement-Ideen in die popula-

tionsökologische Forschung, (4) die Unterscheidung von ökologischen und institutionellen Prozessen im Rahmen der Populationsentwicklung, (5) die Analyse des Beitrags der strategischen Managementforschung zur Weiterentwicklung des Population Ecology-Ansatzes.
Das Buch beginnt mit einem Vorwort von Hawley, einem der geistigen Väter ökologischer Ideen in der Soziologie. Im ersten Kapitel macht der Verf. einige einleitende Bemerkungen zu wesentlichen Begriffen und Zielsetzungen des Population Ecology-Ansatzes. Im zweiten Kapitel erläutern dann Hannan/Freeman, die Begründer des Population Ecology-Ansatzes, die Idee des Density Dependence-Modells. Mit Hilfe dieses Modells lässt sich die Entwicklung von Organisationspopulationen über die Zeit erklären. Insbesondere besprechen sie die Bedeutung von Legitimations- und Wettbewerbsprozessen. Boeker schreibt im dritten Kapitel einen weitsichtigen Artikel, in dem er das Imprinting-Argument Stinchcombs in den Mittelpunkt seiner Ausführungen rückt. Er nimmt an, dass sich Charakteristika der Umwelt sowie Eigenschaften des Unternehmers zum Gründungszeitpunkt in der Struktur des Unternehmens niederschlagen und in der Folgezeit nahezu unverändert bleiben. In einem empirischen Test am Beispiel von Strategieentscheidungen in der amerikanischen Computerindustrie kann Boeker seine These bestätigen. Im vierten Kapitel beschreiben Delacroix/Solt die Gründungsaktivitäten in der Californischen Weinindustrie zwischen 1941 und 1984. Dabei gehen sie vor allem auf den steigenden Einfluss von Importweinen nach 1940 und seine Bedeutung für die Entwicklung der Californischen Weinindustrie ein. Die Autoren zeigen in einer empirischen Untersuchung, dass durch die Zunahme an importierten Weinen eine neue Marktnische entstanden ist, die zu verstärkten Gründungsaktivitäten in diesem Marktsegment Anlass gab. Letztlich kommen sie zu dem Schluss, dass die Californischen Hersteller und Verbraucher von der Zunahme der Weinimporte profitiert haben. McCarthy et al. untersuchen im fünften Kapitel die Gründungsraten von Organisationen, die im Zusammenhang mit sozialen Bewegungen auftauchen. Konkret betrachten sie die Bewegung, die sich gegen Alkohol am Steuer in den Vereinigten Staaten entwickelte. Die Analysen zeigen, dass nicht, wie vielleicht ver-

mutet, die Zahl der auf Alkoholkonsum zurückgeführten Unfälle die Gründungswahrscheinlichkeit derartiger Organisationen in einer Gemeinde erklärt, sondern eher Faktoren wie das Bevölkerungswachstum, das Bildungsniveau der Bürger etc..
Miller McPherson/Smith-Lovin stellen dann im sechsten Kapitel ein Modell vor, mit dem sich Nischen in gesellschaftlichen Kontexten operationalisieren lassen. Insbesondere lassen sich Wettbewerbsbeziehungen, die zwischen Organisationen, die einzelne Nischen besetzt haben, als Niche-Overlap darstellen und quantifizieren. Sie wenden ihr Modell an, um die Wettbewerbsbeziehungen zwischen Wohlfahrtsorganisationen in fünf verschiedenen Ländern darzustellen. In späteren empirischen Arbeiten im Rahmen des Population Ecology-Ansatzes wurde dann aufbauend auf diesen Ideen der Einfluss von Niche-Overlap auf die Gründungs- und Schließungswahrscheinlichkeit von Organisationen analysiert. Im siebten Kapitel analysieren Aldrich/Staber Gründungs-, Wachstums- und Schließungsprozesse am Beispiel von Wirtschaftsverbänden, entwickeln drei alternative Erklärungsmodelle und setzen sie einem empirischen Test aus. Modell (1) ist inspiriert durch Webers Theorie der sozialen Differenzierung, Modell (2) beinhaltet Ideen der Nischenbildung und Isomorphie und Modell (3) geht von im Zeitablauf zunehmender Regulation aus. Nach den Analysen hat das Modell (2) die höchste Erklärungskraft. Tucker et al. untersuchen im achten Kapitel ökologische und institutionelle Erklärungsansätze organisatorischen Wandels auf der Populationsebene. Sie analysieren dafür die Entwicklungsprozesse sozialer Wohlfahrtsorganisationen in Toronto und können zeigen, dass Non-Profit-Organisationen stark auf die Unterstützung durch Institutionen wie den Staat und seine Organe angewiesen sind. Andererseits sind die betrachteten Wohlfahrtsorganisationen auch ökologischen Einflüssen in Form von Wettbewerb um Ressourcen ausgesetzt. Insofern müssen institutionelle als auch ökologische Einflüsse in Untersuchungen zur Entwicklung von Organisationspopulationen berücksichtigt werden. Amburgey et al. analysieren im neunten Kapitel die Determinanten des Scheiterns der politischen Presse in Finnland zwischen 1771 und 1963 und konzentrieren sich auf die Effekte von Parteizuge-

hörigkeit und Regierungskontrolle auf die Überlebenschancen von Zeitungen. Die Unterdrückung von Zeitungen sowie die freiwillige Einstellung von Zeitungen werden als Competing Risks unterschieden. Sie können in ihrer Arbeit zeigen, dass Einflüsse der politischen Umwelt die Überlebenschancen von Zeitungen signifikant beeinflussen. Carroll/Huo analysieren im zehnten Kapitel die Entwicklung der ›Knights of Labor‹, einer Arbeiterbewegung in den Vereinigten Staaten, die auf der Gemeindeebene organisiert war. Ihre Ergebnisse deuten unter anderem darauf hin, dass die Strategien der Organisation an die lokalen Rahmenbedingungen angepasst sein müssen, um ihr Überleben sicherzustellen. Brittain/Wholey untersuchen im elften Kapitel die Natur der Beziehungen zwischen Subpopulationen der amerikanischen elektronischen Komponentenhersteller über die Zeit und unterscheiden zwischen einseitigen und reziproken Wettbewerbsbeziehungen, neutralen Beziehungen, Kommensualismus und symbiotischen Beziehungen. In der Tat können sie zwischen verschiedenen organisationalen Subpopulationen unterschiedliche Beziehungsstrukturen nachweisen. Das Ergebnis legt nahe, in empirischen Untersuchungen die Beziehungsstrukturen auf der Intrapopulationsebene genau zu spezifizieren. Fombrun setzt sich im abschließenden Kapitel mit den im Buch erschienenen Artikeln auseinander, würdigt den Population Ecology-Ansatz hinsichtlich seiner Errungenschaften und gibt dann noch einige interessante Anregungen für zukünftige Forschungsarbeiten. So rät er, Organisationspopulationen nicht als homogene Einheiten zu behandeln, sondern ihre interne Heterogenität zu einem Untersuchungsgegenstand zu machen. Weiterhin empfiehlt er Lernprozesse, die innerhalb von Populationen stattfinden, zu operationalisieren und die Dynamik des Wettbewerbs über die Zeit zu erforschen.

Abschließend lässt sich festhalten, dass Carroll mit der Herausgabe dieses Sammelbandes signifikant zur Etablierung des Population Ecology-Ansatzes als bedeutendes Paradigma in der Organisationsforschung beigetragen hat.

Michael Woywode

Chandler, Alfred D., Jr.
Strategy and Structure: Chapters in the History of Industrial Enterprise. 1. Auflage Cambridge, Mass. 1962, XIV, 463 S., 19. Auflage 1995.
Chandler, Alfred D., Jr.
The Visible Hand: The Managerial Revolution in American Business. 1. Auflage Cambridge, Mass. 1977, XVI, 608 S., 14. Auflage 1997.

Der Verf., Professor für Unternehmensgeschichte an der Harvard Business School, zählt zu der immer noch relativ geringen Zahl von Historikern, die sich der historischen Entwicklung der Unternehmung – und damit der Geschichte des Managements – widmen. Er nimmt im Kreis der Wirtschaftshistoriker nicht allein durch sein bisher vorgelegtes, umfangreiches wissenschaftliches Werk eine Sonderstellung ein. Seine herausragende Bedeutung liegt in dem formulierten und eingelösten Anspruch, Unternehmensgeschichte – und das heißt bei Chandler vergleichende Unternehmensgeschichte – unter Rückgriff auf ein theoretisches Konzept zu schreiben. Er ist dabei kein bloßer Rezipient in den Fachdisziplinen vorherrschender theoretischer Konzepte, er setzt eigene theoretische Akzente. Die hier zu referierenden Bände haben über ihre historische Dokumentationsleistung hinaus Beiträge zur Weiterentwicklung der Organisationstheorie, der Theorie des strategischen Managements und der Institutionenökonomie geleistet.
Der 1962 erschienene Band untersucht mit der Gliederung von Großunternehmungen in relativ selbstständige Bereiche (in der Regel abgegrenzt nach Produkten oder geografischen Regionen) die Entstehung und Verbreitung einer Organisations-Innovation, der Spartenorganisation (multidivisional structure). Diese wurde Anfang der Zwanzigerjahre in den USA zuerst implementiert und hatte um 1960 in den meisten Großunternehmungen die klassische funktionale Struktur weitgehend abgelöst. Chandler untersucht die Entstehung und Verbreitung dieser Organisationsform in etwa 50 us-amerikanischen Unternehmungen verschiedener Branchen und unternimmt in vier Fallstudien (Du Pont; General Motors; Sears, Roebuck; Standard Oil) den Versuch einer differenzier-

ten empirischen Dokumentation und theoretischen Analyse der Reorganisationsprozesse.
Einen informativen Eindruck vom Gegenstand des Buches vermittelt die Skizzierung des Inhalts der Fallstudie, die sich mit der in der Zeit von 1919 bis 1921 vollzogenen Restrukturierung der Chemie-Unternehmung Du Pont auseinander setzt. Der Fall Du Pont betrifft den Übergang einer Einprodukt-Unternehmung mit funktionaler Struktur zu einer diversifizierten Unternehmung mit selbstständigen Produktsparten. Beschrieben werden die Anstöße zur Reorganisation, die beteiligten Personen mit ihren Managementphilosophien, die verschiedenen Stationen eines komplexen Entscheidungsprozesses und das erzielte Ergebnis. Zentrales Thema ist die Bewältigung der durch die Strategie der Diversifikation verursachten Koordinationsanforderungen durch neue organisatorische Konzepte. Die Studie beschreibt detailliert den Versuch, den geänderten Herausforderungen zunächst durch ein System produktorientierter Koordinationsausschüsse (interfunctional product committees) gerecht zu werden. Als sich diese Übergangslösung als nicht tragfähig erweist, wurde 1921 der Schritt zur Einführung der Spartenstruktur unternommen. Dieses ›Du Pont-Modell‹ hat bis in die sechziger Jahre weltweit die Umgestaltung der Großunternehmung bestimmt. Bei General Motors (Automobilindustrie), Standard Oil (Mineralölindustrie), Sears und Roebuck (Versandhandel) lösten jeweils strategische Entscheidungen die Reorganisation aus – das theoretische Erklärungsmuster entspricht aber dem bei Du Pont verfolgten: »The historical record certainly does suggest that structure does follow strategy, and that the different types of expansion brought different administrative needs requiring different administrative organizations.« (1962, S. 49). Während der Verf. in »Strategy and Structure« über die historische Forschung im engeren Sinne hinaus einen Beitrag zu einer Kontingenztheorie der Organisation liefert, gewinnt der 1977 erschienene Band »The Visible Hand« seinen eigenen Stellenwert für die ökonomische Theorie über die Organisationstheorie hinaus durch seinen Beitrag zu der seiner Zeit aufkommenden Institutionenökonomie. Mit dieser Studie wendet er sich der zentralen Frage nach dem Zusammenhang zwischen der durch die Großunternehmung ge-

prägten wirtschaftlichen Entwicklung eines Landes (hier den USA) und den durch technologische Veränderungen ausgelösten Organisations- und Managementinnovationen zu. Als Kern der Arbeit entwickelt er auf der Grundlage der empirischen Untersuchung aller 1917 existierenden Unternehmungen mit einem Eigenkapital von mehr als 20 Mill. Dollar ein Modell, das die Entstehung der us-amerikanischen Großunternehmung erklärt. Chandler unterscheidet drei Phasen der Entwicklung. In der ersten Phase (1790-1840) ist der Markt der vorherrschende Mechanismus zur Koordination der Wertschöpfungskette in überschaubaren, von Eigentümern geleiteten Einheiten. Technologische Innovationen im Transport- und Kommunikationswesen bestimmen die zweite Phase (1840-1880). Herausragende Bedeutung erlangen die Eisenbahngesellschaften, die ersten Großunternehmungen der modernen Wirtschaftsgeschichte. Das Management sah sich ganz neuen technischen, kaufmännischen und organisatorischen Herausforderungen gegenüber; die entwickelten Lösungen erfüllten Vorbildfunktion für die ganze Wirtschaft. Die Integration von Massendistribution und -produktion bestimmt die dritte Phase (1880-1920). Die Großunternehmung ist das Ergebnis einer konsequenten vertikalen Integration der Wertschöpfungskette (zum Beschaffungs- und Absatzmarkt) und der Entwicklung leistungsfähiger Produktionssysteme einer an wenigen Standorten konzentrierten Massenproduktion. Weitere Kapitel sind der Entstehung eines professionalisierten Middle- und Top-Managements gewidmet. Die in »The Visible Hand« behandelte Thematik wird in dem 1990 erschienenen Werk »Scale and Scope« aufgegriffen und als international vergleichende, die Zeit nach dem 2. Weltkrieg einschließenden Studie weitergeführt.

Das bisherige wissenschaftliche Werk von Chandler ist eindrucksvoll. Von den selbstständigen Schriften verdient vor allem die mit Stephen Salsburg verfasste Biografie von Pierre S. Du Pont Erwähnung; dieser hat in den ersten drei Jahrzehnten dieses Jahrhunderts die Entwicklung von Du Pont und General Motors entscheidend geprägt. Bemerkenswert ist auch das mit Richard S. Tedlow verfasste Lehrbuch »The Coming of Managerial Capitalism«, das eine Fülle nicht immer leicht zugänglicher historischer Quellen enthält. Die Bedeutung der Arbeiten des Verf. sind unbestritten. Große Teile seines Werkes lassen sich in die empirische Organisationsforschung einordnen. Chandlers Wirkung geht nicht nur aufgrund seines international vergleichenden Ansatzes über die USA hinaus. Er hat darüber hinaus in ungewöhnlicher Weise durch Forschungskooperationen mit Fachkollegen vieler Länder die Entwicklung der Unternehmensgeschichte in Europa und Japan stark beeinflusst. In der Geschichtswissenschaft wird sein methodischer Ansatz vor allem wegen der dominierenden Rolle technologischer Entwicklungen zur Erklärung der Entstehung der Großunternehmung auch kritisch diskutiert (vgl. hierzu John 1997). Als Vertreter eines stärker die gesellschaftliche und politische Dimensionen betonenden Forschungsansatzes kann Neil Fligstein (1990) gelten.

Weiterführende Literatur:

Chandler, A.D. Jr./Salsburg, S.: Pierre S. Du Pont and the Making of the Modern Corporation. New York usw. 1971; Chandler A.D. Jr./Tedlow, R.S.: The Coming of Managerial Capitalism. A Casebook on the History of American Economic Institutions. Homewood, Ill. 1985; Chandler, A.D. Jr.: Scale ans Scope. The Dynamics of Industrial Capitalism. Cambridge, Mass. usw. 1990; Fligstein, N.: The Transformation of Corporate Control. Cambridge, Mass. usw. 1990; John, R.R.: Elaborations, Revisions, Dissents: Alfred D. Chandler, Jr.'s The Visible Hand after Twenty Years. In: Business History Review, Bd. 71, 1997, S. 151-200.

Erich Frese

Chia, Robert
Organizational Analysis as Deconstructive Practice. Berlin 1996, XIII, 245 S.

Der Verf. kritisiert ein konventionelles ›downstream‹-Denken, welches im Wesentlichen bestehende Theorien fortschreiben will, statt ›upstream‹ zu den Ursprüngen der Theoriebildung zu gelangen. Schlüssige Theoriekonzeptionen, die ihre theoretischen Annahmen nur um den Preis der Reduktion von Vielfalt konvergieren lassen, werden von ihm mit postmoderner Skepsis betrachtet. Als downstream kennzeichnet er ein traditionelles Denken über Organisationen, welches generalisierende Intellektualisierungen bevorzugt und mögliche heterogene Wahrnehmung zum Unteilbaren, Identischen und Permanenten konvergieren lässt. Dies gelinge nur, indem die erkenntnistheoretischen Vorentscheidungen der Objektkonstitution verdrängt werden. Damit kann die Normativität des Faktischen anschlussfähig anerkannt werden. Die Vorstellung über eine entdeckbare Realität wird von ontologischen Begriffen gestützt und zu Begründungen verkettet. Dabei wird alles, was diese intellektuelle Integrität stören könnte, marginalisiert und verdrängt. Mögliche Herausforderungen der traditionellen Axiome und Wahrheiten werden systematisch delegitimiert. Diese selbstevidente Bestätigung einer sich selbst repräsentierenden Welt könne durch die Reflexion ihrer konstitutiven, konservativen Grundannahmen dekonstruiert werden. Logische Unstimmigkeiten des downstream-Denkens ergeben sich in der Annahme über die Möglichkeit einer repräsentativen Abbildung von Realität in Organisationstheorien. Moderne Organisationen werden als konkrete, stabile und identifizierbare Gegenstände mit bestimmbaren Grenzen vorgestellt, die durch adäquate Methodologien beschrieben werden können. Moderne Organisationstheorien sind das Ergebnis eines kumulativ erworbenen Wissensbestandes, der durch Generalisierung und Systematisierung vorhergehender theoretischer Annahmen entstanden ist. Der Verf. kritisiert, dass das Problem der theorieabhängigen Beobachtung zur Bildung von Aussagen beim downstream thinking kaum beachtet wird. Die Ambiguität der Beobachtungen würde eine präzise Begriffs- und Konzeptverwendung erschweren, wäre es nicht wissenschaftliche Konvention, nur das deduktiv wahrzunehmen, was im Rahmen einer angewendeten Theorie beobachtbar ist. Die moderne Repräsentation einer äußeren Wirklichkeit setzt voraus, dass Begriffe adäquat ermittelt und schlüssig in einem theoretischen System angeordnet werden können. Jedem repräsentationalistischen Begriff liegt eine Unterscheidung zu Grunde, die zumeist privilegierten Interessen genügt, und damit verweisen Begriffe nicht etwa auf eine ontologisch bestimmbare Geschlossenheit einer Erscheinung, sondern sind das sozial konstruierte Ergebnis einer räumlichen und zeitlichen Bestimmung und Verschiebung. Jede Bezeichnung innerhalb eines logisch schlüssigen Verweisungs-

netzwerkes beruht dann auf der Bejahung des Gemeinten und der Verneinung des Vermiedenen. Differenzierungen oder Typisierungen bilden somit hierarchisierend wirkende Unterscheidungen aus.
Eine postmoderne Organisation besteht aus komplexen interaktionellen und linguistischen Mikropraktiken, die in heterogene Erfahrungen klassifizierend und ordnend eingreifen. Organisationen sind temporär stabilisierte, soziotechnische, repräsentationalistische Netzwerke sozialer und materieller Artefakte. Handlungen in Organisationen werden durch materielle Objekte (Geld, Technik, Handwerk) vermittelt. Organisationale Repräsentationen sind dabei Hilfsmittel, um die körperliche Begrenztheit zu überwinden und sind Ausdruck für den menschlichen Willen, eine vernetzte Ordnung herzustellen. Die dekonstruierende Analyse soll zeigen, wie organisationale Praktiken netzwerkförmige, selbstreferentielle Verweisungen emergieren lassen, die beispielsweise in der Ermittlung von Strategien der Differenzierung, der Inklusion/Exklusion oder der Strukturierung hilfreich für die Konstruktion einer gewünschten sozialen Realität sein können. Organisationstheorien sind dementsprechend keine Vorschriften über Erkenntnisformen, sondern relativierte Vehikel auf dem Weg in die Einsichten der Vielschichtigkeit und Heterogenität der Probleme und des Gegenstandes. Organisationale Realität kann nur in einem räumlich-zeitlichen Ausschnitt präsentiert werden, wobei Räumlichkeit durch zeitliche Dispositionen in ihrer vergänglichen Präsenz von sichtbar gemachter Ordung konditioniert ist.

Weiterführende Literatur:

Boje, D.M./Gebhard, R.P./Thatchenkery, T.J. (Hrsg.): Postmodern management and organisation Theory. Thousand Oaks usw. 1996.

Iris Koall

Child, John (Hrsg.)
Man and Organization. The Search for Explanation and Social Relevance. London 1973, 261 S.

Der Sammelband besteht aus Beiträgen zur British Sociolo-

gical Association's Industrial Sociology Section. Sie sind zum größeren Teil der Industrie-, zum Teil aber auch der Organisationssoziologie zuzurechnen. Den insgesamt acht Aufsätzen ist gemeinsam, dass sie sich von dem bestehenden wissenschaftlichen Mainstream der späten sechziger Jahre absetzen. In methodischer wie theoretischer Hinsicht wird versucht, Neuland zu betreten und sich von den etablierten Grundlagen der beiden Teildisziplinen abzuheben. Hintergrund der Überlegungen ist die Positionierung gegenüber dem im angelsächsischen Raum in dieser Zeit vorherrschenden Parsonsschen Strukturfunktionalismus und gegen die eher strukturelle Sichtweise des situativen Ansatzes. Der Band ist ein Beispiel dafür, dass in der Organisationssoziologie nach 1965 handlungstheoretische Ansätze an Einfluss gewinnen.
In den Aufsätzen von Brown/Daniel geht es um Veränderungen des Arbeiterbewusstseins in den sechziger Jahren einerseits und um die zu einfachen Ergebnisse einiger einschlägiger Studien (beide beziehen sich vor allem auf Goldthorpe et al.: The Affluent Worker. Cambridge 1968), in denen zumeist Einstellungstypologien dargestellt werden. Brown kritisiert diese Typologien, da sie die Vielschichtigkeit der bestehenden Einstellungen unberücksichtigt lassen und deshalb deren Einfluss auf die Wahl von Arbeitsplätzen und die Verhaltensweisen in der Arbeit nur verkürzt erfassen können. Es wären nicht nur ökonomische Motive oder solche der Selbstverwirklichung, sondern ein Set unterschiedlicher Wünsche und Ansprüche an die Arbeit, die von Bedeutung sind. Hinzu kommt, dass die Arbeitsorientierungen nicht als unabhängige Variable angesehen werden können. Es komme vielmehr zu einer wechselseitigen Beeinflussung zwischen Arbeitssituation und den bestehenden Orientierungen. In ähnlicher Weise kritisiert Daniel, dass die ermittelten Einstellungen zumeist als über die Zeit konstant angesehen würden. Basis seiner Kritik sind empirische Untersuchungen von Aushandlungsprozessen um Rationalisierungsvorhaben in britischen Chemieunternehmen, bei denen Personaleinsparungen zugleich mit größeren Verantwortungsbereichen für die Beschäftigten einhergingen. Ergebnis ist, dass während der Verhandlung der Einkommensgewinn von entscheidender Bedeutung für die Arbeitnehmer war, dass bei einer späteren Erhebung die Zufriedenheit mit

der reorganisierten Arbeit, vor allem Aufgabenzuschnitte und die höheren Anforderungen, als positiv eingeschätzt wurden. Es gibt offensichtlich zwei Arenen (den Verhandlungs- und den Arbeitskontext), in denen unterschiedliche Orientierungen zum Tragen kommen und sich entfalten können.

Silverman/Jones analysieren in ihrem Beitrag Einstellungsgespräche und zeigen auf, welche Situationsdeutungen durch die beteiligten Akteure hierbei eine Rolle spielen. Ihre Untersuchung steht in einer handlungstheoretischen Tradition (Chomsky, Cicourel, Garfinkel und Schutz), deren theoretischer Rahmen allerdings nur angedeutet ist. Den Hauptteil des Aufsatzes machen die Darstellung und Analyse von Gesprächssequenzen sowie Kommentare der beteiligten Akteure zu den Auswahlprozessen aus. Die Autoren zeigen, wie innerhalb der Einstellungsprozedur mit Hilfe organisatorischer Elemente weitgehend subjektiv begründete Eindrücke in rationale Entscheidungsgrundlagen überführt werden. Hierbei ist der Rückgriff auf allgemein geteilte ›taken-for-granted‹-Praktiken von Bedeutung, die den beteiligten Akteuren genau wie den beobachtenden Wissenschaftlern als Schlüssel zur Beurteilung und Einschätzung der ablaufenden Situation dienen.

Roger Mansfield dreht die Perspektive um. Er betrachtet die Einflussfaktoren von individuellen Karriereentscheidungen, wobei weitgehend die sozialisierenden Einflüsse diskutiert werden, die individuelle Wahrnehmungen prägen. Diese lassen sich bis zur ersten Entscheidung zur beruflichen Entwicklung rückverfolgen, kommen an verschiedenen Stationen im Erwerbsleben zum Tragen und sind einem kontinuierlichen Veränderungsprozess unterworfen. Abschließend wird auf die organisatorischen Auswirkungen individueller Karrieren verwiesen, wobei die These vertreten wird, dass mit zunehmender Bürokratisierung und Formalisierung der Organisationen der Einfluss individueller Prägungen auf die Organisation an Bedeutung verliert.

Colin Fletcher beschreibt in essayistischer Form »The End of Management«, indem er Daten einer teilnehmenden verdeckten Beobachtung des mittleren Managements präsentiert und deren Arbeitsbedingungen als unwürdig und entfremdet beschreibt. Neben den Vertretern eines demokratischen oder autoritären Führungsstils gibt es eine kleine Gruppe, die hierzu eine Mittelposition einnimmt sowie Manager, die er als Vertreter eines alten – geprägt durch Zuverlässigkeit – und eines neuen Managementstils – Hexerei ist als Schlagwort zugeordnet – ansieht. All diese Managertypen werden jedoch von den ›nouveau managers‹ herausgefordert; eine neue Generation von Experten, die präzise Kontrollen ausüben, hierbei neue Techniken einsetzen, von denen sie selbst ebenfalls kontrolliert werden. Diese neuen Manager würden zusehends das in der Firma etablierte, alte (mikro-)politisch aktive Management verdrängen.

Die Aufsätze von Eldridge und Fox befassen sich mit industriellen Konflikten bzw. industriellen Beziehungen. Beide nehmen Bezug auf die in den sechziger und siebziger Jahren populären Ansätze zum Pluralismus. Vor allem Fox kritisiert hieran, dass deren Vertreter die Auswirkungen von Beteiligungsrechten überschätzen, die nach wie vor bestehenden Machtungleichgewichte unberücksichtigt lassen und damit zu einem harmonistischen Bild der Aushandlungsprozesse kommen, das sich in der Realität so nicht vorfinden ließe. Es würde grundsätzlich unterstellt, dass sich jeder Konflikt auf Grund eines Konsenses der beteiligten Parteien über das Verfahren vernünftig beilegen ließe. Grundlegende Prämisse ist die Akzeptanz des ›mutual survivals‹. Damit würde jeder aufbrechende massive Konflikt als willkürlich und ungerechtfertigt diskreditiert. Problematisch scheint Fox, dass die Prämissen von der schwächeren Partei der Arbeitnehmervertreter nicht hinterfragt werden (könnten) und mit ihnen das bestehende Ungleichgewicht festgeschrieben werde. Eldridge sieht im Konflikt, der von Vertretern des Pluralismus kritisch betrachtet wird, eine Möglichkeit, Strukturen zu verändern. Er zeigt auf, dass sich die Handlungen der Akteure auch im Konfliktfall an den Strukturen orientieren, diese dabei jedoch je nach Handlungskontext modifizieren.

Child fasst in seinem abschließenden Aufsatz die grundlegende Perspektive der versammelten Arbeiten zusammen, indem er die Aufgabe der Sozialwissenschaften in der Verdeutlichung individueller Handlungsmöglichkeiten sieht. Er zeigt dies mit Blick auf die klassische Organisationstheorie, die das Design von Organisationsstrukturen als technisches Problem

des Findens eines ›one best ways‹ auffasste. Der Situative Ansatz sei nur eine aufgeklärte Fortsetzung dieser Sichtweise, da er zwar die offensichtliche Vielfalt akzeptiere, aber die bestehenden Gestaltungsoptionen einerseits und die Bedeutung von innerorganisatorischer Machtausübung in Entscheidungsprozessen andererseits ausblende. Organisatorischen Wahlentscheidungen misst Child für die zukünftige gesellschaftliche Entwicklung große Bedeutung zu, da Organisationen entscheidenden Einfluss auf die Zentralisierung von Autorität, auf die bestehende gesellschaftliche Ungleichheit sowie auf Entfremdungsprozesse haben.
Die in dem Sammelband zusammengeführten Neuorientierungen der Organisationssoziologie sind in den 70er Jahren nur zum Teil aufgenommen worden. Handlungstheoretische Überlegungen, die Bedeutung von Mikropolitik oder auch die Einbettung der Organisationstheorie in gesellschaftstheoretische Überlegungen haben erst in den achtziger Jahren größere Resonanz gefunden. Die Arbeiten zu den Industriellen Beziehungen (Eldridge, Fox) weisen allerdings Anknüpfungspunkte zur industriesoziologischen Diskussion der siebziger Jahre auf.

Bernd Steffensen

Child, John
Organizational Structure, Environment and Performance: The Role of Strategic Choice. In: Sociology, 6, 1972, S. 1-22.

Childs Aufsatz ist eine der weltweit am häufigsten zitierten Publikationen in der Organisationstheorie. Er legt die Verengungen der (damals alles dominierenden) Kontingenztheorie offen und zeigt neue Wege für die Theoriebildung auf. Ausgangspunkt ist eine Analyse der Kontingenztheorie, die beobachtbare Variationen der Organisationsstruktur auf korrespondierende Unterschiede in den Kontextbedingungen zurückführt, von denen hier drei diskutiert werden: Umwelt, Technologie und Größe. Child zeigt, dass, gleichgültig welcher der drei Varianten oder ihrer Kombination untereinander der Vorzug gegeben wird, immer dasselbe Theoriemuster zugrunde liegt. Immer werde von externen Kräften ausgegangen, denen sich die Organisation fügen müsse, wenn sie ihr Überleben sichern wolle. Im Hinblick auf den Umwelteinfluss zeigt er, dass das Verhältnis von Organisation und Umwelt eher variabel als starr gedacht und der Perzeption der Umwelt durch die Organisationsmitglieder eine zentrale Rolle zuerkannt werden müsse. Ein weiteres Kernargument wendet sich gegen die unterstellte Striktheit der Effizienzbezüge; für eine so strenge Wirkungsbehauptung sei die Bedeutung der Organisationsstruktur für die organisationale Effizienz viel zu begrenzt. In einem weiteren Argumentationsschritt zeigt der Verf. – und dies hat dem Aufsatz seine Berühmtheit gegeben –, dass zwischen Kontext und Organisationsstruktur Entscheidungen stehen, oder anders ausgedrückt, dass die zwischen Organisationen beobachtbaren Variationen in der Struktur nicht allein durch den Kontext, sondern nur in Kombination mit der Informationsverarbeitung und den dabei getroffenen Entscheidungen erklärt werden können. Für die daran anschließenden Fragen, wer die Entscheidungen treffe und welche Gesichtspunkte dabei maßgeblich seien, knüpft Child an zwei prominente Theorietraditionen an. Zur Beantwortung ersterer wird auf die ›dominante Koalition‹ im Sinne von Cyert/March (→) verwiesen, die sich in den internen Macht- und Aushandlungsprozessen herauskristallisiert hat. Für die Frage der Ausrichtung der Strukturentscheidungen greift Child auf die Studien von Chandler (→) und die dort behauptete Dominanz strategischer Entscheidungen zurück, die jeder Strukturentscheidung voraus laufen. Das erklärende Bindeglied wird deshalb auch ›strategic choice‹ genannt.

Aus heutiger Sicht ist Child trotz aller Verdienste in seiner Kritik an der Kontingenztheorie nicht weit genug gegangen. Er behält das Basisschema, nämlich die Erklärung von Strukturvariationen durch unabhängige Variable, bei. Die strategische Wahl wird zur neuen Determinante, die die Prognosegenauigkeit für Strukturvariationen erhöhen soll. Er lässt damit die eigentlich problematische Kausalkonstruktion des Kontingenzansatzes in Kraft; das Tor zu einer alternativen Erklärungswelt wurde aufgestoßen, aber nicht durchschritten.

Georg Schreyögg

Clegg, Stewart
Modern Organizations. Organization Studies in the Postmodern World. London usw. 1990, IX, 261 S.

Die Untersuchung arbeitet eine grundsätzliche Debatte in der Organisationstheorie auf, die mit groben Pinselstrichen ein großes zusammenhängendes Bild nachzeichnet. Objekt ist die moderne und postmoderne Organisation, die mit konzeptionellen und empirischen Organisationsanalysen porträtiert wird. Es handelt sich um einen Versuch, neben theoretischen Grundsatzüberlegungen den Begriff der postmodernen Organisation auf empirische Erfahrungen zu gründen. Es werden Moderne und Postmoderne anhand des Merkmals der organisatorischen Differenzierung bzw. Entdifferenzierung unterschieden.
Kap. 1-4 konzentrieren sich auf die Betrachtung von Weber als wesentlichem Theoretiker der Moderne und als Gründer der modernen Organisationswissenschaft. Von diesem Ausgangspunkt beginnend untersucht der Verfasser Beiträge der zeitgenössischen modernen Organisationstheorie, die den Gedanken einer effizienten und rational kalkulierbaren Organisation weiterentwickeln sowie Anwendungskontexte und Grenzen aufgezeigt haben. Webers Pessimismus einer notwendigen Rationalisierung und Bürokratisierung von Organisationen im Prozess der Modernisierung wurde zwar durch diese Beiträge in Zweifel gezogen, ohne jedoch in der Folgezeit einen Pluralismus an Konzepten und Organisationsformen ausgelöst zu haben. Vielmehr prosperierten reduzierte und eindimensionale Analysen, die von einigen Theoretikern aus Sicht des Marktes (z.B. Williamson, Chandler) und von anderen aus Sicht der internen Struktur (z.B. Kontingenztheorie) entwikkelt wurden. Gemeinsam teilen sie eine Betrachtung, die davon ausgeht, es bestünden nur einige wenige organisatorische Gestaltungsalternativen für eine effiziente Aufgabenerfüllung. Clegg sieht die Vielfalt von lebensfähigen Varianten der Bürokratie weniger als Ergebnis strenger Adaption an die Populationsökologie, die sich in Anpassungen von Gestaltungsvariablen wie Unternehmensgröße, Produkt-Markt-Kombinationen oder Technologie äußert, sondern in der Existenz kulturgebundener Kriterien (institutionelle Sicht) bzw. machtge-

stützter Interventionen (machtbasierte Sicht) für rationales Organisieren.

Kap. 5-8 behandeln Organisationsformen und -praktiken, die im Widerspruch zu konventionellen Erklärungsmustern formal rationaler Organisationsanalysen stehen. Der Verf. unternimmt zu diesem Zweck eine Reise durch einen beträchtlichen geografischen Raum, die bei der Herstellung von französischem Baguette beginnt, über italienische Modehersteller wie Benetton weiterführt und bei unterschiedlichen Organisationsvarianten ostasiatischer Unternehmen endet. Mit Hilfe dieser empirischen Belege stellt er die unzureichenden Erklärungsversuche untersozialisierter Konzeptionen von Organisationen heraus. Die These, die Modernisierung der Gesellschaft würde einen universellen Organisationsimperativ entfalten, der sich in einer Konvergenz effizienter Organisationsformen niederschlägt, sieht Clegg auf Grund der sozialen Eingebettetheit ökonomischen Handelns (Granovetter) als zweifelhaft an. Vielmehr liefern die unterschiedlichen institutionellen Bezugsrahmen, in denen Unternehmen agieren, vielfältige und teilweise widersprüchliche Anforderungen, die den Boden für eine Vielfalt an Rationalitätsvorstellungen über das Organisieren bereiten. Clegg differenziert zwei idealtypische Organisationsformen und -praktiken: moderne und postmoderne. Die moderne Organisation ist für ihn durch eine Synthese aus fordistischer Massenproduktion und bürokratischer Koordinationsstruktur charakterisiert, die ein Höchstmaß an funktionaler Differenzierung geschaffen hat. Demgegenüber zeichnet sich die postmoderne Organisation durch eine Entdifferenzierung aus, die durch eine Kombination aus neuen Technologien, flexiblen Formen der teamorientierten Arbeitsorganisation, multifunktional ausgebildeten Mitarbeitern, einer lernfördernden Organisationskultur und einer organischen Organisationsstruktur erreicht wird. Im weiteren Verlauf entwickelt der Autor unterschiedliche Dimensionen postmoderner Organisation, wobei er insbesondere japanische und asiatische Organisationen als postmodernen Prototyp betrachtet. Abschließend stellt er zwei unterschiedliche Entwicklungsrichtungen für die Postmoderne heraus. Einerseits ermöglicht sie eine weitere Demokratisierung der Wirtschaft und breitere Ausbildung der Mitarbeiter, wie dies beispielsweise in Schweden stattgefunden hat. Andererseits besteht aber auch die Möglichkeit, dass solche postmodernen Organisationen eher eine repressive und exklusive Gestalt annehmen. Diese japanische Variante beruht auf einer klaren Segmentierung der Belegschaft mit deutlich unterschiedlichen Privilegien. Postmodernisierung folgt, wie Clegg darlegt, keiner singulären Organisationslogik und nimmt keinen eindimensionalen Verlauf an, denn es bestehen stets Wahlalternativen, um sich auf die entfaltenden postmodernen Bedingungen einzustellen.

Die Untersuchung muss zum Zeitpunkt der Publikation als eine der zentralen Analysen moderner und postmoderner Organisationsformen gewertet werden. Im Gegensatz zu einer breiten Strömung postmoderner Organisationstheorie, die den Begriff der Postmoderne Philosophen wie Lyotard, Derrida und Foucault bindet und damit insbesondere eine subjektivistisch-relativistische Epistemologie für die Organisationsanalyse fruchtbar machen möchte, wählt Clegg eine andere Deutung. Für ihn ist der Begriff der Postmoderne vielmehr gleichzusetzen mit innovativen organisatorischen Gestaltungspraktiken, die einen zunehmenden Verbreitungsgrad zu verzeichnen haben.

Weiterführende Literatur:

Clegg, S./Dunkerley, D.: Organization, Class and Control. London usw. 1980; Clegg, S.: Frameworks of Power. London usw. 1989; Parker, M.: Postmodern Organizations or Postmodern Organization Theory. In: Organization Studies, Vol. 13, No. 1, 1992, S. 1-17; Willmott, H.: What Has Been Happening in Organization Theory and Does It Matter? In: Personnel Review, Vol. 24, No. 8, 1995, S. 33-53.

Markus Reihlen

Coleman, James Samuel
Power and the Structure of Society. New York 1974, 112 S. Aus dem Amerikanischen übersetzt und mit einem Nachwort versehen von Viktor Vanberg: Macht und Gesellschaftsstruktur. Tübingen 1979, XV, 130 S.
Coleman, James Samuel
The Asymmetric Society. Syracus, N.Y. 1982, XII, 191 S. Aus dem Amerikanischen übersetzt von Franz Michael

Konrad et al.: Die asymmetrische Gesellschaft: Vom Aufwachsen mit unpersönlichen Systemen. Weinheim usw. 1986, 237 S.

Im Mittelpunkt der sozialtheoretischen Arbeiten steht die Entstehung des sich zwischen Individuum und Gesellschaft als intermediäre Instanz bildenden ›korporativen Akteurs‹. Der Verf. umschreibt damit ein Gebildekonstrukt, das über eine eigene Rechtspersönlichkeit und eigene Ressourcen verfügt, nicht ständisch fixiert ist und dem der Status eines handlungsfähigen Subjekts zugeschrieben wird. Rechte und Ressourcen erhält der korporative Akteur durch die sich aus den mittelalterlichen Gesellschaftsstrukturen befreienden Menschen, die sie auf ihn zur gemeinschaftlichen Nutzung übertragen. Dies gibt dem korporativen Akteur sowohl Macht als auch Handlungsfreiheit; er wird zum vollgültigen Akteur in der Gesellschaft.

Er rekonstruiert die Ursprünge des korporativen Akteurs und des von ihm getragenen gesellschaftlichen Wandels anhand der historischen Betrachtung des Rechtssystems. Die mittelalterliche Rechtsordnung kannte nur natürliche, physisch existente Personen, die auf bestimmte gesellschaftliche Positionen fixiert waren. Die bestehenden Korporationen (Grundherrschaft, Zunft, Dorf, Großfamilie) setzten sich aus Einzelpersonen als Trägern von Rechten und Pflichten zusammen. Jede Korporation hatte ihren festen Platz innerhalb der Ständegesellschaft und umfasste immer den ganzen Menschen. Ab dem späten 13. Jh. entwickelten sich dann erste Formen sog. ›freier korporativer Akteure‹, die wie natürliche Personen Handlungen vollziehen konnten, Rechte und Pflichten besaßen. Problematisch war, dass die einer Korporation übertragenen Eigentums- und Besitzrechte nach mittelalterlicher Rechtsauffassung nicht über die Lebensdauer ihrer Mitglieder hinaus Bestand hatten. Es war also nötig, eine von der (begrenzten) Lebensdauer der natürlichen Personen unabhängige Eigentumskontinuität der Korporation herzustellen. Die Lösung fand sich in der Rechtsfigur der juristischen Person. Diese ermöglichte es, die Korporation wie eine quasi unsterbliche Person zu behandeln. Damit trat die juristische Person als neues gesellschaftliches Strukturelement ebenbürtig neben die natürliche Person und übernahm die gleichen Funktionen, d.h. sie konnte als Einheit handeln, Ressourcen, Rechte und Pflichten akkumulieren sowie für Handlungen zur Verantwortung gezogen werden. Die Liste der Verwendungsmöglichkeiten ist lang. Ab dem 13. Jh. begann man z.B., die lokalen Pfarrkirchen als rechtsfähige juristische Personen anzusehen, die selbstständig Rechtsgeschäfte (v.a. Bodenan- und -verkäufe) tätigen konnten. Ab dem 14. Jh. lösten die weltlichen Feudalherren ihre Erbschaftsprobleme häufig durch die Übertragung von Ländereien auf eine ›Treuhandgesellschaft‹. Der Vorteil lag darin, dass die Treuhand als Gebilde quasi unsterblich war, damit das Grundeigentum langfristig ungeteilt blieb und keine Erbschaftssteuer entrichtet werden musste. So entstand ein vom Wechsel natürlicher Personen unabhängiges Dauereigentum und damit die akkumulationsfähige Basis für zukünftige Aneignungen von Eigentumstiteln. Mit der Verleihung der Stadtrechte durch den König trat die mittelalterliche Stadt ab Anfang des 14. Jh. ebenfalls als korporativer Akteur auf. Sie und nicht der Bürger fungierte als Eigentümerin der verliehenen Rechte und Privilegien. Damit wurde es ihr einerseits möglich, Zölle zu erheben, Land zu besitzen, mit bestimmten Gütern zu handeln und Werte zu akkumulieren, andererseits konnte sie vor Gericht auch als eigenständige Partei auftreten. Im 16. Jh. entstand schließlich aus der Notwendigkeit einer Trennung zwischen der physischen Person und dem Amt des Monarchen der Rechtsbegriff der ›corporate sole‹, womit faktisch eine Einmanngesellschaft konstruiert wurde. Anlass war die Frage der Rechtmäßigkeit des Verkaufs von Land durch den neunjährigen englischen König Edward IV. Um das Rechtsgeschäft des Minderjährigen zu legalisieren, wurde argumentiert, dass der König in sich sowohl eine natürliche Person als auch eine juristische Staatsperson vereinige. Seine amtlichen Handlungen und Entscheidungen wurden dabei der uneingeschränkt rechtsfähigen Staatsperson und nicht der natürlichen Person des Königs zugerechnet und so legitimiert.

Die Konzeption des korporativen Akteurs in Form der juristischen Person hat eine enorme gesellschaftliche Bedeutung gewonnen und weit reichende Konsequenzen für die natürlichen Personen erbracht. Gerade der moderne korporative Ak-

teur erwies sich als eine universell einsetzbare Organisationsstruktur zur Entwicklung des Kapitalismus und als Basis des sozialen Wandels in England. So wurde es besonders durch die Bildung von Handels- und Aktiengesellschaften in Form von juristischen Personen möglich, die Teilhaberhaftung auf die Höhe der ursprünglichen Investitionen einzuschränken. Diese Risikobegrenzung erwies sich als Motor der Industrialisierung. Der Verf. weist gleichzeitig darauf hin, dass die neuen korporativen Akteure schnell eine Machtfülle entwickelten, die die natürlicher Personen weit überstieg. Auf diese Weise entstand eine ›asymmetrische Gesellschaft‹, wobei sich das Machtungleichgewicht bis heute immer weiter zu Gunsten der korporativen Akteure verschiebt. Für Coleman ergibt sich daraus für die natürlichen Personen ein Dilemma. Einerseits haben sie selbst das Recht zur Nutzung gewisser Ressourcen auf den korporativen Akteur übertragen, um hierdurch ökonomischen oder politischen Gewinn zu erzielen, andererseits verlieren sie dadurch die Kontrolle über den Ressourceneinsatz. Der korporative Akteur kann die ihm übertragenen Nutzungsrechte nämlich auch einsetzen, um eigene, vom Führungspersonal verfolgte Ziele zu erreichen, die mit denen der nominellen Eigentümer nicht übereinstimmen müssen. Colemans Analyse der inneren Verhältnisse korporativer Akteure entspricht dem schon von Weber und Michels für Organisationen konstatierten Trend zur Oligarchisierung, d.h. zur Ausübung von Herrschaft durch das jeweilige Führungspersonal. Folgerichtig unterscheidet er zwischen der äußeren Wahrnehmung von Gebildekonstrukten als subjektgleich handelnden Akteuren und der Kennzeichnung ihrer inneren Strukturierung als Herrschaftsstrukturen.
Colemans Konzeption hat in der Organisationstheorie große Beachtung gefunden. Immer dort, wo es um die Analyse der Gebildedimension von Organisationen geht, leistet sein Konzept wichtige Hilfestellungen. Während bezweifelt werden kann, ob das Motiv der zweckrationalen Ressourcenzusammenlegung eine ausreichend komplexe Erklärung für Entstehung und Funktionsweise moderner Organisationen bietet, ist unstrittig, dass sein Verdienst in der Rekonstruktion der Entstehungsgeschichte und Funktionsweise des die moderne Gesellschaft dominierenden Sozialgebildes des korporativen

Akteurs und der Thematisierung der verselbstständigten organisationalen Macht besteht.

Weiterführende Literatur:

Coleman, J.S.: Grundlagen der Sozialtheorie. Band 1: Handlung und Handlungssysteme, München 1991; Band 2: Körperschaften und die moderne Gesellschaft, München 1992; Band 3: Die Mathematik der sozialen Handlungen, München 1994; Kappelhoff, P.: Rational Choice, Macht und die korporative Organisation der Gesellschaft. In: Ortmann/Sydow/Türk (→), S. 218-258; Maurer, A.: Herrschaft und soziale Ordnung. Kritische Rekonstruktion und Weiterführung der individualistischen Theorietradition. Opladen usw. 1999.

Thomas Tauchnitz

Cooper, Robert/Burrell, Gibson
Modernism, Postmodernism and Organizational Analysis: An Introduction. In: Organization Studies, Vol. 9, Heft 1, 1988, S. 91-112.

Der Text ist die Einleitung einer insgesamt vierteiligen Aufsatzserie über den Beitrag der postmodernen Theorie zur Organisationsanalyse. Alle zeichnen sich durch ein theoretisches Schwergewicht aus; im Vordergrund steht jeweils die Darstellung bzw. Diskussion bestimmter Theorieansätze und die Frage nach deren Brauchbarkeit für die Analyse (post-)moderner Organisationen. Die Verf. betrachten Postmoderne als neues Zeitalter, wobei sie den wesentlichen Unterschied zur Moderne darin sehen, dass die Überzeugung in die Fähigkeit des Menschen, durch die Macht der Rationalität die Welt perfektionieren zu können, verloren gehe und abgelöst werde von einer Haltung des kritischen Hinterfragens des ethnozentrischen Rationalismus. Postmoderne stehe also in erster Linie für das Ende der Vernunft.
Im ersten Abschnitt werden Merkmale der Moderne diskutiert. Im folgenden Abschnitt werden insbesondere unter Bezugnahme auf Lyotard und Foucault Charakteristika der Postmoderne dargestellt. Die Merkmale der Moderne haben auch direkte Auswirkungen auf die (konventionelle) Organisationsanalyse. Für die Moderne stehe ein Kontroll-Modell von Organisation, das instruktiv sei und als Ausdruck menschlicher

Vernunft bzw. Rationalität verstanden werde. Für die Postmoderne dagegen stehe ein Autonomie-Modell, das selbstreferentiell sei und automatisch, d.h. unabhängig von externer menschlicher Kontrolle verlaufe. In der Sichtweise der Moderne werde formale Organisation betrachtet als Ergebnis menschlicher Vernunft. Aus postmoderner Perspektive hingegen sei Organisation weniger ein Ausdruck von Planungen und kalkulierten Handlungen, sondern vielmehr ein defensives Reagieren auf Kräfte, die dem Sozialen bzw. der Gesellschaft innewohnten und welche andauernd die Stabilität organisatorischen Lebens bedrohten. Postmoderne Ansätze polarisieren sehr stark innerhalb der Organisationsforschung; es finden sich vehemente Verfechter und ebenso vehemente Kritiker. So ist einerseits die Wirkung der Aufsatzreihe nicht zu übersehen, gleichzeitig sind aber die Vertreter der postmodernen Ansätze auch eine relativ feste Personengruppe (Chia und Jeffcut), die die Auseinandersetzung mit den Gegnern kaum erkennbar sucht. Zudem ist das Diskussionsforum über postmoderne Organisationen im Bereich der Zeitschriften faktisch beschränkt auf »Organization« und »Organization Studies«.

Petra Deger

Crozier, Michel/Friedberg, Erhard
L'acteur et le système. Les contraints de l'action collective. Paris 1977, 436 S. Aus dem Französischen übersetzt von Erhard Friedberg und Steffen Stelzer: Macht und Organisation. Die Zwänge kollektiven Handelns. Königstein/Ts. 1979, X, 392 S.

Die Verf. sind Direktoren des Centre de Sociologie des Organisation in Paris. Ihr Ansatz resultiert zum einen aus der Fortentwicklung eines akteursorientierten und prozessualen Organisationsverständnisses in der Kritik an deterministischen und funktionalistischen Sichtweisen (wie der Kontingenz- und Systemtheorie), zum anderen aus zahlreichen empirischen Studien über Industriebetriebe, Verwaltungs- und Gesundheitssysteme oder international vergleichenden Forschungen zur Entwicklung von Universitäten. Der Anspruch ihres Kon-

zeptes zielt nicht auf den Entwurf einer allumfassenden Organisationstheorie, sondern auf ein neues Gegenstandsverständnis in der Organisationssoziologie, d.h. auf eine Synthese von Akteurslogik (individualistischer Handlungs- und Entscheidungstheorien) und Systemlogik.
Die neue Sicht der Dinge beruht auf einer Reformulierung des Verständnisses von Organisation, von Akteuren, Strategien und gesellschaftlicher Regulierung, die die Begriffe der Macht und des Spiels konzeptionell ins Zentrum stellt. Die Dekonstruktion des klassischen Modells der Organisation, die durch ihre instrumentelle Natur, durch die Betonung von Einheit und formellen Grenzen gekennzeichnet war, weicht einer konfliktträchtigeren und immaterielleren Begrifflichkeit: Organisation wird nicht mehr als spezifisches Objekt gefasst, sondern prozessual als eine allgegenwärtige Modalität kollektiven Handelns. In der nicht-totalitären Organisation partizipieren die Organisationsmitglieder zur Lösung gemeinsamer Probleme bei doch sehr unterschiedlichen bis gegensätzlichen individuellen Interessen und Zielen. Die Macht des einzelnen Akteurs ist dadurch definiert, inwiefern es gelingt, den jeweiligen Kontrahenten zu einem für seine oder ihre Interessen nützlichen Verhalten zu veranlassen. Macht gilt als eine wechselseitige Tauschbeziehung. Die Akteure suchen Zonen der Ungewissheit über ihr Kooperationsverhalten zu schaffen, von dem andere Akteure zur Realisierung ihrer Ziele abhängen. Durch diese Grundannahmen sind sie sowohl als relativ autonome wie als strategische Akteure bestimmt.
Der Begriff des Spiels bildet das grundlegende Modell menschlicher Kooperation. Das Spiel vereint Freiheit und Zwang: den Zwang der Spielregeln, denen sich Akteure unterwerfen müssen, wollen sie an der Organisation partizipieren und Gewinnspiele zu ihren eigenen Gunsten spielen und die Freiheit von Spielvarianten und Handlungspielräumen. Strategische Spiele in diesem Sinne gelten als die eigentlichen Integrationsmechanismen der konfligierenden Interessen der Akteure.
Der Ansatz mündet in den Begriff des konkreten Handlungsystems als einer Gesamtheit von Spielen. Hier wird die individualistisch-strategische Ebene der Akteure und die überindividuelle systemische Ebene in einem neuen Gegenstandsverständnis kollektiven Handelns zusammengeführt, das die

Strategien der Akteure aus der Gesamtheit der möglichen Spiele und Spielregeln erklärt, die ihrerseits durch die je konkreten Strategien und Spielweisen reproduziert und rekursiv zugleich redefiniert werden. Das Macht-Spiel-Konzept beinhaltet weit reichende Konsequenzen sowohl für das Organisationsverständnis als auch für die empirische Organisationsforschung. Zum einen gilt organisiertes Handeln als eine nichtnatürliche, prekäre Gegebenheit: zum Nachweis der Existenz einer Organisation muss in jedem Einzelfall eine genügend große Abhängigkeit zwischen den Akteuren und die Art ihrer Strategien überhaupt erst nachgewiesen werden. Zum anderen verbietet sich eine vorschnell generalisierende und typisierende Vorgehensweise. Die empirische Analyse schließt vom subjektiven Erleben der Akteure auf die zugrundeliegenden Strategien und bindet die Evaluation der Ergebnisse an ihre Rückvermittlung und Bestätigung durch die betroffenen Akteure selbst.

Der Ansatz setzt sich durch seine Fokussierung auf strategisches Handeln und die Ausblendung struktureller Herrschaft nahe liegenden Einwendungen aus. Dennoch stellt das Buch zweifelsohne einen der wichtigsten und faszinierendsten Beiträge zur Neukonzeption der Organisationsforschung als einer Soziologie kollektiven Handelns dar. In seiner bisherigen Wirkungsgeschichte hat der Ansatz auf vielfältige Art mikropolitische und akteursanalytische Vorgehensweisen inspiriert und bestärkt. Nicht zuletzt auch durch die Illustrationskraft seiner Fallbeispiele gehört er zur Basislektüre avancierter Organisationstheorie.

Weiterführende Literatur:

Crozier, M.: The Bureaucratic Phenomenon. London 1964, 7. Auflage, 1977. Original: Le Phénomène Bureaucratique. Paris 1963.

Helmut Brentel

Cyert, Richard M./ March, James G.
A Behavioral Theory of the Firm. 1. Auflage Englewood Cliffs usw. 1963, IX 332 S., 2. Auflage Cambridge, Mass. usw. 1992, XII, 252 S. Aus dem Amerikanischen übersetzt von Gerda Bernhardt und Siegfried Gagsch: Eine verhaltenswissenschaftliche Theorie der Unternehmung. 2. Auflage Stuttgart 1995, XII, 236 S.

Entscheidungen von und in Organisationen stellen spätestens seit den Arbeiten von Herbert A. Simon und Chester Barnard einen zentralen Forschungsbereich der Organisationstheorie dar. Wurde die Organisation als repräsentative Firma in der neoklasisschen Ökonomik noch als durch technische und marktliche Gegebenheiten determinierte ›black box‹ behandelt, so legte Simon mit seinen theoretischen und empirischen Arbeiten den Grundstein für eine intensivere Beschäftigung mit den Entscheidungsprozessen in Organisationen, wobei insbesondere konventionelle Rationalitätsannahmen kritisch hinterfragt werden. Das Buch steht in dieser Tradition. Es basiert auf Zeitschriftenbeiträgen, Arbeitspapieren und Vortragsmanuskripten der Verf. sowie einer großen Anzahl von Ko-Autoren und fügt diese zu einem kohärenten theoretischen Modell zusammen. Sie machen den Anspruch geltend, eine neue Theorie der Unternehmung zu entwickeln, die einerseits den Erklärungsansprüchen der Ökonomik genügen und andererseits Erkenntnisse der Organisations- und Entscheidungsforschung einarbeiten soll. Es soll eine Theorie entworfen werden, die die Unternehmung zum Gegenstand hat; sie soll das Verhalten der Unternehmung im Hinblick auf Entscheidungen über Preise, Produktionsmengen und Ressourcenallokation vorhersagbar machen; dabei soll schließlich ausdrücklich der konkrete Prozess der Entscheidungsfindung im Zentrum stehen. Ausgangspunkt der Überlegungen bildet die kritische Analyse sowohl der herkömmlichen ökonomischen Theorie der Unternehmung als auch der soziologischen und sozialpsychologischen Organisationstheorie. Zur Umsetzung einer alternativen Theorie werden vier theoretische Bausteine für notwendig erachtet: Eine Theorie organisationaler Ziele, eine Theorie organisationaler Erwartungen, eine Theorie organisationaler Wahlakte sowie eine Theorie organisationaler Kontrolle.

Auf der Grundlage einer Darstellung und Diskussion jeweiliger theoretischer Ansätze und empirischer Untersuchungen werden die grundlegenden Konzepte der ›Behavioral Theory‹ erarbeitet. Die Verf. entwerfen ein koalitionstheoretisches Grundmodell. Organisationen bestehen demnach aus Koalitionen bzw. Subkoalitionen, die Einfluss auf die Entscheidungsprozesse nehmen. Organisationsziele werden nicht als vorgegeben betrachtet; sie müssen sich erst im Zuge der Anwendung unterschiedlicher Konfliktlösungsmechanismen herausbilden – diese führen aber nicht zugleich zu stabilen, kohärenten Organisationszielen und werden deshalb als ›Quasi-Lösungen‹ von Konflikten aufgefasst, die für die Koalitionsmitglieder den Charakter von Restriktionen annehmen. Der Umgang mit Unsicherheit ist durch verschiedene Vermeidungsstrategien gekennzeichnet. Organisationen greifen hierzu auf sequenzialisierte und auf routinehafte, standardisierte Entscheidungsverfahren zurück, zugleich nehmen sie Einfluss auf ihre Umwelt, um Unsicherheitsquellen zu kontrollieren. Unternehmen entfalten darüber hinaus problemorientierte Suchprozesse. Diese folgen relativ einfachen Verfahren und Kausalmodellen, sie unterliegen überdies unterschiedlichen Wahrnehmungsverzerrungen. Schließlich sind Organisationen fähig zu lernen, und Lernprozesse führen zur Anpassung von Zielen, Beobachtungs- und Suchregeln. Dieses Grundmodell der ›Behavioral Theory‹ der Unternehmung ermöglicht, sowohl deskriptive als auch normative Analysen der Unternehmung durchzuführen. Das Werk gehört zu den Klassikern der Organisationsforschung. Durch seine Verknüpfung von ökonomischen und organisationssozologischen mit entscheidungstheoretischen Analysen stellt es ein interdisziplinäres, theoretisch und empirisch tragfähiges Konzept vor, das einige grundlegende Neubestimmungen organisationstheoretischer Begriffe leistet und das bis heute eine zentrale Grundlage für die organisationale Entscheidungsforschung bildet.

Weiterführende Literatur:

March 1990 (→); March/Olsen 1989 (→); Simon 1949/1997 (→)

Thomas Metz

Czarniawska-Joerges, Barbara
Exploring Complex Organizations – A Cultural Perspective. Newbury Park usw. 1992, 250 S.

Der Gegenstand der Überlegungen ist die Großorganisation. Ihre Beobachtung vergleicht die Verf. mit der Möglichkeit, einen riesigen, unerfassbaren Elefanten wahrzunehmen. Manche erkennen eine glatte, gefährliche Waffe, andere konstatieren die Behäbigkeit und Plumpheit der Bewegung, und manche beobachten mit Ehrfurcht das vollkommene Gedächtnis dieses bemerkenswerten Wesens – je nach dem Standpunkt des Erfassens.
Komplexe Organisationen unterliegen der begrenzten Nutzung rationaler Ressourcen, dem höheren Irrtumsrisiko sowie einer mangelnden Fehlerkultur. Zur Analyse von Sinnkonstitutionen, um komplexe Prozesse transdisziplinär zu beobachten, verwendet sie erstens eine konstruktionistische Erkenntnistheorie, die soziale und physikalische Systeme nach den Möglichkeiten der Wahrnehmung konstituiert. Zweitens konstatiert sie im Rahmen ihres verwendeten symbolischen Realismus: Organisationen sind Kulturen. Kontingent oder intentional werden kommunikative Netze kultureller Deutungen gebildet, innerhalb derer Verantwortung und Intentionen zugerechnet werden. Drittens stellt ihr positiver Realismus Organisationen als komplexe Systeme vor, die mittels materieller Artefakte politisch handelnd beobachtet werden können, um nachvollziehbare Gestaltungsvorschläge zu entwickeln. Viertens entdeckt ihr ethnomethodologischer Ansatz Alltagspraktiken in Organisationen in (latent) wirksamen Repräsentationen. Zur Realität werden sie als kulturell definierte Generalisierungen, insofern sie Anschlusshandeln und Akzeptanz ermöglichen. Ein elitärer Kontroll- und Definitionsprozess in Organisationen kann sich nur auf das Positive, Sichtbare, aber kaum auf den latenten, als irrelevant gekennzeichneten Bereich beziehen. Weil jedoch die Latenz den Relevanzbereich erst wirksam werden lässt oder ihn zerstört, interessiert dieses Zusammenwirken von Intention und Beobachtung. Die Verf. geht dabei von der Annahme aus, dass in der Beobachtung von Gesellschaften der anthropologische Fehler unterläuft, die kulturellen Grenzen mit subjektiven Grenzen gleich-

zusetzten. Dies hat zur Folge, dass primär darauf geachtet wird, wie soziale Prozesse eine gesellschaftliche Diversität strukturieren und reduzieren. Das Resultat ihrer Kritik ist, positiv ausgezeichnete Vorstellungen über Entwicklungsrichtungen in der Beobachtung von Organisationen zu vermeiden. Ihre normativen Grundlagen bestehen aus dem Relativismus in der Gültigkeit theoretischer Anwendungen, dem Pluralismus in der transdisziplinären Verwendung von Theorien und aus der Akzeptanz der begrenzten menschlichen Fähigkeit, komplexe Phänomene zu verstehen und zu erläutern. Eine Paradoxierung innerhalb ihres Ansatzes ergibt sich aus dem Versuch der Reflexivität in der Beobachtung und dem politisch-normativen Gestaltungswillen. Ein proaktiver Irrtum in der Beobachtung scheint unvermeidbar und intendiert.

Handeln und Intentionen von sozialen Gruppen oder Individuen können nur in der Kenntnis ihrer kulturellen Vorstellungen, ihrer Geschichte und den ökonomischen und politischen Handlungsbedingungen erfragt und verstanden werden. Dabei ist die Originalsprache der Subjekte in die wissenschaftlichen Begriffe der Organisationstheorien zu übersetzten. Wichtig wird deshalb die Anwendung verschiedener ethnographischer Methoden (Beobachtungen, Interviews, Mythenbildungen, Symbolsprachen) zur Entwicklung der Multiperspektivität, um ein komplexeres Bild zu erlangen. Die Beziehung zwischen sozialen und normativen Strukturen in Systemen ist ein schwieriger Gegenstand der Beobachtung, weil jegliche Beobachtung von Kommunikation unter den Bedingungen der doppelten Kontingenz stattfindet, d.h. jede Beobachtung von Intentionalität notwendig normativ geleitet ist. Insofern ist die Subjektivität ein wesentlicher Teil des Analyseprozesses und in den Reflexionsprozess einzubeziehen. Dabei unterliegt die verwendete ethno-methodologische Interpretationsfolie einer Entwicklung innerhalb des Beobachtungsprozesses. Um zu dem eingangs erwähnten Bild über Großorganisationen zurückzukehren: Die Verf. versucht, die Sprache des Elefanten zu lernen und hört zu, was er über sein Leben zu erzählen hat.

Weiterführende Literatur:

Volmerg, B./Leithäuser, T./Neuberger, O./Ortmann, G./Sievers, B.: Nach allen Regeln der Kunst – Macht und Geschlecht in Organisationen. Freiburg 1995.

Iris Koall

DiMaggio, Paul J./Powell, Walter W.
The Iron Cage Revisited: Institutional Isomorphism and Collective Rationality in Organizational Fields.
In: American Sociological Review 48, 1983, S. 147-160.

Den Verf. geht es um die Erklärung der augenfälligen Ähnlichkeit von Organisationen in einem organisationalen Feld. Die Ausgangsfrage lautet entsprechend: »Why is there such a startling homogeneity of organizational forms and practices?« Ihre Antwort ist, dass Prozesse eingesetzt haben und zunehmend stärker werden, die bedingen, dass Organisationen in einem organisationalen Feld sich einander angleichen. Sie identifizieren drei Mechanismen, die zu Strukturgleichheit (Isomorphie) von Organisationen führen.
Zwangsisomorphismus resultiert aus dem Druck, den andere Organisationen auf eine Organisation ausüben. Er kann aber auch durch kulturell bedingte Erwartungen in einer Gesellschaft ausgelöst werden. Der Staat beeinflusst bspw. durch Aktienrecht, Wettbewerbsrecht oder auch Steuerrecht in vielerlei Hinsicht das Verhalten und die Struktur von Organisationen. *Imitation* ist ein weiterer Mechanismus, aus dem Isomorphie folgt. Unter der Bedingung von Unsicherheit orientieren sich Manager bei der Gestaltung der Strukturen und Prozesse der eigenen Organisation an anderen Organisationen. Sie kopieren jene Organisationen, die innerhalb ihres organisationalen Feldes eine zentrale Stellung besitzen oder die sie als erfolgreich wahrnehmen. Eine dritte Quelle des Wandels von Organisationen in Richtung Isomorphie ist *normativer Art* und entspringt in erster Linie der zunehmenden Professionalisierung in modernen Gesellschaften. Universitäten und andere berufsbezogene Ausbildungsstätten sind wichtige Orte für die Entwicklung einer gemeinsamen Denkhaltung unter den Mitgliedern einer Profession. Hier werden Normen

und Modelle des Organisierens vermittelt, die sich durch die Mitglieder der Professionen in einer Vielzahl von Organisationen verbreiten. Die identifizierten Mechanismen werden wirksam, ohne dass durch die Übernahme der Strukturelemente notwendigerweise die technische Effizienz der Produktions- und Tauschprozesse der einzelnen Organisation verbessert wird. Die Ähnlichkeit mit anderen Organisationen erleichtert es jedoch, in Transaktionsbeziehungen einzutreten, weil legitimierte Strukturelemente und Verfahren benutzt werden.

Der Aufsatz hat große Beachtung in der Organisationsforschung als einer der Beiträge gefunden, die den soziologisch geprägten Neo-Institutionalismus in der Organisationstheorie begründet haben. Die konzeptionellen Ideen prägen bis heute die Entwicklungen in der neo-institutionalistischen Theorie.

Peter Walgenbach

Dreßen, Wolfgang
Die pädagogische Maschine. Zur Geschichte des industrialisierten Bewußtseins in Preußen/Deutschland. Frankfurt usw. 1982, 421 S.

Im Mittelpunkt der materialreichen Arbeit steht die Industrialisierung als Prozess der Verfleißigung. Durch den beginnenden Zerfall der mittelalterlichen Ordnung bedurfte es zunehmend anderer Machtmechanismen und Institutionen, die die mobilisierten Menschenmassen in die entstehende kapitalistische Ökonomie einbanden. In Abgrenzung zur so genannten ›Schwarzen Pädagogik‹, die auf einem dauernd präsenten, direkten Zwang beruhte, werden die pädagogischen Konzepte untersucht, die die Selbstregulierung und Selbstregierung der Beherrschten thematisierten. Zwischen 1750 und 1850 diskutierten Pädagogen wie Juristen die Möglichkeit, verbesserte, verfleißigte und industrialisierte Menschen in den verschiedenen gesellschaftlichen Gruppen zu produzieren. Es entstand ein ganzes Netz von Organisationen für die Umerziehung der Delinquenz und der Massenarmut. Vor allem in den Anstalten begannen die liberalen Pädagogen zuerst die Vereinzelung durchzusetzen, dann den Eigenwillen des Einzelnen zu bre-

chen, um schließlich die so geordneten Menschen für frei zu erklären.
Ein Hauptstrang der Arbeit ist die detaillierte Darstellung der verschiedenen Typen von Zwangsanstalten und Gefängniseinrichtungen, die als liberale Reforminstitutionen die Experimentierfelder der Selbstregulierung waren. Zu nennen sind besonders die philantropischen Institute von Johann Bernhard Basedow, die Industrieschulen, die Einrichtungen für verwahrloste Kinder, die Arbeitshäuser in Hamburg und die Zuchthäuser in Bruchsal und Pentonville. Dreßen thematisiert in diesem Zusammenhang auch die Widerstände gegen die Industrialisierung. Er zeigt, dass die gewünschte Verfleißigung ohne die Erstickung aller kollektiven Momente nicht erreicht werden konnte. Isolation, Zergliederung und Neuzusammensetzung der Delinquenten waren daher die zentralen Prinzipien. Ein weiterer Schwerpunkt liegt in den Texten der Philosophen, die Vorschläge für eine selbstregulierte Gesellschaft formulierten. Spätestens nach den revolutionären Ereignissen in Frankreich war unumstritten, dass Ordnungssysteme auf Dauer nicht allein mit Zwang aufrecht zu erhalten waren. Insbesondere Rousseaus »Contract social« und »Emile« markierten einen Wendepunkt. Danach weicht der Machtspruch des Herrschers der Gesetzlichkeit. Sie ist nicht mehr vom zufälligen Willen eines einzelnen, sondern vom Ritual der Ordnung abhängig. Aber Freiheit setzt den Zwang geradezu voraus; jeder, der der Allgemeinheit den Gehorsam verweigert, wird daher vom gesamten Körper zum Gehorsam gezwungen. »Der Ungehorsame wird gezwungen, frei zu sein.« (Rousseau). Widerstand wird unmöglich, weil kein Machtsubjekt mehr auszumachen ist. Macht ist nicht mehr am einzelnen Menschen lokalisierbar, sondern erscheint als Normaliät, der sich jeder zu fügen hat.
Dreßen macht in einem dritten Teil deutlich, dass die Konzepte der Selbstregulierung durch die Krisenhaftigkeit des Kapitalismus an eine Grenze kommen. Die Einteilung der ›labouring poor‹ in ehrbare, würdige und unwürdige Arme verlor ihre Wirkung, als die von Massenarmut Betroffenen in der wirtschaftlichen Krise keine Arbeit mehr fanden und so auch die Programme der Zwangsarbeit ins Leere liefen. In diesem Kontext weist der Verf. zu Recht auf Jeremy Benthams Panop-

ticongesellschaft hin. Dessen Utopie einer totalen Institution strebte vor dem Hintergrund der zugespitzten sozialen Konfliktualität in England eine Stabilisierung durch die schon diskutierten Erziehungs- und Integrationsprogramme an. Aber er weist auch sehr deutlich auf die Notwendigkeit hin, gleichzeitig illegale Populationen auszumerzen. Wer nicht mehr zur Umerziehung bereit oder fähig ist, müsse notfalls zum Schutz der Mehrheit unschädlich gemacht werden. Gesellschaftlichen Widerstand gegen die Ausmerzung der unwürdigen Armen, Arbeitscheuen und Aufständischen befürchtet Bentham daher nicht mehr. Diese Tendenz zur Ausmerzung findet ihre Fortsetzung auch in den jungen Organisationen der deutschen Arbeiterbewegung. Keine der neuen Organisationen der Arbeit, kein Arbeiterverein, keine selbst organisierte Krankenkasse verzichtete darauf, Kranke, Arbeitsscheue, Kriminelle, ja sogar Ungelernte von der Mitgliedschaft auszuschließen. Hier schließt sich der Kreis. Die schon selbstregulierten Industriearbeiter waren bereits die Produkte der pädagogischen Maschine. Sie wurden mit ihren neuen Organisationen zum Disziplinierungsmittel gegen die mobilen und gesetzlosen Teile des Proletariats.
Dreßens Arbeit gehört auch 1999 noch zu den wenigen historiographischen Arbeiten in Deutschland, die sich an Foucaults Werke »Überwachen und Strafen. Die Geburt des Gefängnisses« anschließen. Sie bleibt auch heute noch wichtig für die historische Unterfütterung der Organisationssoziologie, dies gilt besonders für Untersuchungen zur organisierten Arbeiterbewegung in Deutschland.

Stephan Stracke

Ebers, Mark
Organisationskultur: Ein neues Forschungsprogramm?
Wiesbaden 1985, VIII, 223 S.

Der Verf. setzt sich kritisch mit dem Organisationskulturansatz auseinander, der seit den frühen achtziger Jahren erhebliche Popularität erfahren hat. Um prüfen zu können, ob der Ansatz tatsächlich einen Paradigmenwechsel in der Organisationsforschung darstellt, wie es viele seiner Vertreter be-

haupten, systematisiert Ebers die wesentlichen Diskussionsstränge und legt eine der ersten soziologisch fundierteren Arbeiten vor, die sich mit der zumeist an die betrieblichen Praktiker gerichteten Debatte theoretisch auseinander setzt.
Die grundlegende Frage, ob der Organisationskulturansatz gegenüber dem etablierten situativen Ansatz einen Paradigmenwechsel darstellt, wird anhand der Ausführungen von Kuhn zu den wissenschaftlichen Revolutionen geprüft. Hierzu bettet der Verf. die Debatte um die Organisationskultur in die historische Entwicklung der Organisationssoziologie ein. Wissenschaftlicher Ausgangspunkt ist eine Phase, in der Management-Folklore eine wesentliche Quelle der Erkenntnis ist (sie umfasst insbesondere Arbeiten, in denen Autoren wie Taylor (→), Fayol, Urwick, Sloan etc. ihre betrieblichen Erfahrungen systematisch zusammengefasst haben). Dieses Paradigma wurde durch die kontingenztheoretische Forschung abgelöst, die vor allem statistisch überprüfbare Aussagen zu Zusammenhängen zwischen Organisationsstrukturen, Kontextvariablen und Erfolg ermitteln wollte. Die Verwissenschaftlichung der Disziplin auf der Basis quantitativer Untersuchungen habe vor allem zu einer ›Stoffhuberei‹ geführt, die zwar Korrelationskoeffizienten zu ermitteln erlaube, jedoch nur begrenzt die Unterschiede und Gemeinsamkeiten von Organisationen erklären könne. Als typische Beispiele für das Paradigma werden die Arbeiten von Thompson (→) und der Aston Group (Pugh et al. →) genannt. Auf Grund der immer offensichtlicher werdenden Defizite der Erklärungskraft des situativen Ansatzes formiere sich der Kulturansatz, der die Interpretationen, Handlungsspielräume, Politik- und Machtprozesse in Organisationen betont sowie die Mitglieder und Manager wieder stärker in den Vordergrund rückt, um gerade die aus den jeweiligen subjektiven Disposition und Zielen resultierenden organisatorischen Folgen heraus zu stellen.
In der Literatur lassen sich zwei Schulen mit grundlegend unterschiedlichen Prämissen finden. Einige Autoren gehen davon aus, dass Organisationen eine Kultur *haben*. Hierin ließe sich allerdings noch kein Paradigmenwechsel erkennen, da dieser Ansatz lediglich ein Anreichern des etablierten Verständnisses um eine weitere Variable impliziert. Nur die weiter gehende Prämisse »Organisationen sind Kulturen« be-

inhaltet tatsächlich Fragestellungen, die neue theoretische Grundlegungen und ein verändertes methodisches Instrumentarium nötig *macht*, was dazu berechtigt, von einem Paradigmenwechsel zu sprechen. Zu prüfen sei jedoch, ob diese wissenschaftlichen Ansprüche vom neuen Ansatz erfüllt werden. Es geht dort darum, die Sinnsysteme der betrachteten Organisationen (Werte, Normen, Riten, Symbole etc.) zu erschließen. Dies ist aber mit den genutzten Methoden der Befragung und Beobachtung kaum möglich, da sie lediglich Oberflächenphänomene zu Tage fördern, jedoch keinen gesicherten Zugang zu den tieferen (Be-)Gründungen der jeweiligen Kultur erlauben. Die Erklärung von Handlungen in Organisationen ist damit entweder tautologisch oder unüberprüfbar. Im Dunkeln bleibt vor allem, warum sich eine bestimmte Kultur herausgebildet hat, wie es dazu kommt, dass gerade bestimmte Mythen, Sagen und Werte Geltung erlangen konnten. Zudem müsste geklärt werden, inwieweit das festgestellte Sinnsystem handlungsleitend ist bzw. ob Organisationskultur und organisatorisches Handeln kohärent sind. Arbeiten, die an diesen Fragen ansetzen, weisen vielfältige Schwächen auf und bieten keine wissenschaftlich hinreichenden Erklärungen an. Das Resümee lautet deshalb, dass der Organisationskulturansatz bislang keinen Paradigmenwechsel herbeigeführt habe, jedoch zu bedenken sei, dass die vorliegenden Arbeiten eher Programmatik als ausgearbeitete Theorie darstellen.
Auf den letzten Seiten seiner Ausführungen gibt der Verf. Hinweise, wie sich einige der konstatierten Defizite reduzieren ließen. Hierzu bestimmt er je zwei externe und interne Geltungsbedingungen einer spezifischen Organisationskultur: Diese muss extern 1. den Systemerhalt ermöglichen und 2. im Einklang mit gesellschaftlichen Institutionen und Ideologien stehen. Intern müssen die jeweiligen Werte entweder 3. anerkannt und verinnerlicht oder aber 4. ihre Berücksichtigung für das einzelne Organisationsmitglied als instrumentell nützlich erscheinen. Darüber hinaus ist zu fragen, in welchen Situationen Organisationskultur überhaupt Bedeutung erlangt, indem es organisatorisches Handeln beeinflusst. Es sind dies Situationen, in denen Unsicherheit in Bezug auf Handlungsfolgen oder -orientierungen bestehen.

Bernd Steffensen

Edwards, Richard
Contested Terrain: The Transformation of the Workplace in the Twentieth Century. New York 1979, IX, 261 S. Aus dem Amerikanischen übersetzt von Richard Edwards und Gerti von Rabenau: Herrschaft im modernen Produktionsprozess. Frankfurt/M. 1981, 263 S.

Wie hat sich die Arbeitsorganisation im 20. Jahrhundert verändert? Warum werden Arbeitsprozesse nach wie vor hierarchisch organisiert und geleitet? Warum versuchen die Arbeiter nicht, ihre Arbeitsplätze selbst zu verwalten? Wie haben sich die Veränderungen der Arbeitsorganisation auf die Arbeiterklasse ausgewirkt? Diese Fragen versucht der Verf. in seinem Buch über die Transformation des Arbeitsprozesses zu klären (vgl. S. 9 der deutschen Ausgabe). Im Anschluss an die Marxsche Theorie geht er davon aus, dass Struktur und Entwicklung des kapitalistischen Produktionsprozesses vom Klassengegensatz zwischen Kapitalisten und Arbeiterklasse geprägt werden. Für den Kapitalisten ergibt sich das Problem, die Arbeiter zum Arbeiten zu bewegen und möglichst viel Arbeit aus der von ihm gekauften Arbeitskraft herauszupressen. Die Arbeiter haben jenseits der Vermeidung von Langeweile kein Interesse daran, möglichst viel zu arbeiten, da sie nicht selbstbestimmt tätig sein können und leisten Widerstand dagegen, wie eine Ware behandelt zu werden. Dadurch wird die Kontrolle und die hierarchische Organisation des Arbeitsprozesses für den Kapitalisten unerlässlich. Der grundlegende Konflikt zwischen Arbeitern und Kapitalisten bestimmt die Dynamik der Arbeitsorganisation, wie Edwards anhand der historischen Transformationen des Arbeitsprozesses in den USA nachzeichnet. Die Darstellung kreist dabei um den Begriff der Kontrolle, der die Fähigkeit der Kapitalisten und Manager bezeichnet, von den Arbeitern das gewünschte Arbeitsverhalten zu erzwingen. Die sozialen Beziehungen innerhalb eines Unternehmens fasst Edwards mit dem Begriff des Kontrollsystems zusammen. In einem Kontrollsystem sind drei Elemente miteinander verbunden: die Anweisung der Arbeiter, die Bewertung der geleisteten Arbeit und Methoden der Disziplinierung, um Kooperation und Unterwerfung der Arbeiter zu erzwingen.

Der Verf. unterscheidet drei Kontrollformen, die historisch aufeinander folgen: Die einfache oder persönliche Kontrolle, die relativ unstrukturiert, unmittelbar und despotisch ist, dominierte im Konkurrenzkapitalismus des 19. Jh., existiert aber auch heute noch im Bereich der Kleinunternehmen. Die technische Kontrolle ist in der stofflichen Struktur des Arbeitsprozesses vergegenständlicht. Die bürokratische Kontrolle vergegenständlicht sich in der sozialen Struktur des Arbeitsprozesses und basiert auf formalen und unpersönlichen Regeln und Prozeduren. Der Übergang von der persönlichen Kontrolle zur technischen und schließlich zur bürokratischen Kontrolle wurde Edwards zufolge vor allem durch die Konzentration des Kapitals und den Übergang zum Monopolkapitalismus vorangetrieben. In den Großunternehmen war die persönliche Kontrolle undurchführbar. Aber auch die technische Kontrolle erwies sich angesichts der zunächst verbesserten kollektiven Kampfposition der Arbeiter in den Großunternehmen, die den Aufstieg der Gewerkschaften ermöglichte, als unzulänglich. Erst die bürokratische Kontrolle, die die Arbeiter durch die Etablierung komplexer innerbetrieblicher Hierarchien, das Senioritätsprinzip und die Eröffnung von Karrierewegen spaltet, hat zu einer längerfristigen Befriedung der Konflikte am Arbeitsplatz geführt.
Von den drei Kontrollsystemen geht eine Spaltung des Arbeitsprozesses und damit auch die Segmentierung des Arbeitsmarktes und eine dauerhafte Fraktionierung der Arbeiterklasse aus. Der primäre Arbeitsmarkt umfasst die Arbeitsplätze, die durch die bürokratische Kontrolle reguliert werden; der untergeordnete Primärmarkt die Arbeitsplätze, die sich durch die technische Kontrolle und einen relativ starken Gewerkschaftseinfluss auszeichnen; im sekundären Arbeitsmarkt schließlich befinden sich die Arbeitsplätze, die der persönlichen Kontrolle unterworfen sind. Diese Segmentierung überlagert sich mit der fortbestehenden rassistischen und sexistischen Diskriminierung.
Aus der Dominanz der modernen bürokratischen Kontrolle ergeben sich zwei politische Konsequenzen. Erstens haben die Spaltungen der Arbeiterklasse zur Dominanz der Klassenfraktionspolitik geführt, d.h. die Fraktionen der Arbeiterklasse reagieren in spezifischer Weise auf ihre Unterdrückung

durch die Kapitalisten, sind aber bisher nicht in der Lage, ihre Spaltungen zu überwinden und damit die Macht der Kapitalisten ernsthaft herauszufordern. Zweitens hat die bürokratische Kontrolle zwar die Konflikte in den Betrieben befriedet, gleichzeitig haben sich jedoch die Konflikte auf dem Terrain des Staates verschärft, da die Kapitalakkumulation zum einen zunehmend von Staatsinterventionen abhängig geworden ist und die Arbeiterklasse zum anderen verstärkt ihre Ansprüche dem Staat gegenüber geltend macht. Während die Kapitalisten versuchen, die Staatsapparate durch eine Aushöhlung der Demokratie gegen den Einfluss der Arbeiterklasse abzuschotten, ergibt sich für die Arbeiterklasse die Perspektive, im gemeinsamen Kampf für Demokratie die Fraktionsgrenzen zu überwinden und gesellschaftlich hegemonial zu werden.

Indem er herausstellt, dass der Arbeitsprozess ein umkämpftes Terrain und der Widerstand der Arbeiter konstitutiv für die Entwicklung der Arbeitsorganisation ist, überwindet der Verf. einseitige Perspektiven, die nur auf die Initiative des Managements ausgerichtet sind. Er bricht mit der Vorstellung einer linearen Entwicklung des Arbeitsprozesses, hebt den politischen Charakter der Technologie hervor und bemüht sich um die Vermittlung von Organisationsanalyse und Gesellschaftstheorie. Er hat später zusammen mit anderen radikalen Ökonomen in den USA seine Theorie der Segmentation des Arbeitsprozesses und des Arbeitsmarkts mit dem Konzept der ›social structures of accumulation‹ weiterentwickelt, das bis heute einen der interessantesten Vermittlungsversuche zwischen der Marxschen Theorie und einer historisch-konkreten Analyse kapitalistischer Gesellschaftsformationen darstellt.

Weiterführende Literatur:

Gordon, D.M./Edwards, R./Reich, M.: Segmented Work, Divided Workers. The Historical Transformation of Labor in the United States. Cambridge 1982.

Thomas Sablowski

Etzioni, Amitai
Modern Organizations. Aus dem Amerikanischen übersetzt von Jörg Baetge: Soziologie der Organisationen. 1. Auflage München 1967, 191 S., 5.Auflage 1978.

Der Band besteht aus 10 Kapiteln. Die deutsche Übersetzung wurde von Dieter Claessens als Band 12 der Grundfragen der Soziologie veröffentlicht. In seinem Vorwort weist der Verf. darauf hin, dass eine Analyse bestimmter Erscheinungen vorgenommen wird, die als Probleme moderner Organisationsstrukturen anzusehen sind. Dabei handelt es sich nicht nur um eine organisationssoziologische Darstellung. Vielmehr werden auch motivationstheoretische und verwaltungswissenschaftliche Fragestellungen behandelt, die sich auf unterschiedliche Organisationen beziehen.
Kapitel 1 beschreibt das Spannungsfeld von Rationalität und Zufriedenheit als Dilemma der Organisationen. Es wird die größere Leistungsfähigkeit neuzeitlicher Organisationen dargelegt, die u.a. auch durch betriebswirtschaftliche Methoden erreicht worden ist, aber auch durch die menschliche Anpassungsfähigkeit. Organisierte Rationalität und menschliche Zufriedenheit werden dabei teilweise als vereinbar angesehen, jenseits einer bestimmten Grenze allerdings auch nicht: »Die mit der Entwicklung moderner Organisationen gestellte Aufgabe liegt darin, Gruppen zu bilden, die so vernünftig wie möglich konzipiert sein sollen und gleichzeitig mit einem Minimum an unerwünschten Nebenwirkungen ein Maximum an Befriedigung gewähren« (S. 11). Organisationen sind soziale Einheiten mit dem Zweck, spezifische Ziele zu erreichen. Unternehmungen, Heere, Schulen, Krankenhäuser, Kirchen und Gefängnisse sind Organisationen, die insbesondere durch Arbeitsteilung, eines oder mehrere Machtzentren und den Einsatz von möglichst qualifiziertem Personal gekennzeichnet sind.
Das Buch hat drei Schwerpunkte: die Organisationsziele (Wesen, Möglichkeiten der Zielsetzung, Zieländerungen, Unterschied zwischen Zielmodell und Systemmodell), den Aufbau der Organisation und die soziale Umwelt der Organisation. Der organisatorische Aufbau steht dabei etwas stärker im Mittelpunkt. Insgesamt bezeichnet Etzioni sein Werk als Syn-

these zwischen der Scientific-Management-Schule und der Human-Relations-Schule (Kapitel 3 und 4). Einerseits wird der Zusammenhang zwischen klassischen Organisations- und Motivationstheorien sowie der Entscheidungstheorie deutlich, andererseits erfolgt die Rezeption des Human-Relations-Ansatzes im Hinblick auf die Synthese beider Ansätze (z.B. die Berücksichtigung formeller und informeller Elemente, materieller und sozialer Anreize etc.). Die Synthese wird als strukturalistischer Lösungsversuch bezeichnet. Er wird sowohl in die damalige Organisationsforschung eingeordnet als auch mit der Theorie der Bürokratie von Max Weber verglichen (Kapitel 5). Weitere Ausführungen beziehen sich auf eine vergleichende Untersuchung der Organisationsstruktur bei verschiedenen Institutionen (Kapitel 6-8), zweitens die Erforschung der Beziehungen der Organisation zu ihren Klienten (Kapitel 9) und drittens auf die Analyse der weiteren Umwelt von Organisationen (Kapitel 10).
Mit seiner strukturalistischen Ausrichtung versucht der Verf., den Gegensatz von Klassik und Neoklassik zu überwinden und Grundlagen für eine vergleichende Organisationsforschung zu liefern. Zugleich ist das Werk als Vorläufer kontingenztheoretischer und situativer Ansätze zu betrachten. Insofern ist es mittlerweile selbstverständlich geworden, das Phänomen ›Organisation‹ mit Hilfe integrierter theoretischer Ansätze zu behandeln. Nach wie vor vorbildlich erscheint der vergleichende Ansatz unterschiedlicher Organisationen mit ihren jeweiligen Zielen und Umweltbedingungen.

Dieter Wagner

Fayol, Henri
Administration industrielle et générale, prévoyance, organisation, commandement, coordination, contrôle. Paris 1916, 174 S. Aus dem Französischen übersetzt von Karl Reineke: Fayol, Henri: Allgemeine und industrielle Verwaltung. München usw. 1929, 94 S.

Der Verf. gehört zu jenen frühen Autoren, deren organisations- bzw. managementtheoretisches Arbeiten Resultat einer systematischen Sichtung eigener beruflicher Erfahrung ist. Er trat knapp 20-jährig in den Dienst eines Bergbauunternehmens ein, in dem er seine berufliche Karriere verbrachte. Neben ingenieurwissenschaftlichen Arbeiten im Bereich Bergbau und Geologie veröffentlichte er auch das vorliegende organisationstheoretische Werk.

Die Arbeit gliedert sich in vier Teile, von denen allerdings nur die ersten zwei veröffentlicht wurden. Der kurze erste Teil thematisiert die Notwendigkeit und Möglichkeit eines Verwaltungsunterrichtes, der zweite die Prinzipien und Elemente der Verwaltung. Die nicht veröffentlichten Teile sollten persönliche Betrachtungen und Erfahrungen sowie die Lehren des Krieges beinhalten. Der erste Teil beginnt mit Begriffsbestimmungen und -abgrenzungen. Ausgangspunkt ist die Annahme, alle betrieblichen Vorgänge ließen sich in sechs Gruppen ordnen: in technische (erzeugen, herstellen etc.), kommerzielle (Einkauf, Verkauf etc.) oder finanzwirtschaftliche (Beschaffung und Verwendung von Kapital), in Sicherheitsmaßnahmen (Schutz von Vermögen und Personen), Rechnungslegung (Inventur, Bilanz, Statistik etc.) sowie administrative oder Verwaltungsvorgänge (Vorausplanung, Organisation, Auftragserteilung, Zuordnung und Kontrolle). Die Verwaltungsvorgänge sollten allerdings nicht mit der Unternehmensleitung verwechselt werden. Der Verf. zeigt auf, dass verwaltende Vorgänge auf allen Hierarchiestufen anzutreffen sind, in den oberen Rängen jedoch den größten Anteil an den auszuführenden Tätigkeiten ausmachen und entsprechende Qualifikationen erfordern.

Genau hier setzt das Programm an. Er stellt fest, dass die im Unternehmen benötigten technischen Qualifikationen nur durch entsprechende Ausbildungen erworben werden können. Eine vergleichbare Qualifizierung sei im Bereich der Verwaltungsaufgaben nicht zu finden: »Während in technischer Beziehung der Leiter nicht gegen gewisse feststehende Regeln verstoßen darf, ohne sich der Gefahr auszusetzen, sein Ansehen einzubüßen, kann er sich in verwaltungstechnischer Hinsicht ungestraft die gefährlichsten Verfahren gestatten«. Dass jeder nach Gutdünken seine eigenen Verfahren nutze, sei schon deshalb problematisch, weil diese erst auf Grund sehr viel später eintretender Ergebnisse beurteilt werden könnten, wobei Kausalitäten nur selten eindeutig auszumachen

seien. Dieser durchaus modernen Diagnose folgt allerdings eine klassische Therapie. Um das für administrative Vorgänge benötigte Qualifikationsniveau zu heben, bedarf es eines allgemeinen Lehrsystems aus erprobten und geprüften Prinzipien, Regeln, Verfahren und Methoden. Hierzu einen Beitrag zu leisten ist Ziel des zweiten Teils. Der Hauptteil der Arbeit befasst sich mit den allgemeinen Verwaltungsprinzipien sowie den Elementen der Verwaltung. Grundlegend ist, dass die »administrative Funktion nur auf das Personal ein(wirkt)«. Ziel ist es, die soziale Gemeinschaft zu stärken, wobei einige Prinzipien zu beachten sind: Arbeitsteilung, Autorität, Disziplin, Einheit der Auftragserteilung, Einheit der Leitung, Unterordnung der Sonderinteressen unter das Gesamtinteresse, Entlohnung, Zentralisation, Rangordnung, Ordnung, Billigkeit, Stabilität des Personals, Initiative und Gemeinschaftsgeist. Die Prinzipien beinhalten keine starren Vorgaben, sie sind vielmehr Stellschrauben, die es mit dem rechten Maß zu bedienen gelte.
Auffallend ist, dass Fayol's eigene betriebliche Erfahrungen, die er vor allem in den Abschnitt über die Elemente der Verwaltung einfließen lässt, bereits viele Erkenntnisse enthalten, die erst in späterer Zeit in der Organisationsforschung Bedeutung erhielten, so etwa Unsicherheiten beim Treffen von Entscheidungen und bei der strategischen Planung. Er spricht aber auch Probleme bei der Umsetzung der Pläne, die Motivation der Beschäftigten und die Bedeutung der Kreativität von Mitgliedern an. Zugleich hält er am Modell der Organisation als Maschine fest. Aber man solle sich nicht eine Maschine vorstellen, bei der Bewegung nur mit Kraftverlusten erfolgen kann. »In diesem Mechanismus hat jedes Zwischenglied eine Initiativkraft, die bei guter Verwendung den Aktionsradius des Unternehmensleiters beträchtlich erweitern kann.« Bemerkenswert ist mithin, dass an vielen Stellen moderne Analysen anklingen, die aber mit einem traditionellen Instrumentarium beantwortet werden: Aus den reichhaltigen praktischen Erfahrungen soll ein ›one best way‹ abgeleitet werden.

Bernd Steffensen

Ferguson, Kathy E.
The Feminist Case against Bureaucracy. Philadelphia 1984, XVIII, 286 S.

Das Werk ist eine mittlerweile breit rezipierte Pionierarbeit in der Diskussion um das Verhältnis von Organisation und Geschlecht, in der eine bürokratie- und kapitalismustheoretisch orientierte und sich auf Foucaults Disziplin- und Diskursmodell berufende, radikalfeministische Kritik der modernen Organisationsgesellschaft entfaltet wird. Die Verf. geht über Ansätze hinaus, die einer reinen organisationalen Binnenperspektive folgen und analysiert bürokratische Organisierung in gesamtgesellschaftlicher Sicht als dominantes, strukturierendes Prinzip der modernen Gesellschaft. Die Bürokratisierung der Gesellschaft befördere vor allem die Konstitution und Reproduktion von Herrschaftsverhältnissen, die damit zugleich unsichtbar gemacht und entpolitisiert werden. Ziel sei die möglichst umfassende Berechenbarkeit bzw. Vorhersagbarkeit und Kontrolle des sozialen Lebens. Bürokratisierung bringe die Diffusion von Verantwortung hervor sowie Rollendistanz, die Fragmentierung von Lebenszusammenhängen und die Verhinderung von Kreativität, Fantasie und Handlungsalternativen. Mit Bezug auf die einschlägigen industriesoziologischen Arbeiten von Braverman (→), Marglin (→) u.a. wird festgehalten, dass die organisationale Hierarchie nicht der effizienten Arbeitsteilung dient sondern der Kapitalakkumulation, Kontrolle und Entsolidarisierung der Arbeitenden.
Historisch wird Bürokratisierung im Anschluss an Foucault auf die seit dem 17./18. Jh. in Europa sich durchsetzende Invasion disziplinierender, regulatorischer Ordnungen und Techniken in immer mehr Bereiche des sozialen Lebens zurückgeführt, die mit der Spezifizierung und Restriktion der für Menschen verfügbaren Rollen, Handlungen und Ereignisse einhergehe. Die qua Bürokratisierung verfügbar gemachten Rollen, Handlungen und Ereignisse lassen für die moderne Gesellschaft einen breiten Subordinierungsprozess erkennen bzw. einen Prozess der Feminisierung von Subordination, verstanden als Ausweitung der entpolitisierenden und privatistischen Aspekte der traditionellen Rolle der Frau auf bürokra-

tisch Subordinierte. Der konstatierte Prozess der Feminisierung von Subordination, die Verallgemeinerung der mit der traditionellen gesellschaftlichen Situation der Frauen verbundenen, subordinierten Verhaltensmuster betreffe bis auf eine exklusive Elite alle Mitglieder der bürokratischen Gesellschaft.

Das zentrale Merkmal von Femininität i.d.S. ist ›impression management‹. Nahezu alle Gesellschaftsmitglieder reproduzieren demnach als das ›zweite Geschlecht‹ feminine Muster, wenn es etwa darum geht, den richtigen Eindruck zu erwecken, um Vorgesetzten und Weisungsbefugten zu gefallen, einen Sinn für deren Bedürfnisse und Motivationen zu entwickeln, wenn das Erheischen der Anerkennung und Akzeptanz von Übergeordneten im Vordergrund steht und auf Kosten von Kreativität und Risiko nur das getan wird, was erwartet wird. Der Feminität als ›impression management‹ wird als Ausgangspunkt für oppositionelle feministische Diskurse die positiv konnotierte ›femaleness‹ gegenübergestellt. Weil das soziale Leben von Frauen weniger in die institutionellen und diskursiven Strukturen der bürokratischen Gesellschaft eingelagert sei, hätten Frauen in der privaten Sphäre Handlungs- und Interaktionsmuster entwickelt, die fundamental verschieden seien von denen der öffentlich-bürokratischen Sphäre. Als typisch weibliche Werte bzw. handlungsleitende Prinzipien werden mit Bezug auf Gilligan und Chodorow Verbundenheit, Verantwortung und Fürsorge genannt. Nach Ferguson macht die Erfahrungen von Frauen sie besonders geeignet für die Schaffung demokratischer, partizipatorischer, nicht-hierarchischer Kooperationsformen. Das Ziel eines oppositionellen feministischen Diskurses müsse es sein, die andere, unterdrückte Stimme der Frauen zu befreien und das verborgene disqualifizierte Wissen ihrer Geschichte wieder hervorzuholen und für den Aufbau nicht-bürokratischer kollektiver Lebens- und Arbeitszusammenhänge fruchtbar zu machen.

Die Verf. bezieht in ihre feministische Kritik der bürokratischen Gesellschaft zahlreiche für kritische Organisationstheorie interessante Arbeiten ein. Es wird eine fundierte Bürokratiekritik formuliert, die sich von einer Vielzahl der neueren Beiträge zur feministischen Organisationstheorie vor allem dadurch positiv absetzt, dass hier eine untheoretische Gefäßvorstellung von Organisation vermieden wird. Die Argumentation überzeugt allerdings immer dann nicht mehr, wenn Frauen zum revolutionären Subjekt stilisiert werden. Dabei wird ihre Mittäterschaft (Thürmer-Rohr) ebenso übersehen wie die Tatsache, dass das Streben nach herrschaftsfreieren Kooperationsformen Frauen auf Grund ihrer gesellschaftlicher Lage nicht per se zu Eigen ist.

Weiterführende Literatur:

Billing, Y.D.: Gender and Bureaucracies – A Critique of Ferguson´s ´The Feminist Case Against Bureaucracy´. In: Gender, Work and Organization, Vol.1, Number 4, 1994, S. 179-193; Chodorow, N.: Psychoanalyse und Soziologie der Geschlechter. München 1985; Gilligan, C.: Die andere Stimme: Lebenskonflikte und Moral der Frau. München 1985.

Monika Schäfer

Foucault, Michel
Surveiller et punir. Paris 1975. Aus dem Französischen übersetzt von Walter Seitter: Überwachen und Strafen. Die Geburt des Gefängnisses. 1. Auflage Frankfurt/M. 1976, 395 S., 11. Auflage 1995, 396 S.

Den Ausgangspunkt markiert die Frage, warum im Übergang vom 18. zum 19. Jahrhundert in Frankreich die Körperstrafe von der scheinbar unkörperlichen Gefängnisstrafe abgelöst wird und die Inhaftierung relativ schnell eine dominierende Rolle innerhalb der Strafformen einnahm. Die praktizierte Analyse grenzt sich von zwei Erklärungsversuchen ab, die sich entweder auf die innere Entwicklungsdynamik des Strafsystems oder auf äußere Bestimmungsfaktoren konzentrieren. Die Veränderung der Strafpraktiken lässt sich weder als zunehmende Humanisierung im Rahmen einer Fortschrittsgeschichte interpretieren noch allein aus den politischen Eigenheiten und ökonomischen Zwängen einer bürgerlich-kapitalistischen Gesellschaft ableiten. Foucaults These ist, dass die politökonomischen Analysen des Aufkommens und der schließlichen Durchsetzung der Gefängnisstrafe durch technologisch-strategische Erklärungselemente im Rahmen einer politischen Anatomie ergänzt werden müssen. Foucault ging es also gerade nicht um eine Ablehnung der marxistischen Problematik, sondern um ihre Weiterführung und Vertiefung. In dieser Perspektive besteht der Mehrwert der Gefängnisarbeit weniger in der Produktion von Waren, sondern in der Fabrikation von gelehrigen und nützlichen Subjekten.

Damit weist die Untersuchung weit über ihre Ausgangsfragestellung hinaus. Anders als der Untertitel des Buches zu versprechen scheint, ist die Studie keine institutionengeschichtliche Arbeit. Sie konzentriert sich vielmehr auf die Untersuchung einer spezifischen Machtform, die seit dem 17. Jahrhundert die feudalen Herrschaftsstrukturen umstrukturiert und eine wichtige historische Voraussetzung für die Etablierung kapitalistischer Produktionsverhältnisse war: die Disziplin. Der Verf. bezeichnet die Disziplin als eine politische Technologie, da sie sich weder mit Institutionen noch mit Apparaten identifizieren lässt, sie nicht allein auf rechtliche oder ökonomische Ursachen zurückzuführen ist noch sich auf repressive oder ideologische Wirkungen beschränkt. Sie findet sich in Schulen und Krankenhäusern ebenso wie in Fabriken und Gefängnissen, sie unterdrückt und verschleiert weniger, als dass sie Wahrnehmungsformen und Gewohnheiten konstituiert und strukturiert. Im Gegensatz zu traditionellen Herrschaftsformen wie Sklaverei und Leibeigenschaft gelingt es der Disziplin, die Kräfte des Körpers zugleich zum Zwecke ihrer wirtschaftlichen Ausbeutung zu steigern und zum Zwecke ihrer politischen Unterwerfung zu schwächen. Während die feudalen Machtmechanismen über die Abschöpfung von Gütern und Leistungen funktionierten, richtet sich die Disziplin innerhalb einer neuen Ökonomie der Macht auf Wertschöpfung nach den Prinzipien von Produktion und Profit. Die Rede von der Disziplin als einer politischen Technologie verweist auch auf die historische Verknüpfung von Wissensproduktion und Machtausübung. Voraussetzung für die Produktion ökonomischer Subjekte ist die Akkumulation eines spezifischen Wissens vom Menschen, das von den humanwissenschaftlichen Disziplinen erarbeitet wird. Dies bedeutet jedoch nicht, dass sich die Humanwissenschaften auf Disziplinierungsmechanismen zurückführen lassen oder mit ihnen identisch sind. Foucault geht vielmehr von der Annahme aus, dass die For-

mierung der Humanwissenschaften im 19. Jahrhundert nur auf Grund der politischen und ökonomischen Veränderungen in dieser Zeit möglich war – wie umgekehrt diese eine Verschiebung in der gesellschaftlichen Wissensstruktur zur Voraussetzung hatten.
Neben der Herausarbeitung des disziplinartechnologischen Hintergrunds der Umcodierung der Strafpraktiken verfolgt er die Etablierung der Gefängnisstrafe unter der Perspektive einer strategischen Analyse sozialer Kämpfe und Auseinandersetzungen. Im Vergleich zu funktionalistischen Erklärungsversuchen, die den Misserfolg bzw. das Scheitern des Gefängnisses als Mittel der Verbrechensbekämpfung oder der Resozialisierung konstatieren, geht der Verf. einen Schritt weiter, indem er die Frage nach dem Nutzen dieses Misserfolgs aufwirft. Den politisch-strategischen Gewinn des Gefängnisses gegenüber anderen Strafformen sieht er in der Produktion einer sichtbaren Form der Gesetzwidrigkeiten – der Delinquenz –, die nicht nur die Spaltung und die Moralisierung des Proletariats in die Abgrenzung zu den ›Delinquenten‹ und dem ›Lumpenproletariat‹ ermöglicht, sondern auch von den unsichtbaren Verbrechen der Besitzenden ablenkt.
So anregend die in Absetzung von teleologischen und funktionalistischen Analysen entwickelte ›Mikrophysik der Macht‹ ist, es bleibt eine Reihe theoretischer und methodischer Probleme. Vor allem die tendenzielle Reduzierung von Subjektivierungsprozessen auf Körperdisziplinierung und die mangelnde Akzentuierung der Widerstandspraktiken haben bei vielen LeserInnen den Eindruck einer monolithischen Machtkonzeption entstehen lassen. Die später entwickelten Begriffe wie ›Selbsttechnologien‹ oder ›Gouvernementalität‹ sind auch als eine Korrektur und Reaktion auf diese Kritiken und Einwände zu verstehen. Im Rahmen der Organisationssoziologie ist die Konzeptualisierung des Verhältnisses von Wissensproduktion und Machtformen einerseits und Organisation und Subjektivität andererseits auf viel Interesse gestoßen. Die Fruchtbarkeit – und die Schwierigkeit – der Foucaultschen Analyse besteht in diesem Fall darin, die traditionellen Dichotomisierungen dieser Begriffspaare zu vermeiden, ohne sie miteinander zu identifizieren oder aufeinander zurückzuführen, um auf diese Weise eine spezifische Organisation des Wis-

sens zu kritisieren, die uns scheinbar nur diese Alternative lässt.

Weiterführende Literatur:

McKinlay, A./Starkey, K. (Hrsg.): Foucault, Management and Organization Theory. From Panopticon to Technologies of Self. London usw. 1998; Foucault, M.: Surveiller et punir: la prison vingt ans après. In: Sociétés & Représentations, No. 3, 1996; Treiber, H./Steinert, H.: Die Fabrikation des zuverlässigen Menschen. Über die »Wahlverwandtschaft« von Kloster- und Fabrikdisziplin. München 1980.

Thomas Lemke

Frese, Erich
Grundlagen der Organisation. Konzepte-Prinzipien-Strukturen. 1. Auflage Wiesbaden 1980, 7. Auflage Wiesbaden 1998, 598 S.

Der Verf. entwickelt einen theoriegeleiteten Ansatz mittlerer Reichweite, aus dem er anwendungsorientierte Aussagen zur Gestaltung von Organisationen ableitet. Er geht davon aus, dass die so genannten ›großen‹ Theorien (z.B. situative und ökonomische Ansätze) wenig Anhaltspunkte für den konkreten organisatorischen Gestaltungsprozess geben, weil sie auf einem zu hohem Abstraktionsniveau bleiben. Deshalb verknüpft er unterschiedliche Theorien mittleren Niveaus miteinander und leitet daraus ein fundiertes Instrumentarium von Effizienzkriterien für die Organisation ab.
Das Ergebnis organisatorischer Gestaltung sind Organisationsstrukturen, die als Systeme von Regelungen bzw. als Infrastrukturen das Verhalten der Organisationsmitglieder auf ein übergeordnetes Gesamtziel ausrichten sollen. Die jeweils verfolgte Unternehmensstrategie bestimmt die Organisationsstruktur. Organisationsstrukturen haben im instrumentellen Sinne zur Realisierung der Strategie beizutragen. Dies entspricht einem normativ ausgerichteten Ansatz. Im entscheidungslogischen Ansatz bilden die Verteilung von Entscheidungskompetenzen auf organisatorische Einheiten sowie die Regelung der Kommunikationsbeziehungen zwischen den Entscheidungsträgern den Gegenstand organisatorischer Gestal-

tungshandlungen. Entscheidungslogisch bedeutet, dass die arbeitsteilige Erfüllung der Entscheidungsaktivitäten aus logischen Gründen die Einräumung von Entscheidungs- und Informationsautonomie für jede organisatorische Teileinheit bedingt. Jede arbeitsteilige Erfüllung von Entscheidungsaufgaben ist dabei mit der Existenz von Informationslücken verbunden. Dies bestimmt den Koordinationsbedarf, d.h. wie die Einzelaktivitäten auf das übergeordnete Gesamtziel abzustimmen sind. Im Mittelpunkt steht die Frage, in welchem Maße den Einheiten eines arbeitsteiligen Entscheidungssystems Autonomie eingeräumt werden soll. Die notwendige Autonomie ist abhängig von den zielrelevanten Beziehungen (Interdependenzen) zwischen verschiedenen Teilproblemen. Die Zerlegung einer Entscheidungsaufgabe erfolgt vertikal nach Kompetenzspielraum (Strukturierung) und horizontal nach Kompetenzinhalten (Segmentierung) in mehrere gleichrangige Teilhandlungsbereiche, welche die Abteilungsbildung bestimmen. Die Koordination ist dann effizient, wenn die kritischen Abstimmungen innerhalb eines Teilbereiches stattfinden.

Zur Konkretisierung der Effizienz formuliert der Verf. einzelne Sub-Effizienzkriterien, mit denen ein Unternehmen alternative und komplexe Organisationsstrukturen beurteilen kann. Die Sub-Effizienzkriterien werden in Koordinations- und Motivationseffizienz gegliedert. Die Koordinationseffizienz ist durch das Optimum zwischen Kommunikations- und Autonomiekosten gekennzeichnet. Die Beurteilung alternativer Organisationsformen besteht damit in der gegenseitigen Abwägung der alternativen Autonomie- und Kommunikationskosten. Derselbe Zusammenhang lässt sich begrifflich auch anders abbilden: Die Abgrenzung erfolgt nach betroffenen Handlungsbereichen. Er unterscheidet vier Kriterien der Koordinationseffizienz: Markt-, Prozess-, Ressourcen- und Delegationseffizienz. Aufgabe der Motivationseffizienz ist die Gestaltung der Organisationsstruktur derart, dass die verbleibenden Verhaltensspielräume der Organisationsmitglieder von diesen möglichst unternehmenszielkonform ausgefüllt werden.

Die Effizienzkriterien der Koordination und Motivation können zur Beurteilung alternativer organisatorischer Strukturkonzepte wie die Funktional-, Sparten- und Regionalorgani-

sation mitsamt ihren verschiedenen Modifizierungsmöglichkeiten herangezogen werden. Das Konzept der Effizienzkriterien weist ein deutlich niedrigeres Abstraktionsniveau auf als das Konstrukt des Verhältnisses von Autonomie- und Kommunikationskosten. Deshalb ist es ein handhabbares, aber dennoch theoretisch konsistent hergeleitetes Instrumentarium zur Bewältigung praktischer Probleme. Es ist komplex und anspruchsvoll, ohne dass damit gesetzesartige Beziehungen aufgestellt oder Rezepte verabreicht werden.
Im Ergebnis stellt der entscheidungslogische Ansatz zum Koordinationsproblem einen der differenziertesten und gehaltvollsten Beiträge seit Kosiol (→) dar. Er verdeutlicht exemplarisch die wesentliche Leistung der Koordinationsaufgabe der Organisation: die Bewältigung der Interdependenzproblematik zwischen den Teilbereichen des Unternehmens. Die Probleme des Zielbildungsprozesses oder der Effektivität klammert er jedoch damit zu Gunsten der Behandlung der Probleme der Zieldurchsetzung oder Effizienz aus. Der entscheidungslogische Ansatz ist auf die Durchsetzung von Entscheidungen reduziert und nicht auf die Frage, wie Organisationsstrukturen beschaffen sein müssen, damit die Alternativengenerierung gefördert wird. Für eine effiziente Zielverwirklichung ist es ausreichend, wenn Organisationen als effiziente Informationsverarbeitungssysteme modelliert werden. Für die Realisierung von Effektivität hingegen sind Ansätze des Wissensmanagements und des organisationalen Lernens notwendig, die jedoch im entscheidungslogischen Ansatz nicht diskutiert werden. Allerdings hat dies bisher kein organisationstheoretisch fundierter Ansatz in einer dem Ansatz des Verf. vergleichbaren Prägnanz lösen können.

Margit Osterloh / Jetta Frost

Frese, Erich (Hrsg.)
Handwörterbuch der Organisation. 1. Auflage 1969, hrsg. von Grochla, Erwin, 3. Auflage Stuttgart 1992, XLVIII, 2764 Sp.

Mit dem Werk (HWO) versuchte der Verf., durch die Zusammenstellung von insgesamt 203 Beiträgen, die von 192 Fachautoren verfasst wurden, einen ausführlichen Überblick über die aktuelle Organisationslehre zu bieten. Insbesondere die wichtigsten organisationstheoretischen Ansätze mit ihren Verzweigungen und Überlagerungen wurden eingehend berücksichtigt, wobei auch ein Übersichtsartikel über den derzeitigen Stand der Organisationstheorie vorhanden ist. Mit der Beachtung von angrenzenden Fachgebieten wie z. B. den Rechts- und Verhaltenswissenschaften sowie der Informatik wird ein Beitrag zur Interdisziplinarität geleistet.

Das Buch ist Bestandteil der inzwischen auf 12 Bände angewachsenen »Enzyklopädie der Betriebswirtschaft (EdBWL)«. Der Grundstein für dieses Nachschlagewerk wurde vor rund 70 Jahren durch Heinrich Nicklisch mit der ersten Auflage des »Handwörterbuchs der Betriebswirtschaft (HWB)« gelegt. Fortschritte in Wissenschaft und Praxis führten zur heutigen Enzyklopädiestruktur: Eine allgemeine Darstellung der Grundlagen der Betriebswirtschaftslehre findet sich nach wie vor im HWB und Einzelprobleme (z. B. personal- oder finanzwirtschaftliche Sachverhalte) finden eine vertiefte Behandlung in speziellen Handwörterbüchern. Das erste, bereits sehr umfangreiche HWO wurde 1969 von Erwin Grochla herausgegeben. Das zu verfolgende Ziel bestand darin, im Rahmen eines Handwörterbuchs eine repräsentative Bestandsaufnahme der erzielten Erkenntnisse und Entwicklungstendenzen der Organisation als betriebswirtschaftliche Disziplin zu erreichen. Bereits bei dieser Ausgabe wurde dem interdisziplinären Aspekt organisatorischer Fragestellungen eine große Bedeutung zugewiesen. Nach einer Zeitspanne von elf Jahren erschien die zweite Auflage (wiederum herausgegeben von Erwin Grochla), welche eine Umfangssteigerung von mehr als einem Drittel aufwies und verstärkt international ausgerichtet war. Die Grundstruktur des ersten HWO blieb dabei weitgehend erhalten. Auch die dritte Auflage richtet sich nach dieser bewährten Konzeption, doch wurden neue inhaltliche Akzente gesetzt, um der zunehmenden Differenzierung im Fach gerecht zu werden. Neue Themengebiete wurden vor allem auf Grund der allgemein veränderten Werthaltungen, der zunehmenden wirtschaftlichen Dynamik, der stark verbesserten Informationstechnologien und deren Implikationen für die organisatorische Gestaltung ins Handwörterbuch aufgenommen.

So fanden beispielsweise die Stichworte ›Umweltschutz(es), Organisation des‹, ›Telearbeit‹ und ›Telekommunikation‹ neu Aufnahme in das erweiterte und ergänzte HWO (3. Aufl.). Insgesamt waren über die Hälfte der Stichworte in der zweiten Ausgabe (zumindest in diesem Zuschnitt) noch nicht vorhanden.

Die Notwendigkeit einer Umstrukturierung ergab sich auch wegen der fortschreitenden Differenzierung in der Reihe EdBWL. Insbesondere die neu erschienenen Bände »Handwörterbuch der Führung« und »Handwörterbuch der Planung« erlaubten es, Stichworte aus diesen betriebswirtschaftlichen Bereichen zu reduzieren. Obwohl der Hauptakzent auf den organisatorischen Eigenarten und Problemen privatwirtschaftlicher Unternehmungen unterschiedlicher Branchen liegt, befasst sich das HWO auch mit den Strukturen und Prozessen einer Reihe anderer sozio-technischer Systeme wie z. B. Arbeitgeberverbänden, Hochschulen, Kirchen und Institutionen der öffentlichen Verwaltung. Eingehend beleuchtet und analysiert wurde die organisationsspezifische Problematik verschiedenster Funktionsbereiche (Absatz, Produktion etc.). Die Beiträge sind formal einheitlich aufgebaut. Im Vorspann eines jeden Beitrages wird in alphabetischer Reihenfolge auf sachlich verwandte Stichwörter verwiesen und die Hauptgliederungspunkte sind in einem Überblick aufgeführt. Den einzelnen Beiträgen, die häufig 10-17 Spalten umfassen, ist ein umfangreiches alphabetisches Literaturverzeichnis beigefügt, das den Einstieg in die Spezialliteratur erleichtern soll. Der Text enthält einerseits Verweise auf andere Beiträge des HWO und andererseits Literaturhinweise. Neben dem Inhalts- und Autorenverzeichnis ist am Ende des Werkes ein detailliertes Sachregister vorhanden. Um die gezielte Autorensuche im HWO zu erleichtern, wurde zudem ein Personenregister erstellt, bei dem auch die Literaturverzeichnisse der Beiträge berücksichtigt wurden.

In über 200 Beiträgen gelingt es, den aktuellen Stand der betriebswirtschaftlichen Organisationslehre umfassend und vertiefend wiederzugeben. Die ausgewiesenen Verf. aus Wissenschaft und Praxis, von denen über die Hälfte an der zweiten Ausgabe des HWO noch nicht beteiligt waren, trugen zu diesem Sammelwerk bei. Zudem übernahmen viele Verf., welche bereits in der zweiten Auflage vertreten waren, neue Stichworte. Beachtenswert ist, dass nahezu alle namhaften deutschsprachigen Repräsentanten der Organisationslehre im HWO, das sowohl als Handbuch wie auch als Nachschlagewerk verwendet werden kann, vertreten sind. Neben eher theoretisch ausgerichteten Beiträgen gibt es auch eine Fülle praxisbezogener Artikel, so z. B. die anwendungsorientierten Abhandlungen diverser Organisationsformen und die Erläuterungen der Techniken und Methoden der organisatorischen Gestaltung.

Das primäre Ziel, eine ergiebige Informationsquelle für Wissenschaftler, Praktiker und Studierende darzustellen, konnte mit Artikeln über verschiedene betriebliche Funktionsbereiche und bedeutende Wirtschaftszweige sowie durch die Einbeziehung von Sozialsystemen mit nicht-erwerbswirtschaftlichem Charakter weitestgehend erreicht werden. Wichtige Orientierungshilfen wie die alphabetische Ordnung der Stichworte und die im Text eingebauten Querverweise erleichtern es dem Leser, sich über bestimmte Problemkreise konzentriert und präzise zu informieren. In Anbetracht des hohen Informationsgehaltes und der weit gehenden Redundanzfreiheit der einzelnen Beiträge kann von einer erfolgreichen Fortsetzung und Weiterentwicklung der ersten beiden Auflagen gesprochen werden. Mit Fug und Recht ist diesem Handwörterbuch der Status eines Organisationsklassikers zuzuweisen.

Norbert Thom

Friedberg, Erhard
Le Pouvoir et la Règle. Dynamiques de l'action organisé. Paris 1993, 404 S. Aus dem Französischen übersetzt von Gisela Voss unter Mitarbeit des Autors: Ordnung und Macht. Dynamiken organisierten Handelns. Frankfurt/M. usw. 1995, VIII, 419 S.

Anknüpfend an die gemeinsam mit Crozier herausgegebene Schrift »L'acteur et le système« von 1977 (→) gelingt es dem Verf. mit diesem Band, wesentliche Implikationen von Denkweise und Forschungsmethodik des organisationalen Ansatzes zur Analyse kollektiven Handelns pronociert herauszuar-

beiten. Der erste Teil über die Demontage des Begriffs der Organisation stellt die Grundbegriffe und Grundkonzepte dieses Ansatzes, seinen Rationalitäts- und Strategiebegriff, die Problematisierung organisationaler Bindungswirkungen und Umweltbeziehungen im Kontext einer sach- und problemorientierten Geschichte der Organisationstheorie- und Organisationsforschung dar. Nachgezeichnet wird die Entwicklung von einem instrumentell-objekthaften hin zu einem prozessualeren und konfliktträchtigeren Verständnis organisationaler Gebilde. Im zweiten und dritten Teil werden die wesentlichen Elemente dieser Denkweise ausführlich erläutert: die Strukturierung von konkreten Handlungsfeldern durch gegenseitige Abhängigkeit und verhandelten Tausch, Macht und Ungewissheit als Handlungsfähigkeit, die Gesamtheit strategischer Spiele als Schöpfer je lokaler Ordnungen.
Absicht ist es, die Organisationsforschung aus der Engführung auf die Analyse formeller Organisation zu befreien. Plädiert wird für die radikale Banalisierung von Organisationen als soziale Gegenstände und Studienobjekte, d.h. für die Aufhebung dualistischer Konzepte, die die formale Organisation mit stabilen, gegen ihre Umwelten klar abgegrenzte Strukturen und einer einfachen Zweck-Mittel-Rationalität den Phänomenen informeller Organisation mit ihren fließenden Grenzen und affektgeladenen Handlungssituationen gegenüberstellen. Organisationen sollen als ganz gewöhnliche Handlungsfelder in der Dynamik der Prozesse ihrer Strukturierung und Umstrukturierung betrachtet werden. Betont wird insbesondere der politische und kontingente Charakter des Wahl- und Entscheidungshandelns innerhalb strukturierter Handlungsfelder. Organisationale Strukturen stellen demzufolge je spezifische lokale Ordnungen vor. Sie werden als emergente Ergebnisse von strategischen Opportunitätserwägungen, gegenseitiger Abstimmung und persönlichen Basteleien beschrieben. Das Verständnis gesellschaftlicher Regulierung und gesellschaftlichen Wandels wird hier aus einer die Akteure und ihr konkretes Handungssystem zusammen erfassenden Sicht entwickelt.
Der vierte Teil über den organisationalen Ansatz als Analysewerkzeug liefert eine ausführliche Darstellung der Forschungsmethodik einer auf Intervention und Veränderung von

Organisationen abzielenden Vorgehensweise. Ausgehend von einer Feldphase der Erfassung der subjektiven Logik der Akteure und der Selbstwahrnehmung ihrer Strategien werden in der Rekonstruktionsphase von den Forschern die Eigenschaften einer lokalen Ordnung rekonstruiert. Sie bauen aus den partiellen Perspektiven der Akteure die globale Sicht des Akteursystems. Der sich anschließende Prozess der Ergebnisvermittlung an die Akteure ist dabei selbst zentrales Element des Untersuchungsprozesses. Denn die Validierung der Hypothesen wird nicht in der Bestätigung durch empirische Tests ähnlich gelagerter Fälle gesucht, sondern im Sinne einer Interventionsforschung durch die Betroffenen selbst. Die untersuchten Akteure müssen sich in den Ergebnissen wieder erkennen, d.h. auf ihrem eigenen Niveau lernen können. Das durch die Analyse erzeugte Wissen verwandelt sich in Diagnose und in die Steuerung des Veränderungsprozesses durch die Mobilisierung und Moderation des Akteursystems. Der Prozess solcher Ergebnisvermittlung zielt, entgegen äußerlich bleibender Beraterkonzepte, auf das Erlernen der organisationalen Denkweise und die eigenständige Durchführung von Organisationsanalysen durch die Akteure selbst.
Der Verf. löst die Grundlagenprobleme subdisziplinärer Entwicklungsströmungen der Organisationstheorien in die Perspektive einer integrierenden Theorie kollektiven Handelns auf. Mit der Betonung der Universalität des Phänomens der Organisation öffnet er die Organisationsforschung prinzipiell für die soziologische Analyse und leistet zugleich Anstöße zur Reflexion und Fortentwicklung des Gegenstands- und Methodenverständnisses der Soziologie.

Helmut Brentel

Friedmann, Georges
Problèmes humaines du machinisme industriel. Paris. Aus dem Französischen übersetzt von Burkart Lutz: Der Mensch in der mechanisierten Produktion. Köln 1952, 411 S.

Das 1952 in deutscher Fassung erschienene und als ›Klassiker‹ zu bezeichnende Buch setzt sich mit den Konsequenzen der zweiten industriellen Revolution auseinander. Beschrieben und analysiert werden die Folgen von Mechanisierung und Automatisierung sowie die Rolle der Wissenschaft bei der Gestaltung dieser Prozesse. Dem Verf. geht es dabei jedoch nicht nur um eine Kennzeichnung neuer Formen von Rationalisierung in der Industrie, sondern sein Ziel ist zugleich, diese Prozesse in übergeordnete gesellschaftliche Prozesse und historische Zusammenhänge einzuordnen und so zu einem Verständnis des modernen Kapitalismus zu gelangen.

Die Schrift unterteilt sich in drei große Teile. Im ersten Teil »Der Faktor Mensch« werden die Grundzüge Taylors wissenschaftlicher Betriebsführung dargestellt und die ›Wissenschaftlichkeit‹ dieses Ansatzes hinterfragt. Die Kritik richtet sich dabei gegen das tayloristische Grundverständnis, dass der Mensch an die Maschine anzupassen sei. Ausführlich dargestellt wird in diesem Zusammenhang die Entwicklung der industriellen Psychotechnik und der Arbeitsphysiologie sowie deren Versuche, von einer technizistischen Perspektive abzurücken und Instrumente zu entwickeln, die das ›körperliche und seelische Wohlbefinden‹ der Arbeitenden befördern.

Im zweiten Teil »Grenzen des Faktors Mensch« werden anhand einer Vielzahl wissenschaftlicher Befunde aus der Frühzeit des Kapitalismus, aber vor allem zeitgenössischer Studien, die Konsequenzen der Fabrikorganisation und Technisierung noch deutlicher beschrieben und vor allem das subjektive Empfinden von Industriearbeitern herausgearbeitet. Friedmann setzt sich hier mit dem Monotonieproblem, der Fließbandarbeit und der Automationsarbeit auseinander und charakterisiert diese anhand einer Vielzahl von Beispielen und Studien. Industriegeschichte wird durch Beschreibung typischer Arbeitsvollzüge und ihrer Auswirkungen auf berufsfachliche Strukturen und Berufsbildungssysteme illustriert.

Der dritte Teil »Die Entstehung einer Psycho-Soziologie des Betriebes« befasst sich mit Reaktionen der Arbeiter auf Rationalisierungsprozesse in der Industrie. Bei einem rein technizistischen Rationalisierungsverständnis bleiben die Reaktionen der Arbeiter negativ, da sie bloßes Objekt der Rationalisierung sind und nicht zum Subjekt werden. Psychotechnische Einflussversuche und Experimente (z.B. die Hawthorne-Studien, die Versuche des Schuhproduzenten Bata, eine soziale

Gemeinschaft zu installieren) werden unter dem Stichwort ›Entwicklung industrieller Beziehungen‹ vorgestellt. Der all diesen Experimenten gemeinsame Versuch, psychologische Bindungen zum Betrieb zu stärken, ›Disziplin‹ durch ›Geist‹ zu ersetzen, blieben nicht ohne Erfolg. Der Verf. verweist allerdings auch auf praktische Grenzen der Bemühungen um industrielle Beziehungen, die darin liegen, dass es keine Gemeinschaft zwischen Arbeiter, Betriebsleiter und Arbeitsvorgesetzten geben könne, ohne eine radikale Umgestaltung der Betriebsstruktur, den Rückzug des von Lohnarbeit und Kapital bestimmten industriellen Produktionssystemes sowie der entstprechenden Institutionen anzustreben.

Im Schlussteil wird betont, dass wissenschaftliche Gestaltungsansätze zwar eine Abkehr von einem rein technizistischen Rationalisierungsverständnis erreicht haben und der Faktor Mensch beachtet wurde, Rationalisierung aber von verschiedenen Standpunkten aus zu betrachten sei. Vom volkswirtschaftlichen Standpunkt aus geht es darum, eine möglichst große Quantität von Arbeit zu erreichen und hohe Löhne an eine möglichst große Anzahl von Arbeitenden zu verteilen. Das Privatinteresse des Unternehmers spreche für ein Maximum an Leistung und Profit und vom Standpunkt des arbeitenden Menschen gehe es um die Rücksichtnahme auf die körperliche und psychische Konstitution der Arbeitenden. Grundaussage ist, dass die fortschreitende Technisierung (Mechanisierung und Automatisierung) gesellschaftsdiagnostisch zu einer Bedrohung des Menschen als Produzent führt. Es besteht eine Gefahr für das seelische Gleichgewicht der Arbeitenden, da mechanisierte Arbeit ›entseelte‹ Arbeit ist. Auswege aus diesem Dilemma sieht er in einer Aufwertung der Berufsausbildung sowie der Verkürzung von Arbeitszeit und Beschäftigungswechsel, um repetitive und monotone Arbeit zu vermindern.

Der Verf. verbindet Gesellschaftsanalyse mit der Analyse industrieller Arbeitsorganisation und deren Konsequenzen für die Beschäftigten. Es entsteht so ein umfassendes Bild der industriellen Arbeitswelt der damaligen Zeit. Das Werk ist sicherlich vor allem vom historischen Gesichtspunkt aus von Interesse, ist es doch als Vorläufer von industrie-, organisations- und techniksoziologischen Forschungen zu verstehen.

Seine wissenschaftliche Bedeutung liegt auch darin, dass es unzweifelhaft inspirierend für die deutsche Industriesoziologie der Nachkriegszeit gewirkt hat. In den Debatten um Mechanisierung und Automatisierung und den Bewusstseinsstudien der frühen deutschen Industriesoziologie sind deutliche Anküpfungspunkte an Friedmanns Analyse zu erkennen. Insofern ist die Hoffnung, die Burkart Lutz in seinem Vorwort zum Ausdruck bringt, dass das Werk einen ›Anstoß‹ gibt und die Entwicklung der Sozialwissenschaften in Deutschland befördert, durchaus Realität geworden.

Karin Lohr

Gabriel, Karl
Analysen der Organisationsgesellschaft. Ein kritischer Vergleich der Gesellschaftstheorien Max Webers, Niklas Luhmanns und der phänomenologischen Soziologie. Frankfurt/M. 1979, 216 S.

Die Dissertation setzt sich mit drei Ansatzpunkten zum Verständnis der modernen Organisationsgesellschaft auseinander: der Steuerungsapparatur industriell entwickelter Wohlfahrt, den Funktionsproblemen offener Systeme und den handelnden Subjekten innerhalb der organisatorischen Strukturen. Folgerichtig ist sie in drei Teile gegliedert: die Webersche Rationalisierungsidee, Luhmanns systemtheoretische Position und das handlungstheoretische Konzept der Phänomenologie.
Zunächst geht es dem Verf. um die universalhistorischen Elemente von Webers (→) Organisations- und Bürokratietheorie, also den modernen Rationalismus und das organisatorisch-zweckrationale Handeln. Die »entzauberte« Welt wird prinzipiell sinnentleert und gerät zur innerweltlichen Lebensführung des Berufsmenschen – ohne religiöse Stützkonstruktion. Das Problem, eine außerreligiöse Persönlichkeitsethik zu finden, löst der moderne Mensch dadurch, dass er die Welt dem Prinzip der Rechenhaftigkeit innerhalb eigengesetzlicher Grenzen unterstellt. Sachlichkeit, Unpersönlichkeit, Berechenbarkeit werden zu Konstruktionsprinzipien der Welt. Organisation und Bürokratie sind geradezu der Inbegriff einer solchen Ord-

nung, die allein auf Grund formaler Legalität der Anordnungen Gehorsam erlangt, was Weber an der Katholischen Kirche und an der modernen Parteienstruktur illustriert. Diese Entpersönlichung wächst sich zum Kulturproblem der modernen Gesellschaft aus und ruft nach einer Ethik persönlicher Verantwortung, die den Beamten ohne Eigenverantwortung kontrolliert. Jedenfalls betrachtet Weber »das aus der okzidentalen Entwicklung resultierende Verhältnis von ›Lebenswelt‹ und Organisation in der modernen Gesellschaft für auf die Dauer nicht stabilisierbar und ist der Überzeugung, daß der okzidentale ›Rationalismus‹ der Weltbeherrschung eine Balance gegenüber dem Bereich persönlich-kultureller Sinndeutung und Ethik erst noch finden muß« (S. 48).

Auf der Suche nach einer Antwort wendet sich der Verf. Luhmanns (→) gesellschaftstheoretischem Ansatz zu, wie er sich – zeitbedingt – vor dessen »autopoietischer Wende« darstellte. Diesem ging es ja bekanntlich nicht um die Rationalität, sondern um die Bewältigung von Weltkomplexität durch systemische Sinnbildungen. Diese sind immer eigenständige, kontingente Rationalisierungen. Weltbeherrschung wird für ihn möglich durch eine Radikalisierung und Universalisierung des Kontingenzproblems (S. 67), verdeutlicht anhand der Luhmannschen Kategorien von Sinn, Interaktions-, Organisations- und Gesellschaftssystem. Luhmanns Auffassung nach – und das ist seine Kritik an Weber – sind Gesellschaften und Organisationen Systeme verschiedener Art mit unterschiedlichen Komplexitätsreduktionen, sodass sie nicht »schicksalhaft« verschränkt werden können. Vielmehr gehört es zum Übergang von den Hochkulturen zur Weltgesellschaft, dass sich »das Soziale« von Humanitätsfragen abkoppelt. Organisationen sind Mechanismen der Differenzierung sozialer Systeme, die »das Personale« nur noch auf einer abstrakten, sekundären Ebene integrieren. Dadurch kommt es gar nicht zu dem von Weber postulierten Zusammenprall beider Ebenen. Ethische Sinninterpretationen werden zurückgenommen zu Gunsten funktionaler Differenzierungen und der Komplexitätssteigerung der Gesellschaft. Organisation ist für Luhmann der spezifische Systemtyp moderner Gesellschaften, der Mensch und Gesellschaft über die Ausgrenzung anderer Möglichkeiten aufeinander bezieht und dadurch mit der Komplexität der Gesamtgesellschaft kompatibel macht. Die Frage bleibt hingegen, ob und wie die durch Organisationen integrierte, neue Gesellschaftsformation stabilisiert werden kann. Mit dieser Frage richtet sich Gabriel an die phänomenologisch-handlungstheoretischen Ansätze.

Während Weber am »subjektiv gemeinten Sinn« und der ethischen Stellungnahme zur Welt festhält, wird bei Luhmann Sinn und Rationalität – ohne Bezug auf Subjekte – formuliert. Die Phänomenologie und neuere Wissenssoziologie hingegen nimmt die Webersche Frage nach dem Schicksal der Person in der modernen Gesellschaft in radikalisierter Weise wieder auf. Mead, Schütz, Berger, Luckmann u.a. können Gesellschaft nur als gegenseitig konstitutives Verhältnis zwischen Sozialstruktur, Weltansicht und persönlicher Identität begreifen. Hier ist die Ausgangsfrage also nicht die Kontingenz, sondern die symbolgeladene Lebenswelt von Personen, die über einen subjektiv sinnvoll generalisierten Bedeutungszusammenhang verfügen müssen. Dieser ist sozialstrukturell verankert als »folk culture«, als »heiliger Kosmos«, als »sakrales Selbst«. Ohne solche Menschen und ihre Deutungen entsteht gar kein Sozialzusammenhang, »auch wenn dem Menschen noch nicht bewußt ist, daß Gesellschaft und Geschichte ein Produkt seines Handelns sind« (S. 160). Angesichts der Freisetzung von institutionellen Zwängen und der Pluralisierung der Weltansichten wird die persönliche Identität eine besondere subjektive Leistung. Denn Individuum und Gesellschaft fallen als Sinneinheiten auseinander, sodass Organisationen eine eigene, unabhängige Dynamik entwickeln, deren funktionale Rationalität von den Individuen als Irrationalität erlebt wird. Je weniger sie an die Erfahrungswelt der Individuen anknüpfen, desto prekärer wird der Aufbau einer persönlichen Identität. »Während Organisation und Bürokratie einerseits zum Alltagsherrscher werden, entziehen sie sich andererseits der lebensweltlich sinnvollen Interpretation und Deutung« (S. 196). Zum einen geben die Phänomenologen damit Luhmanns Verständnis von Organisationen als eigengesetzlichen »Sinnproduzenten« Recht. Auf der anderen Seite kann nicht geleugnet werden, dass die Sozialwelt auch als Feld der Verstrickungen und Verantwortlichkeiten, also der Intentionen und Handlungen, erfahren wird. Beide Entwürfe sind – so

Gabriel – aufeinander angewiesen, um nicht zu schwer wiegenden Verkürzungen greifen zu müssen. Die Hoffnung auf eine entsprechende integrative Theoriebildung hat sich aber bis heute nicht erfüllt.

Robert Hettlage

Galambos, Louis
The Emerging Organizational Synthesis in Modern American History. In: Business History Review, 44, 1970, S. 279-290.
Galambos, Louis
Technology, Political Economy, and Professionalization: Central Themes of the Organizational Synthesis. In: Business History Review, 57, 1983, S. 471-493.

Der Verf. gilt als erster us-amerikanischer Historiker, der sich explizit mit der historischen Untersuchung von Organisationen beschäftigte. Für ihn sind Organisationen das zentrale Phänomen der modernen, kapitalistischen amerikanischen Gesellschaft, die er als ›Organisationsgesellschaft‹ bezeichnet. Im Gegensatz zu Historikern, die sich mit wirtschafts-, sozial-, gesellschafts-, politik- oder unternehmensgeschichtlichen Einzel(fall)studien beschäftigen, plädiert er für die Anwendung eines Konzeptes der sog. ›Organisations-Synthese‹. Auf der Grundlage umfangreicher Literaturrecherchen kommt er zu dem Schluss, dass die Bereiche Technologie, Politische Ökonomie und Professionalisierung zentrale Pfeiler jeder Organisationssynthese seien, wobei er dabei von folgenden Grundprämissen ausgeht: Die wichtigste gesellschaftliche Veränderung im Amerika des 19. Jh. bestand in der Transformation kleiner, informeller oder regionaler Gruppen in große, landesweit agierende, formale Organisationen. Diese neuen Organisationen sind durch eine hierarchische, zentralisierte bürokratische Herrschaftsstruktur sowie durch eine ausgeprägte funktionale Spezialisierung charakterisierbar. Alle Organisationen – unabhängig davon, ob es sich z.B. um Wirtschafts-, Interessen- oder Arbeiterorganisationen handelt – haben sich in ähnlicher Weise entwickelt. Alle Organisationstypen (re-)produzierten trotz der Kämpfe untereinander

gleichzeitig dieselben Rollenmuster, Wertorientierungen und Normen bei ihren Mitgliedern und trugen damit zu ihrer gesellschaftsweiten Verfestigung bei.
Der Verf. konstatiert, dass die Organisationen die US-Gesellschaft radikal verändert haben. Um das durch die Restrukturierung der Gesellschaft entstandene Netz von Organisationen, das die gesamte Wirtschaft, Politik und Kultur der USA dominiert, adäquat erfassen zu können, plädiert er für die Schaffung einer allgemeinen Organisationsgeschichte, die interdisziplinär ausgerichtet im Sinne einer Synthese alle bisher einzeln betrachteten politischen, wirtschaftlichen, technologischen, sozialen und kulturellen Faktoren zu einer generellen und umfassenden historischen Theorie der Organisationsgesellschaft verbindet. Sein Ansatz wurde nicht nur von jüngeren Historikern aufgegriffen, sondern fand auch in der Soziologie, v.a. bei Coleman (→) und Perrow (→), Widerhall.

Thomas Tauchnitz

Gebert, Diether
Individuum und Organisation. Ausgewählte organisationspsychologische Aspekte. In: Frey, Dieter, Graf Hoyos, Carl & Stahlberg, Dagmar (Hrsg.): Angewandte Psychologie. Ein Lehrbuch. München usw. 1988 (Studienausgabe 1992), 704 S., S. 92-110.

Der Aufsatz hat eigentlich einen falschen Titel; er wäre besser überschrieben mit ›Leistungsmotivation, Arbeitszufriedenheit, Führung und Gruppe. Ansätze und Ergebnisse organisationspsychologischer Forschung.‹ Über die Beziehung zwischen Individuum und Organisation ist nur in einem Satz der Einleitung die Rede, wenn behauptet wird, dass »die beiden Zielkriterien organisationspsychologischer Forschung«, nämlich Arbeitszufriedenheit und Leistung, »das Spannungsverhältnis zwischen Individuum und Organisation widerspiegeln« (S. 93). Offensichtlich hat der Verf. von den Herausgebern den Auftrag bekommen, ein komprimiertes Überblicksreferat über die genannten vier Forschungsgebiete der Organisationspsychologie zu schreiben. Es wird nicht näher begründet, warum die genannten Arbeitsgebiete herausgegriffen wurden;

vermutlich deshalb, weil in anderen Aufsätzen dieses Lehrbuchs von anderen Autoren weitere Fachgebiete vorgestellt werden. Er liefert eine nüchterne Bestandsaufnahme. Er beschreibt nacheinander für jedes Gebiet die wichtigsten Forschungsansätze oder Modelle (meist us-amerikanische), gibt dann einen gedrängten Überblick über empirische Forschungsergebnisse (regelmäßiger Tenor: die meist ziemlich simplen Ansätze beschreiben die Realität nur unvollkommen) und stellt fest, dass die von PraktikerInnen übernommenen Erwartungen (zufriedene MitarbeiterInnen leisten mehr, kooperative Führung ist erfolgreicher, hohe Gruppenkohäsion fördert die Leistung) nicht bestätigt werden. Die Beziehungen sind wesentlich komplexer und differenzierter, durch zahlreiche Moderatoren vermittelt und durch Interaktionsbeziehungen kompliziert. Gebert belegt das überzeugend durch Abstracts wichtiger Einzelstudien, wobei im Laufe seines Beitrags in bunter Reihenfolge die Hitliste der Organisationspsychologie paradiert: Maslows Bedürfnispyramide, Herzbergs Motivator-Hygiene-Theorie, Vrooms VIE-Modell, Attributions- und Leistungsmotivationstheorie, Arbeitszufriedenheitsfragebogen, Eigenschaftstheorie der Führung, Führungsstil-Konzeptionen, Führungsmodelle (Fiedler, Vroom & Yetton, Hersey & Blanchard), symbolische Führung und Organisationskultur, Kommunikationsnetze, Kohäsion und Gruppenproblemlösen, risky shift Phänomen und group think, Konfliktforschung. Er selbst resümiert: »Es sind [...] die Bedingungen präzisiert worden, unter denen die Überlegenheit bestimmter Vorgehensweisen Gültigkeit hat; die wachsende Empirienähe der Forschung hat zu einer Differenzierung der Fragestellungen geführt und für die Praxis damit genauere Warnschilder aufgebaut, die die Orientierung im Alltag erleichtern«.
Der Verf. liefert für die herausgegriffenen vier Forschungsgebiete eine solide Bilanz der szientistischen organisationspsychologischen Forschung, präsentiert einzelne Ansätze und Befunde seriell, ohne integrierende Theorie. Mit der Konstitution, Vermittlung oder Interaktion von Individuum und Organisation – wie es der Titel nahe legt – beschäftigt sich der Beitrag nicht.

Oswald Neuberger

Goffman, Erving
Asylums. Essays on the Social Situation of Patients and Other Inmates. New York 1961, XIV, 386 S. Aus dem Amerikanischen übersetzt von Nils Lindquist: Asyle. Über die soziale Situation psychiatrischer Patienten und anderer Insassen. 1. Auflage Frankfurt/M. 1973, 366 S., 10. Auflage 1995.

Seit der Entdeckung der Eigenlogik von Interaktionssystemen hat die Soziologie es unter anderem mit der Frage zu tun, wie diese Eigenlogik sich innerhalb von formalen Organisationen auswirkt. Goffman geht dieser Frage an einem Extremfall nach, nämlich am Beispiel von ›totalen Institutionen‹ inmitten der modernen Gesellschaft. Der klassische Antwortbegriff des Informalen, der nur im Kontext der Unterscheidung von Organisation und Kleingruppe expliziert werden konnte, wird dabei durch einen anderen Typus von Beschreibung ersetzt, der eher auf die Differenz von Organisation und Interaktion eingestellt ist und das Ausmaß an faktischer Gruppenbildung zur Variable erklärt.
Den Begriff der totalen Institution hatte die Durkheimschule eingesetzt, um Stammesgesellschaften ohne funktionale Differenzierung zu analysieren. Betont wurde dabei vor allem das Gesetz des Wiedersehens. Man begegne in den verschiedensten Rollenzusammenhängen im wieder denselben Personen, und dadurch werde das Ausmaß an erreichbarer Rollendifferenzierung beschränkt. Ohne Rollendifferenzierung und effektive Trennung der Publikumskreise könne sich aber auch die Individualisierung der Personen und ihrer Selbstdarstellung nicht sehr weit entfalten. In der modernen Gesellschaft gibt es kaum noch totale Institutionen. Nicht einmal auf die modernen Familien passt dieser Begriff, wenn ihre Angehörigen vorwiegend außerhalb des Hauses aktiv werden und die Familie diesen Bereich nicht mehr kontrollieren und nicht mehr dirigieren kann. Erst recht passt der Begriff nicht auf Organisationen, die ja das externe Verhalten ihrer hauptberuflichen Mitglieder in der Regel nicht einmal thematisieren, sondern zur Privatsache erklären. All dies gilt auch für das professionell geschulte Personal der Gefängnisse und der psychiatrischen Anstalten. Der zentrale Unterschied besteht

darin, dass diese im weitesten Sinne ›therapeutischen‹ Organisationen auch ihre Klientel in der Form einer besonderen Rolle einschließen. Für die dadurch geschaffene Kategorie des ›Insassen‹ gilt in der Tat, dass er sein gesamtes Leben innerhalb nur einer Organisation zubringen muss. An die Stelle einer differenzierten tritt für die Dauer des Verbleibs eine undifferenzierte Inklusion, die Rollendifferenzierungen unterläuft, Abtrennungen von Partnerkreisen prekär werden lässt und die Kategorie der Privatheit kaum duldet. Der im Prinzip bekannte und gerade auch immer erneut beschriebene Konstitutionszusammenhang von Rollendifferenzierung und individualisierter Selbstdarstellung wird dadurch ruiniert. Das entsprechende Unvermögen zu einer sozial überzeugenden Selbstdarstellung wird aber typisch nicht auf die Organisation selbst zugerechnet, sondern dem Insassen zur Last gelegt. Die Inkonsistenzen, die seine Selbstdarstellung durchfurchen, werden bis auf weiteres als Zeugnis und Symptom jener moralischen bzw. kognitiven Defekte verstanden, welche die Haftstrafe bzw. die Einweisung rechtfertigen sollen. Die Forschungen, gewonnen an amerikanischem Material, legen den Eindruck nahe, dass diese Art von self-fullfilling-prophecy sich zusammen mit der sie praktizierenden Organisationsform auch anderswo durchgesetzt hat. Diese kritische Zuspitzung mag auf den ersten Blick an die bekannten Analysen Michel Foucaults (→) erinnern. Soziologisch fallen gleichwohl eher die Differenzen ins Auge. Denn während Foucault nur die professionelle Selbstbeschreibung der Organisation vor Augen hatte und den Zentralismus ihrer Ansprüche für bare Münze nahm, kommt es Goffman genau umgekehrt auf die Differenz von Selbstbeschreibung und faktischem Interaktionsverhalten an. Es ist eine zentrale These, dass der Anspruch auf umfassende Kontrolle der Insassen durch deren Interaktion miteinander und mit dem Aufsichtspersonal konterkariert wird. Die totale Institution ist also gar nicht total.

Zu den Höhepunkten dieser Beweisführung gehören Beobachtungen über die Insassen von Psychiatrien. Nach der offiziellen Beschreibung handelt es sich dabei nicht eigentlich um Personen. Der Patient ist kein ernst zu nehmender Absender von Kommunikation und kein geeigneter Adressat für Vorwürfe und Kritik. Im Unterschied zu dieser Beschreibung, die bei weitgehendem Verzicht auf normale Interaktion vor allem den Medizinern einleuchten mag, führt die Interaktion der Patienten untereinander und mehr noch ihre Interaktion mit dem Pflegepersonal dann aber wie von selbst zur Repersonalisierung des Insassen sowie zur Remoralisierung seines Verhaltens. Bei kühner Interpretation kann man sagen, dass dies der unter Laborbedingungen erbrachte Beweis für die theoretisch zentrale These ist, wonach die Kommunikation zu ihrer eigenen Fortsetzung einer Personalisierung der daran Beteiligten bedarf.

André Kieserling

Gouldner, Alwin W.
Organizational Analysis. In: Merton, Robert K. (Hrsg.): Sociology Today. Problems and Prospects. New York 1959, XXXIV, 623 S., S. 400-428.

Der Ausgangspunkt der Bestandsaufnahme soziologischer Organisationsforschung ist die Unterscheidung zwischen zwei Paradigmen: Organisation als rationale Konstruktion und Organisation als natürliches System. Diese Paradigmen seien als Idealtypen zu sehen, wobei Soziologen dazu neigten, dem zweiten Modell übermäßige Aufmerksamkeit zu Lasten jener Merkmale von Organisation zu widmen, denen diese Form der Vergesellschaftung ihre überragende historische Bedeutung verdankten. Deshalb plädiert der Verf. für eine Synthese dieser Paradigmen, wohl auch deshalb, um die Relevanz soziologischer Organisationsforschung zu sichern. Das rationale Paradigma sieht die Organisation als ein Instrument zur Realisierung von Zielen kollektiven Handelns. Ihre Strukturen sind Werkzeuge, diese Ziele zu verwirklichen, einer bewussten, informationsgesteuerten Planung und Gestaltung zugänglich und einer dauernden Ergebniskontrolle unterworfen. Die Verletzung rationaler Kriterien wird als Fehler oder als Folge eines Informationsdefizits gesehen, die korrigiert werden können. Diese mechanistische Sicht der Organisation impliziert, dass ihre einzelnen Elemente im Hinblick auf ihren optimalen Beitrag zur Zielerreichung gestaltet und gesteuert werden. Das Paradigma der Organisation als natürliches System betont dagegen, die erklärten Ziele einer Organisation seien nur einer unter mehreren Bestimmungsfaktoren ihrer Struktur und Entwicklung. Nicht nur müssten im Interesse ihres Überlebens und ihrer Sicherheit objektive Bedürfnisse befriedigt werden, die in einem ausdrücklichen Widerspruch zu ihren selbstgestellten Aufgaben stünden, sondern Organisationen würden im Zuge ihrer Institutionalisierung ihren instrumentalen Charakter verlieren und ein eigenes Leben gewinnen. Die Entwicklung der Organisationsstruktur ist deshalb auch weniger Ergebnis der unmittelbaren Umsetzung rationaler Planung als die Resultante wesentlich ungeplanter Anpassungsprozesse an die immer wieder sich verändernden Bedingungen ihrer inneren und äußeren Umwelt. Die Organisationsentwicklung ist demnach ein defensiver Mechanismus, um ein Gleichgewicht gegenläufiger Kräfte zu erreichen, der allerdings negative Konsequenzen für die Erreichung der Programmziele haben kann. Ihr Ausgangspunkt sind keine Fehler oder Informationsdefizite, sondern Bedingungen, die der Führung einer Organisation von sozialen Strukturen auferlegt werden. Eine zentrale Kategorie der Erklärung tatsächlicher Organisationsentwicklungen ist deshalb die der unbeabsichtigten Konsequenzen organisationspolitischer Interventionen. Rationale Organisationsgestaltung sei nur in Ausnahmefällen möglich.

Elmar Rieger

Hannan, Michael T./Freeman, John
Organizational Ecology. Cambridge, Mass. 1989, XVI, 366 S. Nachdruck 1993.

Populationsökologie stellt seit den 80er Jahren einen der bedeutsamsten Stränge in der Entwicklung der Organisationsforschung insbesondere in den Vereinigten Staaten dar. Das vorliegende Buch ist zwar nicht das Gründungswerk dieses Ansatzes, aber sicherlich eine, wenn nicht *die* zentrale Schrift. Die Populationsökologie ist eine Fortentwicklung der Theorie offener Systeme; im Zentrum steht die Beziehung zwischen Organisation(en) und Umwelt. Der Ansatz ist makrosoziologisch und auf die Analyse sozialen Wandels gerichtet. Das

Buch besteht aus drei Abschnitten: Theorie, Methoden und empirische Ergebnisse.

Der bedeutsamste Teil der Ausführungen ist jener der theoretischen Verortung. Es werden vier für die gesamte Populationsökologie konstitutive Aspekte bzw. Kernfragen diskutiert. *Erstens* der Zusammenhang von Organisationssoziologie und soziologischer Theorie. Organisatorischer Wandel – so die zentrale These –, ist gekoppelt mit gesellschaftlichem Wandel. Gesellschaftlicher Wandel werde sogar häufig durch Organisationen initiiert. »Most social changes begin with actions of organizations« (S. 5). *Zweitens*: Was ist eine Population? Populationen zeichnen sich durch Ähnlichkeit aus, wobei die wesentliche Gemeinsamkeit von Mitgliedern einer Population in deren Abhängigkeit von analogen Bedingungen der materiellen und sozialen Umwelt besteht, d.h. alle Organisationen einer Population befinden sich in derselben Umweltnische. *Drittens:* Einflüsse der Umwelt auf eine Population: Der bedeutsamste Faktor in der Umwelt von Organisationen sind andere Organisationen. Die für alle Mitglieder einer Population vergleichbaren Umweltbedingungen bringen das Merkmal des ›isomorphism‹ mit sich, d.h. ähnliche Bedingungen werden mit ähnlichen internen Mustern beantwortet. Innerhalb einer Population besteht Wettbewerb um Ressourcen. *Viertens:* Lebensgeschichten von Organisationen: Um gesellschaftlichen und auch organisatorischen Wandel verstehen zu können, gilt es, die Lebensgeschichten von Organisationen bzw. Populationen zu erforschen. Untersucht werden z.B. Ereignisse wie Gründung, Wachstum oder Niedergang, Übernahme oder schlicht Auflösung.

Im zweiten Teil des Buches – Methoden – werden einige problematische Aspekte des Ansatzes angesprochen, nämlich die Definition von Ereignissen der Lebensgeschichte (z. B. Gründung oder Absterben). Diese Ereignisse stellen Meilensteine in der Geschichte von Organisationen dar und dienen somit als wichtigste Grundlage der Analyse von historischen Verläufen innerhalb einer Population. Im dritten Teil schließlich finden sich einige empirische Studien zu Altersstrukturen und Mortalitätsraten innerhalb von Populationen.

Die Populationsökologie strebt sowohl ein neues Verständnis sozialen Wandels als auch eine Neuorientierung der Organisationssoziologie an. Dies wird möglich durch vier Charakteristika des Ansatzes: »(1) shifting the focus to the population level, (2) moving from a static to a dynamic approach, (3) recognizing the strong limits on the speed with which existing organizations can adapt to rapidly changing environments, and (4) examining change in diverse but internally homogenous organizational populations over their full histories« (S. 331). Methodologisch ist die Populationsökologie ein außerordentlich anspruchsvolles quantitatives Verfahren. Relativ große Zahlenmengen werden in der Analyse einer Population verarbeitet. Einzelne Organisationen sind kaum von Interesse, schon auf Grund der Überzeugung, dass durch das Management initiierter, geplanter Wandel nicht möglich sei. Die Populationsökologie ist einer der lebendigsten Ansätze der neueren Organisationsforschung, allerdings auch heftig umstritten. Der häufigste Vorwurf ist der des verdeckten Biologismus. Die Anschlüsse an Darwinistische Theorien sind nicht zu übersehen, und was einerseits als Fortschritt in der Organisationsforschung verstanden werden kann, dass das Management als wenig autonom in der Beeinflussung der Umwelt betrachtet wird, bringt gleichzeitig mit sich, dass es Akteure im klassischen Sinn nicht mehr gibt. Ein weiterer Kritikpunkt besteht in der Problematik der Definition einer Population. Nur ein kleiner Teil von Organisationen ist eindeutig als Population zu identifizieren und auf diesen beziehen sich auch die meisten empirischen Analysen, so z.B. Brauereien oder Zeitungen. Schwieriger wird die Bestimmung einer Population bei wachsender Größe oder Produktpalette. Hier werden Definitionen teilweise willkürlich. Damit stellt sich die Frage nach der Relevanz der Populationsökologie, da sie auf einen Großteil von Organisationen nicht angewendet werden kann.

Petra Deger

Hartmann, Heinz
Funktionale Autorität. Systematische Abhandlung zu einem soziologischen Begriff. Stuttgart 1964, IX, 143 S.

Explizit, im Laufe der Zeit mitunter auch unreflektiert und alltagssprachlich, wird in Organisationstheorie und Organisationspraxis von einem Nebeneinander von Amts- und Fachautorität, von formaler und funktionaler Autorität ausgegangen. So unproblematisch die Koexistenz von Amtsautorität und Fachautorität heute auch – vielleicht weniger in der Praxis, desto mehr aber in der Theorie – gesehen wird, erscheint sie dem Verf. in den 60er Jahren nicht: Während in der klassischen, auf Weber zurückgehenden Vorstellung bürokratischer Herrschaft Amts- und Fachautorität idealiter zusammentreffen (»Man hat nur die Wahl zwischen Bureaukratisierung und Dilettantisierung der Verwaltung, und das große Mittel der Überlegenheit der bureaukratischen Verwaltung ist: Fachwissen«), stellen formale Amtsautorität und funktionale Fachautorität für Hartmann antagonistische Arten sozialen Einflusses dar. Funktionale Autorität erwächst im Gegensatz zur Amtsautorität nicht aus den positionsgebundenen Machtressourcen der formalen Organisation, sondern bedeutet »die Chance, auf Grund persönlicher Sachverständigkeit das zukünftige Handeln bzw. die zukünftige Einstellung anderer zu ändern«. »Die kennzeichnenden Eigenschaften der funktionalen Autorität umschließen geachtete Sachverständigkeit als Legitimitätsgrund, objektive und direkte Demonstration der Sachkunde als Legitimitätsbeweis, Weisung oder Auftrag als Äußerung der Autorität und kritische Prüfung als Form der Folgeleistung«.

So häufig im Alltag einer Organisation formale Autorität der Position und Fachautorität der Positionsinhaber konvergieren (wie ja auch in der Gestalt eines Unternehmensgründers oder eines herausragenden Repräsentanten einer politischen Organisation bürokratische und charismatische Formen der Herrschaft einander nicht ausschließen), so prinzipiell verschieden sind jedoch die Quellen formaler und funktionaler Autorität wie die jeweiligen Geltungsgründe ihrer Legitimität. Speist sich die Amtsautorität aus den Machtmöglichkeiten der formalen Ordnung, an deren Grenzen sie endet und vor deren Regeln sie sich rechtfertigen muss, erwächst funktionale Autorität auf der Grundlage überlegenen Wissens und größeren Sachverstands und erlangt Geltung, soweit Wissen auf Seiten der Machtunterlegenen als Orientierung für eigenes Handeln anerkannt ist und von Seiten der Machtausübenden immer wieder bewiesen wird. Die Grenzen bürokratischer

Herrschaft scheinen damit sichtbar zu werden: Verlässt sich formale Autorität in der hierarchischen Ordnung auf Befehl, Weisung und Gehorsam, gedeckt, aber auch begrenzt durch die unpersönlichen Regeln der Organisation, stützt sich funktionale Autorität auf Sachverstand, der argumentativ jederzeit in Frage gestellt werden kann und durch Argumente erneut bestätigt werden muss.
Anzeichen der Ausweitung funktionaler Autorität innerhalb bürokratischer Organisationen finden sich durchaus (etwa im partizipativen Management), sie stellen jedoch das Grundmuster von bürokratischer Organisation nicht in Frage, solange funktionale Autorität eher informell als formell Geltung erlangt, für bürokratische Herrschaftsausübung instrumentalisiert wird oder auf einzelne, insulare Felder (Stäbe, Denkfabriken usw.) eingeschränkt bleibt. Gestärkt allerdings werden Ansprüche funktionaler Autorität durch den wachsenden Einfluss von Professionen und Experten, die Fachwissen und Sachverstand als legitimatorischen Leitideen innerhalb der bürokratischen Organisation mehr Raum verschaffen und insofern die Geltung bürokratischer Herrschaftsorganisation untergraben. Dass mit der Bedeutungszunahme auf Wissen und Sachkunde beruhender funktionaler Autorität nicht zwangsläufig auch eine Demokratisierung bürokratischer Organisation einhergeht, erinnert Hartmann mit Blick auf die oligarchische Herrschaft von Experten in Gesellschaft und Organisationen. Auch funktionale Autorität ist letzten Endes Herrschaft, eine Hierarchie der Wissenden, die es den im Wissen Unterlegenen nicht ohne weiteres erlaubt, den Sachverstand und damit den legitimatorischen Herrschaftsanspruch der Professionen und Experten zu überprüfen. Der Glaube an die Überlegenheit des Wissens ersetzt in diesen Falle mehr oder weniger eine kritische Überprüfung funktionaler Autorität.
Seine systematische Abhandlung zum Begriff der funktionalen Autorität ist in ihrem Kern eine Abhandlung zur Herrschaftssoziologie. In der Organisationstheorie wird Hartmanns Analyse grundlegend für anschließende Untersuchungen zu Herrschaft und Autorität in spezifischen Organisationsfeldern, insbesondere Unternehmen (Ziegler 1970; Zündorf/Grunt 1980), ebenso aber auch Gegenstand theoretischer Reflexionen zum Verhältnis von Amts- und Fachautorität im Einzelnen wie

bürokratischer Herrschaft generell (Schluchter 1972). Neuere Ansätze zur »Grammatik sozialer Machtprozesse« (Sofsky/Paris 1994) gehen bis heute auf die Dichotomie von Amts- und Fachautorität bei Hartmann zurück.

Weiterführende Literatur:

Schluchter, W.: Aspekte bürokratischer Herrschaft. München 1972; Sofsky, W./Paris, R. (→); Ziegler, H.: Strukturen und Prozesse der Autorität in der Unternehmung. Stuttgart 1970; Zündorf, L./Grunt, M.: Hierarchie in Wirtschaftsunternehmen. Frankfurt/M. usw. 1980.

Thomas Edeling

Hassard, John/Parker, Martin (Hrsg.)
Towards a New Theory of Organizations. London 1994, XIX, 347 S.
Hassard, John/Parker, Martin (Hrsg.)
Postmodernism and Organizations. London 1993, XV, 240 S.

Die Sammelbände stellen unterschiedliche Neuorientierungen der Organisationsforschung in den Mittelpunkt und schließen an das Buch von David Silverman »Theorie der Organisation« (→) an. Sie sind das Ergebnis einer Tagung, die aus Anlass des 21. ›Geburtstages‹ dieses Werkes veranstaltet wurde. Allerdings geht das Spektrum der behandelten Fragen weit über jenes hinaus, das Silverman 1970 ausgebreitet hatte. So ist denn auch der Bezug aller Verf. auf dieses Werk das Band, das die Texte zusammenhält. Jenseits dieser Verbindungslinie oder auch im Hinblick auf die Bezugnahme auf Silverman sind die Texte sehr heterogen. Das Buch ist in drei zentrale Debatten gegliedert. *(1) Agency and Structure*: Das Problem der Beziehung zwischen Handelnden und Strukturen, ein wesentlicher Auslöser für die Schrift Silvermans. Dabei werden neuere soziologische Theorieentwicklungen (postmoderne bzw. poststrukturalistische Ansätze und Giddens Theorie der Strukturierung) als bedeutsame Ansätze zur Lösung dieser Fragestellung angeboten. *(2) Theory and Politics*: Hier geht es um die Frage, für wen Organisationstheorie als Adressat bestimmt sein solle, also um die alte Diskussion, ob Organisationstheorie dem Management Handlungsanweisungen zur besseren Verwirklichung der Organisationsziele liefern könne bzw. solle. Während die meisten Verf. des Bandes eine eher kritische Position beziehen, stellt der Text von Donaldson (einem der vehementesten Verfechter einer positivistischen Organisationssoziologie) eine der Ausnahmen dar. *(3) Theory and Method*: In diesem Abschnitt wird noch am deutlichsten an Silverman angeschlossen, da eines seiner Hauptanliegen methodologischer Art war. Wie immer haben aber methodologische Kontroversen theoretische Ursachen und so finden sich auch unter den hier zusammengefassten Texten im Wesentlichen theoriegeleitete Analysen. Auch die Fallstudie von Czarniawska-Joerges zeichnet sich stark durch die theoretische Diskussion aus.

Jenseits der Gliederung des Buches sind drei Themen vorherrschend: zum einen die Auseinandersetzung mit dem ursprünglichen Ansatz von Silverman sowie mit dessen späteren Arbeiten. Dies ist das Thema des Textes von Silverman selbst und des Aufsatzes von Donaldson. Dominant sind aber zwei andere Themen, die häufig in Kombination auftreten: Theorie der Postmoderne bzw. des Poststrukturalismus und Fragen der Macht (relations of power). Machtfragen stehen im Vordergrund in den Texten von Clegg und Czarniawska-Joerges. Die Auseinandersetzung mit poststrukturalistischen (insbesondere im Anschluss an Michel Foucault), manchmal auch postmodernen, Theorien steht im Vordergrund in den Texten von Fineman, Willmott, Knights/Morgan, Law und Ackroyd.

Postmoderne Theorien und Positionen spielen seit den 80er Jahren in der britischen Organisationssoziologie eine bedeutsame Rolle. Dies schlägt sich z.B. in dem zweiten, von den Hrsg. publizierten Buch »Postmodernism and Organizations« nieder. Auch dieses Werk ist in drei Teile gegliedert: *(1) Towards Postmodernism, (2) Debates with Postmodernism* und *(3) Departures from Postmodernism*. Dabei werden, wie schon Hassard in seiner Einleitung hervorhebt, zwei Konzepte von Postmoderne (Postmodernism) verfolgt. Einerseits gilt Postmoderne als Periodisierung von organisatorischen und sozialen Formen im Sinne einer Seins- bzw. Epochenzuschreibung und andererseits als Katalog von Problemen bezüglich der

Darstellung von Wissen über Organisationen. Hier werden die theoretischen Grundlagen des Konzepts der Postmoderne beleuchtet. Die Texte des ersten Teils von Jeffcut, Linstead und Burrell sind durch große Affinität zu postmodernen Konzepten gekennzeichnet, wobei jener von Burrell sich am deutlichsten von allen Konventionen moderner Organisationssoziologie verabschiedet. Kern der Ausführungen von Jeffcut wie auch Linstead ist eine vehemente Absage an die konventionellen Methoden der Organisationsforschung. Statt quantitativer Analysen plädieren sie für eine postmoderne bzw. dekonstruktivistische Ethnographie. Der folgende Abschnitt besteht aus fünf Texten, die zwar eine gewissen Affinität zu einzelnen Konzepten der Postmoderne haben, gleichzeitig aber auch klassische organisationssoziologische Analysen für anschlussfähig halten. Carter/Jackson greifen dabei die Motivationstheorie von Vroom auf, die weit über modernistische Managementansätze hinausgehe. Gleichzeitig verweisen sie aber auch auf die prinzipiell begrenzte Tragweite dieser Konzeption, weil Management intrinsisch an die Moderne gebunden sei und daher mit Subjektivität und pluralen Rationalitäten nicht umzugehen vermöge. Bjorkegreen analysiert die Gemeinsamkeiten zwischen Kunst und Organisationstheorie und kommt dabei zu dem Ergebnis, dass auch Organisationsanalyse heutzutage ästhetischen Ansprüchen genügen müsse. Thematisch zeigt sich die Affinität von Alvesson zu postmoderner Theorie durch die Wahl des Themas der Metapher. Sein Hauptargument ist, dass es kein unmittelbares Verständnis von Organisationen gebe, sondern dass vielmehr die verwendeten Begriffe schon das Untersuchungsobjekt formen. Im Zentrum der Texte von Mills und Hearn/Parkin steht die Problematik von Geschlecht und Organisation. Jeweils werden, wenn auch mit unterschiedlichen theoretischen Bezugnahmen, die Zusammenhänge zwischen männlich dominierten Vorstellungen von Organisationen und Moderne hergestellt. Allerdings ist die Darstellung von Hearn/Parkin kritischer in der Einschätzung der Brauchbarkeit von postmoderner Theorie für die Organisationsanalyse, weil Unterschiede häufig nur im Sinne einer ›differance‹ (Derrida) und nicht im Sinne von Ungleichheit, die es abzustellen gelte, gesehen werden.

Im letzten Abschnitt sind Texte versammelt, die sich durch

eine recht kritische Haltung zu postmodernen Ansätzen sowie eine große Nähe zu kritischer Theorie auszeichnen. Reed hebt hervor, dass er ein neues, postmodernes Zeitalter nicht zu erkennen vermag, sondern vielmehr eine Radikalisierung der Moderne. Thompson wirft postmodernen Organisationsanalysen vor, die Kontinuität kapitalistischer Organisation und die darin inhärenten Kontrollmechanismen zu übersehen: Auch wenn sich die Technik von Kontrolle und die Sprache verändert habe, so stelle dies nur die Oberfläche dar; die Grundmuster kapitalistischer Strukturen seien dieselben geblieben. Eine sehr grundsätzliche Kritik liefert schließlich Parker im Schlusskapitel, in dem er die Nützlichkeit des Gegensatzpaares Moderne-Postmoderne als solche bezweifelt. Organisationsanalyse sei nicht denkbar ohne die Überzeugung, eine Realität abzubilden und nicht nur eine von mehreren möglichen Erzählungen zu liefern. Anstatt postmoderne Positionen allzu prominent werden zu lassen, sollte man einen kritischen Modernismus anstreben. Hiermit ist eine Art von Klammer zwischen fast allen Texten bezeichnet; sie zeichnen sich durch eine kritische Position im Sinne einer Problematisierung von Macht- und Herrschaftsstrukturen aus. Eine weitere Gemeinsamkeit besteht darin, dass in fast allen Texten implizit oder explizit die Rolle sozialwissenschaftlicher Organisationsanalyse als solche beleuchtet wird, insbesondere vor dem Hintergrund der Frage, ob man eine (postmoderne) Position im Sinne einer Beschreibung ohne Wahrheitsanspruch annehmen könne.

Insgesamt gibt der Sammelband einen Überblick über die Rezeption postmoderner Theorie in dem Teil der britischen Organisationsforschung, die ihre Grundlage in der Kritischen Theorie hat. Die Sammlung von Texten ist diesbezüglich ein sehr nützlicher Überblick über den Stand der Diskussion, auch das Literaturverzeichnis ist umfassend und gerade für die Erstorientierung in der Thematik sehr hilfreich.

Petra Deger

Heydebrand, Wolf
Organizational Contradictions in Public Bureaucracies: Toward a Marxian Theory of Organizations. In: The Sociological Quarterly, Vol. 18, 1977, S. 83-107.

Der Verf. zielt darauf, eine auf den Grundbegriffen des historischen Materialismus aufbauende Organisationstheorie zu entwickeln und arbeitet dabei insbesondere den Begriff des ›organisatorischen Widerspruchs‹ aus. Er begreift Organisation als eine Form der gesellschaftlichen Praxis, die wie jede andere durch Widersprüche zwischen der Tätigkeit und ihren Resultaten geprägt werde. Dem liegt eine verallgemeinernde Interpretation des Widerspruchs von Produktivkräften und Produktionsverhältnissen zu Grunde. Der Begriff der Produktivkräfte steht hier für den dynamischen Aspekt jeder gesellschaftlichen Tätigkeit, wobei angenommen wird, dass die Menschen generell nach der Steigerung der Produktivkräfte streben. Deren Veränderung und Wachstum kann demnach nur temporär blockiert werden. Der dynamische Charakter der gesellschaftlichen Tätigkeiten gerät in Widerspruch zu ihren Resultaten, zu denen neben den Arbeitsprodukten auch die Produktionsverhältnisse und generell die sozialen Strukturen zählen, da letztere sich tendenziell gegen Veränderungen sperren. Übertragen auf die Praxis der Organisation heißt dies: »Die organisierende Tätigkeit hört nicht auf, nur weil die Organisation etabliert worden ist.« (S. 87). Dabei besteht der organisatorische Widerspruch zwischen den organisierenden Kräften der gesellschaftlichen Arbeit, dem Streben nach einer Effektivierung und Rationalisierung einerseits und den etablierten Kontrollstrukturen der Organisation andererseits. Die Kontrollstrukturen sind zum einen Produkt der organisierenden Kräfte, zum anderen werden sie von ihnen unterminiert. Es lassen sich verschiedene organisatorische Kontrollstrukturen unterscheiden, die teils historisch aufeinander folgen, teils koexistieren: Eine ist in beruflichen Statusgruppen wie Handwerkszünften oder den freien Berufen verkörpert, eine weitere in der legal-bürokratischen Organisation und Verwaltung von Arbeit (Unternehmensbürokratien und öffentliche Bürokratien), eine dritte basiert auf der Selbstorganisation der Arbeit bzw. der Arbeiterkontrolle, die sich im Widerspruch zu allen bestehenden Formen der Arbeitsorganisation und Kontrolle, sei es im Kapitalismus oder im Staatssozialismus, entwickelt. Der grundlegende organisatorische Widerspruch kann sich auf vielfache Weise äußern, wie anhand der Entwicklung der Justiz und insbesondere am Widerspruch zwischen den etablierten berufsständischen Interessen der Richter und den Kräften der Verwaltungsrationalisierung illustriert wird.

Obwohl der Verf. die Bedeutung des gesellschaftlichen Kontexts der Organisation betont, bleibt offen, ob Organisation ein ubiquitäres Phänomen ist oder ob ihr Auftreten historisch an moderne, klassengespaltene Gesellschaften gebunden ist. Eine marxistische Theorie der Organisation müsste diese vor allem im Kontext der Entwicklung kapitalistischer Gesellschaftsformationen thematisieren.

Thomas Sablowski

Kanter, Rosabeth Moss
Men and Women of the Corporation. 1. Auflage New York 1977, XV, 348 S., 2. Auflage 1993, XIV, 390 S.

Die Verf. ist Professorin für Business Administration an der Havard Business School und Mitbegründerin der Unternehmensberatung Goodmeasure. Ihre Studie beschäftigt sich mit den Schlüsselrollen von Managern, Sekretärinnen und Ehefrauen in Unternehmen, der Entwicklung einer männlichen Ethik im Management sowie der Feminisierung von Büro- und Schreibarbeiten und kommt zu dem Schluss, dass die strukturellen Determinanten Opportunity, Power und Numbers für die Reaktionen von Männern und Frauen in Unternehmen verantwortlich sind: »the job makes the person«. Im Arbeitsverhalten spiegelten sich nicht typisch männliche oder weibliche Handlungen wider, sondern allgemeine, normale, menschliche Reaktionen auf strukturelle Zwänge. Manager werden durch die Unbestimmtheit, Ungewissheit und Komplexität ihrer Aufgaben dazu gebracht, eine homosoziale Gruppe zu bilden. Auf Grund eines ähnlichen Erfahrungshintergrundes und vergleichbarer sozialer Stellungen wollen sie für einen reibungsloseren Ablauf der täglichen Kommunikations-

und Entscheidungsprozesse sorgen. Sekretärinnen sind mit dem Problem eines patrimonialen Verhältnisses in der Beziehung zu ihren Chefs konfrontiert. Ihre Aufstiegschancen, ihr Status und ihr Machtpotential definieren sich über deren Position. Von Sekretärinnen wird Loyalität und Ergebenheit erwartet, was zu einer starken Abhängigkeit führt. Obwohl Ehefrauen keine Anstellung im Unternehmen haben, wird von ihnen erwartet, dass sie die Karriereschritte ihres Managerehemanns mitvollziehen. Zunächst sollen sie ihn vollständig von den häuslichen Aufgaben entlasten, später müssen sie Repräsentationsaufgaben übernehmen.
Die Verf. geht davon aus, dass Erfolg in hierarchisch organisierten Unternehmen mit vertikaler Mobilität gleichgesetzt wird. Opportunity bezieht sich auf die Möglichkeit, im Beruf gefördert zu werden und aufzusteigen. Menschen mit wenig Gelegenheit schränken ihre Ziele ein, neigen zu einem niedrigeren Selbstwertgefühl, wollen keine Verantwortung und Partizipation, suchen Befriedigung außerhalb der Arbeit und sind dem Management gegenüber kritisch eingestellt. Diejenigen, denen sich viel Gelegenheit bietet, setzen sich hohe Ziele, haben ein ausgeprägtes Selbstwertgefühl, fühlen sich den Unternehmenszielen verpflichtet und neigen zu Konkurrenzverhalten.
Power bedeutet nicht Herrschaft, sondern Kraft/Wirksamkeit – »the ability to mobilize ressources« und ergebe sich sowohl durch die formalen Eigenschaften des Arbeitsplatzes als auch durch informale Allianzen. Machtlosigkeit führe zu einem rigiden, kontrollierenden und besitzergreifenden Arbeitsstil. Die strukturelle Determinante Numbers bezieht sich auf die soziale Zusammensetzung in verschiedenen Positionen, z.B. der Anteil von Frauen, Männern, Schwarzen und ethnischen Minoritäten. Personen, deren sozialer Typus unterrepräsentiert ist, müssen nach Kanter Konformität beweisen und dürfen weniger Fehler machen, haben es schwerer, vertrauenswürdig zu erscheinen und werden oft von informellen Netzwerken ausgeschlossen. Die mangelnde Gleichstellung von Frauen in Unternehmen darf nicht durch vermeintlicherweise typisch weibliches Arbeitsverhalten erklärt werden, sondern ist auf ungenügende Ausstattung mit Gelegenheit, Macht und ihre Unterrepräsentanz zurückzuführen.

In ihrem Nachwort zur Ausgabe von 1993 schreibt die Verf., dass ihre drei strukturellen Determinanten aus den 70er Jahren immer noch Gültigkeit haben. Sie erforderten lediglich einen anderen Zugang. Ausschlaggebend für den Berufsverlauf sei heute nicht mehr die Institution, sondern professionelle Kompetenzen und individuell aufgebaute, organisationsübergreifende Beziehungsnetzwerke.
Die bereits als klassisch zu bezeichnende Studie zählt zu den wenigen Ausnahmen, die schon in den 70er Jahren die geschlechtsspezifische Segmentation von Beschäftigten in Unternehmen aus organisationssoziologischer Perspektive analysierten. Die Auseinandersetzung mit ihrer geschlechtsneutralen Machtkonzeption bildete in den 80er Jahren vor allem im englischsprachigen Raum den Ausgangspunkt einer Reihe von Arbeiten zum Thema ›Geschlecht und Organisation‹. So begreift z.B. Ferguson (→) Macht als Bestandteil der Interaktion zwischen den Geschlechtern. ›Männlichkeit‹ sei mit Macht gleichzusetzen und werde grundsätzlich höher bewertet als ›Weiblichkeit‹, was sich auch in der Organisationsstruktur widerspiegele. Kanter verkenne, wie grundlegend Organisationen über männliche und weibliche Diskurse konstituiert sind.

Kerstin Leichthammer

Karpik, Lucien
Organizations, Institutions and History. In: Ders. (Hrsg.): Organization and environment. Theory, issues and reality. London usw. 1978, S. 15-68.

Der Beitrag stellt sich die Aufgabe, ein sozio-historisches Analyseraster für die schwierig zu konzeptionalisierenden Beziehungen von Organisation und Umwelt zur Verfügung zu stellen. Die Schwierigkeiten der Behandlung von Organisations-Umwelt-Beziehungen resultieren daraus, dass Organisationsgrenzen unscharf sind, dass Umwelt oftmals einen Residualbegriff für alles bildet, was aus der Organisation ausgeschlossen bleibt und dass deshalb eine Analyse dieser Beziehungen häufig willkürlich und undifferenziert bleibt. Gleichwohl besteht realiter eine Interaktion von ›Innen‹ und ein ›Außen‹, die es

notwendig macht, organisationale Umwelten zu analysieren. Organisationen werden als reale Sachverhalte begriffen, die Gegenstand von Einflüssen der Institutionen sind, denen sie angehören und die sie zugleich zum Ausdruck bringen. In ihrer Eigenschaft als kollektive Akteure werden ihre Strategien von den sie konstutierenden Gruppen bestimmt, sie sind insofern zugleich ein strategisches Werkzeug in sozialen Herrschaftsbeziehungen.
Die angestrebte sozio-historische Analyse, die am Beispiel der kapitalistischen (Groß-) Unternehmung aufgezeigt wird, beruht auf zwei generellen Annahmen: Erstens, dass das Interaktionssystem, in das die Unternehmung eingebettet ist, die Beziehungen zwischen verschiedenen Institutionen zum Ausdruck bringt, die ihrerseits unterschiedliche soziale Funktionen und historische Ausprägungen aufweisen und zweitens, dass die Orientierungen und Praktiken der Organisationsmitglieder nicht unabhängig von den gesellschaftlichen Zusammenhängen betrachtet werden können, in die diese eingebettet sind. Dies macht einen mehrere Ebenen umspannenden Bezugsrahmen erforderlich, der die Analyse von Institutionen, Herrschaftsmechanismen, ökonomischen Konstellationen, Organisationen und Professionen und ihrer Beziehungen ermöglicht. In einer so angelegten Makro-Perspektive wird der Begriff der Umwelt ebenso wie der der Organisation selbst obsolet. Stattdessen rücken die Funktionsweise und die Entwicklung der Regeln, nach denen sich Unternehmensstrategien und ihre Beziehungen zu anderen sozialen Akteuren richten, in den Vordergrund.
Der Verf. verdeutlicht das aus diesem Rahmen resultierende Vorgehen in fünf Schritten: Erstens werden wissens- bzw. wissenschaftssoziologisch die wissenschaftlich-technischen Institutionen analysiert, die am ökonomischen Produktionsprozess teilhaben. Zweitens werden die Beziehungen zwischen Produktionswissen und Industrien analysiert, da sie zu zwei distinkten ökonomischen Formen führen. Drittens erfolgt die Analyse ökonomischer Konstellationen, die zu zwei Ausprägungen des Kapitalismus führen und den jeweiligen unternehmensstrategischen Möglichkeitsraum beschreiben. Viertens werden die Strategien der Unternehmung und der sie konstituierenden Gruppen selbst betrachtet, so weit sie inner-

halb eines analytischen Schemas begreifbar sind und schließlich erfolgt fünftens eine Analyse der internen und externen Macht der Unternehmung, die als spezifischer Ausdruck eines Wettbewerbs zwischen kulturellen Modellen betrachtet wird, die jeweils spezifische Kombinationen ökonomischer und sozialer Herrschaft darstellen und zu einem Transformationsprozess industrieller Eliten führen.

Ein besonderer Stellenwert kommt innerhalb dieses Konzeptes den sog. ›Handlungslogiken‹ (logics of action) zu. Mit diesem Begriff wird zwischen den strukturellen marktlichen Konstellationen und den von dem einzelnen Unternehmen gewählten Strategien, die durch diese Strukturen gerade nicht determiniert werden, vermittelt. Das Konzept der Handlungslogiken wird als ein Beobachterkonstrukt eingeführt, das Politiken und Strategien der Akteure auf rationale (im Sinne intelligibler und in gewisser Weise voraussehbarer) Handlungsprinzpien zurückführt, die zugleich an institutionelle Konfigurationen zurückgebunden werden. Handlungslogiken stellen demnach bestimmte Formen von Rationalität dar, die selbst historisch-konkret inhaltlich ermittelt werden müssen. Für die Strategien französischer und einiger anderer Unternehmen macht Karpik adaptive Handlungslogiken, Handlungslogiken der Prestigegewinnung, technische Handlungslogiken, Handlungslogiken der kurzfristigen Profitmaximierung, Handlungslogiken der Machtausübung und schließlich Handlungslogiken der Innovation aus.

Das Analysemodell stellt ein ›Mehr-Ebenen-Modell‹ dar, das einen wichtigen und richtungsweisenden Beitrag zur Debatte um den ›Micro-Macro-Link‹ sowie zur Analyse interorganisationaler Beziehungen und Netzwerke leistet. Es ist zugleich einer der wenigen Beiträge zu einer gesellschaftstheoretischen, auf der Makroebenene angesiedelten Organisationssoziologie.

Thomas Metz

Katz, Daniel/Kahn, Robert L.
The Social Psychology of Organizations. 1. Auflage New York 1966, VIII, 498 S., 2. Auflage 1978, VI, 838 S.

Die Verf. stellen eine psychologische Theorie offener sozialer Systeme vor (Open System Theory). Sie begründen ihre Thesen mit einer umfassenden Übersicht über Forschungsergebnisse und Theorien der Organisationsforschung. Die erste Auflage bietet eine gute Einführung in die Theorie. Die zweite Auflage konturiert Themen schärfer (v.a. die Rollentheorie, Umwelteinflüsse und Konflikte in Organisationen, Motivation) und behandelt neue Themen (z.B. Politik in Organisationen, Gesundheit). Sie ist in 21 Kapitel aufgeteilt, die drei Hauptteilen zugeordnet sind.
Im ersten Teil wird in acht Kapiteln die Theorie offener Systeme entwickelt. Im Mittelpunkt steht der Systemcharakter sozialer Beziehungen und der Transaktionsprozess zwischen sozialen Systemen und ihrer Umwelt. Soziale Systeme werden als Struktur von Ereignissen definiert. Organisationen seien spezielle Klassen offener Systeme bzw. Einheiten, die mit umgebenden Einheiten in ständiger Interaktion stünden. Organisationen strebten zwar nach Erreichung von Zielen (Homöostasis), zeigten jedoch ständig Anpassungsreaktionen auf die externen und internen Anforderungen, um ein kongruentes System zu bilden (Struktur-Kontingenz-Modell). Die Theorie basiert auf einem Modell der zyklischen Prozesse des Energieaustausches: Input (Aufnahme von Energie), Durchgangsprozesse (Transformation der Energie in Produkte etc.), Output (Beziehungen zur Umwelt bzw. Export des Produktes). Systeme bedürfen eines kontinuierlichen Inputs von Energie aus der Umwelt, und sie überleben nur solange, wie sie mehr Energie importieren als sie ausweiten. Individuen werden als Träger sozialer Systeme verstanden. Die sozialpsychologische Basis sozialer Systeme bestehe aus Rollenverhalten der Mitglieder, den Normen, die das Verhalten vorschreiben und sanktionieren und den Werten, in die die Normen eingebettet sind. Entscheidend für die Herstellung des Verhaltens sei die Bekräftigung von Systemgrenzen und die Integration durch Subsysteme; d.h. auch, dass Individuen nur partiell integriert werden müssten. Die Eigenschaften und Interaktionsmuster

von Organisationen, die für die Entwicklung und Dynamik verantwortlich sind, werden ausführlich dargestellt. Darüber hinaus werden verschiedene Typologien von Organisationen zurückgewiesen und Organisationen anhand ihrer Funktion, die sie als Subsystem der Gesellschaft haben, klassifiziert. Eine Diskussion organisationaler Effektivität, die viel Forschung initiiert hat, schließt die Grundlegung der Theorie ab. Der zweite Teil diskutiert Modelle der Organisation. Gezeigt wird, dass die klassischen Modelle den Einfluss des technologischen Wandels auf organisationales Verhalten nicht erklären können. Sie würden v.a. drei Motivationsmuster sozialer Systeme nicht hinreichend analysieren: Legale Einwilligung in Regeln bzw. Macht und Autorität, externale Belohnungen und Anreize sowie internalisierte Motivation. Diese Quellen des Verhaltens werden ausführlich anhand von Forschungsergebnissen diskutiert. Der dritte Teil beschäftigt sich mit Problemen und Prozessen. Damit sind traditionell mikroanalytische Themen der Organisationsforschung angesprochen, die auf die Theorie bezogen werden: Kommunikation, organisationale Politik als Abstraktion sozialen Verhaltens, Führungsrolle zur Schaffung von Vorhersehbarkeit von Umweltveränderungen, subjektives Wohlbefinden und Stressniveau als individuelle Repräsentation der Dynamik, Konflikt und Wettbewerb in Organisationen. Zum Abschluss schlagen Katz und Kahn ein Modell zur Erklärung der Veränderungen von Organisationen vor, und sie erläutern ihre Thesen am Beispiel der Einführung von Gruppenarbeit in schwedischen Unternehmen.

Die Verf. präsentieren einen Fundus an Forschungsarbeiten und Theorien zum Verständnis der psychologischen Prozesse, die organisationales Verhalten konstituieren. Es wird kein eklektisches Lehrbuch geboten, sondern ein Modell offener Systeme, das die Ebenen individuellen, organisationellen und gesellschaftlichen Verhaltens integriert. Allerdings ist es nur bedingt möglich, mit einer einzigen Perspektive dermaßen viele Theorien, die z.T. auf anderen Organisationskonzepten beruhen, einzubinden. Es verwundert daher nicht, dass einige Befunde (z.B. der Motivations-, der Social-Cognition- und Gruppenforschung) nicht präsentiert und dass nur wenige explizite Forschungshypothesen formuliert werden. Bisweilen fällt auch die Analyse der Systemdynamik und der psychischen Prozesse weit auseinander, ohne dass eine Referenz zu verbindenden sozialpsychologischen Prozessen referiert wird. Weinert (1998) verweist zudem darauf, dass die Behauptung, Organisationen strebten nach Bestimmtheit und Vorhersagbarkeit, mit der Theorie kaum vereinbar ist. Das alles erschwert die empirische Analyse (vgl. aber Katz/Kahn/Stacy 1980) und mag dazu geführt haben, dass ein genauer Diskurs über Differenzen zwischen der Theorie und Modellen mit ähnlich umfassendem Fokus bis heute nicht vollständig erfolgt ist. Der Ansatz ist von der Psychologie kaum fundiert worden und er wurde in der Soziologie durch alternative Systemtheorien überlagert; das ersetzt jedoch nicht die Lektüre dieses Grundlagenwerkes.

Weiterführende Literatur:

Katz, D./Kahn, R.L./Stacy Adams, J. (Hrsg.).: The Study of Organizations. San Francisco 1980; Weinert, A.B.: Organisationspsychologie: Ein Lehrbuch. 4., vollst. überarb. und erw. Aufl., Weinheim 1998.

Andreas Zick

Kieser, Alfred (Hrsg.)
Organisationstheorien. 1. Auflage Stuttgart 1993, XI, 367 S., 3. Auflage 1999, XVII, 423 S.

Das Lehrbuch gibt in 11 Kapiteln (1. Auflage: 10) eine Einführung in wichtige organisationstheoretische Strömungen und Ansätze, deren Verf. neben Kieser selbst bis auf drei Ausnahmen aktuelle bzw. ehemalige Mitarbeiterinnen und Mitarbeiter am Lehrstuhl von Kieser waren und durchweg Experten auf dem jeweiligen Gebiet sind. Die folgenden Angaben beziehen sich auf die dritte Auflage.
Dargestellt werden im Einzelnen auf jeweils ca. 30 Seiten: Wissenschaftstheoretische Grundlagen organisationstheoretischer Analysen, Max Webers Analyse der Bürokratie, Management und Taylorismus, Human Relations-Bewegung und Organisationspsychologie, die Verhaltenswissenschaftliche Entscheidungstheorie, der Situative Ansatz, Institutionenökonomische Theorien der Organisation, Evolutionstheoretische

Ansätze, Konstruktivistische Ansätze, Institutionalistische Ansätze in der Organisationstheorie sowie Giddens' Theorie der Strukturierung.

Die Darstellung in den Kapiteln folgt einem einheitlichen Aufbau: Ausgehend von Entstehungsgeschichte und Erkenntnisinteressen werden Hauptaussagen und Konzepte des jeweiligen Ansatzes referiert. Ein Überblick über Weiterentwicklungen und eine kritische Würdigung schließen die Kapitel ab. Das erste Kapitel übernimmt eine Art Klammerfunktion. Dort wird neben allgemeineren wissenschaftstheoretischen Überlegungen ein Konzept des Umgangs mit vermeintlich inkommensurablen Paradigmen vorgestellt, das eine übergreifende, auch kritische organisationstheoretische Analyse ermöglichen soll. Dieser Anspruch gilt auch für den Umgang mit den betrachteten Organisationstheorien selbst. Dementsprechend sind die Beiträge einerseits an einer umfassenden Darstellung orientiert, sie werden zugleich in den jeweiligen historischen und/oder theoretischen Kontext eingebettet und einer ausführlicheren kritischen Diskussion unterzogen. Dieses Vorgehen soll anhand von zwei Beispielen illustriert werden. Im zweiten Kapitel wird Max Webers Analyse der Bürokratie unter Berücksichtigung der historischen Einbettung dargestellt. Als zentrale Leitidee Webers wird der zunehmende Prozess der Rationalisierung herausgearbeitet und auf drei Ebenen verortet: Auf der Ebene der Institutionen, wo Rationalisierung als zunehmende Berechenbarkeit und Beherrschbarkeit der Probleme der natürlichen und sozialen Welt durch Wissenschaft, Technik und Organisation konzipiert werden kann; auf der Ebene der Weltbilder oder Glaubenssysteme, wo magische Elemente zu Gunsten religiöser zurückgedrängt werden, konkrete religiöse Vorstellungen abstrakteren weichen und schließlich die religiöse Ethik ihre Verbindlichkeit einbüßt und schließlich auf der Ebene der praktischen Lebensführung, wo Lebensführung zunehmend methodisch und konsistent nach eigenen Wertorientierungen gestaltet wird. Auf der Ebene der Institutionen führt dies zu Bürokratien als »stahlharten Gehäusen«, in die sich Menschen im Namen formaler Rationalität wie »Rädchen in einem Getriebe« einfügen. In der kritischen Würdigung des Ansatzes wird neben der Methode des Verstehens die Protestantismus-These sowie die

Kritik des Bürokratiemodells dargestellt. Weiterentwicklungen werden in den Bereichen der Differenzierung des Bürokratiebegriffs, der Situativen Relativierung der Effizienzhypothese sowie der Analyse dysfunktionaler Wirkungen bürokratischer Organisation bestimmt.

Im 11. Kapitel wird von Walgenbach die Theorie der Strukturierung von Anthony Giddens vorgestellt. Als zentrales Erkenntnisinteresse wird die Formulierung einer Sozialtheorie ausgemacht, die auf allgemeiner Ebene das Wesen menschlichen Handelns und der handelnden Person, die Fragen der Konzeptualisierung von Interaktion und der Beziehung von Interaktion zu Institutionen sowie die praktische Bedeutung sozialwissenschaftlicher Analysen bestimmen will. Dabei ist die Überwindung des die Sozialwissenschaften bisher kennzeichnende Dualismus von Handlung und Struktur zu Gunsten einer Dualität von Struktur bestimmendes Merkmal. Damit soll zum Ausdruck gebracht werden, dass die sozialen Akteure durch ihr Handeln die Bedingungen (Struktur), die ihr Handeln ermöglichen, reproduzieren und dass Strukturen sowohl Medium als auch Ergebnis sozialen Handelns sind. Diese Grundthese wird im Folgenden verdeutlicht und in ihrer Bedeutung für theoretische wie methodische Aspekte gewürdigt. Die Kritik erfolgt zunächst anhand der Sekundärliteratur zur Theorie der Strukturierung, sie wird zugleich in organisationstheoretische Sicht zugespitzt und um eigene kritische Anmerkungen ergänzt.

Das Lehrbuch deckt ein weites Spektrum der Organisationstheorie ab. Die Vielfalt organisationstheoretischer Ansätze wird nicht als Defizit, sondern als Stärke herausgearbeitet.

Thomas Metz

Kieser, Alfred/Kubicek, Herbert
Organisation: mit 14 Tabellen. 1. Auflage Berlin usw. 1977, XIII, 438 S. 3., völlig neu bearbeitete Auflage, 1992, XV, 530 S.

Die Verf. beschreiben und erklären in ihrem Buch die Charakteristika und Wirkungen von Organisationstrukturen. Der Aufbau und die inhaltlichen Aussagen des Buches orientieren sich überwiegend am Situativen Ansatz (auch als Kontingenzforschung bezeichnet), einer einflussreichen angloamerikanischen Forschungsrichtung der Organisationsforschung, die durch die 1. Auflage des Buches sowie Staehle (1973) in die deutschsprachige Organisationsforschung eingeführt wurde. Das Buch folgt dem Leitgedanken des situativen Ansatzes, dass die Gestaltung organisatorischer Strukturen sowie deren Wirkungen von bestimmten situativen Bedingungsfaktoren abhängig ist. Dementsprechend liegt der Schwerpunkt der Ausführungen auf der Konzeptualisierung von formalen organisatorischen Strukturmerkmalen sowie der Erklärung, wie verschiedene situative Einflussgrößen die organisatorische Gestaltung beeinflussen. Obwohl sich die Ausführungen in großen Teilen des Buches auf Konzepte und empirische Ergebnisse der Kontingenzforschung stützen, nehmen die Verf. gleichwohl durchweg eine sehr kritische Haltung gegenüber den Methoden und Aussagen der Kontingenzforschung ein.

Nach der Darlegung von begrifflichen und historischen Grundlagen in den ersten zwei Kapiteln beschreibt Kapitel 3 zunächst, mittels welcher Dimensionen formale Organisationsstrukturen konzeptualisiert und gemessen werden können. Die Verf. gehen auf fünf grundlegende organisatorische Strukturmerkmale ein, die Gegenstand organisatorischer Gestaltungsentscheidungen sind: die Art und das Ausmaß der Arbeitsteilung zwischen Individuen und Abteilungen (Spezialisierung); die Mechanismen der Koordination arbeitsteilig erbrachter Leistungen (durch persönliche Weisungen, Selbstabstimmung, Programme und Pläne); die Ausformung des Leitungssystems, durch welches Weisungsrechte von Entscheidungsträgern festgelegt werden (Konfiguration); die Verteilung von Entscheidungskompetenzen auf verschiedene Entscheidungsträger (Entscheidungsdelegation); und den Grad der schriftlichen Fixierung organisatorischer Regelungen (Formalisierung). Für jedes dieser Gestaltungsmerkmale diskutieren sie dann jeweils verschiedene Gestaltungsformen.

Kapitel 4 erörtert verschiedene Einflussgrößen auf organisatorische Gestaltungsentscheidungen. Nach Klärung einiger konzeptioneller und methodischer Fragen wird zunächst analysiert, wie das Produkt- und Leistungsprogramm von Unternehmungen deren Struktur beeinflusst. Hier wird aufgezeigt,

warum diversifizierte Unternehmungen divisionale Strukturen eingeführt haben und wie sie diese gestalten und koordinieren. Sodann geht es um die Frage, warum Unternehmungen internationalisieren und welche Implikationen dies für deren organisatorische Gestaltung hat. Ein weiterer Abschnitt erläutert, welche strukturellen Implikationen aus dem Größenwachstum einer Unternehmung erwachsen. Ob und inwieweit die Organisationsstruktur von der Fertigungstechnik sowie der eingesetzten Büro- und Kommunikationstechnik abhängig ist, bildet den Gegenstand des folgenden Abschnittes. Als letzte Gruppe situativer Einflussfaktoren wird die Umwelt von Unternehmungen erörtert, insbesondere die Wettbewerbsstruktur, die Abhängigkeit von Marktpartnern sowie die Komplexität und Dynamik der Aufgabenumwelt. Der Schwerpunkt liegt hier auf der Frage, mittels welcher Organisationsformen Unternehmungen innovativer und flexibler werden können. Schließlich betonen die Verf. in einer kritischen Zusammenschau, dass von den diskutierten Situationsbedingungen kein Anpassungszwang auf Unternehmungen ausgeht, diese vielmehr erheblichen organisatorischen Gestaltungsspielraum und Möglichkeiten der Beeinflussung der Situationsbedingungen besitzen. Das abschließende 5. Kapitel untersucht in knapper Form, ob, inwieweit und wie das Handeln der Organisationsmitglieder von der formalen Organisationsstruktur beeinflusst und wie es in Prozessen der Selbstorganisation gesteuert wird.
Insgesamt bietet das Buch einen umfassenden Überblick über Varianten organisatorischer Gestaltung und zu berücksichtigende Bedingungsfaktoren. Das Buch ist didaktisch ausgezeichnet aufbereitet und kommt daher als Lehrbuch vielfach zum Einsatz. Zu Beginn jeden Kapitels werden die Lernziele aufgezeigt und ein Überblick über den Inhalt gegeben; Verständnisfragen und kurz kommentierte weiterführende Literatur erleichtern es den Lesern, ihr Verständnis der behandelten Materie zu überprüfen bzw. auszuweiten. Das Buch bietet darüber hinaus eine gelungene Verquickung von theoretisch-konzeptioneller Grundlegung, empirischen Forschungsbefunden, praktischen Anwendungsbeispielen und kritischer Würdigung aktueller Organisationskonzepte. Von Auflage zu Auflage haben die Autoren die strikt kontingenztheoretische Grund-

legung und Ausrichtung des Buches mehr und mehr aufgehoben und durch neuere Forschungsergebnisse und Organisationskonzepte ergänzt.

Weiterführende Literatur:

Ebers, M.: Organisationstheorie, situative. In: Frese, E. (Hrsg.): Handwörterbuch der Organisation. 3. Aufl., Stuttgart 1992.

Mark Ebers

Kirsch, Werner
Einführung in die Theorie der Entscheidungsprozesse, 2., durchgesehene und ergänzte Auflage Wiesbaden 1977, (150, 244, 311 S.) 705 S. (1. Aufl. in 3 Bänden unter dem Titel Entscheidungsprozesse, Wiesbaden 1970).

Das Werk behandelt verhaltenswissenschaftliche Ansätze der Entscheidungstheorie, die Informationsverarbeitungstheorie des Entscheidungsverhaltens und Entscheidungen in Organisationen. Gegenüber der dreibändigen ersten Auflage ist die einbändige Zweitauflage um drei Kapitel ergänzt worden: Perspektiven der Psycho-Logik des Entscheidungsverhaltens, Grenzen und Möglichkeiten der Generalisierung des Informationsverarbeitungsansatzes und Entwicklungstendenzen in der neueren organisationstheoretischen Entscheidungsforschung. Die beiden ersten Teile dienen der Vorbereitung der Analyse von Organisationen als Entscheidungszusammenhängen. Die grundlegende Annahme der verhaltenswissenschaftlichen Analyse ist, dass Prozesse in Organisationen auf Entscheidungen von Individuen zurückgeführt und erklärt werden können. Die Entwicklung von immer realitätsnäheren Modellen des menschlichen Entscheidungsverhaltens ist damit Voraussetzung für Fortschritte in der Organisationstheorie. Kennzeichnend für die Weiterentwicklung von verhaltenswissenschaftlichen Ansätzen der Entscheidungstheorie und der Informationsverarbeitungstheorie des Entscheidungsverhaltens ist der Übergang von geschlossen zu offenen Modellen auf der einen sowie die Integration von Rückkopplungen und intervenierenden Variablen (Persönlichkeit, Überzeugungen, Werte etc.) auf der anderen Seite. Entsprechend bedeutet dies für die Entscheidungstheorie ebenfalls die Notwendigkeit, geschlossene durch offene und statische durch dynamische Modelle zu ersetzen. Zur Analyse von Entscheidungen in Organisationen wird ein systemtheoretischer Bezugsrahmen herangezogen. Der Verf. verzichtet dabei sowohl auf eine essenzialistische Definition des Organisationsbegriffs als auch auf eine einheitliche und systematische Ausformulierung dessen, was unter ›Systems Approach‹ verstanden werden soll. Begründet wird ein solches Vorgehen damit, dass so genügend Flexibilität gegeben ist, »[...] um auch traditionellere Konzeptionen in mehr oder weniger abgewandelter Form einzubeziehen.« (Teil 3, S. 26) Als wichtigste Richtungen innerhalb der Systemtheorie der Organisation werden die verhaltenswissenschaftliche ›Cyert-Simon-March-Schule‹, der durch Trist, Miller und Rice begründete ›soziotechnische Systemansatz‹ und das auf Parsons aufbauende funktionale Organisationskonzept von Katz/Kahn (→) identifiziert und zur Darstellung der Organisation als Verhaltenssystem, als soziotechnisches System und als funktionales System verwendet. Die Analyse ist als »eine Zusammenfassung, Ergänzung und Weiterführung dieser Konzeptionen« (Teil 3, S. 26) aufzufassen. Eingeräumt wird, dass die verhaltenswissenschaftliche Entscheidungsanalyse und der dabei zugrundegelegte »methodologische Individualismus« zu einem Reduktionsmus führen, der die Verkettung von Entscheidungsprozessen und ihre soziale Einbettung nur unzureichend berücksichtigt, denn: »Der Prozess der Annahme einer Entscheidungsprämisse ist selbst ein Entscheidungsprozess« (Teil 3, S. 198). Der Schwerpunkt der Ergänzungen und Erweiterungen liegt bei der stärkeren Betonung der sozialen Beeinflussung und Genesis individueller Entscheidungen durch Kommunikation, Sozialisation und Manipulation. Deutlich wird dies auch in den 1977 hinzugefügten Kapiteln, die darstellen, dass es sich bei Äußerungen über das Entscheidungsverhalten in der Regel um rechtfertigende Begründungen und nicht um analytisch-kritisches Verhalten handelt, dass der Informationsverarbeitungsansatz auf Grund seines technischen Reduktionismus Prozesse in Organisationen nur ungenügend erfasst oder verzerrt darstellt und dass insgesamt der rationale Charakter von Entscheidungsprozessen überzeichnet wird. Erkenntnisse der neueren Organisationsforschung legen vielmehr nahe, Entscheidungsprozesse als Episoden zu betrachten, die in einer für die Beteiligten nur begrenzt zu durchschauenden Weise mit der Organisationsstruktur und Interessenkonstellationen verbunden sind. Mit diesem Werk haben sich in der deutschsprachigen Organisationsforschung angloamerikanische Sichtweisen entgegen den bis dahin in der Betriebswirtschaftslehre vorherrschenden instrumentellen Organisationsauffassungen etabliert. Auch wenn die Mitgliedschaftsentscheidung von Individuen und damit die Anreiz-Beitrags-Theorie von Chester I. Barnard (→) Basis der Organisationstheorie bleibt, wird der Systemcharakter der Organisation in Bezug auf die Selbstbezüglichkeit von Entscheidungsprozessen pointierter herausgearbeitet, als das bis dahin der Fall war. Diesbezüglich bezieht sich der Verf. in seinem späteren Veröffentlichungen ausdrücklich auf die Organisationstheorie Luhmanns (→). Der Fokus nahezu aller weiteren Veröffentlichungen liegt auf dem Konzept einer evolutionären Führungslehre, die problemorientiert Wissen sammelt, um Probleme vor allem der betriebswirtschaftlichen Praxis lösen zu helfen.

Weiterführende Literatur:

Kirsch, W.: Die Betriebswirtschaftslehre als Führungslehre: Erkenntnisperspektiven, Aussagensysteme, wissenschaftlicher Standort. München 1977; Kirsch, W.: Beiträge zu einer evolutionären Führungslehre. Stuttgart 1997.

Frank H. Witt

Klein, Franz
Das Organisationswesen der Gegenwart. Ein Grundriss. Berlin 1915, IV, 298 S.

Nach einem historisch wohl unvergleichlichen Prozess der Durchsetzung der Form der Organisation im 19. Jahrhundert reflektieren die Sozialwissenschaften um die Jahrhundertwende in einer Reihe von Werken dieses Phänomen in ihren Theorien. Das Buch des österreichischen Justizministers a.D. dürfte dabei als die erste umfassende geschichtlich wie zugleich systematisch angelegte Auseinandersetzung mit dieser neuen, die Gesellschaft prägenden Regulierungsform von Ko-Operation sein. Nach einer einleitenden begrifflichen Analyse wird in neun Abschnitten das Organisationswesen nach systematischen Gesichtspunkten ausgeleuchtet. ›Organisation‹ versteht der Verf. als zweckmäßige Ordnung von Teilen zu einem Ganzen und findet so verstandene Organisation bereits in Organismen vor. Während aber für die Naturbetrachtung wie auch dann für die Betrachtung von ganzen Gesellschaften oder dem Staat der Zweckbegriff analytisch-metaphysische Verwendung findet, ist er für die Untersuchung von modernen Organisationen i.e.S. als ein geistig-subjektives Moment zu begreifen, das der menschlichen Entscheidung unterliegt: Zwecke können gesetzt werden und als Orientierungen der Organisationsbildung dienen. Der Verf. schränkt seine weiteren Untersuchungen auf solche ›freien‹ Organisationen ein, die einer zweckmäßigen Gestaltung unterliegen. Im Zentrum stehen damit Vereine, Verbände, Parteien.

Nach einem bis auf die römische Republik zurückgehenden historischen Aufriss der Entwicklung der freien Vereinigung hebt er für seine Zeit die quantitativ wie qualitativ massive Bedeutung der Organisationen für die Reklamation individueller Interessen auch und gerade im Verhältnis zum modernen Staat hervor. Ausführlich werden sodann Strukturmerkmale und Prozesse abgehandelt. Bezüglich der Entstehung von Organisationen (3. Abschnitt) erörtert der Verf. vor allem Motive der Organisierung; die Verfassung (4. Abschnitt) von Organisationen wird im Verhältnis zum Staat sowie unter demokratietheoretischen Aspekten diskutiert; Mittel der Organisationen (5. Abschnitt) sind u.a. Propaganda, Geld, Geist sowie politischen Aktionsformen (z.B. Streik, Koalitionsbildung). Der 6. Abschnitt befasst sich mit der Politik der Organisationen – auch hier bietet er ein breites Diskussionsfeld an, indem er Fragen von Ideologie, Organisationsmoral, Führerschaft, Interorganisationsbeziehungen und Klassenverhältnissen diskutiert. Wirkungen von Organisation auf die Persönlichkeit und die Gesellschaft bilden den Gegenstand des 7. Abschnitts, das Verhältnis zur Rechtsordnung wird im 8. Abschnitt abgehandelt, die Schlussbetrachtungen ziehen ein Fazit und geben einen Ausblick auf die vermutete weitere Entwicklung.

In seinen gesamten Darlegungen ist der Verf. gründlich und abwägend, aspektreich und informativ. Er zeichnet sich durch eine Perspektivenvielfalt aus, die in der nachfolgenden Zeit in der Organisationstheorie selten mehr erreicht worden ist; so wird auch dem Verhältnis von Organisation zu Gesellschaft neben der Mikro- und Mesoanalyse ein Schwerpunkt gewidmet – ein Thema, das erst in heutiger Zeit wieder in den Vordergrund rückt. Das Werk ist in der Literatur bis heute wenig beachtet worden, vielleicht war der Verf. mit seinen Fragestellungen seiner Zeit zu weit voraus.

Klaus Türk

Kosiol, Erich
Organisation der Unternehmung. 1. Auflage Wiesbaden 1962, 248 S., 2. Auflage 1976.

Das Werk kennzeichnet den Höhepunkt und Abschluss einer Richtung, die üblicherweise als ›betriebswirtschaftliche Organisationslehre‹ bezeichnet wird. Es handelt sich um einen stark aufgabenbezogenen Ansatz organisatorischer Gestaltung, dessen Ursprünge auf praktische Auseinandersetzungen mit Fragen der Organisation in den zwanziger Jahren zurückgehen. Mit dem von Fritz Nordsieck 1934 unter dem Titel »Grundlagen der Organisationslehre« veröffentlichten Band erfolgt die Einbeziehung der praktischen Ansätze in eine Konzeption der betriebswirtschaftlichen Organisationslehre (eine besondere Entwicklung im deutschsprachigen Raum, die in anderen Ländern nicht nachzuweisen ist). Mit der Orientierung am Aufgabenzusammenhang sowie der Unterscheidung zwischen der Aufbau- und Ablauforganisation arbeitet er die methodischen Grundelemente heraus, die auch das Konzept von Kosiol bestimmen. Der Verf. trennt ganz im Sinne einer gestaltungsorientierten Betrachtungsweise zwischen den Prinzipien der Analyse und Synthese und wendet diese Unterscheidung konsequent auf die Gestaltung des Aufgabenzusammenhangs an. Im Rahmen der Aufgabenanalyse erfolgt die Zerlegung einer Oberaufgabe in Teilaufgaben. Als Kriterien der Analyse werden die Aufgabenmerkmale Objekt, Verrichtung, Rang, Phase und Zweckbeziehung eingeführt. Das

Ergebnis sind verteilungsfähige Teilaufgaben, die im Wege der Synthese zu organisatorischen Aufbau- und Ablaufstrukturen zusammengefasst werden. Auf der Ebene der Aufbauorganisation, dessen Kern das Stellen- und Abteilungssystem bildet, erfolgt die Vereinigung der analytisch gewonnenen Teilaufgaben zu einer Systemstruktur, die auf Verteilungs-, Leitungs-, Stabs-, Arbeits- und Kollegienzusammenhänge zurückgeführt werden. Die Gestaltung der Ablauforganisation, die Einbeziehung der raum-zeitlichen Prozessdimension, wird auf die Bildung von Arbeitsgängen zurückgeführt. Ablauforganisatorische Gestaltung bedeutet Arbeitsverteilung (personale Synthese), Arbeitsvereinigung (temporale Synthese) und Raumgestaltung (lokale Synthese).
Die betriebswirtschaftliche Organisationslehre ist durch ein in hohem Maße deterministisches Zielkonzept geprägt. Die Tatsache, dass in multipersonalen Entscheidungssystemen die Formulierung des Zielkonzepts und die Generierung von Teilzielen eigenständige, sehr komplexe Anforderungen stellen, wird durch die ›Prinzipien der Wirtschaftlichkeit‹ eher verdeckt. Wenn die Bewertung alternativer Strukturformen überhaupt thematisiert wird, dann herrscht bei der Aufbauorganisation die berufsbildbezogene Orientierung am Gedanken der Spezialisierung und bei der Ablauforganisation die Vermeidung von Leerzeiten vor. Das Konzept ist ganz durch eine Philosophie des ›Systems Engineering‹ geprägt, die sich durch drei vorherrschende Merkmale kennzeichnen lässt: 1. Dominanz funktionaler Zweck-Mittel-Zusammenhänge, 2. Einsatz einer differenzierten Gestaltungsmethodik, die im Kern aus Analyse-Synthese-Schritten besteht und 3. akzessorische und begrenzte, Sachzwängen untergeordnete Einbeziehung verhaltenswissenschaftlicher, primär motivationstheoretischer Erkenntnisse.

Weiterführende Literatur:

Frese, E.: Organisationstheorie. Historische Entwicklung, Ansätze, Perspektiven. 2. Auflage, Wiesbaden 1992; Lehmann, H.: Organisationslehre, betriebswirtschaftliche. In: Frese, E. (Hrsg.): Handwörterbuch der Organisation. 3. Auflage, Stuttgart 1992; Nordsieck, F.: Grundlagen der Organisationslehre. Stuttgart 1934.

Erich Frese

Krieken, Robert van
Die Organisierung der Seele. Elias und Foucault über Disziplin und das Selbst. In: Prokla 85, 21. Jg., Nr. 4, 1981, S. 602-619. (Zuerst veröffentlicht in »Archives Européennes de Sociologie«, 32. Jg., No. 2, 1990, unter dem Titel: The Organization of the Soul: Elias and Foucault on discipline and the self).

Anhand eines Vergleichs der Theorien von Weber, Foucault und Elias und der Verarbeitung neuerer sozialgeschichtlicher Forschungsergebnisse entwickelt der Verf. eine Kritik der Zivilisationstheorie von Elias, in deren Mittelpunkt der Begriff der ›Zivilisationsoffensive‹ steht. Die moderne Subjektivität ist demnach nicht als Resultat eines anonymen Prozesses gesellschaftlicher Differenzierung und Verflechtung zu begreifen, sondern das Ergebnis eines interessengeleiteten Handelns konkreter Akteure. Die Ausbildung von Selbstkontrolle, für Elias, Weber und Foucault gleichermaßen zentrales Merkmal moderner Subjektivität, lässt sich nicht auf einen einheitlichen, alle Menschen gleichermaßen umfassenden Prozess zurückführen. Dieser muss vielmehr einer differenzierten, die einzelnen Gruppen oder Klassen einer Gesellschaft berücksichtigenden Betrachtung unterzogen werden. Stimmen Weber und Foucault mit Elias darin überein, dass die Entwicklung von Selbstdisziplin den herrschenden Eliten als Strategie des eigenen sozialen und ökonomischen Vorankommens diente, da die geänderten gesellschaftlichen Verhältnisse jenen soziale und strategische Vorteile gewährten, die in der Lage waren, ihre Affekte zu mäßigen, so kommen sie im Gegensatz zu Elias in Bezug auf den Verlauf der Transformation der Persönlichkeitsstruktur der europäischen Bauern und Arbeiter zu anderen Ergebnissen. Hier handelt es sich vielmehr um einen mittels staatlicher Intervention, religiöser Ideologien, Bürokratie und Arbeitsorganisation betriebenen gewaltsamen Disziplinierungsprozess. In Abgrenzung zu Elias, der mit dem Begriff des Zivilisationsprozesses dessen gewaltförmigen Charakter herunterspielt, ist für den Verf. dieser Prozess als ›Zivilisationsoffensive‹ zu interpretieren.
In Kontrast zu organisationssoziologischen und -psychologischen Theorien, in denen das Individuum vornehmlich aus

einer organisationalen Binnenperspektive thematisch wird, lenkt van Krieken mit seiner Reinterpretation der Eliasschen Zivilisationstheorie den Blick auf die gesamtgesellschaftliche Bedeutung von Organisation als Modus der Genese moderner Subjektivität im Besonderen und moderner Herrschaft im Allgemeinen.

Weiterführende Literatur:

Krieken, R. van: Violence, self-disciplin and modernity: beyond the „civilling process“. In: The Sociological Review, Vol. 37, 1989, S. 193-218; Krieken, R. van: Social discipline and state formation. Weber and Oestereich on the historical sociology of subjectivity. In: Amsterdams Sociologisch Tijdschrift, Jg. 17, Nr. 1, 1990, S. 3-28.

Michael Bruch

Kubicek, Herbert/Welter, Günter
Messung der Organisationsstruktur: Eine Dokumentation von Instrumenten zur quantitativen Erfassung von Organisationsstrukturen. Stuttgart 1985, 1221 S.

Vom Ende der 50er bis zum Ende der 70er Jahre des 20. Jahrhunderts steht – noch ganz im kritisch-rationalistischen Wissenschaftsverständnis – die empirische Organisationsforschung im Zeichen eines Forschungsprogramms, das international als ›Contingency Approach‹, in Deutschland als ›Situativer Ansatz‹ die quantitative Organisationsanalyse anregt, methodisch voranbringt und lange Zeit dominiert: Es geht um die Beschreibung, Erklärung und Bewertung von Organisationsstrukturen in ihrer Abhängigkeit von der Organisationsumwelt und in ihrer Wirkung auf die Erreichung der Organisationsziele, mithin um die Leistungsfähigkeit von Organisationsstrukturen für die rationale Zielverwirklichung von Organisationen in Wirtschaft, Politik und Verwaltung unter je konkreten Umweltbedingungen. Dreh- und Angelpunkt dieses Forschungsprogramms ist die empirisch-quantitative Beschreibung (Messung) von Organisationsstrukturen. Die im Jahre 1985 abgeschlossene Dokumentation präsentiert eine Sammlung von Verfahren dieses empirisch-quantitativen Forschungsansatzes. Sie umfasst etwa 280 Erhebungsinstru-

mente von ca. 100 Autoren aus dem englischen und deutschen Sprachraum, darunter später so bekannt gewordene Arbeiten wie die Untersuchungen der britischen Aston Group, die Organisationsanalysen von Woodward oder von Lawrence/Lorsch. Der Aufbau der Verfahrenssammlung folgt in seiner Gliederung den inzwischen beinahe als klassisch anzusehenden Dimensionen bürokratischer Organisationsstruktur:
1. Funktionelle Differenzierung, 2. Zentralisierung/Hierarchisierung, 3. Programmierung/Formalisierung/Routinisierung, 4. Koordination/Kooperation/Kommunikation, 5. Professionalisierung und Rekrutierung. Dokumentiert wird für jeden dieser Aspekte von Organisationsstruktur, welche Forscher mit welcher Methode, welchen Verfahren und welchen Indikatoren die jeweilige Dimension beschrieben oder gemessen haben. Auf diese Weise entsteht ein Nachschlagewerk thematisch gegliederter Verfahren, dessen sich der heute an quantitativer Organisationsforschung Interessierte nach wie vor bedienen kann, zumal die zu jedem Verfahren angegebenen Fragezusammenhänge, Untersuchungsfelder, Untersuchungseinheiten und Gütekriterien zur Reliabilität und Validität der Erhebungsinstrumente eine kritische Rezeption nicht nur ermöglichen, sondern geradezu herausfordern. Die Verf. leisten dazu das Ihrige, indem sie der umfangreichen Sammlung von Verfahren empirischer Organisationsforschung in einer knappen Einführung den theoretischen Kontext kontingenztheoretischer Organisationsforschung voranstellen und auf die Grenzen quantitativer Organisationsforschung hinweisen.
Die mit über eintausend Seiten umfangreichste Verfahrenssammlung zur Beschreibung und Messung von Organisationsstrukturen erfasst eine Vielzahl von Untersuchungen, die schon zum Zeitpunkt ihrer Konzipierung und Durchführung kaum lückenlos zu beobachten und zu registrieren waren, in einem weiten Radius der unterschiedlichsten Zeitschriften publiziert wurden und gegenwärtig im Original nur mit beträchtlichem Rechercheaufwand erschlossen werden können. Schon beim Abschluss der Sammlung Mitte der 80er Jahre allerdings war der Kulminationspunkt kontingenztheoretischer Forschung überschritten. Die phänomenologische, konstruktivistische Wende in den Sozialwissenschaften, die stärkere Betonung von Akteurs- und handlungstheoretischen Ansätzen,

vor allem aber auch die Wiederentdeckung qualitativer, interpretativer Methoden der empirischen Sozialforschung machten auch vor der Organisationsforschung nicht Halt und weckten zumindest Skepsis gegenüber einer am Objektivitätsideal orientierten Messung von Organisationsstrukturen. Die Dokumentation von Verfahren empirisch-quantitativer Organisationsforschung schließt so eine in Theorie und Methodik einflussreiche Entwicklungsetappe empirischer Organisationsforschung ab, ohne sie zu beenden: Die leicht zugänglichen Verfahren können – kritisch rezipiert – durchaus noch immer als ein Zugang zur Welt der Organisation angesehen werden, sofern andere Zugänge in theoretischer und methodischer Perspektive offen gehalten und insbesondere quantitative und qualitative Verfahren der Organisationsforschung aufeinander bezogen, ›trianguliert‹ (Mayring) werden.

Weiterführende Literatur:

Kieser, A./Kubicek, H. (→); Osterloh, M.: Interpretative Organisations- und Mitbestimmungsforschung. Stuttgart 1993. Cassell, C./Symon, G.: Qualitative Methods in Organizational Research. London 1994.

Thomas Edeling

Küpper, Willi/Ortmann, Günther (Hrsg.) Mikropolitik. Rationalität, Macht und Spiele in Organisationen. 1. Auflage Opladen 1988, 239 S., 2., durchges. Auflage 1992.

Entgegen mancher von der Wissenschaft an die Organisation herangetragenen Ordnungssehnsucht stellen Organisationen Arenen heftiger Kämpfe dar. Akteure bilden Koalitionen gegen andere interne Akteurskollektive, setzen partikulare Interessen rücksichtslos durch, schließen Kompromisse oder erleiden heftige Niederlagen. Kämpfe um Positionen, Besitzstände, Ressourcen und Karrieren können durch die organisierten Zwänge, Sanktionsdrohungen und Mitgliedschaftspflichten nicht domestiziert werden. Gleichwohl bezweifelt keiner der beteiligten Autoren die soziale Wirksamkeit formalorganisatorischer Verhaltenserwartungen. Um dieser Doppel-

gesichtigkeit der Organisation gerecht zu werden, rückt das Konzept ›Mikropolitik‹ das Handeln von Akteuren und die strukturellen Zwänge sozialer Systeme gleichermaßen ins Blickfeld des Forschers. Ortmann sichtet in seinem Beitrag »Handlung, System, Mikropolitik« das Terrain nach der Verabschiedung des System/Handlungs-Gegensatzes. Sowohl die von Luhmann in »Mikropolitik« erstmalig für die Organisation ausgearbeitete Theorie der Autopoiesis des Entscheidens als auch die Crozier/Friedbergsche (→) strategische Organisationsanalyse machen zwar den Blick frei sowohl auf das Handeln aus der Sicht des Systems als auch auf das System aus der Sicht des Handelns. Jedoch bezeugt, so Ortmann, erst Anthony Giddens' Theorie der Strukturierung die Einsicht aller auf der Höhe befindlichen System- und Handlungstheorie: »dass alles Handeln im Medium von Strukturen und Systemzwängen stattfindet, die es aber selbst konstituiert (hat) und beständig reproduziert« (S. 8). Am Beispiel von drei Themenfeldern der Organisationstheorie – der Sicht der Umwelt, des Strukturbegriffes und der Macht – zeigt Ortmann die komplementäre Schwäche sowohl der Luhmannschen Entscheidungstheorie als auch der Crozier/Friedbergschen Handlungstheorie. Demgegenüber gelingt es der Theorie der Strukturierung, sowohl die mikropolitische Macht von Akteuren als auch die strukturierende und strukturierte Kraft von Zwängen plausibel zu beschreiben, »ohne dass sich gesellschaftliche Strukturen dabei verflüssigen und verflüchtigen« (S. 221).
Vor diesem allgemeinen sozialtheoretischen Hintergrund ordnen die Verf. ihre Überlegungen um drei Begriffe an: Rationalität, Macht und Spiele. (1.) Spiele: Wer Spiele in das Zentrum organisatorischer Innenpolitik rückt, muss zunächst ein falsches Verständnis des Spielbegriffes ausschließen. Es geht nicht (nur) um Freude, Spaß und gesellige Freiheit, ganz im Gegenteil: »Man muss normalerweise ›mitspielen‹, ob man will oder nicht.« (S. 22), ja Spiele in Organisationen können auch »blutiger Ernst« sein, wie Oswald Neuberger (S. 53) mit Verweis auf mehrere empirische Beispiele vorführt. In Spielen werden Entscheidungen oft nicht rational, sachlich, problembezogen und zielorientiert herbeigeführt. Die Organisation zeigt hier ihre andere Seite. Akteure haben in Organisationen vielfältige Möglichkeiten, geplantes, systematisches, unper-

sönliches und konsistentes Entscheiden auf informeller Ebene zu torpedieren. Entscheidungssituationen sind im Regelfall nicht ausreichend determiniert. Vielfältige, in Entscheidungen eingehende Daten sind nicht objektivierbar oder quantifizierbar. Sie sind zudem interpretationsbedürftig, sodass die Beteiligten zu widerspruchsvollen Diagnosen kommen (können und ggfs. auch wollen). Unvorhergesehene Entwicklungen führen zu Zeit- und Handlungsdruck, der wiederum ungleiche individuelle Vorteilsnahme ermöglicht. Ziele und Regeln müssen laufend entwickelt, angepasst und in Erinnerung gerufen werden. Die formal betrachtet mangelhafte Gesamtstrukturierung von Entscheidungssituationen lässt zahlreiche Handlungsstrategien zu. Die Rede von rationalem, sachlichem, formal strukturiertem Handeln wird damit »inhaltsleer« (S. 58). Ganz entsprechend muss man im Dschungel des betrieblichen Alltags mit Spielen rechnen, die ungerecht und unbestimmt sind, auf unvollständiger Information beruhen und kontextabhängige, persönliche Züge der Spieler zeigen. Täuschen und Bluffen gehören zu den gewollten und probaten Mitteln. Wer sich in derart unübersichtlichen betrieblichen Handlungskonstellationen zurechtfinden will, braucht praxisnahe und praktikable Empfehlungen, die Neuberger als »Spiel-Regeln« (S. 58ff.) erläutert: So sollte man als Spieler in der internen Öffentlichkeit Diagnosen abgeben, die nicht auf zu vielen Details, sondern auf handhabbaren Vereinfachungen beruhen. Je universeller eigene Handlungen einsetzbar sind, desto mehr Zwecken sie also dienen, desto mehr Optionen lassen sie offen. Die Explikation von Zielen und Maßstäben sollte ungenau und auslegungsfähig bleiben. Eigene Stellungnahmen und Diagnosen sollten abgestimmt, andere Spieler mitverpflichtet werden.

(2.) Rationalität: Max Weber ist der am häufigsten genannte Autor für die Sichtweise der Organisation des »one best way«: Sie operiert rational – auch wenn ihre Rationalität nur formal, instrumentell, funktional oder technisch, nicht aber umfassend und substanziell »vernünftig« ist (S. 89). Der Organisationstheorie erschien ihr Gegenstand zunächst als effiziente Maschine, die mit Mitteln Zwecke erreicht. Jedoch entstanden zahlreiche Folgeprobleme des Effizienzdenkens, die von Autoren wie Simon (→), Cyert (→), March (→), Cohen und Luhmann (→) auf verschiedene Weise ausbuchstabiert wurden. Die menschlichen Individuen erschienen jetzt in nur noch sehr begrenztem Ausmaß rational. Noch Simon hält mit seinem Konzept der ›bounded rationality‹ am klassischen Rationalitätsverständnis fest: Es ist gerade der Sinn organisatorischer Strukturen, die Begrenztheit individueller Rationalität zu überwinden. March markiert mit der Organisation als ›garbage can‹ eine entschieden weiter gehende Revision der Rationalität. Nicht nur widersprechen sich die vielfältigen partikularen Ziele und Interessen der Organisationsmitglieder häufig; auch prägt oft eine ungeahnte Anarchie die organisierte Entscheidungsarena. Wenn Probleme, Mittel und Entscheidungswege für die Akteure unbestimmt bleiben, müssen ordnungsstiftende Mythen, charismatische Führer und ›ignorance of ignorance‹– man ignoriert beim Entscheiden auch noch das eigene Nicht-Wissen – für ausreichende Bestimmtheit des Geschehens sorgen. Die dann herangezogenen Entscheidungskriterien können beliebige Form annehmen, wie Berger am Beispiel der Einführung von EDV in Unternehmen zeigt. Rationalität wird dann zum Schleier, der nicht mehr die sachliche Qualität einer Organisation indiziert, sondern eine interne, sozialintegrative Funktion erfüllt. Schließlich ist es nur konsequent, wenn Luhmann die von Sachkriterien gereinigte Rationalität als Systemrationalität wieder erstehen lässt: als Fähigkeit einer Organisation, die von ihr konstituierte System-Umwelt-Differenz intern abzubilden und in ihrem Operieren zu reflektieren.

(3.) Macht: Die ehedem noch als effiziente Maschine konzipierte Organisation degeneriert nach den Revisionen der Rationalität zum intransparenten Machtdschungel, in dem »es vernünftiger ist, mit menschlicher Unvernunft zu rechnen« (S. 95). Alle Beiträge machen deutlich, dass Macht die Organisationen bis in den letzten Winkel durchwirkt, sei es als offizielle Entscheidungsmacht, die ihre hierarchisch verbrämten offiziellen Kompetenzen durchsetzt; als informelle Gegenmacht der Akteure, die nur zu gut wissen, dass keine Organisation zureichend mit formalen Anordnungen allein regiert werden kann; als Macht der Spezialisten, die ihre eigene Unverzichtbarkeit mikropolitisch einsetzen; als Macht der Parasiten (Luhmann), die Entscheidungsregeln mit neuen Alter-

nativen versehen, sodass es z.B. fraglich wird, ob in einer bestimmten Situation überhaupt eine Entscheidungsregel zur Anwendung kommen soll; als Macht des Machiavellisten (Bosetzky), der seine Interessen im organisierten Labyrinth meisterhaft rettet.
Der Begriff Mikropolitik bringt den realistischen Alltag von Macht, Rationalität und Spielen in Organisationen auf den Punkt. Hier und dort zeigen die Verf. ihr Unwohlsein angesichts von Chaos, Unbestimmtheit, Kampf und Irrationalität auf jenen organisierten Inseln in der modernen Gesellschaft, an denen man Ordnung, Sicherheit, Konsens und Vernunft erwartet und erhofft (hat). »Mikropolitik« ist ein Hauptwerk der Organisationstheorie, weil es diese im Gegenstand zu verortende Ambivalenz nicht wegdiskutiert, sondern aushält und der wissenschaftlichen Analyse zuführt.

Gerd Nollmann

Lane, Christel/Bachmann, Reinhard (Hrsg.)
Trust within and between Organizations. Conceptual Issues and Empirical Application. New York 1989, 334 S.

Das Werk versammelt inklusive der Einleitung von Lane und den Schlussfolgerungen von Bachmann zwölf Beiträge, die sich auf verschiedenen Forschungsfeldern der Rolle von Vertrauen in und zwischen Organisationen widmen. Keineswegs alle sind der Teildisziplin der Organisationstheorie zuzurechnen, so dass es zu einem ›cross-over‹ sehr unterschiedlicher Konzeptionen kommt. In der Mehrzahl der Beiträge stehen Wirtschaftsunternehmen oder Beziehungen zwischen Unternehmen im Vordergrund.
Die behandelten Fragen beschäftigen die Soziologie, Ökonomie und Organisationstheorie in prominenter Weise schon mehr als 30 Jahre. Ihr grundlegender Charakter macht die Antworten so vielfältig und schwierig. Zugleich erweist sich die Attraktionskraft des Themas für verschiedene Disziplinen als beträchtlich. Für die Ökonomie erscheint vor allem der Hinweis auf den hohen Preis von Misstrauen oder blindem Vertrauen, von vertrauensschaffenden Maßnahmen und ins-

besondere von Absicherungsmaßnahmen bei begrenztem Vertrauen instruktiv. Für die Soziologie ist Vertrauen als Element sozialen Handelns und sozialer Ordnung in der Gesellschaft ein Untersuchungsgegenstand *sui generis*. Die klassische Frage der Soziologie, wie denn soziale Ordnung möglich sei, lässt sich heute kaum noch ohne Rekurs auf Vertrauen beantworten. Die Organisationstheorie verbindet zunehmend beide Disziplinen. Sie richtet das Augenmerk auf den ›sozialen Kitt‹ in Organisationen und Netzwerken, auf den strukturierenden Effekt von Vertrauenssystemen, auf ihre Effizienz und Profitabilität sowie die Kosten der Abwesenheit von Vertrauen.

Die Antworten sind Ausdruck des derzeitigen Stands der wissenschaftlichen Beschäftigung mit dem sozialen Phänomen Vertrauen. Zunächst weisen alle Beiträge mit Nachdruck darauf hin, dass Vertrauen nicht gleich Vertrauen ist. Und in der Tat lohnt es sich, verschiedene Ebenen und Dimensionen, die der Vertrauensbegriff anspricht, sorgfältig auseinander zu halten. Dabei haben sich die Herausgeber für die analytische Unterscheidung von ›calculative trust‹, ›norm-based trust‹ und ›trust based on common cognitions‹ entschieden. Mit dieser Unterscheidung fängt man unter dem label calculative trust Colemans Perspektive ein, für den Vertrauen eine auf Reziprozitätsunterstellungen basierende Wette ist, die je nach Gewinn- und Verlustchancen eingegangen wird. Aber auch die Konzeption von Parsons wird teilweise mit dem label norm-based trust akzentuiert und die regelbezogene Sichtweise der interpretativen Soziologie als trust based on common cognitions auf eine allgemeinere Ebene gebracht. Hier lässt sich Vertrautheit als Garant verlässlicher Orientierungsleistungen von Vertrauen unterschieden, als Voraussetzung für Kooperation, nicht immer jedoch Vertrauen. Vertrauen ist häufig ihr Ergebnis (Gambetta).

Im Anschluss daran werden die viel diskutierten sozialen Zusammenhänge aufgezeigt, die die Vertrauensfrage fast zwangsläufig auf die Agenda setzt. Da ist der Zusammenhang mit der Macht, dem Hardy/Phillips/Lawrence ihren Beitrag gewidmet haben. Sie zeigen auf, dass und wie Macht genutzt werden kann, um Vertrauensfassaden zu schaffen und weisen mit Nachdruck darauf hin, dass jede Beschäftigung mit Ver-

trauen auch eine mit der Macht von Akteuren oder Organisationen sein muss. Sie machen in ihrem Beitrag die argumentative Falle deutlich, die sich mit der Thematisierung des Zusammenhangs von Macht und Vertrauen eröffnet. Sie liegt in der Versuchung, Macht und Vertrauen von vornherein in einem Ausschlussverhältnis zu sehen oder anders gesagt, die fragwürdige Annahme zu akzeptieren, dass mit zunehmender Machtausübung das Vertrauen in einer Beziehung abnimmt. Auch Sydow schiebt in seinem auf Giddens rekurrierenden Beitrag über Interorganisationsbeziehungen diesem Vorurteil einen Riegel vor, wenn er schreibt: »Hence, power may not be necessarily substitute or even destroy trust, but, at least if exercised in a certain manner, enhance trust und thus in turn lead to an even more powerful position in a network« (S. 38).
Im Zusammenhang mit Vertrauen stellt sich auch die Frage, wie dieses erreicht werden kann. Und alle Autoren gemahnen hier zurecht zur Vorsicht. Elsters These, dass Vertrauen häufig nur als Nebenprodukt anders intendierter Handlungen erreicht werden kann, wird zwar von den Autoren relativiert, aber argumentativ nicht außer Kraft gesetzt. Entsprechend bleiben die Vorschläge für das Management von Organisationen und Netzwerken angemessen zurückhaltend. Sydow's Vorschlag eines »trust sensitive management« drückt diese Zurückhaltung vielleicht am besten aus und stellt einen weiteren, fast alle Verf. beschäftigenden Zusammenhang zur Diskussion: den zwischen Vertrauen und ökonomischer Leistung bzw. Erfolg.
Auch hier zeigen sich die Verf. in erfreulicher Weise vorsichtig. Sako stellt diese Frage ihrem Beitrag voran und findet in einer Befragung der Verkaufsleiter von 1415 Automobilzulieferunternehmen in den USA, Japan und Europa nur einen schwachen Zusammenhang. Deakin/Wilkinson sehen sich gezwungen, anhand von Untersuchungsergebnissen in Deutschland, England und Italien einen solchen Zusammenhang gänzlich zu verneinen (S. 166). Auch Kern nimmt in seinem kurzen Bericht über die deutsche Industrie das Problem auf, indem er mit der Diagnose einer Innovationskrise in der deutschen Industrie den Zusammenhang von Innovativität und Vertrauen problematisiert. Alle Autoren machen jedoch klar, dass Antworten auf die Frage des Zusammenhangs von Vertrauen und

ökonomischem Erfolg schwierig zu finden sind. Die Frage vernachlässigt denn auch, was zwischen Vertrauensinput und ökonomischem Erfolg in der Regel vermittelt: komplexe, nicht triviale Organisation. Sich den Schwierigkeiten der Analyse dieser Vermittlung erneut gestellt zu haben, kennzeichnet nicht zuletzt die Qualität dieses Buches.

Ein weiterer Vorteil des Sammelbandes liegt darin, dass die Beiträge immer wieder – wenn auch manchmal nur implizit – auf den Zusammenhang von Kultur und Vertrauen eingehen. Insbesondere die Beiträge von Humphrey über die Restrukturierung von Zulieferbeziehungen in Indien und von Child über chinesisch-ausländische Jointventures eröffnen Raum für eine Diskussion dieses Zusammenhangs am Beispiel des für seine Vertrauenssysteme vielgerühmten ›asiatischen Kapitalismus‹ (Fukuyama). Beide Verf. weisen auf die unterschiedlichen örtlichen Ausprägungen von Vertrauen hin und machen deutlich, wie wenig sinnvoll die häufig diskutierten einfachen Etikettierungen sind. Auch der Beitrag von Porter Liebeskind und Lumerman Oliver eröffnet mit Einblicken in Vertrauenssysteme in der akademischen Forschung den Blick auf eine andere Kultur. Mit David Marsdens Analyse von Vertrauen in Kooperationszusammenhängen von Beschäftigten und von Beschäftigten und Management rundet sich das Panorama des Sammelbandes ebenso ab wie mit Brenkerts abschließender Reflektion auf den Zusammenhang von Vertrauen und Moral. Die Attraktionskraft jedenfalls, die das Phänomen Vertrauen als Untersuchungsgegenstand der Organisationstheorie in den letzten Jahrzehnten entfaltet hat, erweist sich angesichts der mit diesem Band vorliegenden Beiträge als gerechtfertigt.

Markus Pohlmann

Lawrence, Paul Roger/Lorsch, Jay William
Organization and Environment. Managing Differentiation and Integration. 1. Auflage Boston 1967, XV, 279 S., 7. Auflage Homewood, Ill., 1979. Rev. ed. Boston, Mass. 1986

Das Werk ist dem situativen Ansatz der Organisationstheorie

zuzurechnen. Innerhalb dieser Forschungsrichtung haben die Verf. die Tradition, den Einfluss der Umwelt auf die Organisationsstrukturen und den Erfolg von Unternehmen (bzw. Organisationen) zu analysieren, mitbegründet. Die Studie setzt auf der Ebene einzelner Unternehmensbereiche an, deren Umwelt durch ihre jeweilige Aufgabe festgelegt wird; der Produktionsbereich z.B. ist mit der technisch-ökonomischen, der Absatzbereich mit der marktlichen Umwelt konfrontiert. Die verschiedenen Umweltsektoren unterscheiden sich durch den Unsicherheitsgrad in Abhängigkeit von der Klarheit der Informationen, der Unsicherheit über kausale Beziehungen und der Zeitspanne bis zum Feed-back aus der Umwelt. Die Organisationsstruktur wird durch das Spannungsverhältnis zwischen Differenzierung und Integration bestimmt. Unter Differenzierung verstehen die Verf. Unterschiede in der kognitiven und emotionalen Orientierung der Manager in den verschiedenen Unternehmensbereichen. Sie findet ihren Ausdruck in der Ziel-, Zeit- und zwischenmenschlichen Orientierung der Mitarbeiter sowie im Formalisierungsgrad. Je größer diesbezüglich die Unterschiede zwischen verschiedenen Bereichen sind, desto höher ist der Differenzierungsgrad eines Unternehmens. Integration beschreibt die Qualität der notwendigen Zusammenarbeit zwischen den Bereichen.

Der Unternehmenserfolg wird gemessen durch die Gewinn- und Umsatzentwicklung in den vergangenen fünf Jahren sowie den Anteil der in diesem Zeitraum eingeführten Neuprodukte am Umsatz. Die Ergebnisse der Studie können vereinfacht wie folgt zusammengefasst werden: 1. Die relevante Umwelt beeinflusst die Ausprägung der Differenzierungsvariablen. Je höher z.B. die Unsicherheit ist, desto langfristiger ist die Zeitorientierung der Manager und desto geringer ist der Formalisierungsgrad. 2. Der Differenzierungsgrad ist umso höher, je unterschiedlicher die Umweltsektoren der Unternehmensbereiche sind. 3. Je höher der Differenzierungsgrad ist, desto schwieriger ist die Integration. Dieser Herausforderung muss durch den Einsatz von Integrationsmaßnahmen (Teams, Integrationseinheiten etc.) und eine effektive Konfliktlösung begegnet werden. 4. Die Konfliktlösung ist umso wirksamer, je offener Konflikte ausgetragen werden, je mehr Positions- und Expertenmacht die Integrationseinheiten besitzen, je weniger sich einzelne Bereiche übergangen fühlen und je stärker zugleich der Einfluss der Einheiten ist, die über das relevante Wissen verfügen. Integrationseinheiten sind am wirkungsvollsten, wenn sie im Verhältnis zu den zu integrierenden Bereichen einen mittleren Differenzierungsgrad aufweisen und ihr Anreizsystem die Gesamtzielerreichung honoriert. 5. Unternehmen, deren Differenzierung den Anforderungen der Umwelt entspricht und die zugleich die erforderliche Integration sicherstellen, sind erfolgreicher als andere Unternehmen. Die empirische Überprüfung in zehn amerikanischen Unternehmen stützte im Wesentlichen die behaupteten Zusammenhänge. Zu bedenken ist allerdings, dass ein Teil des Konzepts erst im Zuge der Auswertung der empirischen Daten formuliert wurde und deshalb nicht als im strengen Sinne empirisch überprüft gelten kann.

Die vorliegende Untersuchung ist eine der einflussreichsten situationstheoretischen Arbeiten, die zahlreiche Folgestudien ausgelöst hat und deren epochale Wirkung bis heute anhält. Für den ursprünglichen Erfolg waren mehrere Gründe maßgeblich. Neben der für Harvard-Studien typischen Anwendungsorientierung verdienen in diesem Zusammenhang auch der endgültige Bruch mit der Vorstellung eines ›one best way to organize‹ sowie die Formulierung eines recht komplexen theoretischen Konzepts unter Einbeziehung (sozial-)psychologischer Phänomene Erwähnung. Die nachhaltige Wirkung beruht maßgeblich auf der für die anwendungsorientierte Organisationstheorie fundamentalen Erkenntnis, dass die Bereichszugehörigkeit die Wahrnehmungs- und Problemlösungsmuster der Mitarbeiter prägt. Die Abstimmung organisatorischer Schnittstellen verläuft deshalb innerhalb eines Unternehmensbereichs einfacher und konfliktfreier als zwischen Bereichen; aus diesem Grund sollten (erfolgs-)kritische Schnittstellen möglichst in einem Bereich zusammengefasst werden. Die Verf. haben damit die entscheidende Basis für die wissenschaftlich begründete Formulierung organisatorischer Gestaltungsempfehlungen geliefert.

Weiterführende Literatur:

Frese, E.: Organisationstheorie. 2. Auflage, Wiesbaden 1992; Kieser, A.: Der Situative Ansatz. In: ders. (Hrsg.): Organisationstheorien. 3.

Auflage, Stuttgart usw. 1999; Schreyögg, G. (→); Staehle, W.H. (→)

Ludwig Theuvsen

Luhmann, Niklas
Funktionen und Folgen formaler Organisation. 1. Auflage Berlin 1964, 427 S., 4. Auflage mit einem Epilog Berlin 1994.

Das Buch geht von zwei Festlegungen im Bereich einer allgemeinen Theorie sozialer Systeme aus und fragt nach ihren Konsequenzen für den besonderen Fall von Organisationen. Die erste Festlegung besagt, dass Menschen zur Umwelt sozialer Systeme gehören. Die geläufige Unterscheidung zwischen dazugehörigen und anderen Menschen kann dann als Umweltdifferenzierung des sozialen Systems interpretiert werden. Die zweite Festlegung sieht die Funktion von Systemstrukturen darin, die Spannung zwischen diesen beiden Umwelten auszugleichen. Mindestens die systemeinheitlich geltenden Strukturen können sich daher nicht entweder an der einen oder an der anderen Primärumwelt des Systems ausrichten. Sie müssen vielmehr beiden zugleich Rechnung tragen und nehmen dabei einen symbolisch generalisierten Eigenwert an. Damit ist die ideologische Kontroverse zwischen einer humanen Finalisierung des sozialen Systems und seiner technischen Ausrichtung schon im Ansatz unterlaufen. Diese Kontroverse spielt nur zwei umweltspezifisch abstrahierte Desiderate gegeneinander aus.

In Organisationen wird diese allgemeine Funktion einer Systemstruktur durch Formalisierung von Verhaltenserwartungen – zum Beispiel durch Formalisierung von Zwecken – erfüllt. Formalisiert sind Verhaltenserwartungen dann, wenn ihre Anerkennung als Bedingung der Mitgliedschaft gilt. Der Verf. betont zunächst die positiven Funktionen dieser Konditionierung von Mitgliedschaft: Die formalisierten Verhaltenserwartungen können das System trotz interner Differenzierung integrieren. Sie müssen sich nicht unmittelbar als Motiv für Mitgliedschaft eignen, sofern nur die generelle Attraktivität der Mitgliedschaft durch Geldzahlungen sichergestellt werden kann. Sie können daher auch ohne Zusammenstoß mit

Motivlage und Darstellungsgeschichte der Mitglieder geändert werden, wenn Änderungen in der Umwelt der Nichtmitglieder dies sinnvoll machen. Sie ermöglichen überdies eine relativ eindeutige Verteilung von Ranganspruchen und Rechenschaftspflichten innerhalb des Systems, und dies auch dann, wenn die dadurch erzeugte Hierarchisierung des Kommunikationsnetzes von der gesellschaftlichen Umwelt nicht oder nicht konsistent unterstützt wird.
Als Systemstrukturen lassen sich auch die formalen Erwartungen nicht auf eine der beiden Primärumwelten der Organisation spezialisieren. Das aber macht es aber schwierig, umweltspezifische Probleme in Übereinstimmung mit der formalen Erwartung zu lösen. Und diese Schwierigkeit ist der Schlüssel zu einer Theorie, die nicht nur die Systemfunktionen, sondern auch die Folgeprobleme der Formalisierung begreifen will. So reichen die formalen Erwartungen typisch nicht aus, die Interaktion unter den Mitgliedern zu steuern, denn hier dominieren nahezu zwangsläufig diejenigen Probleme, die sich aus der Differenz von Organisationssystem und Mitgliederumwelt ergeben. Die Artifizialität der formalisierten Verhaltenserwartungen passt nicht zu den Darstellungsbedürfnissen, mit denen die Anwesenden in die Interaktion eintreten. Die Organisation mag darin nur ein Spezialproblem sehen, das sich durch Hinzufügung weiterer Anreize lösen lässt. Für die Interaktion unter Anwesenden liegt hier jedoch ein Zentralproblem, da man über die erkennbare Entfremdung der Anwesenden schwerlich einfach hinwegsehen kann.
Die Lösung liegt in der Differenzierung von Interaktion und Organisation selbst, also darin, dass im Verhältnis von Interaktionsverhalten und Formalstruktur eine Art von ›loose coupling‹ erreicht wird. Eine ausgesprochen formale Situationsdefinition ist daher auch eigentlich nur in Grenzfällen zu beobachten. Sie wird zwar als jederzeit aktualisierbar in Rechnung gestellt, dann aber nach Möglichkeit lieber vermieden. Die Kommunikation unter Kollegen, aber auch zwischen Vorgesetzten und Untergebenen wird vornehmlich informal geführt, und das schließt die Möglichkeit einer hochselektiven Behandlung der formalen Erwartungen ein. Für die Interaktion mit den Nichtmitgliedern der Organisation ergeben sich

andere, aber vergleichbare Probleme, die der Verf. vor allem mit Hinblick auf die besonderen Probleme von Grenzstellen (Kellnerinnen, Verkäufer, Außenminister) analysiert hat. Hier ist es genau umgekehrt die Differenz von Organisationssystem und Nichtmitgliederumwelt, die die Interaktion vom Zugriff der formalen Kontrollen entrückt.

Im Werk Luhmanns bildet dieses Buch einen unzweideutigen Höhepunkt: Es gibt keinen anschaulicher argumentierenden Text, und vor allem der vierte Teil wird jedem, der über eigene Erfahrungen mit Organisationen verfügt, die Freude des Wiedererkennens bereiten. In der Organisationssoziologie ist dieses Buch nie wirklich rezipiert worden. Das ist unter anderem deshalb zu bedauern, weil es einen der wenigen Versuche darstellt, die Interaktion unter den Mitgliedern innerhalb einer Theorie der Organisation zu behandeln – und nicht etwa als Alternative dazu, wie es unter dem Eindruck des symbolischen Interaktionismus dann sehr bald normal wurde.

André Kieserling

Luhmann, Niklas
Zweckbegriff und Systemrationalität. Über die Funktion von Zwecken in sozialen Systemen, 1. Auflage Tübingen 1968, VI, 269 S., 5. Auflage Frankfurt/M. 1991, 389 S.

Das Buch geht davon aus, dass innerhalb von Organisationen auch Zwecke (goals, objectives, strategies) nachweisbar vorkommen. Seine eigentliche These besagt jedoch, dass man die Einheit der Organisation nicht als Einheit ihres Zweckes begreifen kann. Der klassische Begriff der Organisation als Zweckverband ist damit ebenso abgelehnt wie die dazu passende Vorstellung einer instrumentellen Vernunft, die nur die Wahl der Mittel, aber nicht auch die Zweckwahl zu orientieren vermag. Vielmehr komme es darauf an, im Rahmen einer allgemeineren Vorstellung von sozialen Systemen nach den spezifischen Funktionen von Zwecken zu fragen. Dabei geht es nicht nur um positive, sondern auch um negative, und nicht nur um manifeste, sondern auch um latente Funktionen – eine komplexe Perspektive, die die Naivität des organisierten

Zweckstrebens zunächst einmal überfordert. »Maximiere alle Werte auf einmal!« – das wäre keine brauchbare Direktive für die Bestimmung von Einzelhandlungen. Zu den positiven und manifesten Funktionen der Zwecksetzung gehört, dass sie das Handeln durch eine scharfe Auswahl der zu berücksichtigenden Werte zu orientieren vermag. Erst die Vorgabe einer solchen Auswahl lässt unterschiedliche Mittel als gleichwertig erscheinen, da die negative Betroffenheit anderer Werte nun ignoriert werden kann. Innerhalb dieses Ignoranzbereichs von Zwecken finden sich aber zahlreiche Wertgesichtspunkte, über die ein komplexes Handlungssystem sich nicht dauerhaft und nicht konsistent hinwegsetzen kann. Zu den negativen, aber eher latenten Funktionen von Zwecken gehört mithin ihre gewagte Einseitigkeit. Sie passt zwar zur geringen Komplexität der Einzelhandlung, wird aber der viel höheren Komplexität des Systems und seiner Umweltbeziehungen nicht gerecht. Was gut ist für die Einzelhandlung, kann schlecht sein für das System, und eben deshalb können Zwecke nicht in beiden Perspektiven zugleich überzeugen, eben deshalb lassen sie sich nicht aus der Handlungstheorie in die Systemtheorie übertragen.

Im organisationsfernen Alltag der Individuen wird dieses Problem durch Opportunismus gelöst: Man verfolgt einmal diesen und dann wieder einen anderen Zweck je nach dem, welches Bedürfnis gerade als besonders vordringlich erscheint oder welche Gelegenheiten zu seiner Befriedigung sich bieten. Hier wird die symbolische Einheit von Handlungszweck und Handlungssystem also gerade vermieden. Eine Organisation, die alle ihre Mitglieder langfristig auf einen einzigen Zweck oder auf eine einzige Gruppe von Zwecken zu verpflichten versucht, um so ihre Kooperation miteinander zu strukturieren, verzichtet auf diese elastische Strategie des Alltags. Sie kann daher das Risiko jeder Zwecksetzung – nämlich eine im Verhältnis zur Systemumwelt zu starke Limitierung ihres Werteberücksichtigungspotentials – nur tragbar machen, wenn sie funktionale Äquivalente für den Opportunismus der Lebenswelt findet.

Luhmann kombiniert systemtheoretische mit entscheidungstheoretischen Denkmitteln, um nach solchen Äquivalenten zu suchen. Dadurch entsteht eine Perspektive, die vor allem die scheinbaren Pathologien der Organisation in veränderter Beleuchtung erscheinen lässt. Häufig wird zum Beispiel darüber geklagt, dass nach Zerlegung des Gesamtzweckes in Unterzwecke Konflikte zwischen den darauf angesetzten Abteilungen der Organisation auftreten. Schon Herbert Simon hatte dies auf unvermeidliche Wertwidersprüche zurückgeführt. Für Luhmann sind solche Konflikte im Prinzip sogar begrüßenswert. Sie sprengen die evaluative Scheinharmonie des ›einen Zweckes‹ und machen einen Teil ursprünglicher Wertkomplexität innerhalb des Systems wieder zugänglich. Eine ähnliche Funktion kann – mit einer anderen Konstellation von Folgeproblemen – auch durch Widersprüchlichkeit oder Unbestimmtheit der Zwecksetzung, aber beispielsweise auch durch Systemkrisen erfüllt werden. Diese Revision des Zweckbegriffs führt zu einem veränderten Verständnis von Rationalität, das nicht nur das programmierte (= Mittel wählende) sondern auch das programmierende (= Zwecke setzende) Entscheiden umfasst und beides an das Bestandsproblem der Organisation zurückbindet, das als solches nicht unmittelbar programmfähig ist. Bei der Ausführung, aber auch bei der Festlegung von Zweckprogrammen komme es nicht darauf an, einen Idealzustand von reibungsloser Zusammenarbeit und restloser Zweckerreichung anzustreben. Vielmehr müsse man sowohl die (programmierende) Entscheidung über Zwecke als auch die (programmierte) Entscheidung über Mittel mit der Frage konfrontieren, ob dadurch Systemprobleme gelöst werden können. Und da eine solche Lösung fallweise sehr wohl auch in unzweckmäßigem oder sonst wie fehlerhaftem Handeln liegen könne, habe dies Konsequenzen auch für die Durchführung von Kontrollen, die nun eigentlich lernfähig zu sein und immer auch programmkritische Nebenfunktionen zu übernehmen hätten.

Das Buch kombiniert eine schon rationalitätsskeptisch gewordene Entscheidungstheorie vom Typus Simon mit dem seinerzeit fortgeschrittensten Stand einer umweltbezogen argumentierenden Systemtheorie. Es ist darin ohne Nachfolge geblieben. Eine niveaugleiche Alternative zeichnet sich erst mit dem neuerlichen Paradigmawechsel in der Systemtheorie selbst ab, also erst mit dem Begriff der operativen Geschlossenheit. Dessen Implikationen für den Rationalitätsbegriff sind freilich noch längst nicht geklärt.

André Kieserling

March, James G.
A Primer on Decision Making. How Decisions Happen.
New York usw. 1994, IX, 289 S.

Es handelt sich um eine systematische und problemorientierte Einführung über Entscheidungen in Organisationen, die mit dem Stand des Wissens darüber vertraut macht, »how decisions actually happen« – einem Wissen, zu dem der prominente Verf. mit seinen Forschungen in mehreren Jahrzehnten selbst entscheidend beigetragen hat. Vier grundlegende Überlegungen sind es, auf deren Erläuterung und Entfaltung es ihm ankommt und die dieses Lehrbuch durchziehen: 1. Für Entscheidungen ist weniger eine Logik der Konsequenzenorientierung (Wahlorientierung) als vielmehr eine Logik der Angemessenheit (Regelorientierung) konstitutiv. 2. Entscheidungsprozesse sind nicht durch Eindeutigkeit und Konsistenz, sondern durch Mehrdeutigkeit und Inkonsistenzen gekennzeichnet. 3. Entscheidungen sind weniger instrumentelle Aktivitäten der Problemlösung als vielmehr Ausdruck interpretativer Prozesse der Bedeutungsgenerierung. 4. Die Resultate von Entscheidungen werden nicht im Rekurs auf singuläre, autonome Entscheider verständlich als vielmehr im Blick auf systemische Kontexte, die einen lose gekoppelten Zusammenhang individueller, organisatorischer und institutioneller Bedingungen darstellen.

Der Aufbau folgt einer Methodik der Anreicherung und Modifizierung einfacher Annahmen: Im ersten Kapitel wird der Leser zunächst mit der Theorie der rationalen Wahl und daran orientierten Versuchen vertraut gemacht, pure Version dieser Theorie realistischer zu gestalten. Entlang der Annahme begrenzten Wissens referiert der Verf. Aspekte des Umgangs von Entscheidern mit unvollständiger Information (Heuristiken, Satisfizierung etc.) und überführt diese Einsichten schließlich in eine Theorie des Suchverhaltens, die sichtbar macht, auf welche Weise Entscheidungen durch Erwartungen bestimmt werden, in rekursiver Weise von Entscheidungsergebnissen wie Erfolg oder Misserfolg abhängen. Das zweite Kapitel geht sodann von den Relativierungen der »Logik der Konsequenzenorientierung« zu einer »Logik der Angemessenheit« über (vgl. March/Olsen →). Entscheidungen stellen danach an Regeln und Identitäten orientierte interpretative Aktivitäten dar. Um in einer ansonsten überkomplexen Welt entscheiden zu können, müssen Entscheider laufend beurteilen, »what action is appropriate for persons such as they in the situtation in which they find themselves« (S. 68). Der Verf. beschreibt Organisationen darauf gestützt als Arenen des ›rule following‹ und diskutiert sodann Prozesse und komplementäre Mechanismen des ›rule development and change‹ wie Analysis, Bargaining, Imitation, Selection, Learning. Die folgenden drei Kapitel erweitern und elaborieren die so eingeführte institutionalistische Beschreibung unter je spezifischen Gesichtspunkten. Unter dem Stichwort ›Multiple Actors‹ werden im dritten und vierten Kapitel die sozialen Grundlagen und Auswirkungen inkonsistenter Präferenzen und Identitäten auf Entscheidungsprozesse analysiert; dies zunächst unter der gemäßigten Bedingung, dass gemeinsame Problemlösungen im Entscheidungsprozess angestrebt werden und sodann unter der verschärfteren Bedingung stabiler identitätsbezogener Inkonsistenzen. Im fünften Kapitel wird das Problem der Ambiguität von Präferenzen, Identitäten, Erfahrungen und Bedeutungen in seinen Effekten auf Entscheidungsprozesse in den Mittelpunkt gestellt (siehe dazu March/Olsen →). Im abschließenden Kapitel sondiert der Verf. die Bedingungen der Möglichkeit von ›decision intelligence‹. Angesichts der zum Teil paradox strukturierten Komplikationen von Bemühungen, die Adaptivität von organisierten Entscheidungsprozessen gezielt zu erhöhen, verfügbares Wissen in Entscheidungsprozessen besser auszunutzen bzw. Organisationsprozesse durch experimentelle ›technologies of foolishness‹ anzureichern, führt kein Weg an der Einsicht vorbei, dass es für die Verbesserung von decision intelligence keine Garantien oder Sicherheiten gibt. Trotz der Desillusionierungen wird am Ende die Möglichkeit hervorgehoben, »to profit from an understanding of how decisions happen in order to make them happen better« (S. 271). In diesem Sinne dient der Beitrag einem besseren Verständnis der Grundlagen von Entscheidungen auch als eine Vor-

aussetzung für ihre mögliche Verbesserung.
Es handelt sich um ein in diesem Bereich konkurrenzloses, brilliantes Lehrbuch – nicht nur, weil es systematisch in das Problem des Entscheidens unter Unsicherheit einführt und eine darauf bezogene moderne Theorie der Organisation erläutert, die überdies in ihren theoriehistorischen Grundlagen nachvollziehbar wird; um eine brilliante Einführung handelt es sich auch deshalb, weil im Rahmen einer zwanglosen Darstellung von Forschungsergebnissen Grundlagen der methodisch und theoretisch kontrollierten Erkenntnisproduktion sichtbar werden, die in ihrer kognitiv orientierten Struktur die Revision von normativen Annahmen zwingend einschließen.

Veronika Tacke

March, James G.
Decisions and Organizations. 1. Auflage Oxford et al. 1988, VI, 488 S., Reprint, Oxford 1990. Aus dem Amerikanischen übersetzt von Karl-Heinz Gschrey: Entscheidungen und Organisation. Kritische und konstruktive Beiträge, Entwicklungen und Perspektiven. Wiesbaden 1990, XIII, 498 S.

Der Sammelband enthält eine Fülle von organisations- und entscheidungsteoretischen Arbeiten, die sich über einen Zeitraum von über drei Jahrzehnten erstrecken und repräsentiert neben den Arbeiten von Meyer/Rowan (→), DiMaggio/Powell (→), Zucker (→) u.a. einen der harten Kerne des soziologischen Neo-Institutionalismus. Dessen paradigmatische Grundorientierung richtet sich gegen die Rationalitätsmythen des rational choice, vertreten durch statistische Entscheidungs- und mikroökonomisch-neoklassische Theorie (Simon 1993, dem die Relativierung rationalistischer Optimierungskalküle durch die anspruchsreduzierte Bescheidenheit des satisficing zugerechnet wird).
Ein entscheidungsbezogenes Denken, das in terms von stabilen Präferenzen, Informiertheit und intentionalen Kausalplänen verfasst ist, wird auf Grund empirischer Beobachtungen von tatsächlichem Verhalten in Organisationen verwor-

fen und durch Annahmen ersetzt, die auf Interpretation von Entscheidungen als bedeutsamen Ereignissen statt auf Kalkulation von optimalen Entscheidungsergebnissen setzen. In allen Arbeiten zu »Decisions and Organizations« wird die Ersetzung rationalistischer durch interpretative Konzepte der Organisations- und Entscheidungstheorie wiederholt: An die Stelle rationaler Informationsverarbeitung tritt die Verteilung von Aufmerksamkeit für Entscheidungsthemen; an die Stelle konsistenter Organisationsziele tritt Konflikt; an die Stelle rationaler Antizipation womöglich optimaler Entscheidungsergebnisse treten erfahrungsgestützt adaptive Regeln, die lediglich der interpretierten Organisationsgeschichte angemessen zu sein brauchen; schließlich treten an die Stelle konsistenter und stabiler Präferenzen mehrdeutige, instabile und endogen abhängige Präferenzen. Nicht die illusionäre Transparenz probabilistischer Kalküle ist, was zählt, sondern die Mehrdeutigkeit von Präferenzen, Relevanzen, Geschichte und Interpretationen. Nur diese Mehrdeutigkeiten erlauben es überhaupt, neue Präferenzen, neue Relevanzen, neue Erfahrungen und neue Interpretationen zu entdecken. Transparenz ist unproduktiv. Umgekehrt besteht allerdings auch jederzeit die Möglichkeit, sich in eingefahrenen Präferenzen, wohl bekannten Relevanzen, altbekannten Erfahrungen und routinisierten Interpretationen zu verfangen. Weder für die Seite der Redundanz noch für die der Varietät bestehen unter Bedingungen von Mehrdeutigkeit und Intransparenz sichere Aussichten. Alles hängt davon ab, wie Organisationen auf ihre eigene Geschichte reagieren. An die Stelle externer Realitätsanker treten interne Routinen: etwa die Neigung, bei mäßigen Erfolgen geringere Risiken einzugehen als bei mäßigen Misserfolgen oder die Neigung, kompetenzgestützte Erfolge über Gebühr auszubauen: Für solche ›rules of appropriateness‹ sprechen keine rationalen Kalküle, sondern allein die eigenen Interpretationen der eigenen Geschichte – stabilisiert durch biases (Asymmetrien), die durch Wiederholung, hier besonders die Bedeutung von Routinen im Sinne von ›path dependencies‹, erzeugt werden.

Konzentrierter Ausdruck für diese moderne Auffassung (vgl. Luhmann 1984) von selbsterzeugten Abhängigkeiten im Kontext einer selbst erzeugten Geschichte von Entscheidungen durch Organisation ist etwa die Beschränkung von Beliebigkeit trotz eines »garbage can model of organizational choice« (S. 294ff.) oder die Anschlussfähigkeit gerade eines ›superstitious learning‹ im Kontext unvollständiger Lernzyklen zwischen Entscheidungssystem und Umwelt, die man kennen müsste, um über vollständige Lernzyklen verfügen zu können. In diesem Falle würde Lernen im genuinen Sinne sich allerdings erübrigen. Da dies nicht der Fall ist, muss die Welt weiterhin symbolisch interpretiert werden, u.a., weil sie eben nicht rational kalkuliert werden kann.

In der zuletzt genannten Hinsicht schließen March und mit ihm weite Teile des Neo-Institutionalismus an interpretative Traditionen an, für die die Welt nie wirklich zugänglich war, sondern eben immer nur die Interpretationen dieser Welt. Die bekannteste Tradition ist in dieser Beziehung wohl die wissenssoziologische, die ihrerseits auf den Schultern von Husserl, Schütz und in gewissem Sinne auch dem verstehenden Weber ruht (Berger/Berger/Kellner 1975). Wenn man sich nicht nur auf die in Anspruch genommenen empirischen Beobachtungen verlassen möchte, wären in diesem, um angloamerikanische Adaptionen erweiterten Umkreis, die Abwehrmotive gegen die Verkürzungen eines instrumentellen Rationalismus zu suchen. Nicht zuletzt spielt in dieser Tradition der Institutionenbegriff im Sinne generalisierter Erwartungen eine nicht unbeträchtliche Rolle.

Andererseits scheint der Institutionenbegriff lediglich eine Leerstelle zu besetzen, die er selbst nicht auszufüllen vermag: Man mag sich noch vorstellen, dass die Umwelt einzelner Organisationen andere Organisationen sind – möglicherweise solche, die als Institutionen bewertet werden. Aber von wem? Sicher nicht durch Organisationen, denn das hieße, dass die Gesellschaft aus Organisationen besteht. Wenn dem so wäre, wie könnten wir uns dann erklären, wie Organisationen sich als wirtschaftliche, als politische, als religiöse etc. Organisationen spezifizieren? Dazu bedarf es eines Begriffs von Gesellschaft, denn die Organisationstheorie wäre überfordert, das Institutionenkonzept wiederum zu unspezifisch, um nicht zu sagen: zu mehrdeutig.

Weiterführende Literatur:

Berger, P.L./Berger, B./Kellner, H.: Das Unbehagen in der Modernität. Frankfurt/M. usw. 1975; Luhmann, N.: Soziale Systeme. Grundriss einer allgemeinen Theorie. Frankfurt/M. 1984; Simon, H.A.: Homo rationalis. Die Vernunft im menschlichen Leben. Frankfurt/M. usw. 1993.

Klaus P. Japp

March, James G./Olsen, Johan P.
Ambiguity and Choice in Organizations. 1. Auflage Bergen usw. 1976, 408 S., 2. Auflage Oslo usw. 1994.

Die Folgen sind weit reichend: Entscheidungen werden nicht etwa von denjenigen vorgenommen, die das größte Interesse an der Entscheidung mitbringen, sondern von denjenigen, die gerade nichts besseres zu tun haben. Neben problemlösenden Entscheidungen gibt es noch zwei weitere Entscheidungsmuster, die keine Probleme lösen. Versehentliche Entscheidungen, die mit minimalem Aufwand an Zeit und Energie fallen, weil gerade andere Problembearbeitungen vonstatten gehen und die so genannten ›Entscheidungen durch Flucht‹, die nach dem Lösen bestimmter Entscheidungsblockaden auftreten. Es gehen damit schwer zu bändigende Zufälligkeiten in den organisatorischen Entscheidungsprozess mit ein. Ein gewisser Vorhersagewert ist dennoch gegeben: Der Grad, mit dem es zu problemlösenden Entscheidungen kommt, variiert beispielsweise in systematischer Weise mit der Beanspruchung der Akteure, dem Bearbeitungszeitpunkt, der Organisationsstruktur und anderen Bedingungsfaktoren. Die Offenlegung der Zusammenhänge macht allerdings Computersimulationen notwendig. Trotz der limitierten Problemlösungsfähigkeit werden ›garbage-can-Prozesse‹ durchaus positiv bewertet, denn durch sie wird es möglich, dass Entscheidungen gefällt und Probleme selbst dann gelöst werden, wenn die Organisation durch Zielmehrdeutigkeiten und Zielkonflikte, das Auftreten unbekannter Probleme, eine sich verändernde Umwelt und durch die fluktuierende Beteiligung ihrer Mitglieder belastet ist. Das Organisationslernen in Form des Aufspürens neuer Ziele kann durch nicht-rationale Elemente gar erhöht werden.

Dass das Buch trotz eines undurchsichtigen Aufbaus, trotz bestehender Widersprüchlichkeiten und Redundanzen und des uneindeutigen Theoriebezugs einiger Fallstudien (»the book itself is an organized anarchy«, Moch/Pondy 1977, S. 361) zu einem Hauptwerk der Organisationstheorie mit großem Anregungspotential für weiterführende Arbeiten (eine Übersicht in: March/Weissinger-Baylon 1986, S. 19 f.) geworden ist, ist in der Radikalität der Thesen und der gleichzeitig wohl bei jedem Leser aufkommenden Ahnung begründet, dass es sich vielleicht doch um eine umfassende Organisationstheorie handeln könnte. Das garbage can model drängt zur Ausweitung, zur Verallgemeinerung und verlangt gleichzeitig nach neuem Halt, den das rationale Entscheidungsmodell nur noch eingeschränkt bietet. 1984 veröffentlichen dementsprechend dieselben Verf. den Aufsatz »The New Institutionalism«, der einem neuen Paradigma seinen Namen geben sollte.

Weiterführende Literatur:

March, J.G./Olsen, J.P.: The New Institutionalism: Organizational Factors in Political Life. In: American Political Science Review, 78, 1984, S. 734-749; March, J.G./Weissinger-Baylon, R.: Ambiguity and Command – Organizational Perspectives on Military Decision Making. Marshfield 1986; Moch, M.K./Pondy, L.R.: The Structure of Chaos: Organized Anarchy as a Response to Ambiguity. In: Administrative Science Quarterly, 22, 1977, S. 351-362.

Jürgen Beyer

March, James G./Olsen, Johan P.
Rediscovering Institutions. The Organizational Basis of Politics. New York 1989, VII, 227 S.

Die Wiederentdeckung von Institutionen beginnt mit der Zurückweisung all der politikwissenschaftlichen Ansätze, die in irgendeiner Weise auf Rationalität verweisen und nicht auf Institution. So wird die Unterscheidung eingeführt, von der diese Arbeit zehrt. Ob nun Politik als Ausdruck von ökonomischen oder Klassenstrukturen gesehen wird, ob sie als Aggregateffekt von Einzelhandlungen oder von rational kalkulierten Individualentscheidungen oder ganz allgemein als ein Ap-

parat, der erwünschte Ergebnisse produziert, gesehen wird, immer wird die nicht-rationale, jedoch keineswegs irrationale Dimension institutioneller Verbürgung kollektiver Identitäten übersehen. In dieser Welt der interpretativen Vergewisserung von Identität sehen die Verf. die zentrale Funktion politischer Institutionen. Entscheidungen als Elementaroperation von Organisationen können überhaupt nur im Kontext interpretativer Simplifikationen vorgestellt werden und nicht im offenen Horizont einer ›comprehensive rationality‹. Diese Simplifikationen einer überkomplexen Welt in Gestalt von Regeln und Routinen sind nun gerade die Bausteine von Institutionen. Die organisationale Basis der Politik besteht in dem Maße aus institutionalisierten Erwartungen, wie sie faktisch Handlungen und Entscheidungen unabhängig von den Absichten der Individuen nicht nur koordinieren, sondern überhaupt erst *generieren*. Dabei greift dieser Effekt umso sicherer als Handlungen und Entscheidungen interpretativ verständlich sind – unabhängig davon, wieviel instrumentelle Rationalität sie zum Ausdruck bringen. Es sind rules of appropriateness, die den Institutionalisierungsgrad von Handlungen und Deutungen dokumentieren und nicht Kriterien antizipatorischer Kalküle.
Analysen der Kuba-Krise zeigen, dass ›anticipatory action‹ den Rechtfertigungskontext bestimmt haben, jedoch nicht den operativen Handlungszusammenhang. Dieser wird beschrieben durch Rekurs auf etablierte Erwartungen militärischer Protektion im Kontext nationalstaatlicher Interpretationen von Angemessenheit. So kann man verstehen, was geschieht, ohne dass strittige Rationalitätskriterien überhaupt zur Disposition stünden. Gegenüber dem konservativen Anschein, den diese Sichtweise provoziert, muss vor allem gesehen werden, dass Institutionen unter Aspekten relativer Autonomie gegenüber einem potentiellen Chaos von ›social forces‹ oder der unbegrenzten Komplexität von anticipatory action eingeführt werden. Institutionalisierung von Erwartungen führt zu relativer Unabhängigkeit politischer Handlungen von der Umwelt politischer Organisationen. Diese sind nichts weiter als Handlungs- bzw. Entscheidungszusammenhänge, die sich gegenüber intransparenten Umwelten auf eigene institutionalisierte Regeln dessen stützen können, was eine angemes-

sene Entscheidung ausmacht. Diese Identifikation wird nicht aus der Umwelt übernommen. Eher noch wird diese aus dem Inneren eines institutionalisierten Handlungssystems heraus geprägt. Instruktives Beispiel für diese Zusammenhänge ist die Reaktion der norwegischen Marineadministration auf Sicherheitsanforderungen von Ölplattformen, mit denen es keine Erfahrungen gab: »They treated oil rigs as ships« (S. 36). Mit Schiffen hatte man Erfahrungen. In diesem Beispiel kommt eine Eigenschaft von Organisationen als institutionalierten Erwartungszusammenhängen zum Ausdruck, die von ganz entscheidender Bedeutung für die Theorie ist: Systeme, die relativ unabhängig von ihrer Umwelt operieren, orientieren sich typischerweise an ihrer eigenen Erfahrungsgeschichte. In dieser Orientierung liegt der Grund aller Angemessenheit und der Zurückweisung von Rationalitätsanmaßungen, denn die Geschichte ist nicht notwendigerweise effizient.

Diese Strukturdeterminiertheit versus Umweltdeterminiertheit zeigt sich auch in der Beschreibung von intentionalen, ad-hoc initiierten und politisch programmierten Transformationsaktivitäten. Versuche, politische Institutionen zu reformieren, enden regelmäßig in neuen Interpretationen, Reformrhetoriken und symbolischen Großversuchen ›of educating the public‹. Unterhalb dieser interpretativen Aktivitäten läuft der ganz normale Mechanismus inkrementaler Veränderungen ab, dessen Orientierung an der Geschichte der sich ändernden Institution ja Bedingung dafür ist, dass er funktioniert. Ein anderes wichtiges Thema, das diese Merkmale von struktur- und geschichtsabhängigen Handlungskontexten dokumentiert, besteht in der rekursiven Vernetzung von endogenen Präferenzänderungen: Man sieht, was man gerne sehen möchte, vernachlässigt, was man nicht gerne sieht und bevorzugt insbesondere das, was erwartungsgemäß bevorzugt wird, woraus dann erneut der Anschluss an das bestärkt wird, was man gerne sieht, weil es von anderen ebenfalls gerne gesehen wird. Dieser Prozess wird ersichtlich durch institutionalisierte Erwartungen dessen gesteuert, was gerne gesehen wird und dessen, was nicht gerne gesehen wird. Was man gerne sieht, hängt unter diesen Umständen nicht davon ab, was ein antizipatorisches Kalkül errechnet, sondern davon, welchen

geteilten Erwartungen gerecht zu werden erwartet wird. Politische Steuerung kann unter diesen Umständen weniger als engineering denn als gardening verstanden werden. Rationale Entscheidungsfindung kommt nur vor, soweit diese durch Regeln der Angemessenheit auf ein allseits verständliches Maß eingeschränkt und gleichwohl als rational dargestellt werden kann.
Die Verf. haben mit dieser Arbeit einen Beitrag eher zur Institutionen- als zur Organisationstheorie i.e.S. vorgelegt. Das Verständnis politischer Organisationen, welches nahegelegt wird, setzt sich gleichwohl erkennbar von Konzepten ab, die überholten Rationalitätsprämissen anhängen wie z.B. Neoklassik, aber auch viele Organisationskonzepte der modernen Wissensgesellschaft. Hier werden insbesondere übermäßige Erwartungen an die unsicherheitsabsorbierenden Leistungen rationaler Informationsverarbeitung abgehängt, andererseits Anschlüsse an moderne Forschungen zu Organisationssystemen gelegt, die in Abhängigkeit von ihrer eigenen Struktur und Geschichte operieren.

Weiterführende Literatur:

Luhmann, N.: Soziale Systeme. Frankfurt/M. 1984; Weick (→).

Klaus P. Japp

March, James G./Simon, Herbert A. Organizations. 1. Auflage New York 1958, XI, 262 S., 2. Auflage (Nachdruck) Cambridge, Mass. usw. 1995, IX, 287 S.

Das Werk lässt sich als Weiterführung und Ausdifferenzierung des Ansatzes von Simon (→) verstehen. Diese Ausdifferenzierung betrifft einerseits die weitere Ausarbeitung der Theorie der begrenzten Rationalität und ihrer organisationalen Konsequenzen, andererseits thematisieren die Verf. Konflikte in organisationalen (Entscheidungs-) Prozessen. Einleitend wird darauf hingewiesen, dass sich die Organisationstheorie bislang stärker mit instrumentellen (vgl. Taylor →) oder mit motivationalen Aspekten (Human Relations) des Verhaltens in Organisationen befasst habe. Wenn sie auch nicht deren Relevanz bestreiten, so habe die Organisationstheorie bislang kognitive Aspekte vernachlässigt. Auf Grund begrenzter Informationsverarbeitungskapazitäten können die Individuen nämlich nur auf der Basis eines komplexitätsreduzierten und jeweils individuellen inneren Modells der Welt, einer spezifischen Definition der Problemsituation, entscheiden. Den strengen Informationsannahmen des homo oeconomicus kann kein empirisch gegebenes Individuum nachkommen. Der Entscheidungsprozess des begrenzt rationalen Entscheiders wird weiter vereinfacht durch zwei Strategien des Entscheidungsverhaltens. Erstens wird das Optimalitätskriterium des klassischen Rationalmodells ersetzt durch das Kriterium des Satisfizierens (satisficing): Alternativen werden bereits dann gewählt, wenn sie ein befriedigendes Niveau der Zielerreichung versprechen. Zweitens geht der begrenzt rationale Entscheider bei der Entwicklung von Handlungsalternativen und der Prüfung ihrer jeweiligen Konsequenzen sequenziell vor. Die Suche wird abgebrochen, sobald eine befriedigende Alternative gefunden wurde.

Viele Entscheidungen in Organisationen sind allerdings kein ›problem-solving‹, sondern basieren auf routinisierten (Ausführungs-) Programmen. Solche Programme sind im Rahmen der Organisation vorgegeben und werden durch bestimmte Stimuli, z. B. einen Auftragseingang, initiiert. Sie tragen weiter zur Vereinfachung der Entscheidungssituation für den begrenzt rationalen Entscheider bei. Im Fall, dass in einer Entscheidungssituation kein Programm automatisch aktiviert werden kann, die Entscheidungsträger also nicht routinisiert auf die Situation reagieren können, lassen sich lang- und kurzfristige Adaptationsprozesse von Organisationen unterscheiden. Kurzfristige Adaptation oder Problemlösen besteht aus der Wahl zwischen unterschiedlichen zur Verfügung stehenden Ausführungsprogrammen. Langfristige Adaptation oder organisationales Lernen besteht aus der Modifikation des Repertoires von Ausführungsprogrammen.

Organisationale Konflikte resultieren im Wesentlichen aus zwei Faktoren: Erstens können zwischen den Teilnehmern der Organisation Differenzen hinsichtlich der Definition der Situation bestehen; diese beruhen letztlich auf unterschiedlichen inneren Modellen und damit auf der begrenzten kognitiven Fähigkeit zur Rationalität. Diese Differenzen sind aber

auch organisational verursacht, weil Organisationsstrukturen die Verteilung von Informationen beeinflussen. Zweitens wird organisationaler Konflikt durch Differenzen über Ziele verursacht. Die Verf. sehen Konflikt als instabilen Zustand der Organisation an und behaupten, dass Konflikt quasi automatisch Konfliktlösungsmechanismen aktiviert. Analytische Konfliktbewältigungsprozesse (Problemlösen und Überzeugen) treten dann in Aktion, wenn die Beteiligten zwar unterschiedliche Definitionen der Situation zu Grunde legen, aber geteilte Ziele verfolgen. In Falle des Zielkonfliktes kommt es zu ›bargaining‹ und ›politics‹. Charakteristisch für die Behandlung von Konflikten durch die Verf. ist die Orientierung an einer Vorstellung organisationalen Gleichgewichts, die – obwohl es nicht explizit thematisiert wird – auf die Anreiz/Beitrags-Theorie Simons (→) zurückzuführen ist.
Ebenso wie Simons Werke ist auch dieses Buch durch die Explikation der Theorie der begrenzten Rationalität innerhalb der Organisationstheorie einflussreich gewesen. Die Unterscheidung von Routineprogrammen und Problemlösen und daran anschließend von Adaptation und Lernen hat – hauptsächlich über den Umweg des Konzepts adaptiven Lernens (Cyert/March →) – die Theorie organisationalen Lernens inspiriert. Kritik (Becker/Küpper/Ortmann 1988; Ortmann 1976) zielt insbesondere auf die Konzeption organisationalen Konfliktes und den implizierten Gleichgewichtsmechanismus sowie auf die Vernachlässigung von Macht ab.

Weiterführende Literatur:

Becker, A./Küpper, W./Ortmann, G.: Revisionen der Rationalität. In: Küpper, W./Ortmann, G. (→).

Albrecht Becker

Marglin, Stephen A.
What Do Bosses Do? The Origins and Functions of Hierarchy in Capitalist Production. In: Review of Radical Political Economics 2, 1974, S. 60-112. Aus dem Amerikanischen: Was tun die Vorgesetzten? Ursprünge und Funktionen der Hierarchie in der kapitalistischen Produktion. In: Duve, Freimut (Hrsg.): Technologie und Politik, Band 8. Reinbek 1977, S. 148-203.

Wird die Organisation der Arbeit durch die technologische oder durch die gesellschaftliche Entwicklung bestimmt? Ist Hierarchie die unabdingbare organisatorische Voraussetzung hoher Produktivität? Der Verf. beantwortet diese Fragen, indem er die Ursprünge der kapitalistischen Arbeitsorganisation untersucht. Dabei leistet er zugleich eine Kritik am ökonomischen Mainstream, der die gesellschaftliche Arbeitsteilung und die Form der Arbeitsorganisation mit einer technischen und ökonomischen Effizienzsteigerung begründet. Das Studium historischer Quellen legt nahe, dass sowohl das Verlagssystem als auch das Fabriksystem sich nicht deshalb durchgesetzt haben, weil sie eine technologisch und ökonomisch effizientere Produktion erlaubt hätten, sondern weil sie die Festigung der Herrschaftsposition der Kapitalisten erleichterten. Sie hatten vor allem die Funktion, den Arbeitern die Kontrolle über die Produkte ihrer Arbeit und über den Produktionsprozess zu entreißen.
Das Verlagssystem verband die Zerlegung des Arbeitsprozesses in Teilarbeiten (technische Arbeitsteilung) mit der Zuteilung der Arbeiter zu den einzelnen Teilarbeiten (gesellschaftliche Arbeitsteilung). Marglin argumentiert, dass zwar die technische Aufgabenteilung und die aus ihr resultierende Zeitersparnis Momente der Produktivitätssteigerung sind, die gelte jedoch nicht für die Spezialisierung der Arbeiter, d.h. für die gesellschaftliche Arbeitsteilung. Letztere sei vielmehr zugleich Medium und Resultat der Macht der Kapitalisten, die sich dadurch als unentbehrliche Vermittler zwischen die unmittelbaren Produzenten und den Markt schieben können. Das Verlagssystem lasse sich also auf das Prinzip ›teile und herrsche!‹ zurückführen. Das Fabriksystem sei ebenfalls ursprünglich nicht deshalb eingeführt worden, weil es eine höhere Arbeits-

produktivität erlaubte oder der Umsetzung technischer Erfindungen wie z.B. der Dampfmaschine diente, sondern um die Arbeiter besser kontrollieren und disziplinieren zu können. Die industrielle Revolution war keine notwendige Voraussetzung des Fabriksystems, sondern dieses erleichterte umgekehrt die Durchsetzung des Patentrechts und damit die private Aneignung und Nutzung von Wissen und von Erfindungen. Dass die Fabrik nicht früher eingeführt werden konnte, lag lediglich an den gesellschaftlichen Kräfteverhältnissen. Erst im Laufe des 18. Jahrhunderts hatte sich die Macht der Kapitalisten hinreichend entwickelt, so dass sie den Arbeitern die intensivere und extensivere Fabrikarbeit aufzwingen konnten.
Die Abhängigkeit der Arbeitsorganisation und der technologischen Entwicklung von den Klassenauseinandersetzungen gilt nicht nur für den Kapitalismus, sondern auch für den Feudalismus und den Sozialismus, wie Marglin anhand der Einführung der Wassermühle und der sowjetischen Kollektivierung der Landwirtschaft zeigt.

Thomas Sablowski

Mayntz, Renate (Hrsg.)
Bürokratische Organisation. 1. Auflage Köln 1968, 460 S., 2. Auflage 1971.

Für die Verf. war dieser deutsche »Reader in Bureaucracy« Ende der 60er Jahre eine Notwendigkeit, weil einerseits die nach bürokratischen Prinzipien strukturierten Großorganisationen für den einzelnen schicksalhaft waren und die bürokratische Organisation als zweckmäßigstes Herrschaftsmittel ihren Siegeszug über die ganze Welt angetreten hatte, sich der Webersche Idealtypus der Bürokratie andererseits aber zunehmend einer doppelten Kritik ausgesetzt sah: Einmal schien er vielen unvereinbar mit den demokratischen Idealen und zum anderen häuften sich die Nachweise, dass er im Hinblick auf bestimmte Effizienzkriterien durchaus nicht immer als die optimale Organisationsform angesehen werden konnte. Der Reader – zusammengestellt aus (ins Deutsche übersetzten) Aufsätzen und Auszügen aus Monografien – ist in fünf

Problemkreise gegliedert.

Teil I (»Neuere Beiträge zur Theorie bürokratischer Organisation«) handelt von der Weber-Rezeption in der nationalen und internationalen Organisationssoziologie. In ihrem eigenen Beitrag (»Max Webers Idealtypus der Bürokratie und die Organisationssoziologie«) hebt Mayntz hervor, dass Webers Merkmale nicht als analytische Kategorien im Sinne der strukturell-funktionalen Theorie begriffen werden dürfen und nicht auf die optimale Leistung einer Organisation abheben, sondern allein »die Antwort auf die Frage sind, wie der Herrschaftsstab im Falle legaler Herrschaft beschaffen sein müsse, um die wirksamste Herrschaftsausübung zu gewährleisten.« Niklas Luhmann (»Zweck-Herrschaft-System. Grundbegriffe und Prämissen Max Webers«) entwickelt in kritischer Antithese zu Max Weber seine heute weithin akzeptierten Grundlagen der modernen Organisationstheorie. Weber konzentriere sich zu stark auf interne Vorgänge in Organisationen und sehe sie nicht als umweltoffene Systeme. »Der Befehl, die unmittelbare Übersetzung von Autorität in Kommunikation, ist als Strukturkategorie viel zu einfach, um den komplexen Voraussetzungen der Erhaltung und Rationalisierung eines sozialen Systems genügen zu können.« Die restlichen Beiträge dieses Teils sehen den Idealtypus der Bürokratie als Modell, in dem ein systematischer und empirisch messbarer Zusammenhang zwischen den einzelnen Merkmalen behauptet wird. Das bürokratische Modell erfährt hier seine entscheidende Präzisierung.

Teil II (»Grenzen der Anwendbarkeit bürokratischer Organisationsformen«) fasst eine Reihe von Beiträgen zusammen, die sich mit der Frage nach der Zweckmäßigkeit oder Effizienz bürokratischer Strukturformen unter verschiedenen Bedingungen beschäftigen. Es wird gezeigt, dass unter bestimmten (Umwelt-) Bedingungen alternative Organisationsformen (organisch oder teamartig-professionell genannt) zweckmäßiger als die bürokratische sein können. Teil III (»Die Hierarchie und die Spezialisten«) thematisiert einen Konflikt, der bei der Durchmischung der beiden eben geschilderten Organisationstypen zwangsläufig auftreten muss, der zwischen den Bureaucrats bzw. Locals, den Inhabern der Autoritätsposition auf der einen und den Professionals bzw. Cosmopolits auf der

anderen Seite. Teil IV (»Stabilität und Wandel«) beschäftigt sich mit dem Problem der Selbsterhaltung von sozialen Systemen und insbesondere der Ausgewogenheit von Stabilität auf der einen und Anpassungsfähigkeit, Flexibilität und Innovation auf der anderen Seite, wobei Bürokratien und der bürokratischen Organisationsform zumeist a priori Konservatismus und Rigidität unterstellt werden. Merton sieht als deren Ursache die bürokratische Persönlichkeit, die ritualistisch handelt und im Prozess der Zielverschiebung die Regeln zum Selbstzweck werden lässt anstatt sie bürgerorientiert einzusetzen. Crozier bringt mit seinem »Circulus vitiosus der Bürokratie« das auf den Punkt, was alle große Bürokratien auszeichnet: Die Rigidität in den internen Beziehungen wie den Außenkontakten zwingt die Organisationsmitglieder, wollen sie die offiziellen Ziele erreichen, zu informellem und mikropolitischem Verhalten mit der Folge von zu viel partikularistischen und egozentrischen Handlungen, sodass die Spitze auf noch mehr Zentralisierung und Reglementierung drängen muss. Hartmann verweist auf die »voluntaristischen Dimensionen« in der Bürokratie, das heißt, die Chancen auch der unteren Chargen, ihre Vorgesetzte in komplementäre, konditionale, auxiliare und funktionale Abhängigkeitsverhältnisse zu bringen und ihre Organisation damit auch flexibler zu machen. Peter Blau stellt anhand empirischer Studien in den USA die überraschende These auf, dass gerade Beamte wegen ihrer hohen sozialen Kohäsion und ihres sicheren Arbeitsplatzes für organisatorische Innovationen offen sind. Luhmann sieht in den »Zweckprogrammen« die institutionalisierte Chance einer Bürokratie, sich die nötige Elastizität zu sichern. Phelan schließlich zeigt am Beispiel der spanischen Kolonialbürokratie deutlich auf, wie die selektive Durchsetzung konfligierender Normen ein an sich starres Autoritätssystem flexibel und umweltgerecht werden lässt.
Teil V (»Bürokratie und Herrschaft«) stellt die Herrschaftsproblematik aus organisatorischer Sicht in den Mittelpunkt, wobei insbesondere drei Beiträge von bleibendem Interesse sind: Bendix reflektiert in Anlehnung an Max Weber über die Macht und Ohnmacht bürokratischer Apparate, Eisenstadt unterscheidet im historischen Überblick dienstleistungsorientierte, den Herrschern unterworfene und selbstorientierte Bü-

rokratien, und Gouldner (»Disziplinäre« und »repräsentative« Bürokratie) problematisiert noch einmal Webers Idealtypus der Bürokratie dahingehend, dass in ihm die auferlegten Regeln (der Gehorsam) verabsolutiert und die vereinbarten Regeln vernachlässigt würden.
Der Sammelband ist sicherlich ein Meilenstein in der deutschen Organisations- und Verwaltungssoziologie. Wir finden in ihm nicht nur das zusammengefasst, was vor drei Jahrzehnten das Denken bestimmt und zu unzähligen Forschungsprojekten und weiterführenden Hypothesen angeregt hat, sondern haben ein Standardwerk vor uns, dass gleichermaßen der Einführung wie der Vertiefung dient.

Weiterführende Literatur:

Büschges (→); Merton, R.K. et al. (Hrsg.): Reader in Bureaucray. 2nd pr., Glencoe, Ill. 1960.

Horst Bosetzky

Mayntz, Renate
Soziologie der Organisation. 1. Auflage Reinbek 1963, 154 S., 9. Auflage 1977.

Als dieses Büchlein 1963 erschien, war es in Deutschland die erste und – neben den Arbeiten von Niklas Luhmann – für längere Zeit auch die einzige soziologische Abhandlung über Organisationen. Ganz im Gegensatz zu den USA, wo das pragmatische Interesse an den Funktionsbedingungen von Organisationen zu umfangreichen soziologischen Forschungstätigkeiten geführt hatte, verhinderte die zu jener Zeit in Deutschland vorherrschende Orientierung an gegenstandsbezogenen Spezialdisziplinen (Bindestrich-Soziologien) eine generalisierende Betrachtung von Organisationen fast völlig. Insofern ist die wegweisende Schrift einer der wichtigsten Beiträge zur Entwicklung der Organisationssoziologie in Deutschland gewesen. Anknüpfend an gesellschaftstheoretische Traditionen beschreibt die Verf. die Tatsache der Organisiertheit als ein zentrales Merkmal moderner Gesellschaften. Eine Vielzahl von Organisationen, d.h. von sozialen Gebilden, die sich institutionell verselbstständigt haben und spezifische Ziele verfolgen, prägt in modernen Gesellschaften das Leben und Arbeiten der Menschen im Sinne einer zweckbezogenen Rationalität, die dadurch zum Leitbild von Strukturen und Verhalten überhaupt gemacht wird.

Organisationen werden dabei als soziale Systeme begriffen mit immanenten Tendenzen zum Selbsterhalt und zum Gleichgewicht sowie mit einer Ausrichtung der Systemprozesse auf die Erreichung bestimmter Ziele. Eine Organisationsanalyse muss dann versuchen, zwei Grundfragen zu beantworten: 1. die Frage nach den Abhängigkeiten und Wechselbeziehungen unter den Elementen des sozialen Systems und 2. die Frage nach seinen Funktionsvoraussetzungen. Mit Gouldner werden dabei zwei divergente Systemvorstellungen als analytische Modelle von Organisationen unterschieden: zum einen ein rationales und zum anderen ein natürliches Modell. Mit der Verwendung des rationalen Modells konzentriert man sich auf die Organisation als einem Instrument oder einem Mittel zum Zweck und interessiert sich für die Voraussetzungen einer optimalen Zielverwirklichung; mit dem natürlichen Modell sucht man nach informellen Phänomenen, Abweichungen vom geplanten Funktionsschema und nach ungewollten und unvorhergesehenen Vorgängen in der Organisation. Unter diesen beiden Aspekten werden dann die wichtigsten Fragen der Organisationsanalyse aufgegriffen, um lehrbuchartig und mit Beispielen illustriert zu zeigen, welche Einsichten in den Aufbau und das Funktionieren von Organisationen in den USA bereits gewonnen wurden. Dargelegt werden Erkenntnisse über Ziele, Strukturen, Mitglieder und die Zweckmäßigkeiten von Organisationen. Diese Ausführungen sind allesamt von dem Grundgedanken geprägt, »dass eine voll entwickelte funktionierende Organisation die Übersetzung eines Zieles in Strukturen und Prozesse darstellt« (S. 77). Aufgabe der Organisationssoziologie ist es mithin, »jene Zusammenhänge aufzudecken, die zwischen der Zielverwirklichung einer Organisation und ihren übrigen Merkmalen bestehen«, damit der Praktiker aus diesen »Gesetzmäßigkeiten« seine Regeln ableiten kann (S. 136).

Mit diesem in mehreren Auflagen erschienenen Büchlein machte die Verf. die Erkenntnisse und den Forschungsstand der us-amerikanischen Organisationsanalyse einem breiten

Publikum in Deutschland verfügbar. Sie trug damit wesentlich bei zu einer breiten Rezeption der dortigen sozialwissenschaftlichen Konzepte innerhalb der deutschen Soziologie, wie z.B. des Strukturfunktionalismus, der Systemtheorie, der Rollentheorie, der Entscheidungstheorie sowie diverser sozialpsychologischer Forschungsansätze. Es waren dann auch diese theoretischen Grundorientierungen, welche in den folgenden Jahren und zum Teil bis heute die eher spärlichen organisationssoziologischen Forschungsaktivitäten maßgeblich beeinflussten. Eine profunde inhaltliche Auseinandersetzung mit diesem Organisationsverständnis fand in Deutschland erst in jüngerer Zeit statt. Sie kritisiert vor allem die Zielbezogenheit, die Rationalitätsannahmen und den reifikatorischen Charakter dieser funktionalistischen Organisationsanalysen.

Weiterführende Literatur:

Mayntz, R. 1968 (→); Mayntz, R.: Die soziale Organisation des Industriebetriebes. Stuttgart 1965; Mayntz, R.: Soziologie der öffentlichen Verwaltung. Heidelberg usw. 1978.

Günther Wachtler

Menzies, Isabel E.P.
A Case-Study in the Functioning of Social Systems as a Defense against Anxiety: A Report on a Study of the Nursing Service of a Gerneral Hospital. In: Human Relations 13, 1960, S. 95-121. Aus dem Englischen: Die Angstabwehrfunktion sozialer Systeme – ein Fallbericht. In: Gruppendynamik. Forschung und Praxis 5.3, 1974, S. 183-216.

Die Arbeit ist ein bedeutender Beitrag zur Organisationsforschung, weil sie das Verhältnis von Organisation und Psyche energisch thematisiert und dabei weder die Organisation auf Psychisches noch die Psyche auf Gesellschaftliches respektive Organisatorisches reduziert, also auch nicht Organisationstheorie auf Psychologie oder vice versa. Die Verf. spricht in einer Sprache, die in der Organisationssoziologie, geschweige denn der betriebswirtschaftlichen Organisationslehre, nicht üblich ist. Gefühl; Spannung, Verzweiflung, Angst; Leiden und

Tod; Ekel, Abscheu und Furcht; libidinöse und erotische Wünsche; Bedauern, Mitleid und Liebe; Schuld und Angst; Hass und Ressentiments; Neid; Anerkennung, Dankbarkeit, Zuneigung, Respekt; Anteilnahme; Abhängigkeit – mit solchen und ähnlichen Vokabeln wird die Arbeits-Welt von Krankenschwestern und -pflegern beschrieben.

Organisationen als Angstabwehrsysteme, das soll heißen: Organisationen hätten die Form, besonders die Struktur (= Regeln im Sinne verallgemeinerbarer Verfahren und Ressourcen), die sie aufwiesen, deshalb erhalten, weil sie der Angstabwehr dienten, und nicht oder nicht nur, weil diese Form, diese Struktur so zweckmäßig ist. Menzies führt vor, wie aus der individuellen Motivation der Angstvermeidung, derer sich die Beteiligten nur höchst partiell bewusst sein können, im Zuge von Interaktion ein soziales Angstabwehrsystem wird: Nicht, weil das Handeln in diesem Sinne reflexiv gesteuert, die Angstvermeidung gar zum Zwecke der Krankenhausorganisation erhoben worden wäre, sondern weil das Motiv der Angstvermeidung hinter dem Rücken der Handelnden in diese Richtung gedrängt und kollektives Handeln auf den Wegen der Strukturation bestimmte – angstabwehrende – Handlungsmuster befestigt hat.

Die Arbeitsteilung ist so ausgelegt, dass die einzelne Krankenschwester, die es oft mit 30 und mehr Patienten zu tun hat, keinen engen Kontakt zu ihnen herstellen und also von ihren Leiden nicht so leicht bedroht werden kann; ihr Aufgabenkatalog und das Organisationsvokabular – ›die Leber in Bett 10‹, ›die Lungenentzündung in Bett 15‹ – begünstigt Depersonalisierung; Schwesterntrachten stiften eine dienstliche Identität; Rituale der Aufgabenerfüllung, übertriebene Kontrollen und Gegenkontrollen entlasten von Verantwortung und so fort. Dass, wie und warum Leiden und Todesgefahr uns peinigen und ängstigen, das bleibt ganz und gar Thema der Psychologie, eben weil der Ort von Angst und Pein und auch der Ort der Angstverarbeitung oder -verdrängung die Psyche ist; wenn es sich aber – wie immer indirekt – auf die Organisation auswirkt, sind wir im Niemandsland, weil die Organisationstheorie sich angesichts dessen nur nach Art eines Bürokraten für unzuständig erklären kann. Sie kann es umso weniger, als im Fall des Pflegedienstes die Funktionsfähigkeit und Effizienz der Organisation im ganz handfest-traditionellen Sinne darunter leidet: Fernbleiben vom Dienst, hohe Abbruchquoten im Verlauf der Schwesternausbildung – und zwar gerade seitens besonders guter Lernschwestern –, hohe Fluktuation, große Rekrutierungsprobleme sind die offenkundigen Indikatoren, von der Frage der Qualität des Pflegedienstes ganz zu schweigen. Sie hat aber hat auch die umgekehrte Wirkungsrichtung im Auge. Die Angst der Schwestern stammt zwar zum guten Teil aus der Eigenart des Berufes der Krankenschwester und der unvermeidlich damit verbundenen Konfrontation mit Leiden, Tod, Ekel. »Allerdings kann man diesen Faktor nicht allein für dieses bei den Schwestern so offensichtlich bestehende hohe Angstniveau verantwortlich machen.« (S. 189). Sondern, und damit sind wir wiederum im Niemandsland, »die im Krankenpflegedienst gebräuchlichen Techniken der Angstbeschwichtigung und -umwandlung« seien mitverantwortlich.

Neben der Wirkung individueller Motivation und Angst auf die Organisation gibt es also Rückwirkungen der Organisation auf die Psyche der Organisationsmitglieder (hohes Angstniveau). Gemeint ist, dass das soziale Abwehrsystem reife Formen der Angstbewältigung auf dem Wege gründlicher Durcharbeitung und Modifikation zu Gunsten regressiver, primitiverer Abwehrformen – Vermeiden und Umgehen – behindert; dass es nicht nur darin versagt, primäre Angst zu lindern, sondern selbst in beträchtlichem Maße sekundäre Angst weckt; und dass die Starrheit des sozialen Angstabwehrsystems sowie seine Diskrepanz zu den individuellen Abwehrsystemen der einzelnen Schwestern, denen jedoch seine Introjektion aufgezwungen wird, in ihnen einen erheblichen Grad pathologischer Angst fixiert. Damit kann das Verhältnis von Individuum und Organisation, von Krankenschwester zum Krankenhaus oder Pflegedienst, von individuellem zu sozialem Angstabwehrsystem als ein Verhältnis rekursiver Konstitution betrachtet werden, innerhalb dessen letzteres auf Basis des ersteren, ersteres aber auf Basis des letzteren (re)produziert und modifiziert wird und, im schlimmen Falle, beide einander in einem schlicht unendlichen Zirkel be- und gefangen halten.

Weiterführende Literatur:

Ortmann, G.: Organisation und Psyche. In: Volmerg, B./Leithäuser, Th./Neuberger, O./Ortmann, G./Sievers, B.: Nach allen Regeln der Kunst. Macht und Geschlecht in Organisationen. Freiburg 1995; Ortmann, G.: Unter der Hand. Über die Virulenz verpönter Interaktion. In: Volmerg u.a.: ebd.; Ortmann, G.: Kalte Füße – Neun Facetten der Entstehung und Beschwichtigung von Angst in Organisationen. In: Freimuth, J. (Hrsg.): Die Angst der Manager. Göttingen 1999.

Günther Ortmann

Meyer, John W./Boli, John/Thomas, George M.
Ontology and Rationalization in the Western Cultural Account. In: Scott, William R./Meyer, John W. (Hrsg.): Institutional Environments and Organizations: Structural Complexity and Individualism. Thousand Oaks 1994, XI, 328 S., S. 9-27.
Meyer, John W./Boli, John/Thomas, George M./Ramirez, Francisco O.
World Society and the Nation-State. In: American Journal of Sociology, Vol. 103, Heft 1, 1997, S. 144-181.

Im Rahmen einer kulturalistisch-konstruktivistischen Theorie, mit der die zunehmende Gleichförmigkeit sozialer Formen in der gegenwärtigen Weltgesellschaft durch Rekurs auf das Konzept der Institutionalisierung erklärt werden soll, arbeiten die Verf. wesentliche Grundzüge ihrer institutionalistischen Organisationstheorie insbesondere in makrosoziologischer Perspektive weiter aus.
In Abgrenzung zu ontologisierenden Akteursdefinitionen, die Meyer et al. in anderen soziologischen Theorien der Gegenwart kritisieren, steht in diesem Aufsatz die Frage im Vordergrund, wie die dominanten sozialen Teileinheiten der modernen Gesellschaft – genannt werden n.a. insbesondere Individuen, Nationalstaaten und Organisationen – als Akteure sozial konstruiert werden. In diesem Zusammenhang führen sie ihr Verständnis von Kultur als entscheidende Determinante ein.
Diese Entitäten und ihre Handlungsmuster können mit dem Akteursbegriff soziologisch nicht angemessen beschrieben wer-

den, so das zentrale Argument; es handele sich vielmehr um aus der rationalen Weltkultur fremdabgeleitete soziale Konstruktionen, die Akteursfiktionen hervorbringen. Die rationale weltkulturelle Ordnung sei in institutionellen Regeln verankert, die in Form von Theorien, Ideologien und Beschreibungen der modernen westlichen Welt allgemein gültig vorgeben, wie die moderne Gesellschaft funktioniert bzw. funktionieren sollte, um die postulierten Ziele Fortschritt und Gerechtigkeit zu erreichen. Institutionalisierung bezeichnet die weltweite Weiterverbreitung solcher ontologisierenden Akteurskonstruktionen der westlichen Welt – insbesondere der Organisationsform als dominante Institution – die dann normativ und kognitiv beibehalten werden und im praktischen Handeln unhinterfragt bleiben.
Neben der Ablehnung des handlungstheoretischen Akteurskonzepts wenden sich die Verf. ebenso gegen Ressourcenzusammenlegungsmodelle und ein Verständnis von Organisation als Produkt politischer Aushandlungsprozesse. Letzteres widerspräche der auffallenden Homogenität von Organisationen, die vor allem als Verkörperungen bzw. rituelle Reinszenierungen des Rationalitätsmythos der modernen Gesellschaft begriffen werden. Die zunehmende Homogenität von Organisationen und anderen sozialen Formen wird auf die Expansion der westlichen universalistischen Kultur zurückgeführt, die neben ontologisierenden Akteursdefinitionen auch Rationalität als Konzept der Zurechnung von Fortschritt und Gerechtigkeit auf einheitlich konstruierte Akteure impliziert. Die Homogenisierungsthese verdeutlicht zusammen mit dem Theorem der kontextuellen Doppelstruktur und der Entkoppelungs- und Expansionsthese, dass Institutionalisierung ein Fremdheitsverhältnis konstitutiert. Die Weltgesellschaft ist wesentlich durch ein Fremdheits- und Entkoppelungsverhältnis zwischen materieller lokaler Lebenspraxis einerseits und diese überformende Institutionalisierung andererseits gekennzeichnet. Institutionen entstehen nicht aus lokaler Erfahrung und Praxis. Zudem tragen sie auf der Ebene der Weltgesellschaft lediglich zur Lösung von Effizienzgeltungs- und Legitimationsproblemen bei, als Lösungen für faktische Kooperationsprobleme der lokalen Praxis erweisen sich Institutionen dagegen als dysfunktional.

So legt auch die globale Einheitlichkeit der Struktur und Politiken von Nationalstaaten, die in »World Society and the Nation-State« als aus der rationalen weltkulturellen Ordnung der Weltgesellschaft abgeleitete Institution diskutiert wird, ihren exogenen, derivativen und von lokaler Praxis entkoppelten, fremdgesetzten Charakter nahe. Dies veranschaulichen weltweit gleich lautende, Modernität beanspruchende staatliche Verfassungen, die einheitlichen Zielsetzungen von Staaten wie technischer Fortschritt, soziale Gerechtigkeit, ökonomisches Wachstum und Entwicklung und allgemein die globale Gleichförmigkeit der organisierten Staatsapparate mit ihren modernen organisierten Militär-, Schul-, Ausbildungs-, Erziehungs- und Gesundheitssystemen. Ein die Weltgesellschaft konstituierender Verdinglichungszusammenhang wird in diesem Artikel explizit herausgestellt: Die globale, operative Wirksamkeit der rationalen Weltkultur als verselbstständigte Struktur induziere Dynamik, Wandel und Konflikte in der Weltgesellschaft. Merkmale und Einflüsse der modernen Weltgesellschaft, die vor allem die Fiktion von Nationalstaaten als rationale Akteure entstehen lassen, stehen hier im Mittelpunkt des Interesses.

Der Beitrag der neoinstitutionalistischen Theorie ist richtungsweisend vor allem in Hinblick auf die Formulierung einer stärker gesellschaftstheoretisch orientierten Organisationstheorie und umgekehrt, einer organisationstheoretisch fundierten Gesellschaftstheorie, die sehr gut auch als Globalisierungstheorie lesbar ist. Eine Schwäche des Ansatzes liegt darin, dass der Herrschaftscharakter von Institutionalisierung ein zwar durchgängiges, aber dennoch implizites, unausgeführtes Argument der Theorie bleibt.

Weiterführende Literatur:

Meyer, J.W./Rowan, B. 1977 (→); Meyer, J.W.: Rationalized Environments. In: Scott, W.R./Meyer, J. (Hrsg.): Insitutional Environments and Organizations: Structural Complexity and Individualism. Thousand Oaks 1994; Türk, K.: Organisation als Institution der kapitalistischen Gesellschaftsformation. In: Ortmann, G./Sydow, J./Türk, K. (→); Walgenbach, P.: Institutionalistische Ansätze in der Organisationstheorie. In: Kieser, A. (→).

Monika Schäfer

Meyer, John W./Rowan, Brian
Institutionalized Organizations: Formal Structure as Myth and Ceremony. In: American Journal of Sociology, Vol. 83, Heft 2, 1977, S. 340-363.

Lassen sich aus formalen Organisationsstrukturen tatsächlich Schlüsse auf die Rationalität technischer Aktivitäten innerhalb der Organisation ziehen, oder spiegeln formale Organisationsstrukturen nicht viel eher die Bedürfnisse rationalisierter sozialer und institutioneller Umwelten wider, die Legitimität verleihen für die Widerspiegelung ihrer eigenen Normen und Werte? Die Verf. leisten einen wesentlichen Beitrag zur Rationalitätskontroverse innerhalb der Organisationsforschung dadurch, dass sie das Verhältnis von Organisationen und ihren institutionellen Umwelten (Behörden, Verbände, Parteien, Medien u.a.) auf der einen Seite und die Beziehung zwischen Organisationsstruktur und technischen Aktivitäten (z.B. Unterricht; Produktionsprozess) auf der anderen Seite einer näheren Untersuchung unterziehen. »This paper argues that the formal structures of many organizations in postindustrial society (Bell 1973) dramatically reflect the myths of their institutional environments instead of the demands of their work activities« (S. 341). Ein derartiger Isomorphismus zwischen den formalen Strukturen einer Organisation und den Merkmalen der institutionellen Umwelten birgt die Gefahr in sich, dass die Organisation nicht mehr nach Effizienzkriterien funktioniert wie so genannte ›kontext-abhängige‹ Organisationen, die direkt an ihren ›outputs‹ gemessen werden, sondern lediglich nach den jeweiligen Bewertungskriterien ihrer institutionellen Umwelten. So mag beispielsweise eine Universität einen Nobelpreisträger einstellen und damit hohe externe Anerkennung erzielen. »But from the point of view of immediate outcomes, the expenditure lowers the instructional return per dollar expended and lowers the university‘s ability to solve immediate logistic problems.« (S. 355). Die Autoren nennen drei Lösungen für derartige »Inkonsistenzen«: die Entkopplung zwischen Struktur und technischen Aktivitäten, Rituale des Vertrauens und des guten Glaubens, den Verzicht auf Kontrolle und auf eine Bewertung nach Effizienzkriterien.

Der theoretische Ansatz baut nicht nur auf klassischen Ansätzen der Organisationsforschung wie dem systemtheoretischen Ansatz von Parsons oder dem ›loosely-coupled‹-Ansatz von Weick (→) auf, sondern bietet auch einem aktuellen Theoriestrang innerhalb der Organisationsforschung analytisches Futter. Hierbei handelt es sich neben dem sog. »Neoinstitutionalismus« um den bislang noch amorphen Netzwerkansatz, der Organisationen im Hinblick auf ihre Fähigkeit, interorganisationale Formen der Kooperation aufzubauen, analysiert und damit vor allem die Elemente der Organisation einer näheren Untersuchung unterzieht, die in direktem Kontakt zu den institutionellen Umwelten stehen. Hieraus ergeben sich sodann u.a. Fragen der Rückkopplung an die technischen Aktivitäten der Organisation, d.h. inwieweit sind die im Netzwerk erarbeiteten Lösungen tatsächlich in den jeweiligen Organisationen implementierbar?

Birgit Blättel-Mink

Michels, Robert
Zur Soziologie des Parteiwesens in der modernen Demokratie. Untersuchungen über die oligarchischen Tendenzen des Gruppenlebens. 1. Auflage Leipzig 1911, XIX, 401 S., 4. erg. Auflage Stuttgart 1989, LVI, 520 S. Hrsgg. und mit einer Einführung versehen von Frank R. Pfetsch.

Der verzweifelte Demokrat Michels, der in jungen Jahren mit seiner katholisch-großbürgerlichen Familie, der Offizierslaufbahn und dem preußischen Staat brach und sich unter dem Einfluss von G. Sorel zunächst der sozialistischen Agitation verschrieb, schlug später die wissenschaftliche Laufbahn ein und blieb als Professor für Nationalökonomie in seiner Wahlheimat Italien der deutschen Sozialwissenschaft, vor allem Max Weber, eng verbunden. Nicht zuletzt diesem ist es zu verdanken, dass Michels zum Theoretiker (Klassiker) »entschleiernder politischer Soziologie« (Conze) wurde. Entscheidend dafür war seine »Soziologie des Parteiwesens« von 1911, die in der Zwischenkriegszeit ungemein viel gelesen wurde und bis heute ihren Rang nicht eingebüßt hat (Zitate im Folgenden

nach der 2. Auflage von 1970).
Seine desillusionierenden Erfahrungen in Deutschland und Italien mit der Degeneration der Demokratie führten ihn dazu, die Parteien und deren innere Ordnung zu untersuchen. Dass die liberalen und konservativen Honoratiorenparteien damals herrschaftliche Züge trugen, erstaunte ihn nicht. Deswegen wandte er sich den sozialistischen Parteistrukturen seiner Zeit zu, die ausdrücklich auf den auch von Michels für zwingend gehaltenen Prozess der Fundamentaldemokratisierung (K. Mannheim) setzten, aber ebenso unausweichlich in eine Entartung zu demokratiefremden Organisations- und Herrschaftsformen hineingerieten. Darin sah er ein allgemeines (ehernes) soziologisches Gesetz am Werk – das Gesetz der Oligarchie: Um nämlich an die Macht zu gelangen und um des Machterhalts und der Effizienz willen bedarf es der ständig wachsenden, mitgliedslüsternen Organisation. »Wer aber Organisation sagt, sagt Tendenz zur Oligarchie.« Organisation transformiert sich zum Apparat, der einer (Führungs-)Elite bedarf, die ihn handhabt. Diese Elite strebt danach, sich zu verfestigen und die Massen zu lenken, statt deren Willen zu artikulieren. Die Masse als Souverän dankt ab und überantwortet sich, ihr Denken, ihre Verantwortung den gewählten Führern, die als Lenker des Apparats zur eigentlich herrschenden Klasse werden bzw. danach trachten, ihre Stellung erblich zu machen, indem sie ihre Nachfolge selbst vorschlagen. Das Rousseausche Ideal einer direkten Demokratie (volonté générale) und der Sozialismus seien also nicht realisierbar, denn: »Die Organisation ist die Mutter der Herrschaft der Gewählten über die Wähler, der Beauftragten über die Auftraggeber, der Delegierten über die Delegierenden« (S. 370f.). Die Überbewertung der Organisation, die Herrschaft der quasi-permanenten Parteispitze und die dauernde Suche nach Mehrheitsfähigkeit seien dazu angetan, einem revolutionären Demokratieverständnis jeden Elan zu nehmen (Versumpfung des Reformismus).
Das ganze Buch liest sich denn auch wie eine historisch-soziologische Studie zum Verhältnis von Führung und Masse: Nach einer einleitenden Analyse des Schreis nach der (großen) Zahl als notwendiger Machtbasis jedes Parteilebens folgt im Teil I eine Ätiologie des Führertums, in dem die verwaltungstechni-

schen (Schnelligkeit), die psychologischen (Gewohnheitsrecht auf Wiederwahl, Dankbarkeit, Verehrungsbedürfnis der Massen) und die intellektuellen Entstehungsursachen (Bildungsdifferenz, Redekunst – heute: Medienpräsenz) von Führung abgehandelt werden. Teil II ist dem tatsächlichen Herrschaftscharakter der Führer gewidmet, der Amtsdauer, dem Warm- und Bekanntwerden im Amt, der Wahrung und Verkörperung des Prestiges der Partei im Parlament, der Verfügung über den Parteifiskus als Machtmittel, dem Bürokratismus und Zentralismus sowie der Inbeschlagnahme neuer Führungspositionen durch die alten Führer. Das alles sind der Menge kaum zugängliche Angelegenheiten, die »den Geschäftigen weit gehende Inamovibilität« geben (S. 80).
Teil III befasst sich mit den psychologischen Rückwirkungen der Massenführung auf die Führerschaft, also die Entwicklung von Machtbewusstsein, Machthunger, ja eines bonapartistischen Selbstverständnisses der Führer als Verkörperung des Massenwillens («le parti, c'est moi«). Diese Analyse wird im Teil IV (soziale Analyse der Führerschaft) weitergeführt. Hier geht es um die bürgerliche bzw. proletarische Herkunft der Arbeiterführerschaft sowie um die sog. Akademikerfrage. Dahinter steht ein Abriss einer immer noch lesenswerten Soziologie der Intelligenzschicht und deren Machtergreifung in allen Parteien (und Organisationen überhaupt). Die Massen könnten nicht darauf warten, bis sie den Bedarf an Vorkämpfern aus sich heraus zu decken vermöchten. Deswegen bedürften sie des Intellektuellen. Das galt und gilt auch für die Sozialdemokratie (sowie für die kommunistischen Parteien). Denn die Intelligenz besitzt alles, was der Masse notgedrungen fehlt: politische Bildung, materielle Unabhängigkeit, Bewegungsfreiheit (S. 312).
Das Buch wird durch einen Abriss zur präventiven Machtkontrolle der Führer (Teil V) abgeschlossen (Referendum, Syndikalismus, Anarchismus), der der Verf. aber wenig Kredit einräumt. Denn alle Gegenentwürfe könnten die geheime oder offene Tendenz zur Autokratie, Minoritätenherrschaft und Oligarchisierung nicht brechen. Deswegen schließt er seinen Traktat mit einer Synthese (Teil VI) ab, in der er das eherne Gesetz noch einmal bestätigt und die innere Unmöglichkeit der Demokratie behauptet. Er schließt mit P.-J. Proudhons

Diktum: »L'espèce humaine veut être gouvernée; elle le sera.« Die Widmung dieses Buches war außerordentlich: zustimmend auf der Seite der Konservativen und der Demokratie-Skeptiker, der Elite-Theoretiker und aller, die jedem politischen Idealismus mit großer Zurückhaltung begegneten; höchst distanziert auf der Seite der persönlich Betroffenen, die sich decouvriert oder falsch verstanden fühlten. Sachlich-kritisch wird heute gegen Michels eingewendet, dass seine Demokratie-Analyse deshalb so fatal ausfallen musste, weil sie im Grunde einem zu radikalen und unbescheidenen Demokratie-Verständnis à la Rousseau huldigt. Dem hat Duverger (1973) allerdings eine positive Würdigung entgegengesetzt. Seine empirischen Politik-Analysen konnten Michels Erklärungsschema wenigstens teilweise stützen. In allen Organisationen, auch in den demokratischen, dominieren die Verantwortlichen, bilden innere Zirkel mit eigenen Solidaritäten und geraten in einen tendenziellen Gegensatz zur Basis. Nur ist diese Tendenz nicht in allen Organisationstypen gleich stark ausgeprägt: in den nicht-demokratischen ist sie stärker als in den demokratischen, in Organisationen mit allgemeinen Nutzerinteressen schwächer als in solchen, in denen enge Privatinteressen vorherrschen. In freiwilligen Organisationen ist das Machtgefälle weniger deutlich als unter Zwangsmitgliedschaft (S. 239ff.). Es bleibt aber dabei: Das Studium der Organisationen ist immer ein Studium der Macht und der Hierarchien und damit einer Unterscheidung zwischen gouvernants und gouvernées (S. 237).

Weiterführende Literatur:

Crozier, M.: The Crisis of Democracy. Report of the Governability of Democracies to the trilateral Commission. Paris 1975; DeMarchi, F.: Rückblick auf die Soziologie vor 50 Jahren im Gedenken an Roberto Michels (1936). In: Annali di Sociologia/Soziologisches Jahrbuch 2, I, 1968, S. 15-63; Duverger, M.: Sociologie de la politique. Eléments de Science politique. Paris 1973.

Robert Hettlage

Mills, Albert J./Tancred, Petra (Hrsg.)
Gendering Organizational Analysis. Newbury Park usw. 1992, VIII, 309 S.

Die traditionelle Organisationstheorie hat bisher Fragen nach Geschlecht, Geschlechterverhältnissen und Sexualität aus ihren Analysen weitgehend ausgeblendet. Organisationen wurden und werden zumeist als Orte konzeptualisiert, an denen die Kategorie Geschlecht keine Rolle spielt. Dieser Geschlechtsblindheit, welche zu einer verkürzten Sichtweise auf Organisationen führt, begegnet der herausgegebene Sammelband. Mit ihm liegt einer der ersten Versuche vor, feministische bzw. geschlechtsbezogene Ansätze der Organisationstheorie und -forschung in einem Buch zu versammeln. Der Band gliedert sich in vier Teile mit insgesamt 14 Aufsätzen und wird durch ein sehr ausführliches Literaturverzeichnis komplettiert.

Einleitend wird die Diskussion mit einem groben theoriegeschichtlichen Abriss der Entwicklung der Organisationstheorie eröffnet, welche für sie nicht nur durch Abwesenheit von Geschlechterfragen, sondern auch immer wieder durch eine Nähe zu Managementinteressen und damit verbundener Fragen nach effizienter Organisationsgestaltung gekennzeichnet ist.

Die drei Beiträge des ersten Teils greifen diese Stoßrichtung auf und beinhalten kritische Kommentierungen herkömmlicher organisationsanalytischer Literatur. Ein frühes Beispiel feministisch inspirierter Kritik klassischer Arbeiten ist der wiederabgedruckte Aufsatz von Acker/Van Houten, welcher eine Neubewertung der Ergebnisse der Hawthorne-Studien und Croziers Arbeit über die französische Bürokratie bietet. Demgegenüber geben Sheriff/Campbell in ihrem Text einen Überblick über Beiträge von Wissenschaftlerinnen zur Organisationssoziologie. Deren untergeordnete Stellung innerhalb akademischer Arbeitsteilung und das Interesse an spezifischen, in traditioneller Organisationsanalyse marginalisierten Forschungsfragen setzen sie in Beziehung zu gesellschaftlichen Kräfteverhältnissen, zur männlichen Dominanz und Definitionsmacht, wie sie auch das Feld der Organisationssoziologie widerspiegelt. Den Abschluss des ersten Teils bildet

ein Artikel von Hearn/Parkin, mit dem erneut eine feministische Bewertung organisationstheoretischer Ansätze vorliegt. Einzelne Aspekte der Organisationsanalyse stehen im Mittelpunkt der drei Beiträge des zweiten Teils. Zunächst bietet der Text von Burrell eine Betrachtung über Sexualität und Organisation. In historischer Perspektive diskutiert er den Zusammenhang von Sexualität, organisationaler Kontrolle und damit verbundener Widerstandsformen und beschreibt diesen Prozess als organisationale Desexualisierung. Der Beitrag von Mills dagegen ist mit der Entwicklung einer feministisch-materialistischen Perspektive auf Organisationskultur befasst. Im Gegensatz zu funktionalistischen oder interpretativen Ansätzen erscheint ihm ein solches Vorgehen besser geeignet, sowohl die wechselseitigen Beziehungen zwischen Gesellschaft und Organisationen sowie zwischen Struktur und Handlung zu erfassen, als auch die Integration von Geschlechterfragen in die Organisationsanalyse zu leisten. Schließlich beschäftigt sich der Aufsatz von Grant/Tancred mit einer feministischen Betrachtung staatlicher Bürokratie. Sie argumentieren, dass die Stellung von Frauen innerhalb einer fundamental mit Männlichkeit verwobenen Staatsbürokratie als duale Struktur ungleicher Repräsentation verstanden werden muss. Einerseits werden Frauenanliegen als gesonderte Interessen behandelt und in spezifischen, von der Machtfülle limitierten administrativen Bereichen bearbeitet, andererseits nehmen Frauen innerhalb der Staatsbürokratie i.d.R. untergeordnete hierarchische Positionen ein.
Mit dem dritten Teil des Buches werden Ergebnisse aus vier empirischen Studien vorgestellt. Auf der Basis quantitativer Daten untersuchen Gutek/Cohen die Übertragung von Geschlechtsrollen auf die Arbeitswelt und korrelieren geschlechtstypisches Verhalten in der Erwerbsarbeit mit dem statistischen Verhältnis der Geschlechter in Berufsgruppen, spezifischen Tätigkeiten und im konkreten Arbeitsalltag. An Geschlechtsrollen orientiertes Verhalten muss als konstitutives Element des Arbeitshandelns angesehen werden, zeigt sich aber bei ungleichen Verteilungen des Verhältnisses der Geschlechter in besonderer Weise. Sheppard präsentiert in ihrem Beitrag Ergebnisse qualitativer Interviews mit Managerinnen. Befragt nach Unterschieden des organisationalen All-

tags von Männern und Frauen, nach der Art von Entscheidungsfindungen und der Bewertung ihrer Erfahrungen als weibliche Führungskräfte ergibt sich ein durch Ambivalenzen gekennzeichnetes Bild ihrer Selbstwahrnehmung als Frauen in einer männlich geprägten organisationalen Welt. Im Rahmen ihrer historischen Untersuchung über Verkäuferinnen in amerikanischen Warenhäusern zeigt Benson, dass die Bedingungen weiblicher Erwerbstätigkeit nur begrenzt über den analytischen Zugang eines implizit männlich geprägten Begriffs beruflicher Fertigkeiten verstanden werden können, da der Rationalisierungsprozess der ersten Hälfte des 20. Jh. für die untersuchten Frauen eher eine Aufwertung ihrer Tätigkeit bedeutet hat und zur Ausbildung einer informellen weiblichen Arbeitskultur führen konnte. Abschließend demonstriert die Materialauswertung diverser Fallstudien durch Burton erneut, in welchem Ausmaß organisationale Praxen vergeschlechtlicht sind. Chancengleichheit für Frauen ist nicht allein eine Frage individueller Eigenschaften oder Leistung, sondern wird in fundamentaler Weise durch organisationale Strukturen zu Gunsten von Männern konterkariert.

Im letzten Teil des Sammelbandes finden sich vier bisher unpublizierte Beiträge, welche die Diskussion um feministische Ansätze der Organisationsanalyse fortführen. Zunächst fragt Calás nach dem Verhältnis von Rasse und Geschlecht in organisationstheoretischen Analysen und problematisiert die kolonialisierenden Repräsentationsweisen marginalisierter Bevölkerungsgruppen in herrschenden westlichen Wissenschaftsdiskursen. Beispielhaft führt sie ihre Kritik an organisationstheoretischen Forschungsansätzen über spanischstämmige amerikanische Frauen aus und plädiert demgegenüber für einen poststrukturalistischen ethnografischen Ansatz. Gemeinsam mit Smircich konfrontiert Calás im folgenden Artikel die im Rahmen von traditioneller Organisationsforschung hergestellten Wirklichkeiten mit einer Kritik entlang von zwei sich notwendig ergänzenden feministischen Theoriesträngen. Ermöglicht eine differenztheoretische Position die vermeintliche Geschlechtsneutralität organisationaler Realität aufzubrechen und den Erfahrungsweisen von Frauen Raum einzuräumen, bietet eine poststrukturalistische Perspektive die tiefergehende Möglichkeit der Dekonstruktion kultureller

Herstellungs- und Funktionsweisen von Diskursen über Geschlecht. Bell/Nkomo stellen in ihrem Beitrag die theoretische Konzeptualisierung ihres Forschungsprojekts über die Lebenswege von Managerinnen in Unternehmen dar. Um den Blick über organisationale Zusammenhänge hinaus auszudehnen, schlagen sie eine ganzheitliche Perspektive vor, welche einerseits zentral auf die identitätsstiftenden Momente von Klasse, Rasse und Geschlecht fokussiert, zweitens einen biografietheoretischen Zugang wählt und nicht zuletzt drittens historische Rahmenbedingungen miteinbezieht. Im abschließenden Text präsentiert Acker ihre bereits zwei Jahre zuvor in Aufsatzform vorgelegten Überlegungen zu einer Theorie vergeschlechtlichter Organisationen in pointierterer Form. Sie klärt ihr Verständnis der Kategorie Geschlecht und des Begriffs vergeschlechtlichter Prozesse, geht an zentraler Stelle auf die Implikationen ihrer These einer vergeschlechtlichten Substruktur von Organisationen ein und skizziert mögliche Strategien der Unterwanderung und Überwindung organisationaler resp. gesellschaftlicher Reproduktion einer hierarchischen Geschlechterordnung.
Beispielhaft zeigt der Sammelband, dass in der englischsprachigen Welt geschlechtsbezogene Fragestellungen verstärkt Eingang in Organisationstheorie und -forschung finden – eine Tendenz, welche für die deutschsprachige Diskussion bisher nur in abgeschwächter Form bestätigt werden kann.

Weiterführende Literatur:

Acker, J.: The Future of ›Gender and Organizations‹ – Connections and Boundaries. In: Gender, Work and Organization, Vol. 5, No. 4, 1998, S. 195-206; Alvesson, M./Billing, Y.D.: Understanding Gender and Organizations. London 1997; Savage, M./Witz, A. (→)

Karsten Kassner

Morgan, Gareth
Images of Organization. 1. Auflage Beverly Hills usw. 1986, 423 S., 2. Auflage Thousand Oaks, Cal. usw. 1997. 485 S. Aus dem Amerikanischen übersetzt von Inge Olivia Wacker: Bilder der Organisation. Stuttgart 1997, 620 S.

Beginnend mit dem traditionellen und heute noch in vielen Köpfen präsenten Bild der Organisation als Maschine, das die Leistungsfähigkeit von Arbeitsteilung und bürokratischer Koordination betont, präsentiert der Verf. weitere sieben Sichtweisen auf Organisation: ein Bild der Organisation als Organismus, das die Bedeutung sozialer, insbes. informaler Beziehungen für das Überleben von Organisationen herausstellt; ein Bild der Organisation als Gehirn, dessen Hauptbotschaft der Hinweis auf die Möglichkeit der Überwindung der kognitiven Beschränkungen der Informationsverarbeitungsfähigkeit individueller Entscheider durch solche Strukturen ist, die organisationale Kommunikation und organisationales Lernen unterstützen. Die Metapher der Organisation als Kultur unterstreicht die Bedeutung gemeinsam geteilter Werte und Sichtweisen für die Leistungsfähigkeit einer Organisation, während die Sichtweise auf Organisation als politisches System Interessen, Konflikte, Verhandlungen, Macht und Gegenmacht akzentuiert. Das Bild der Organisation als Gefängnis betont die Bedeutung des Unterbewussten in Organisationen, während die Kennzeichnung der Organisation als Flux und Wandel die Stabilität von Organisationen nur an der Oberfläche ausmacht, die Tiefenstrukturen aber selbstreferentiellen Veränderungsprozessen ausgesetzt sieht. Das Bild der Organisation als Herrschaftsinstrument präsentiert schließlich das hässliche Antlitz solcher Systeme: Risiken, Stress, Ausbeutung u.ä.
Er versteht es, nicht zuletzt auf der Grundlage seiner zuvor zusammen mit Burrell/Morgan (→) vorgelegten, herausragenden Arbeit über die zentralen Paradigmen der Organisationsforschung, unter diesen acht Bildern nahezu die Erkenntnisse der gesamten Organisationsforschung zu versammeln. In der Neuauflage werden sogar Bezüge zu postmodernen Ansätzen hergestellt, die in den 90er Jahren – zumindest in Europa –

stark an Bedutung gewonnen haben. Mehr noch, er sieht sein Werk in einer postmodernen Tradition, der er zur Anwendung in der Managementpraxis verhelfen will. Mit ihm bietet der Verf. nicht nur einen sehr systematischen und gut lesbaren Überblick über die Organisationstheorie, sondern leistet – im Gegensatz zu vielen anderen Lehrbüchern – auch einen Beitrag zu ihrer Weiterentwicklung. Dieser besteht insbesondere darin, dass in zunehmendem Maße der Begriff der Metapher für die Analyse realer Organisationen fruchtbar gemacht wird (Grant/Oswick 1996). Dabei geht es ihm weniger darum, eine Theorieperspektive gegen die andere auszuspielen, selbst wenn er in der Neuauflage – vielleicht etwas voreilig – konzidiert, dass mittlerweile einige der diskutierten Perspektiven als obsolet zu betrachten seien. Sein Anliegen ist vielmehr, die Fruchtbarkeit eines ›sowohl als auch‹ zu demonstrieren. In der Wirklichkeit sind Organisationen immer alles zugleich, und eine bestimmte Theorieperspektive schärft immer nur den Blick für bestimmte Aspekte realer Organisation (und verdunkelt den Blick für die anderen). Zwar wird die ein oder andere Perspektive für eine konkrete Organisation für passender gehalten, aber man kann auch versuchen, die Erkenntnisse anderer Metaphern im Lichte eines Bildes zu integrieren. Für die Managementpraxis, die immer schon implizite Theorie beinhaltet (vgl. Sydow 1991), heißt dies, dass es sich lohnt, sich mit verschiedenen Theorieperspektiven auseinander zu setzen, um ein jeweils vertieftes und dennoch umfassendes Verständnis von Organisation zu gewinnen. Für die Management- und Organisationswissenschaft bedeutet dies, dass sie sich nicht nur einer multitheoretischen, sondern auf Grund der Zugehörigkeit dieser Theorieperspektiven zu verschiedenen Paradigmen – gar einem multiparagmatischen Pluralismus verschreiben sollte. Diese Position ist aber alles andere als unumstritten (vgl. Türk 1989 →).
Die deutsche Übersetzung der 1. Auflage ist gut gelungen, allerdings erst gleichzeitig mit der 2., stark aktualisierten und thematisch erweiterten (z.B. Ökologie, Geschlecht) amerikanischen Auflage erschienen. Wer die englische Sprache nicht scheut, sollte deshalb lieber zur 2. Auflage greifen, zumal, wenn man wieder mehr als zehn Jahre auf deren Übersetzung warten müsste.

Weiterführende Literatur:
Grant, D./Oswick, C. (Hrsg.): Metaphor and Organization. London 1996; Sydow, J.: Manager als Theoretiker. In: Staehle, W. H. (Hrsg.): Handbuch Management. Wiesbaden 1991, S. 341-359.

Jörg Sydow

Müller, Ursula
Sexualität, Organisation und Kontrolle. In: Aulenbacher, Brigitte/Goldmann, Monika (Hrsg.): Transformationen im Geschlechterverhältnis. Frankfurt/M. 1993, S. 115-137.

Die Verf. diskutiert Sexualität im Rahmen der Geschlechterhierarchie in Organisationen, in der die Sexualisierung der Arbeitsbeziehung, wahrnehmbar als eine (männlich definierte) Kompensation entfremdeter Arbeit, zu Ungunsten der Frauen wirkt. Um die Bedingungen der Abwertung von Frauen benennen zu können, waren in der Frauen- und Geschlechterforschung männliche Interpretationsmuster zu durchbrechen und frauenbewusste Decodierungen in öffentlichen Diskursen durchzusetzen. Sie rekonstruiert, dass die staatliche Kontrolle der Sexualität zur Sicherung der Reproduktionsfunktion mit der Entsexualisierung und Entsinnlichung des Arbeitslebens korrespondierte. Dieses primäre Ziel hatte vermutlich die Nebenfolgen der Identifizierung von Frauen mit Sexualität und die Entwicklung einer vermeintlichen Unvereinbarkeit des Frauseins mit abstrakten Berufsanforderungen. Es wird konstatiert, dass ein Beharren auf der Geschlechterdifferenz mit inkludierter Frauenabwertung vornehmlich zur Wahrung hegemonialer Männlichkeitsvorstellungen benötigt wird. Ebenso sind die geschlechtergetrennten Bereiche, z.B. Computerkurse für Frauen, zwar eine notwendige Bedingung zur Selbstdefinition von Frauen, aber erfüllen nicht die hinreichende Bedingung zur diskursiven Durchsetzung frauenpolitischer Ansprüche. Die Geschlechterhierarchie wird u.a. reproduziert durch männliches Verfügen über sexuelle Diskurse, z.B. wer sexuelle Witze machen darf, der Definition, wann sexuelle Differenzen relevant sind, z.B. solange Frauen weiblich bleiben, dürfen sie Karriere machen, der Skandalisierung weiblicher Bevorzugung in Gleichstellungsinitiativen statt Thematisierung der Diskriminierung. Sind Geschlechterbeziehungen primär als Auseinandersetzung zwischen hegemonialen und subversiven Vorstellungen in Organisationen wahrzunehmen, so ist die Veränderung der Dominanzstrukturen durch die Dekonstruktion der Geschlechtsidentität eine theoretische Möglichkeit.

Weiterführende Literatur:

Müller, U.: Asymmetrische Geschlechterkultur in Organisationen und Frauenförderung als Prozess. In ZfP, 2, 1998, S. 123-142.

Iris Koall

Naschold, Frieder
Organisation und Demokratie. Untersuchungen zum Demokratisierungspotential in komplexen Organisationen. 1. Auflage Stuttgart 1969, 111 S., 3. Auflage 1972.

Ausgehend von der Mitbestimmungsdiskussion der 70er Jahre und den Zweifeln an der Möglichkeit von Demokratie in bürokratischen Systemen versucht der Verf. in diesem schmalen Band von knapp 90 Textseiten die Möglichkeit einer partizipatorischen Demokratie zu erkunden. Im ersten Teil widmet er sich der bisherigen Diskussion innerorganisatorischer Demokratie, um dann im zweiten Teil zu einer Neuformulierung eines tragfähigen Konzepts zu gelangen. Er setzt mit der Analyse von R. Michels (→) über die »Oligarchisierungstendenzen« ein, der seine Skepsis an den Machtpotentialen komplexer Organisationen, an der Statusdiskrepanz der Positionen und an der Apathie der Mitglieder festmacht. Demgegenüber charakterisieren neuere Studien die von Michels analysierten Entwicklungen als »abweichenden Fall« und halten an der Forderung nach innerorganisatorischer Demokratie fest:
Die Anhänger der direkten Demokratie wollen Partizipation nicht nur als Mittel zur Führungsrekrutierung, sondern auch als Selbstzweck verstanden wissen. Sie konnten ihr Modell aber bisher nicht flächendeckend und ohne Oligarchisierungstendenzen durchsetzen. Die Vertreter der repräsentativen, organisationsinternen Demokratie halten es deshalb für realistischer, ganz auf die Delegation an eine kleine, unabhängige

Elite zu bauen. Repräsentation kann Oligarchisierung zwar nicht vermeiden, aber durch Elemente sozialer Kontrolle verantwortlich halten. Dem stellen die Vertreter des Rätesystems (R. Luxemburg) wieder ein ausgeweitetes Demokratiekonzept entgegen, das an die Kompetenzen der Urwählerschaft in den jeweiligen Produktionseinheiten und an deren Dauerkontrolle durch Aufhebung der Gewaltenteilung anknüpft. Da aber das Permanenz- und Zentralismusproblem ungelöst bleibt, fordert Habermas die organisationsinterne Öffentlichkeit und den spontanen, ungehemmten Meinungsaustausch. Der demokratische Zentralismus (Lenin) vermag darin nur die Gefahr von Konfusion und Irrationalität zu erkennen, denn einmal getroffene Entscheidungen können nicht immer wieder zur Diskussion gestellt werden. Durch Identifizierung mit der Führungsgruppe und Selbstdisziplin der Mitglieder kommt es wenigstens zu schnellen, wenngleich nicht »ausdiskutierten« Entscheidungen. Den Degenerationserscheinungen des Zentralismus möchte die Theorie des innerorganisatorischen Parteien-Wettbewerbs (Lipset) dadurch entgegenwirken, dass nicht nur die Führungsauslese kontrolliert, sondern die Führungsgruppen auch zu dauernder Konkurrenz und damit gegenseitiger Kontrolle gezwungen werden. Das gilt auch für das innerorganisatorische Leben, denn dadurch wachsen die Chancen angemessener Artikulierung und Aggregierung von Mitgliederinteressen sowie der Partizipation der Mitglieder an wichtigen Entscheidungen (Parallelhierarchien, unabhängige Kommunikationskanäle, Partizipationsschulung etc.). Dies umso mehr, als die optimale Verteilung der Organisationsmittel auf die verschiedenen Bedürfnisse der Organisation (»System-Überlebensmodell«) erreicht werden müsse. Der Verf. hält dem entgegen, dass es neben dem Überleben auch darum geht, wie weit unter den bestehenden Handlungszwängen bestimmte normative Organisationsziele erreicht werden können. Dazu gehört für ihn als unverzichtbare Basis auch die Partizipation. Ein solches »System-Zielmodell« bewahre vor demokratischem Utopismus, erlaube aber auch, die Steigerung des Demokratiepotentials in Organisationen (»participatory democracy«) im Auge zu behalten (S. 53 ff.).

Der zweite Teil ist folglich den »Verstärkungsmöglichkeiten der System-Entscheidungsprozesse im Hinblick auf deren De-

mokratisierungspotential bei zumindest gleich bleibender Leistungserbringung der Organisation« (S. 56) gewidmet. Mit Hilfe der neueren Systemtheorie werden sechs Entscheidungstypen eingeführt: Routine-, Zweck-, Krisen-, Innovations-, Machtzuwachs-Entscheidungen sowie Entscheidungen zur Entscheidungsentlastung. Er weist darauf hin, dass jeweils nur umweltangepasste Entscheidungen getroffen werden können, wenn eine entsprechende Eigenkomplexität gewahrt bleibt. Deshalb befragt er diese Entscheidungstypen auf die Verbindbarkeit von gesteigerter Demokratie und Leistungserhaltung oder sogar Leistungssteigerung (S. 62 ff.). Während er bei Routine-, Zweck- und Innovationsprogrammen Möglichkeiten und Notwendigkeiten für eine intensivere Teilnahme der Organisationsmitglieder sieht (Gruppenbildung, heute: Qualitätszirkel etc.), versperren sich Krisenentscheidungen wegen des knappen Zeitbudgets der innerorganisatorischen Demokratie. Bei Programmverschachtelungen, Machtzuwachs- und Konfliktverlagerungsstrategien lassen sich jeweils Routine-Entscheidungen (mit Steigerung von Partizipation) von Krisenentscheidungen ohne Partizipationspotential trennen, sodass Engpässe abgemildert werden können. Allerdings wird auch darauf aufmerksam gemacht, dass jeweils wichtige Voraussetzungen erfüllt sein müssen (die Lösung von Motivations- und Einstellungsfragen, informelle Gruppenbildungen, hohes allgemeines Ausbildungs- und ökonomisches Leistungsniveau, Überwindung der Widerstände seitens der Führungsgruppen etc.). All diese Lernprozesse hängen wiederum ab von der Entwicklung der Gesamtgesellschaft und dem Stellenwert breiter Mitgliederbeteiligung auf den verschiedenen Ebenen der Gesellschaft bzw. bei den relevanten organisierten Vertretungsgruppen (S. 83 ff.). Deswegen ist Demokratisierung von Organisationen zwar nicht von vornherein chancenlos, aber doch mit erheblichen Spannungen verbunden (Kompetenzprobleme, Statusängste, Frustrationen, unterschiedliche Zeithorizonte und Opportunitätskosten). Dadurch wird der Optimismus wieder stark gedämpft, wie das Auf und Ab der Kooperativbewegung, des »Dritten Sektors«, der alternativen Ökonomie, der Bürgergesellschaft usw. zeigt.
Weiterführende Literatur:

Hettlage, R.: Genossenschaftstheorie und Partizipationsdiskussion. 2. erw. und akt. Aufl., Göttingen 1987; ders.: Die Genossenschaften – Unternehmen oder Organisationen des Dritten Sektors? In: Strachwitz, R. (Hrsg.): Dritter Sektor – Dritte Kraft. Versuch einer Standortbestimmung. Stuttgart 1998, S. 141-162; Luhmann, N.: Komplexität und Demokratie. In: ders.: Politische Planung. Aufsätze zur Soziologie von Politik und Verwaltung. Opladen 1971, S. 35-45.

Robert Hettlage

Neuberger, Oswald
Mikropolitik. Der alltägliche Aufbau und Einsatz von Macht und Organisationen. Stuttgart 1995, XI, 377 S.

Dieses Buch versteht sich als Lehrtext, der aus Vorlesungen an der Universität Augsburg entstanden ist. Es möchte Verständnis für eine Betrachtungsweise von Organisationen vermitteln, in der die politische Perspektive im Vordergrund steht. Für den Verfasser bedeutet das, dass die Wirklichkeit von Organisationen gedacht wird als kontingente, d.h. als eine, die immer auch anders möglich wäre. Somit ist sie adäquat nur verstehbar durch eine Analyse der internen Praktiken und Handlungen, die als permanente Prozesse von Interessenauseinandersetzungen Organisationen erzeugen, bestätigen oder ersetzen. Diese Schrift ist eine Darstellung und eine Auseinandersetzung mit den Grundlagen, den Möglichkeiten und den Problemen mikropolitischer Theorieansätze. Hierzu werden die Theorien und Argumente einer Vielzahl relevanter Autoren aus verschiedenen sozialwissenschaftlichen Disziplinen präsentiert. Sie haben bei aller konzeptionellen Heterogenität die Grundorientierung gemeinsam, dass menschliches Handeln keinesfalls gänzlich determiniert ist durch über- oder vorgeordnete Strukturen, sondern stets Spielräume vorhanden sind, deren konkrete Ausgestaltung allem Handeln immer auch einen politischen Charakter verleiht.

Der größte Teil der Ausführungen besteht darin, die in der sozialwissenschaftlichen Literatur zu diesem Thema vorfindbaren Aussagen zu ordnen, zu erläutern und mit verbindenden sowie weiterführenden Anmerkungen zu versehen. Als Ausgangspunkt dient dabei ein entwickeltes Konzept des Politischen, in dessen Mittelpunkt eine handlungstheoretische

Betrachtung der Entstehung und Änderung gesellschaftlicher Ordnungsmuster steht. In diesem Kontext werden acht wesentliche Merkmale des Politischen identifiziert: Akteursperspektive und Handlungsorientierung, Interessen (Konflikte), Intersubjektivität, Macht, Dialektik der Interdependenz, Legitimation, Zeitlichkeit, Ambiguität (S. 22 f.). Mikropolitik wird dann verstanden als eine »Betrachtungsweise, die die unterschwellige Feinstruktur in den politischen (Inter-)Aktionen der Akteure aufzudecken sucht«. Im anschließenden Kapitel über Mikropolitik aus der Akteursperspektive werden auf den drei analytischen Ebenen von Haltungen, Strategien und Taktiken die Verhaltenspotentiale und die Einflussmöglichkeit individueller Akteure typisierend beschrieben und beispielhaft demonstriert. Die dann folgenden Abschnitte sind als theoretische Fundierungen gedacht. Sie enthalten Darstellungen und Diskussionen von vier sozialwissenschaftlichen Theoriekonzepten und Analyseansätzen, wobei jeweils die darin enthaltenen Aussagen über subjektive Handlungsmöglichkeiten in Organisationen besonders herausgearbeitet werden. In der verhaltenswissenschaftlichen Organisationstheorie sind das vor allem die Aspekte von Mehrdeutigkeit, Zeit- und Kontextabhängigkeit sowie die Organisationsmodelle des ›garbage can‹ und der ›organisierten Anarchie‹. In den Passagen über Spiele in Organisationen stehen die Begriffe Macht, Strategie und Spiel im Vordergrund; in der Darstellung der ›Labour process debate‹ das Transformationsproblem, die Kontrollformen und die Bedeutung von Subjektivität und Konsens im organisierten Arbeitsprozess. Bei der Strukturationstheorie werden die Dualität von Struktur und die strategische Handlungsanalyse als wichtige Grundlage für das Verständnis mikropolitischer Prozesse betont.
Das Buch gibt damit einen sehr informativen Einstieg in die mikropolitische Betrachtungsweise von Organisationen, verbunden mit Textauszügen, Beispielen, Exkursen, Abbildungen und Tabellen, wodurch das Verständnis und die konkrete Anwendung dieses Ansatzes für die Analyse und die Gestaltung von Organisationen sehr erleichtert wird.

Weiterführende Literatur:

Küpper/Ortmann (→); Neuberger, O.: Führen und Geführtwerden. Stuttgart 1994.

Günther Wachtler

North, Douglass C.
Institutionen, institutioneller Wandel und Wirtschaftsleistung. Tübingen 1992, 180 S.

North' neuer Institutionalismus will die Grundannahmen der Neoklassik verfeinern, indem er die Rolle der institutionellen Zwänge auf die individuellen Entscheidungen angemessener darstellt. Die Annahme der Nutzenmaximierung wird auf den institutionellen Kontext bezogen (»rational choice institutionalism«). Das Werk ist in die drei Teile: Institution, institutioneller Wandel und Wirtschaftsleistung gegliedert. Unter »Institutionen« versteht der Verf. sozial konstruierte Richtlinien und Beschränkungen menschlicher Interaktionen in Form von Regeln, ungeschriebenen Verhaltenskodizes und damit verbundenen Sanktionen. Sie definieren den Rahmen, innerhalb dessen gehandelt werden darf, begrenzen aber auch die Unsicherheit. Organisationen werden geschaffen, um ökonomische und politische Chancen zu nutzen. Die Verfassungen des 19. Jahrhunderts etwa steckten die Möglichkeiten ab, um den Arbeitsfleiß zu belohnen. Dadurch entstanden Organisationen (Parlamente, lokale politische Körperschaften, Handelskammern etc.), deren Bemühungen um Produktivitätssteigerung und Wachstum zugleich den Ruf nach Bildungsinstitutionen vorantrieb. Die Transaktionskosten und die subjektiven Wahrnehmungen der Akteure führen aber nicht immer zum Produktivitätsoptimum, sondern ziehen oft unbeabsichtigte Handlungsfolgen nach sich (z.B. Protektionismus). Deswegen sind Institutionen immer ein ambivalentes Gemisch aus Vorkehrungen für Produktivitätsanreize und -begrenzungen. Damit ist der Übergang zu einer wirtschaftshistorischen Betrachtung möglich, nämlich die typischen geschichtlichen Bedingungen zu erforschen, die in die eine oder andere Richtung zielen (z.B. für die Bildung von Monopolen, für die Aufhebung von Bildungsrestriktionen, für die Entstehung von Unternehmertum etc.). Deshalb konzentriert er sich auf die Umstände (Machtchancen, Informationsvorsprünge etc.), die es bestimmten Akteuren erlauben, neue Regeln zu setzen, also Institutionen zu schaffen, was nicht unwesentlich durch die Transformationskosten mitbestimmt wird. Seiner Auffassung nach genügen die bisherigen neoklassischen Annahmen nicht, um zu Entscheidungen bei Unsicherheit zu kommen (Kapitel 3). Tauschvorgänge kosten vielmehr etwas, denn es müssen Mittel aufgewendet werden, um Vereinbarungen zu überwachen (durch Garantien, Marken, Ermittlungen, Messungen etc.). Verfügungsrechte kann sich der einzelne – besonders bei unpersönlichem Tausch – nur erhalten durch Rechtsnormen, Organisationsformen, Rituale. Diese stellen einen Kostenfaktor dar (Bürgschaften, religiöse Gebote, Gerichtsbarkeit; Kapitel 4). Welche Regeln wirksam sind, wird in den Kapiteln 5 - 8 untersucht. Immer steht die Frage im Vordergrund, welche Transaktionskosten zu bezahlen sind. Es fehlt eine wissenssoziologische Theorie darüber, warum Werte wie Ehrlichkeit, Anstand, Fleiß gelten, auch wenn der Lohn negativ ist. Denn nicht alle sind »Trittbrettfahrer«. Anscheinend ist die Kultur eine Art »Technik der Informationsverarbeitung«, die – zumindest indirekt – der Kooperation dient. Dennoch sind die Märkte nur selten völlig effizient, da die Wirksamkeit von Ideologien unsicher und der Sachverstand bzw. der Informationsgrad ein jeweils unterschiedlicher ist. In dieser zugleich analytischen wie wirtschaftshistorischen Sichtweise wird dann im zweiten Teil die Frage des institutionellen Wandels abgehandelt. Zunächst stehen die Wechselwirkungen von Organisation und Institution zur Debatte (Kapitel 9), dann die Stabilitätsmerkmale von Institutionen (Kapitel 10), die in eine Untersuchung über kontinuierlichen Wandel einmünden (Kapitel 11).

Im dritten Teil werden Institutionen als wesentlicher Bestimmungsfaktor langfristiger Wirtschaftsleistung untersucht. Seien es das »checks- and balance«-System und die Eigentumsordnung für die USA oder die zentralistischen, bürokratischen, aber auch personalisierten Beziehungen für Lateinamerika. Es ist Aufgabe der Wirtschaftsgeschichte, diese Rahmenordnungen als etwas zu verstehen, das nicht nur politische Stabilität ermöglicht, sondern auch ökonomische Vorteile

verschafft. Während der frühe Handel durch persönliche Kontrolle geregelt wurde, bedarf es für den unpersönlichen Handel der Entwicklung komplexer Organisationsformen: der Rechtstechniken und Beurkundung, des Diskontierungsverfahrens, der Rechnungsprüfungsmethoden, der Erstellung von Informationsbüchern über Maße und Gewichte, der Sitten und Gebräuche, der Versicherungen und des Handelsrechts. Der jeweilige Wettbewerb zwischen den verschiedenen politischen Einheiten und die Eigenheit der Verläufe bei der Herausbildung des entsprechenden Institutionensystems sind wesentlich, um die unterschiedliche Geschichte und den unterschiedlichen Wirtschaftserfolg einzelner Länder innerhalb und außerhalb Europas zu erklären. Wirtschaftsgeschichte hat sich damit zu befassen, wie effiziente Institutionen entstehen und durch welche Einstellungen, Ideologien und Erfahrungen sie sich unablässig verändern. An den formgebundenen Regeln lässt sich dies ablesen. Wenig aber wissen wir über die Rolle der formlosen Regeln und Beschränkungen (z.B. das Fairness-Prinzip). Hier stehen wir erst ganz am Anfang (S. 168).
Obwohl das Problem der Institutionalisierung in der (Organisations-)Soziologie nicht neu ist, hat North' Arbeit doch wesentlich dazu beigetragen, diesen Forschungsaspekt in der modernen Theoriebildung zu verankern, indem er die Wirtschaftshistorie westlicher Gesellschaften mit der modernen Institutionenökonomik verband. Damit schärfte er den Blick dafür, dass es nicht nur auf formale Regelungen, sondern auch auf weniger formale Verhaltenssteuerungen (Ideologien, informelle Normen, administrative Rituale, Erzeugung von Engagement usw.) in Wirtschaft und Politik ankommt. Die Annahmen der Zweckrationalität waren durch komplexere Zusammenhänge zu ersetzen, Inkohärenzen des Handelns mit einzubeziehen. Das eröffnete die Chance, die Soziologie wieder mehr an die ökonomische Betrachtung heranzuführen und auch in der Politikwissenschaft den Blick von der »policy« auf die Verfassungsgrundlagen (»polity«) zu lenken.

Weiterführende Literatur:

Selznick, P. (1957→) Selznick, P.: Institutionalism »Old« and »New«. Administrative Science Quarterly 41, 1996, S. 270-277.

Robert Hettlage

Ortmann, Günther
Formen der Produktion. Organisation und Rekursivität. Opladen 1994, 461 S.

Im Rekurs auf Organisationen entfaltet und testet der Verf. in 16 Aufsätzen Erkenntnismöglichkeiten und angemessene Mittel der Beschreibung der Produktion jenseits betriebswirtschaftlicher, marxistischer und industriesoziologischer Theorietraditionen, deren Verkürzung er in der Überschätzung der Effizienz und der Unterschätzung der Politikhaltigkeit von Unternehmen verortet.
Der erste von insgesamt fünf Abschnitten ist konzeptioneller Natur. In zwei Beiträgen diskutiert er zunächst den im deutschsprachigen Raum vor allem mit seinem Namen verbundenen mikropolitischen Ansatz der Organisationsanalyse, den er – gestützt auf Crozier/Friedberg (→) – im Rekurs auf die Sozialtheorie von Giddens weiterentwickelt hat. Mit der strukturationstheoretischen Unterlegung dieses akteurstheoretischen Ansatzes verstärkt er dabei die Sicht darauf, dass sich das ›Gestrüpp der Mikropolitik‹ in Organisationen in ›Entscheidungskorridoren‹ abspielt – d.h. im Rahmen von Strukturen, die ihrerseits als das Produkt von Handlungen aufzufassen sind. Die mit der wechselseitigen Konstitution von mikropolitischem Handeln und organisatorischen Strukturen eingeführte Figur der Rekursivität wird in zwei weiteren Aufsätzen generalisiert: Hier wird der Gedanke entwickelt, dass die – stets kontingenten – Formen der Produktion das Ergebnis ›rekursiver Rekursionen‹ sind, das heißt nichtlinearer, zirkulärer Reproduktionsprozesse. Solche Prozesse verwenden fortlaufend ihre eigenen Resultate als Grundlage ihrer Fortsetzung. Sie produzieren in wiederholten positiven oder negativen Rückkopplungsschleifen ›Eigenwerte‹. Der Verf. beobachtet dies nicht nur an organisationsinternen Prozessen (Ver- bzw. Misstrauen, Kooperationen, Macht), sondern gewinnt mit dem Theorem der Rekursivität auch Anschluss an Beschreibungen der Produktion als gesellschaftlich ausdifferenzierter Ökonomie (Marx): »Produktionsressourcen, sofern sie die Form des Kapitals annehmen, bedürfen der Reproduktion im strengen Sinne des Wortes: der Output muss zum neuen Input ein und derselben Operation oder Transformation

werden, sonst verfällt die Ressource *als Kapital«* (S. 93). Die Wirtschaftlichkeit der Produktion ist aber nicht wirtschaftlich bestimmbar; die Durchsetzung effizienter Formen der Produktion bedeutet vielmehr, dass diese effizient sind, weil sie sich durchgesetzt haben. Dem Leitmotiv der Rekursivität folgend, wird das Verhältnis von Ökonomie und Organisation als eine ›Logik der Ergänzung‹ (Dupuy/Varela) gefasst. Erst die organisatorische Produktion von *Formen* (Ergänzung) erlaubt die ökonomische Reproduktion von Formen *der Produktion*.

Von den weiteren vier Abschnitten gelten drei der Beschreibung von Formen der Produktion: dem Computereinsatz (II.), der systemischen Rationalisierung (III.) und der Lean Production (V.). Die zuvor entfalteten Erkenntnismittel werden dabei theoretisch vielfältig ergänzt und in den entsprechenden Aufsätzen entlang unterschiedlicher Problemstellungen genutzt. Ob am Fall von empirischen Analysen des Computereinsatzes, anhand der Kritik des industriesoziologischen Konzepts der systemischen Rationalisierung (Baethge/Oberbeck) oder an rationalistischen Modellvorstellungen der Lean Produktion – Ortmann legt immer aufs Neue die Kontingenz und Restriktivität der Produktionsformen, die mit ihnen verbundenen Produktivitätsmythen und -paradoxien, die begrenzten Rationalitäten der Organisationsprozesse, die Pfadabhängigkeiten, Verriegelungen, Rückkopplungsschleifen und Lücken sowie die mikropolitischen Brüche in den Rationalisierungsprozessen von Wirtschaftsorganisationen offen.

In einem Zwischenschritt (IV.) reflektiert der Verf. Bedingungen der Möglichkeit ›vernünftiger Zirkel‹ und fragt nach Potentialen kritischer Theorie, die anhand des marxistischen Kontrollparadigmas, der Diskursethik und der Industriesoziologie mit skeptischem Blick ausgeleuchtet werden. Wenn Kritik nicht ›leer‹ werden solle, setze sie eine Revision traditioneller Konzepte der ›nature of the firm‹ voraus; die Einsicht in die Kontingenz der Produktionformen beinhalte dabei die Möglichkeit, dass Kritik schärfer werden könne.

Der Verf. hat mit diesem Buch eine ausgesprochen lehrreiche, originelle und reichhaltige und somit lesenswerte Aufsatzsammlung vorgelegt, die im Sinne einer radikalen Ökonomiekritik gründlich mit Vorstellungen einer zweckbezogenen Rationalität von Wirtschaftsorganisationen und der gesellschaftlichen Determiniertheit von Entscheidungs- und Rationalisierungsprozessen aufräumt. Die entwickelte Perspektive kontingenter Produktionsformen knüpft in vielfältiger Weise an moderne Theorieentwicklungen (nicht nur in der Organisationstheorie) an. Die Dekonstruktionen der Rationalität werden dabei – mit dem Strukturierungs- und dem Rekursivitätskonzept – konstruktiv abgestützt. Sichtbar gemacht wird auf diese Weise, dass Organisationen in hohem Maße *eigen*dynamische Sozialzusammenhänge sind, die genau dadurch zum notwendig ›ergänzenden‹ Strukturierungsmoment im Rahmen *kontingenter* gesellschaftlicher Reproduktionsprozesse werden, die Ortmann mit Marx als ›Produktion‹ fasst.

Veronika Tacke

Ortmann, Günther/Windeler, Arnold/Becker, Albrecht/Schulz, Hans-Joachim
Computer und Macht in Organisationen: Mikropolitische Analysen. Opladen 1990, XIII, 634 S.

»In Organisationen tobt das Leben« (S. 3) – und allen wissenschaftlichen Darstellungen, in denen davon abstrahiert wird, um zu einer rationalen Systematik blutarmer Begrifflichkeit zu gelangen, fehlt etwas ganz Entscheidendes, nämlich der Blick für die Bedürfnisse, Interessen und die Strategien der handelnden Menschen sowie für die Strukturen von Macht und Einfluss innerhalb einer Organisation.
So beschreiben die Verf. ihren Ausgangspunkt und den zentralen analytischen Focus ihrer Untersuchungen. Erklärtes Ziel ihrer Arbeiten ist ein erweitertes Verständnis von betrieblichen Handlungsabläufen, in dem Abschied genommen wird von der Vorstellung determinierender struktureller Zwänge; stattdessen wird die hohe Kontingenz betrieblicher Entscheidungen betont. Kontingenz im Sinne des ›Auch-anders-möglich-seins‹ ist einer der theoretischen Schlüsselbegriffe, mit deren Hilfe die Analyse der kategorialen Differenz, aber auch des Zusammenspiels von ökonomischer Effizienz und bestehender Herrschaftsordnung einer Unternehmung möglich wird.
Anhand von 7 empirischen Fallbeispielen aus Unternehmen verschiedener Branchen wird gezeigt, dass Technisierung und

Informatisierung zwar immer mit der Erwartung von Effizienzsteigerungen begonnen und vorangetrieben werden, in ihrem konkreten Verlauf und letztendlichen Erfolg aber ganz wesentlich von den Strategien und Machtspielen der beteiligten Akteure abhängig sind. Vor die Darstellung der Fallstudien haben die Verf. einen umfangreichen Theorieteil gelegt, in welchem die Grundbegriffe ihrer Untersuchungen erläutert werden. Dabei machen sie Anleihen bei der rationalitätskritischen Organisationssoziologie (March →, Simon →, Perrrow →), der Machttheorie Croziers und Friedbergs (→) sowie der Theorie der Strukturierung von Giddens. Es wird ein Verständnis von Macht, Mikropolitik und Rationalität entwikkelt, mit welchem Organisationsanalysen durchführbar werden, die nicht nur Wirtschaftlichkeitserwägungen sind, sondern diese in ihren mikropolitisch-strategischen Funktionen zu erkennen vermögen. Alle Fallbeispiele geben wichtige Hinweise zur Beantwortung der Frage, welche Auswirkungen die neuen Systeme auf die Machtstrukturen in den Betrieben haben bzw. welchen Einfluss die bestehenden Machtverhältnisse auf die Implementationsprozesse ausüben. Als wichtigstes Ergebnis bezeichnen die Verf. die Erkenntnis, dass betriebliche Entscheidungen Transformationen von Kontingenz in Eindeutigkeit sind und als solche mehr von Mikropolitik und weniger von vermeintlich ökonomischen Kalkülen bestimmt werden, als gemeinhin angenommen wird. Damit behauptet sie allerdings nicht, dass Kontingenz völlige Beliebigkeit bedeutet und ökonomische Zwänge, technische, organisatorische und strukturelle Gegebenheiten keine Rolle spielten. Im Konzept konstituieren diese Faktoren interpretative Schemata, die als Entscheidungskorridore die Spielräume des Möglichen markieren. Die Auswirkungen der Informatisierung auf die Machtstrukturen werden mit dem Begriff einer ›Dialektik systemischer Kontrolle‹ beschrieben. Sie ist einerseits gekennzeichnet von einer Zunahme der integrierten Möglichkeiten zur steuernden und überwachenden Prozesskontrolle, andererseits aber auch von einem Anwachsen des Potentials an kontrollierter Autonomie, d.h. durch einen durch die Macht des Systemischen eingeschränkten Handlungsspielraums bei den Beschäftigten. Berührt von der Informatisierung werden auch die Durchsetzungschancen der betrieblichen Interessenvertretung. Die Verf. zeigen sehr deutlich die strukturellen Restriktionen der Betriebsratarbeit angesichts der EDV-Projekte, die in der Regel an den Betriebsräten vorbei laufen. Allerdings sehen sie Alternativen, die sich aus mikropolitischer Perspektive ergeben und vor allem in der strategischen Nutzung des kontingenten Charakters von Entscheidungen liegen. In einem abschließenden Plädoyer für soziale Rationalität wird verwiesen auf die sich aus der Immanenz realer Funktionszusammenhänge ergebende Notwendigkeit, Komplexität, Uneindeutigkeit und Unschärfe von Entscheidungssituationen durch kommunikativ hergestellte Rationalität in handlungsermöglichende Eindeutigkeiten zu transformieren. Die theoretische und damit auch die politische Bedeutung dieses Buches liegt darin, dass es auf der Basis empirischer Fälle die determinierende Rolle ökonomischer Rationalität grundsätzlich relativiert. Das Buch trägt wesentlich dazu bei, dass die ökonomische Legitimation von Herrschaft ihre empirische und theoretische Grundlage verliert und die Wirklichkeit von Organisationen unter dem Aspekt der Veränderbarkeit gesehen werden kann.

Weiterführende Literatur:

Küpper/Ortmann(→); Ortmann (→).

Günther Wachtler

Ortmann, Günther/Sydow, Jörg/Türk, Klaus (Hrsg.) Theorien der Organisation. Die Rückkehr der Gesellschaft. 1. Auflage Opladen 1997, 661 S., 2. Auflage 2000.

Die berühmte Adornosche Forderung, dass die Beschäftigung mit Organisationen einer ausgeführten Theorie der Gesellschaft bedarf, erweist sich auch heute noch – gerade im europäischen Kontext der Diskussion – als ebenso anregend wie uneingelöst. Vor diesem Hintergrund erstaunt die neuerliche Suchbewegung der Vertreter der Organisationstheorie und -soziologie in Deutschland nicht. Der Sammelband bündelt verschiedene neuere Ansätze unter dem Hinweis auf eine Entwicklung in den letzten 25 Jahren, die sie als »Rückkehr der Gesellschaft«, als Wiederentdeckung der Gesellschaft durch die Organisationstheorie bezeichnen (S. 9). Die Vielzahl der gesammelten Beiträge mit Anleihen von und Orientierungen an anderen Disziplinen machen nicht nur deutlich, wie jung diese Suche wieder ist, sondern geben auch die Paradigmenvielfalt zu erkennen, die sie kennzeichnet. In Auseinandersetzung mit den eher nordamerikanisch geprägten Theorieangeboten der neuen institutionellen Ökonomie, des neuen Institutionalismus, der Rational-Choice-Theorie, des Resource-Dependence-Ansatzes, aber auch mit eher europäischen Ansätzen der Luhmannschen Systemtheorie, der Giddenschen Strukturationstheorie, des Foucaultschen Ansatzes, mit dem Symbolismus und dem Kognitivismus wird eine gesellschaftstheoretisch inspirierte Erneuerung der Organisationstheorie versucht. In insgesamt 27 Beiträgen einschließlich Kommentaren, Einleitung und abschließendem Interview mit Walter W. Powell bietet das Werk ein breites Spektrum der Reflexionen unterschiedlicher Disziplinen und Teildisziplinen zum Thema Organisation und Gesellschaft.

Der erste von fünf Teilen beschäftigt sich mit der Neuen Institutionellen Ökonomie und neueren Ansätzen der Evolutionsökonomik und -theorie. Die Neue Institutionelle Ökonomie hat ihre Wurzeln in den Arbeiten von Knight, Commons und Coase und entwirft ein anderes Bild der Organisation als die traditionelle Organisationstheorie: Sie erscheint in den Worten von Wieland »als wohldefinierte Menge vernetzter Transaktionen«, als eine »Kooperationsform, die auf ex ante zugestimmten Regeln zur Erbringung einer Leistung basieren, deren beider Einhaltung ex post zum Problem werden kann« (S. 49). Nicht der Aspekt von Entscheidung, Strategie oder System steht im Vordergrund, sondern die Organisation wird als eine alternative »governance structure« im Unterschied zu Märkten und relationalen Verträgen (MacNeil) bzw. Netzwerken betrachtet. Zum zentralen Explanandum wird in dieser Perspektive, warum und unter welchen Bedingungen sich Organisationen gegenüber Märkten oder Netzwerken durchsetzen – in der traditionellen Perspektive von Williamson: warum sich eine ›governance structure‹ als effizienter als die andere erweist. Dass diese Frage einfach verbindbar mit einer historischen und evolutionstheoretischen Sichtweise ist, haben nicht nur die Arbeiten von North und Thomas gezeigt, sondern auch der Überblick von Richard Nelson im ersten Teil des Sammelbandes widmet sich dieser Verbindung. Im zweiten Teil wird dann mit Hilfe der Artikel von Türk und Bruch die Perspektive gewechselt und zu zeigen versucht, wie heute eine Verbindung von Kapitalismus- und Organisationstheorie aussehen könnte. Während Türk eine Darstellung und Kritik der angloamerikanischen Institutionalismustheorie zum Anlass nimmt, um ein kapitalismustheoretisches Begreifen der Organisation als Institution vorzustellen, greift Bruch auf drei kapitalismustheoretische Argumentationsstränge zurück: auf die ›labour process debate‹, auf den ›Social Structure of Accumulation-Ansatz‹ und auf die Arbeiten der französischen Regulationstheorie. Den Artikeln gemeinsam ist der Versuch, zu zeigen, welche gesellschaftliche Bedeutung der Organisation im Kapitalismus zuwächst und wie die Organisationstheorie begrifflich angelegt werden kann, um den anvisierten Bedeutungshorizont zu fassen. Organisationen erscheinen in diesen Ansätzen als »Moment der widersprüchlichen Institutionenstruktur der kapitalistischen Gesellschaftsformation« und der »Strukturierung sozialer Ungleichheit« dienlich (S. 176). Im dritten Teil werden drei weitere Theorieperspektiven vorgestellt. Mit dem eröffnenden Aufsatz von Kappelhoff wird der methodologische Individualismus der Rational-Choice-Theorie in Verbindung mit dem ›theoretischen Institutionalismus‹ zur Anwendung gebracht. Die Organisation wird auf der einen Seite als soziales Tauschsystem konzipiert, auf der anderen Seite als korporativer Akteur, und damit konstitutionell verfasst. Martens versucht dagegen, in der Auseinandersetzung mit Parsons und Luhmanns Systemtheorien zu zeigen, dass Organisationen im Rahmen der funktional differenzierten Gesellschaft unter dem Aspekt ihrer unwahrscheinlichen funktionalen Spezialisierungen konzipiert und in ihrem Beitrag zur gesellschaftlichen Problemlösung analysiert werden können. Ähnlich konzeptionell orientiert ist auch die Perspektive, die im dritten Teil von Ortmann/Sydow/Windeler eröffnet wird. Sie suchen in Giddens Theorie der Strukturierung den theoretischen Rahmen, um die neueren Ansätze der Organisationstheorie zu integrieren. Im vierten Teil werden dann in den Beiträgen von Czarniawska-Joerges, Strati und Nicolino zunächst die Theorien des Symbolismus und Kognitivismus für die Organisationsanalyse fruchtbar gemacht. Betriebswirtschaftliche, psychologische und industriesoziologische Perspektiven werden danach in den nachfolgenden fünften Teil vorgestellt. Das Interview mit Walter W. Powell schließt den Sammelband ab. Deutlich sichtbar wird, dass die Vertreter der Organisationstheorie und -soziologie in Deutschland ihre Ansätze in ähnlicher Paradigmenvielfalt und mit Rückbezügen auf die eher ›soft centered‹ Debatten in Nordamerika formulieren. Die nordamerikanische Institutionalismusdebatte spielt in dieser Orientierung an der nordamerikanischen Organisationstheorie eine wichtige Rolle. Die Übernahmen aus der amerikanischen Organisationstheorie werden jedoch breit in eine kritische Diskussion europäischer gesellschaftstheoretischer Ansätze von Marx und Weber bis zu Luhmann, Foucault und Giddens eingebettet, so dass eine beachtliche eigenständige Entwicklung zu erkennen ist. Sie ist gesellschaftstheoretisch ambitioniert, erkenntnistheoretisch reflektiert sowie multidisziplinär und eklektisch angelegt. Dem ›flowering‹ der Organisationstheorie in den USA stand bisher – vielleicht mit der Ausnahme Großbritanniens – ein Orchideenfach in Europa gegenüber. Vielleicht ändert sich das mit Sammelbänden wie diesem.

Markus Pohlmann

Ouchi, William G.
Markets, Bureaucracies, and Clans. In: Administrative Science Quarterly, Vol. 25, 1980, S. 129-141. Wiederabdruck in: Buckley, Peter, J., Michie, Jonathan (Hrsg.): Firms, Organizations and Contracts. New York 1996, S. 442-456.

Die zuerst von Coase (1937) gestellte und von Williamson (1975; 1990) reformulierte Frage nach der Effizienz marktlicher oder hierarchischer Koordination als institutionelle Alternative der Handlungssteuerung in oder zwischen Organisationen wird von dem Verf. erweitert: Märkte versagen, wenn die Transaktionskosten des Austauschs untragbar werden; bürokratische Organisation hingegen leidet unter der Ambiguität individueller Leistungszurechnung ebenso wie unter

der Inkongruenz der Ziele von Unternehmen und Beschäftigten. Über die Alternative von Markt und bürokratischer Organisation hinaus verspricht die Handlungskoordination im Clan sowohl eine Verringerung der Transaktionskosten bei der Kontrolle opportunistischer Akteure als auch eine engere Integration der Interessen von Organisation und Mitglied. Im Unterschied zu Markt und bürokratischer Organisation verlässt sich die Clanorganisation nicht allein auf Reziprozität des Austauschs, Preismechanismus oder Herrschaft, sondern stützt sich zusätzlich auf gemeinschaftliche Werte, Normen und Traditionen, die individuelle Interessen übergreifend verbinden und opportunistisches Handeln wirksamer auf ein gemeinsames Organisationsziel lenken, als es Markt oder Hierarchie durch Vertrag und Preis, formalisierte Regeln und Kontrolle vermöchten. Im Clan »a variety of social mechanisms reduces differences between individual and organizational goals and produces a strong sense of community«. In dem Umfang, in dem individuelle und organisationale Ziele sich treffen, »opportunism is unlikely and equity in rewards can be achieved at a relatively low transaction cost«.
Ouchis (japanischen Organisationstraditionen verhaftete) Ergänzung der Dichotomie ›Markt versus Hierarchie‹ um eine clanförmige Organisation steht am Anfang einer bis in die Gegenwart andauernden Diskussion der Handlungssteuerung innerhalb und zwischen Organisationen. Sie findet ihre Fortsetzung zum einen in der Untersuchung von Netzwerken als ›Hybriden‹ zwischen Markt und Hierarchie (Williamson 1990; Sydow 1992), zum anderen in weiter ausgreifenden systemtheoretisch inspirierten Steuerungsansätzen (Willke 1995) und institutionentheoretische wie organisationskulturelle Ansätze verknüpfenden Vorstellungen der Handlungskoordination durch ›Sinnstiftung‹ (Weick 1995), denen eines zumindest gemeinsam ist: die Überwindung der Dichotomie von Markt und Hierarchie.

Weiterführende Literatur:

Coase, R.: The Nature of the Firm. In: Economica 4, 1937, S. 386-405. Sydow, J.: Strategische Netzwerke: Evolution und Organisation. Wiesbaden 1992; Weick, K.E.: Sensemaking in Organizations. London usw. 1995; Williamson, O. E. 1990 (→); Williamson, O.E.: Transaction-Cost Economics: The Governance of Contractual Relations. In: Journal of Law and Economics XXII, No. 2, 1979, S. 233-261; Willke, H.: Systemtheorie III: Steuerungstheorie. Stuttgart usw. 1995.

Thomas Edeling

Parsons, Talcott
Suggestions for a Sociological Approach to the Theory of Organisations. Teil 1 und 2. In: Administrative Science Quarterly 1, 1956/57, S. 63-85, S. 225-239.
Parsons, Talcott
Some Ingredients of a General Theory of Formal Orgaizations. In: ders.: Structure and Process in Modern Societies. New York 1960, S. 59-97.

Der Verf. verbindet seine Vorschläge für eine soziologische Analyse formaler Organisationen mit einem doppelten Blick: Einerseits untersucht er Organisationen als soziale Systeme, die sich durch eine besondere Zielbezogenheit auszeichnen. Diese Zielorientierung führt bei jeder Art von Organisation zu einer Maximierung eines bestimmten Outputs. Organisationen müssen dafür Ressourcen (insbes. Arbeit und Kapital) mobilisieren. Ihr Verbrauch muss in den Zielerreichungsprozess in mehrfacher Hinsicht eingebunden werden. Allgemeine Programmentscheidungen (policies) betreffen erstens die Frage, wie, mit welchen konkreten Schritten, etwa der Produktion bestimmter Güter, das Ziel angegangen werden soll. Zweitens bestimmen allokative Entscheidungen die Verfügbarkeit von Ressourcen an unterschiedlichen Stellen der Organisation. Drittens müssen Kooperation und Motivation in der Organisation durch koordinierende Entscheidungen aufrechterhalten werden.
Andererseits nimmt der Verf. eine gesellschaftstheoretische Perspektive ein. Die gesellschaftliche Legitimität der partikularen Zwecke einer Organisation muss durch eine ausreichende Komplementarität von organisatorischem und gesellschaftlichem Wertesystem gesichert sein. Dem Problem der gesellschaftlichen Integration entsprechen auf der Ebene des Individuums mögliche Loyalitätsprobleme. In komplexen Gesellschaften sind Individuen in eine Vielfalt von Rollenver-

pflichtungen eingebunden. Die Balance unterschiedlicher Rollenanforderungen gelingt nicht ohne weiteres. So können z.B. aus der Erwerbsrolle resultierende Überstunden in Konflikt geraten mit den Anforderungen des Familienlebens.
Er sieht drei Integrationsmuster, die Rollenkonflikte verhindern. In einer Gesellschaft, in der askriptive Statusmerkmale minimiert sind, stellt *erstens* der Vertrag eine wichtige integrierende Institution dar. Arbeitsverträge verhindern Rollenkonflikte, weil ihre Elemente (inkl. der schon von Durkheim als nicht-vertragliche Grundlagen des Vertrages bezeichneten impliziten Bestandteile) der Willkür der Vertragschließenden entzogen sind. Wer einen Arbeitsvertrag unterzeichnet, unterwirft sich *zweitens* einer institutionalisierten Autorität, die in der Lage ist, im Rahmen des Vertragsverhältnisses bindende Entscheidungen zu treffen. Die partikulare Institutionalisierung von Vertrag und Autorität bleibt gleichwohl *drittens* jederzeit und überall an die universalistischen Normen der Gesellschaft rückgebunden. Wie immer frei man sich z.B. dazu in einem Vertrag bereiterklären mag – ein Selbstverkauf als Sklave ist in der modernen Gesellschaft nicht möglich.
Mit Bezug auf das Gesellschaftssystem lassen sich vor diesem kategorialen Hintergrund vier unterschiedliche Arten von Organisationen je nach primärer gesamtgesellschaftlicher Funktion unterscheiden: Organisationen der ökonomischen Produktion, Organisationen, die politische Ziele verfolgen, Organisationen der gesellschaftlichen Integration und kulturelle, strukturerhaltende Organisationen. Parsons illustriert sein begriffliches Gerüst durch die vergleichende Analyse von drei Vertretern dieser Typen: das Unternehmen, die Militärorganisation und die Universität. Das Unternehmen erfüllt primär die gesellschaftliche Funktion maximaler Produktion bei möglichst geringen Kosten, während das oberste organisatorische Ziel das Abwerfen von Gewinnen darstellt. Die Militärorganisation dient der Maximierung von (politischer) Macht. Die Universität gehört auf gesellschaftlicher Ebene zu den strukturerhaltenden Organisationen. Diese drei Organisationstypen weisen charakteristische Unterschiede der Personal- und Ressourcenbeschaffung und der organisatorischen Entscheidungsfindung auf. Diese Unterschiede werden durch die vergleichende soziologische Analyse aufgedeckt und plausibi-

lisiert. Unternehmen sind selbst verantwortlich für die Beschaffung notwendiger finanzieller Ressourcen. Die Bezahlung ihres Personals orientiert sich entsprechend dem jeweils vermuteten Beitrag zur Produktivität der Organisation. Die Militärorganisation steht hierzu in denkbar scharfem Kontrast. Sie wird im Regelfall vollständig durch die öffentliche Hand finanziert. Ihr Personal wird nicht auf einem offenen Arbeitsmarkt gefunden, sondern, zumindest teilweise, zwangsrekrutiert und nicht erfolgsorientiert bezahlt. Universitäten stehen als Organisation bezüglich Personal und Ressourcen zwischen dem Militär und dem Unternehmen. Die Universität soll sich – das gilt für angelsächsiche Länder sicherlich weitaus mehr als für Deutschland – zumindest teilweise durch Gebühren selber tragen. Die Besetzung von Stellen erfolgt in Universitäten einerseits durch Beobachtung eines offenen akademischen Arbeitsmarktes, andererseits unterscheiden sich die an Universitäten üblichen Lebenszeitanstellungen markant von der Beschäftigungspraxis von Unternehmen. Diese drei Organisationsarten unterscheiden sich auch bezüglich der organisatorischen Entscheidungspraxis und der internen Verteilung von Entscheidungskompetenzen markant. Auch wenn die in Parsons' vergleichend-soziologischer Analyse formaler Organisationen verwendeten Kategorien schon lange nicht mehr dem Entwicklungsniveau allgemeiner soziologischer Theorie entsprechen, bleiben seine ›suggestions‹ bis heute als klassisches Beispiel einer genuin gesellschaftstheoretisch inspirierten Organisationsanalyse ein Hauptwerk der Organisationstheorie.

Gerd Nollmann

Perrow, Charles
A Society of Organisations. In: Theory and Society, 20, 1991, S. 725-762; Aus dem Amerikanischen: Eine Gesellschaft von Organisationen. In: Journal für Sozialforschung 29 (1), 1989, S. 3-19.

In einer detaillierten Untersuchung der US-Gesellschaft des 19. und 20. Jahrhunderts kommt der Verf. zu dem Schluss, dass die historische Bedeutung der Organisationen für die ge-

sellschaftliche Entwicklung weitgehend unterschätzt worden sei. Er verfolgt nach eigenem Bekunden ein imperialistisches Konzept und hält die Organisationen für das Schlüsselphänomen der modernen Gesellschaft. Seine These ist, dass sich in den letzten 100 Jahren die Organisationen immer weitere gesellschaftliche Teilbereiche einverleibt hätten und damit zu einem Surrogat für Gesellschaft geworden seien. Demnach hat sich auf diese Weise eine Organisationsgesellschaft entwikkelt. Die zunehmende Organisierung der Gesellschaft hängt für ihn mit der ›Logik des Kapitalismus‹ zusammen, wobei er allerdings Kapital und Technologie als das Produkt der Organisationen, d.h. als abgeleitete Größen betrachtet.
Ausführlich beschreibt Perrow die historische Entwicklung der USA zur Organisationsgesellschaft als einen dreiteiligen historischen Prozess: zunehmende *Lohnabhängigkeit*, d.h. Schaffung einer gefügigen Lohnarbeiterklasse, die über keine alternativen Einkommensquellen verfügte und daher stark von den arbeitgebenden Organisationen abhängig wurde; zunehmende *Externalisierung* sozialer Kosten und Folgen organisierten Handelns (Umweltverschmutzung, Arbeitslosigkeit, Arbeitsunfälle usw.) auf die schwächeren Teile der Gesellschaft. Dies evozierte die Bildung sog. Infrastrukturorganisationen zur Bewältigung der Externalisierungsfolgen und zur organisationalen Sozialisation der Gesellschaftsmitglieder (Gefängnisse, Asyle, Justizverwaltungen, Ämter für öffentliche Gesundheit usw.); zunehmende *Bürokratisierung* der Organisationen, die der Verf. vorzugsweise mit kapitalistischen Unternehmungen gleichsetzt. Das Wesen der ›Bürokratie‹, deren Merkmale er ähnlich wie Weber beschreibt, ist für ihn die Leistungsfähigkeit des unpersönlichen, indirekten Kontrollsystems am Arbeitsplatz. Sie war so stark, dass sie die traditionellen, außerhalb des Arbeitsplatzes angesiedelten Formen direkter sozialer Kontrolle (z.B. durch Familie oder Gemeinschaft) verdrängte. Dies und die Feststellung, dass der rekonstruierte Entwicklungsprozess nicht alternativlos gewesen und nicht ohne Widerstände und Kämpfe der Bevölkerung und der Lohnarbeiterschaft abgelaufen sei, rückt Perrow in die Nähe der ›Labour-Process-Debate‹.

Thomas Tauchnitz

Perrow, Charles
Complex Organizations. A Critical Essay. New York usw. 1972, 3. erweiterte Auflage 1986, X, 307 S.

In seinem immerhin 300 Seiten umfassenden Essay bietet der amerikanische Soziologe eine kritische Erörterung aller wesentlichen zeitgenössischen Organisationstheorien. Er entwickelt seine Kritikperspektive aus einem konsequent durchgehaltenen machttheoretischen Konzept heraus. Dieses orientiert sich in den Grundannahmen an Max Weber, der Organisation – namentlich in der Form der Bürokratie – als zentralen Modus der Herrschaft in der modernen Gesellschaft analysiert hat. Organisation bestimmt der Verf. als Instrument von herrschenden Eliten zur Aneignung von Werten, und zwar sowohl in introverser als auch in extroverser Dimension. Alles Geschehen in Organisationen lässt sich demgemäß unter der Machtperspektive (er unterscheidet nicht systematisch zwischen Macht und Herrschaft) untersuchen, die allerdings in eine Analyse der jeweils geltenden kulturellen Muster eingebettet werden muss.
Der Verf. erörtert klasssische Konzepte, wie die von Chester Barnard (→), der Human-Relations-Schule und die von March/Simon (→) ebenso wie neuere Ansätze des Institutionalismus, der Umweltabhängigkeit und ökonomische Organisationstheorien (Agency Theory, Transaktionskostentheorie). Überdies geht er relativ ausführlich auf den Neoinstitutionalismus von Meyer/Rowan (→) ein. Stets geht es ihm um eine produktive Kritik, die zwar einerseits die (machttheoretischen) Defizite der einzelnen Ansätze herausarbeitet, zugleich aber für wesentlich erachtete Elemente der jeweiligen Theorien sammelt, um sie schließlich in eine – noch zu entwickelnde – komplexe Organisationstheorie aufzunehmen. Chester Barnards einflussreiche Theorie geißelt der Verf. wegen ihrer naiven Affirmation von Organisationen als kooperative, demokratische, moralische Ziele rational verfolgende Systeme, die er gegenüber den Individuen verselbstständige. Diese allerdings seien teils irrational, so dass sie mit Anreizen, Indoktinationen usw. unter die rationale Organisationsstruktur subsumiert werden müssten. Barnards Theorie ist trotzdem für die weitere Theorieentwicklung bedeutsam, weil sie den Weg für solche zentra-

len Themen wie Führung, Entscheidungsprozesse und Motivierung der Organisationsmitglieder vorbereitet hat. Die Human Relations Schule beurteilt der Verf. nicht nur wegen des Fehlens der Machtthematik und einer kaum zureichenden bzw. widersprüchlichen empirischen Basis kritisch, sondern vor allem deshalb, weil über sie – wegen ihrer psychologischen Orientierung – prinzipiell keine Theorie der Organisation entwickelt werden könne. So bleibt sie auf der Ebene einer Fürsorglichkeit für Sklaven; trotzdem habe sie zumindest das Verdienst den rationalistischen Bias ältere Theorien aufzudecken.
Etwas mutig werden entscheidungstheoretische Ansätze, insbesondere die von Cyert, March und Simon, als ›neo-weberianische Modelle‹ bezeichnet, die an diese Rationalitätsproblematik anschließen. Perrow behandelt sie wohlwollend als notwendige Korrekturen der älteren Bürokratietheorie. Geht er vergleichbar produktiv mit dem älteren Institutionalismus sowie mit umwelttheoretischen Ansätzen (natural selection, human ecology und evolutionary approaches) um, in denen er nach differenzierter Analyse der Weiterentwicklung würdige Konzepte entdeckt, so werden ökonomische Agency Theory und Transaktionskostentheorie vor allem wegen ihres Rückfalls in strikt rationalistische Argumentationen heftig kritisiert. Schließlich bietet erneben einer Explikation seiner eigenen theoretischen Vorstellungen noch eine interessante Diskussion der berühmten Arbeit von Meyer/Rowan (→), deren Ansatz er zwar für anregend hält, aber auch hier vermisst er die Machtperspektive, die insbesondere für den Bereich der Schulen, aus dem heraus ja Meyer et al. ihre Theorie entwikkeln, zu tiefergehenden Erklärungen hätten führen können, wenn die polit-ökonomischen Veränderungen im Beschäftigungssystem stärkere Berücksichtigung gefunden hätten.
Perrows kritischer Durchgang durch die organisationstheoretische Landschaft bis Anfang der achtziger Jahre ist auch heute noch mit großem Gewinn zu lesen, da sie Darstellung und Kritik in einer mustergültigen Weise miteinander verbindet. Er selbst arbeitet an seiner Machttheorie der Organisation weiter, ein Zwischenschritt war dabei sein Aufsatz von 1989 (→).

Klaus Türk

Pfeffer, Jeffrey/Salancik, Gerald R.
The External Control of Organizations. A Resource Dependence Perspective. New York 1978, XIII, 300S.

Der von Pfeffer entwickelte und mit Salancik ausgearbeitete Ressourcenabhängigkeits-Ansatz stellt »einen signifikanten Fortschritt innerhalb der Organisation/Umwelt-Debatte dar« (Schreyögg 1997, S. 482), der bis heute – insbesondere bei Netzwerk-Theorien und in empirischen Analysen zur Verflechtung von Organisationen (z.B. Schreyögg/Papenheim-Tockhorn 1995) – seinen Nachhall findet.
Die Verf. distanzieren sich mit ihrer Perspektive von Vorstellungen, die Organisationen als relativ autonome Einheiten zur Verfolgung von festgelegten Zielen interpretieren. Sie betonen stattdessen die Auseinandersetzung der Organisation mit ihrer Umweltabhängigkeit. Dabei lehnen sie aber die Sicht des zu jener Zeit vorherrschenden ›kontingenztheoretischen Paradigmas‹ ab, wonach sich Organisationen nach festgelegten Mustern den aus ihrer Umwelt erwachsenden Einflüssen anpassen. An die Stelle der Determinierung der Organisation durch die Umwelt tritt bei ihnen ein interaktives Organisations-/Umwelt-Verständnis. Hiernach sind Organisationen nicht nur zur reinen Anpassung an ihre Organisationsumwelt fähig, sondern sie können sie auch direkt beeinflussen und verändern. Denn die Umwelt wird von ihnen im Gegensatz zu vielen anderen Organisationstheorien nicht abstrakt, sondern konkret gefasst. Sie besteht aus anderen Organisationen oder Interessengruppen, die jeweils zum Ziel von Gegenstrategien werden können.
Das größte Problem einer Organisation sehen die Verf. in der Gewährleistung eines anhaltenden Ressourcenflusses. Die Ressourcenabhängigkeit von anderen Organisationen wird daher ins Zentrum ihrer Überlegungen gerückt. Als erfolgreich (effective) gilt ihnen eine Organisation, der es dauerhaft gelingt, jene externen Interessen zu befriedigen, die für die bestandssichernde Gewährleistung des Ressourcenflusses unerlässlich sind. Ein Anreiz zur Absicherung einer Tauschbeziehung besteht immer dann, wenn die Abhängigkeit der Organisation von einer Ressource besonders hoch ist. Für die Beurteilung der Ressourcenabhängigkeit sind hierbei drei As-

pekte von Bedeutung: (1) die Wichtigkeit der Ressource, (2) der bestehende Grad der Verfügungsgewalt über die Allokation und den Verbrauch der Ressource und (3) die Konzentration der Ressourcenkontrolle bei anderen Akteuren. Zur umweltverändernden Sicherung des Ressourcenflusses stehen verschiedene Strategien zur Verfügung, die von Kooptationen, Jointventures und Akquisitionen bis zur Beeinflussung des Gesetzgebers reichen. Im Ergebnis ihrer Anwendung entsteht eine inter-organisationale Koordinationsstruktur, wobei gilt: »Those organizations not involved in the resultant structure are less powerful and less able to cope with their problems of interdependence.« (S. 284)

Durch die Konkretisierung der allgemeinen Umweltabhängigkeitsvorstellung als Ressourcenabhängigkeit ist den Verf. eine erhellende Verschiebung zu einer interorganisationalen Betrachtungsweise gelungen: Die Organisationen gewinnen strategische Kraft, der Organisations-Umwelt-Bezug ist wenig determiniert, der Raum für Alternativen und funktionale Äquivalente ist groß, Macht und Gegenmacht werden zum integralen Theoriebestandteil. Mit eigenen Operationalisierungen in vier empirischen Kapiteln und späteren Arbeiten (z.B. Pfeffer 1987) gelingt daneben eine Öffnung der Theorie für Hypothesentests.

Trotz dieser Vorzüge des Ressourcenabhängigkeits-Ansatzes steht gerade die Verengung des Umweltbegriffs in der Kritik, wurden mit ihm doch die horizontalen Umweltbezüge (z.B. die Wettbewerber von Unternehmen) »als Unsicherheit verursachende Faktoren so gut wie ausgeschlossen« (Schreyögg 1997, S. 483). Daher wird die Betonung der noch allzu eng gefassten Motivebene (Ressourcensicherung) in der weiteren, durch die Verf. angeregten Forschung aufgegeben, wobei sich multikausal verursachte (interorganisationale) Netzwerke als Untersuchungsgegenstand herauskristallisiert haben (hierzu kritisch: Salancik 1995).

Weiterführende Literatur:

Pfeffer, J.: A Resource Dependence Perspective on Intercorporate Relations. In: Mizruchi, M.S./Schwartz, M. (Hrsg.): Intercorporate Relations. Cambridge 1987; Salancik, G.: Wanted: A Good Network Theory of Organization. In: Administrative Science Quarterly, 40,

1995, S. 345-349; Schreyögg, G.: Theorien organisatorischer Ressourcen. In: Ortmann, G./Sydow, J./Türk, K. (→); Schreyögg, G./Papenheim-Tockhorn, H.: Personelle Verflechtungen als Ressourcenmanagement. In: Schreyögg, G./Sydow, J. (Hrsg.): Managementforschung. 5. Auflage, Berlin usw. 1995.

Jürgen Beyer

Picot, Arnold/Dietl, Helmut/Franck, Egon
Organisation: eine ökonomische Perspektive. Stuttgart 1997, XVII, 368 S.

Das Lehrbuch richtet sich sowohl an Studierende im Grund- und Hauptstudium wirtschaftswissenschaftlicher Studiengänge als auch an interessierte Praktiker und Wissenschaftler. Die Verf. stützen sich auf ökonomische Theorien der Organisation, d.h. auf neoklassische Ansätze und insbesondere auf die institutionenökonomischen Theorien (Property-Rights-Theorie, Transaktionskostentheorie und Principal-Agent-Theorie), die in den letzten 20 Jahren die Diskussion in der Organisationsforschung maßgeblich geprägt haben. Einher mit den letztgenannten Theorien geht eine andere – im Vergleich zur traditionellen Sichtweise der betriebswirtschaftlichen Organisationslehre um einen wesentlichen Aspekt erweiterte – Sicht auf Organisation. Der Fokus wird nicht allein auf die Binnenorganisation des Unternehmens beschränkt. Es wird im Gegenteil betont, dass interne Unternehmensorganisation ohne Bezugnahme auf vorgelagerte Institutionen wie das Aktiengesetz oder die Wettbewerbsgesetze weder erklär- noch gestaltbar ist. »Organisation im Unternehmen findet zwangsläufig vor dem Hintergrund eines übergeordneten institutionellen Rahmens statt, als dessen Fortsetzung sie zu begreifen ist [...] « (S. 35). Organisation ist aber mehr als nur Fortsetzung des institutionellen Rahmens, der Unternehmen umgibt. Arbeitsteilung, Spezialisierung, Tausch und Abstimmung sind keine exklusiven Merkmale der Unternehmung, sondern auch Märkte, Unternehmensnetzwerke, Staaten usw. haben eine Organisationsstruktur im Sinne von verhaltenssteuernden Institutionen bzw. Regeln. Unternehmensbildung ist nur eine unter mehreren Möglichkeiten zur Koordination und Motivation von wirtschaftenden Akteuren. Unter Organisations-

struktur werden in den institutionenökonomischen Theorien generell Systeme von Institutionen (Regeln) verstanden, die das Verhalten der wirtschaftenden Akteure eingrenzen und zielgerichtet steuern sollen.
Diese Betrachtung von Organisation prägt Inhalt und Aufbau des Buches; aus ihr resultiert die Notwendigkeit, Unternehmensorganisation von innen und außen zu betrachten. Nach zwei einleitenden Kapiteln, in denen das Ausgangsproblem – das Organisationsproblem als ein Problem der Mängelbeseitigung durch Koordination und Motivation – und der Bezugsrahmen für das weitere Vorgehen dargelegt werden, wenden sich die Verf. zunächst den ökonomischen Organisationstheorien zu. Anschließend werden in getrennten Kapiteln drei unterschiedliche ›Organisationsebenen‹ einer systematischen und umfassenden Betrachtung unterzogen. Zunächst widmen sich die Autoren der Organisation der wettbewerblichen Rahmenbedingungen. Grundsätzliche Entscheidungen im Hinblick auf die Ausgestaltung der Wettbewerbspolitik, der Deregulierung bzw. der Regulierung sowie der Privatisierung bzw. der Verstaatlichung, die der Staat und seine Behörden als Organisatoren des Wettbewerbs fällen, als auch die Auswirkungen dieser Entscheidungen auf die Unternehmensorganisation werden dargelegt. Mit der zweiten Organisationsebene ist die Ausgestaltung zwischenbetrieblicher Kooperationen gemeint. Hier wird eine Vielzahl unterschiedlicher Kooperationsformen – von Varianten des Kartells über einfache ressourcenorientierte Formen der Zusammenarbeit wie dem Jointventure bis hin zu komplexen Formen der Kooperation wie dem Keiretsu – dargestellt. Die dritte Organisationsebene bezieht sich auf den Binnenbereich der Unternehmung. Hier werden neben den grundlegenden Dimensionen der Organisationsstruktur unterschiedliche Formen der Unternehmensverfassung betrachtet. Darüber hinaus finden sich hier Ausführungen zu unterschiedlichen Formen der Makroorganisation – von der Funktionsbereichsorganisation bis hin zum Konzern – sowie der Mikroorganisation, d.h. der Organisation der Produktion. Traditionelle Formen der Fertigungsorganisation werden dabei ebenso diskutiert wie moderne, z.B. Lean Production. Den Abschluss bildet ein Kapitel über Reorganisation.

In dem Lehrbuch wird Organisation konsequent aus einer Perspektive zu betrachten versucht. Die Verf. machen insofern ernst mit der Forderung, den ökonomischen Erklärungsansatz systematisch und durchgängig auf alle relevanten Aspekte von Organisation anzuwenden. Dabei liegt der Schwerpunkt des Buchs mehr auf einer konzeptionellen und weniger auf einer mit empirischen Studien gestützten Betrachtung von Organisation. Beide Schwerpunktlegungen bedeuten zugleich eine bewusst vorgenommene Beschränkung. Viele Teilprobleme, die sich (auch) mit anderen Theorien hätten ausleuchten lassen, bleiben im Dunkeln oder erscheinen nur im Licht einer Theorierichtung. Auf Schattierungen, die durch die Darlegung empirischer Befunde hätten hervortreten können, wurde weitgehend verzichtet. Die Beschränkung ist im Hinblick auf den primären Adressatenkreis des Buchs jedoch nicht unbedingt ein Nachteil. Sie erspart die (oftmals Verwirrung stiftende) Konfrontation mit den höchst unterschiedlichen Annahmegefügen einzelner theoretischer Ansätze und eröffnet einen konsistenten Zugang zum Phänomen Organisation.

Peter Walgenbach

Powell, Walter W./DiMaggio, Paul, J. (Hrsg.)
The New Institutionalism in Organizational Analysis.
1. Auflage Chicago usw., VII, 478 S., 4. Auflage 1994.

Der Sammelband ist in drei Hauptteile gegliedert. Diesen ist ein einleitendes Kapitel vorangestellt, in dem die Verf. die Position des soziologischen Neo-Institutionalismus u.a. durch die Gegenüberstellung zu anderen Neo-Institutionalismen (z.B. der Neuen Institutionenökonomie) verdeutlichen. Im soziologischen Neo-Institutionalismus ist es die institutionelle Umwelt von Organisationen, die die Ausgestaltung der Organisation mit bestimmt.
Der erste Teil umfasst vier Aufsätze, die die neo-institutionalistische Theorie maßgeblich begründet haben. Diese bereits Ende der 70er, Anfang der 80er Jahre erstmals veröffentlichten Aufsätze sind z.T. für dieses Buch überarbeitet worden. Meyer/Rowan argumentieren, dass Organisationen zuneh-

mend strukturelle Elemente adoptieren, die nicht notwendigerweise die Effizienz der Organisation erhöhen, die aber in der Umwelt der Organisationen als rationale Mittel zur Erreichung bestimmter Zwecke angesehen werden. Eine Organisation, die solche institutionalisierten Elemente übernimmt, bekommt die für ihr Überleben notwendige Legitimität zugesprochen. Problematisch für die einzelne Organisation ist, dass diese Elemente untereinander und mit den produktions- und austauschbedingten Anforderungen in Konflikt geraten können. Um diesen Konflikt zu lösen, entkoppeln Organisationen die einzelnen Elemente der formalen Struktur voneinander und von den Arbeitsprozessen. DiMaggio/Powell zeigen drei Mechanismen auf, die bewirken, dass sich Organisationen zunehmend angleichen. Bei den identifizierten Mechanismen handelt es sich um den Zwang, den andere Organisationen auf eine Organisation ausüben, Nachahmungsprozesse und normative Vorstellungen von angemessener Organisation, die sich insbesondere durch die Mitglieder von Professionen in einer Vielzahl von Organisationen verbreiten. Die Elemente, die Organisationen dabei übernehmen, erhöhen nicht notwendigerweise die Effizienz der Organisation.
Zucker zeigt anhand eines Experiments auf, dass Organisation – obwohl durch Interaktion erschaffen – die Eigenschaft eines objektiven Faktums erworben hat. Allein die Aufforderung, dass eine Person sich vorstellen möge, dass sie eine Stelle in einer Organisation ausfüllt, genügt, dass die mit der Stelle verbundenen Handlungen – selbst wenn die Handlungen nicht typisch für Handlungen in Organisationen sind – als unpersönliche Handlungen (Amtshandlungen) betrachtet werden, die immer in gleicher Weise ausgeführt werden müssen. Für Scott/Meyer sind die relevanten Analyseeinheiten für die Organisationsforschung gesellschaftliche Sektoren. Darunter verstehen sie eine Ansammlung von Organisationen, die im selben Bereich tätig sind und Organisationen, die die im Zentrum der Betrachtung stehenden Organisationen in kritischer Weise beeinflussen können, wie z.B. Behörden. Die Einflussfaktoren können auch sozialer oder kultureller Art sein. Die Verf. stellen eine Reihe von Hypothesen über die Beziehungen zwischen den Charakteristika eines Sektors und der Anzahl, der Unterschiedlichkeit sowie der Funktionsweise

der organisationalen Einheiten in diesem Sektor auf.
Im zweiten Teil finden sich fünf Beiträge, mit denen die neo-institutionalistische Theorie weiterentwickelt wurde. Jepperson trägt mit seinem Beitrag zur Klärung einiger Kernbegriffe der Neo-Institutionalistischen Theorie, wie bspw. Institution, bei. Mit Institution ist ein soziales Muster gemeint, das die Eigenschaft einer nicht mehr hinterfragten Selbstverständlichkeit aufweist und in sozialen Interaktionen kontinuierlich reproduziert wird. Institutionalisierung bezeichnet zum einen den Prozess, der zu diesem Zustand führt. Institutionalisierung als Zustand zum anderen impliziert quasi-automatische Verhaltensabläufe. Scott legt dar, wie sich die Betrachtung der Umwelt in der Organisationstheorie im Zeitverlauf gewandelt hat. Er betont, dass die meisten Organisationen mit einer Vielzahl von unterschiedlichen symbolischen und kulturellen Systemen konfrontiert sind, und zeigt auf, dass Organisationen in begrenztem Ausmaß die Wahl haben, mit welchen Systemen sie in Verbindung treten wollen. Darüber hinaus fasst er die Ergebnisse empirischer Studien zusammen, in denen untersucht wurde, in welcher Weise die institutionelle Umwelt Organisationen beeinflusst. Powell versucht in seinem Beitrag den durch frühere Veröffentlichungen entstandenen Eindruck zu korrigieren, dass einerseits die Argumente der neo-institutionalistischen Theorie in erster Linie für nicht-erwerbswirtschaftliche Organisationen gelten und dass andererseits generell die Ineffizienz der Übernahme extern legitimierter Elemente behauptet würde. Darüber hinaus fordert er, dass sich die Institutionalisten verstärkt der Erklärung der Unterschiedlichkeit und des Wandels der institutionellen Umwelt zuwenden sollen. Er entwickelt eine erste Systematisierung der Quellen von Variationen und der Muster des Wandels. Meyer entwickelte Argumente über die Art und Weise, in der formale Organisation von der politischen Grundordnung von Nationalstaaten abhängt. Das hohe Maß an Homogenität von formaler Organisation in der gesamten modernen Welt reflektiere die Gleichartigkeit in den Verfassungen; Unterschiede spiegeln Abweichungen. Wesentliche Ursachen für Unterschiede liegen in der jeweiligen Bestimmung von legitimen Akteuren mit eigenständigen Interessen, der Konstruktion von technischen oder funktionalen Elementen wie

bspw. Wissenschaften oder Professionen und dem Ausmaß, in dem solche Elemente in die Organisation des Staates integriert sind. Friedland/Alford entwickeln ein Konzept, in dem Gesellschaft als ein potenziell widersprüchliches institutionelles System betrachtet wird. Indem Individuen und Organisationen sich durch die Betonung einer bestimmten Logik in den Institutionen die Widersprüche zwischen Institutionen zu Nutze machen, verändern sie die Relationen zwischen den Institutionen in einer Gesellschaft. Diese Betrachtungsweise ermöglicht es, Unterschiede in den Inhalten von Institutionen und im Verhalten von Individuen und Organisationen in verschiedenen Gesellschaften zu erklären.

Der dritte Teil beinhaltet empirische Studien zu drei Teilbereichen des neo-institutionalistischen Ansatzes: ›Constructing Organizational Fields‹, ›Institutional Change‹ und ›Institutional and Competitive Forces‹. DiMaggio vollzieht am Beispiel von Kunstmuseen nach, wie sich die Umwelt dieser Organisationen strukturiert und institutionalisiert hat. Galaskiewicz zeigt auf, wie zentrale Organisationen in einem organisationalen Feld Institutionen schaffen, die das Verhalten der Organisationen in diesem Feld steuern. Fligstein zeigt am Beispiel der Diversifikationsstrategie, wie in der Interaktion zwischen Managern großer Unternehmen neue Steuerungskonzepte definiert wurden und anschließend in Reaktion auf externe Schocks weite Verbreitung fanden. Brint und Karabel zeigen, wie sich eine Bildungseinrichtung, nämlich das us-amerikanische ›two-year college‹, gewandelt hat. Orrù/Biggart/Hamilton verdeutlichen in ihrer Studie am Beispiel von Unternehmensgruppen in Südkorea, Taiwan und Japan, dass nicht nur technische Anforderungen sich in organisationalen und interorganisationalen Strukturen niederschlagen, sondern auch die Unterschiede im institutionellen Kontext. In der Untersuchung von Singh/Tucker/Meinhard werden Argumentationsfiguren des neo-institutionalistischen Ansatzes mit denen des Population Ecology-Ansatzes verknüpft und anhand von Organisationen im Bereich sozialer Dienste überprüft. Die Verf. finden, dass Wandel in der institutionellen Umwelt sich auf die Gründungs-, Sterbe- und Änderungsrate der Organisationen auswirkt.

Das Buch ist ein – vielleicht sogar *das* – Standardwerk des soziologisch geprägten Neo-Institutionalismus in der Organisationstheorie. Es ist gelungen, mit diesem Werk die Entwicklung sowie den Stand der Theorie und der empirischen Forschung Ende der 80er Jahre zu dokumentieren. Auch die offenen Fragen des Ansatzes sowie die Spannungen zwischen den unterschiedlichen Spielarten des soziologischen Neo-Institutionalismus in der Organisationsforschung treten in diesem Reader deutlich hervor.

Peter Walgenbach

Presthus, Robert
The Organizational Society. An Analysis and a Theory. 1. Auflage New York 1962, XV, 322 S., Revidierte Auflage London 1979, IX, 288 S. Aus dem Amerikanischen von Ilse Gubisch: Individuum und Organisation. Typologie der Anpassung. Mit einem Nachwort von Renate Mayntz. Frankfurt/M. 1966, 350 S.

Die interdisziplinäre Untersuchung von Einflüssen großer bürokratischer Organisationen auf das Verhalten von Individuen fragt nach idealtypischen modalen Mustern der Anpassung und geht von erzwungener Konformität, der Unverträglichkeit organisierter Macht mit demokratischen Prinzipien sowie der Behauptung aus, dass Unpersönlichkeit, Kontrolle und Machtstrukturen in Großorganisationen angstauslösende, dysfunktionale Wirkungen auf die Belegschaft haben.
Die Analyse basiert auf einem bürokratischen Modell mit den Strukturmerkmalen Größe, Spezialisierung, Rationalität, Hierarchie, Status, Autorität, Oligarchie, Kooptation, Leistungswirksamkeit und einer historischen Rekonstruktion der Bürokratisierung der amerikanischen ›organisierten Gesellschaft‹. Gestützt auf die interpersonale Theorie Sullivans erscheint der Mensch als Produkt der Gesellschaft, dessen Persönlichkeit sich in sozialer Interaktion unter Einfluss gesellschaftlicher Wertvorstellungen formt. Das ›Angst-Konformitäts-Bestätigungs-Syndrom‹ unterstellt, dass Menschen nach Sicherheit streben und Spannungs- bzw. Angstzustände durch Gehorsam gegenüber Autorität und Konformität entschärfen. Die Reaktion auf Autorität gilt als entscheidende Variable der

Anpassung. Mit diesem Bezugsrahmen werden Wechselwirkungen zwischen Gesellschaft, Persönlichkeit und Beruf in der bürokratischen Situation untersucht. Letztere erscheint als ein strukturiertes Feld, in dem auf Amtsstellung und Statuszuschreibungen beruhende Autorität Unterwürfigkeit erwirkt, die Akzeptanz organisierter Autorität durch hierarchische Kontrolle, Belohnungen und hieraus resultierender Statusangst gestützt wird, Gruppen einen starken Anpassungszwang ausüben und individuelles Machtstreben – bei Loyalität gegenüber den Machthabern – Ungleichheit fördert.
Die Verschiedenartigkeit der bürokratischen Typen und ihrer Anpassungsmodi resultiert aus Wahrnehmungs- und Beurteilungsunterschiede prägenden Kindheitserfahrungen. Die Aufsteigenden betrachten Status und Prestige als Selbstzweck sowie Beruf und Organisation als Instrumente des persönlichen Machterwerbs. Ihr Interesse gilt Verfahrensfragen, strategischen Zusammenhängen, Rangordnungen, Statussymbolen sowie der Kontrolle von Menschen und Situationen. Als Empfänger großer Belohnungsanteile weisen sie sich durch hohe Arbeitsmoral, Identifikation mit der Organisation, Loyalität, Respekt vor Autorität und Selbstbeherrschung aus. Das mehrheitliche Anpassungsmuster ist das der Indifferenten. Auf Grund geringer Mitbestimmungs- und Aufstiegschancen sowie Entfremdung erzeugender Arbeitsbedingungen gilt ihnen monetäre Gratifikation als Mittel der Befriedigung von Freizeitbedürfnissen. Resignation und Gleichgültigkeit, Abwendung von Erfolgs-, Macht-, Status- und Prestigewerten sowie innere Distanzierung kennzeichnen ihre Haltung. Demgegenüber besitzen die *Ambivalenten* ein inhaltliches, gegen bürokratische Reglements gerichtetes Interesse, woraus der Konflikt zwischen fachlicher und hierarchischer Autorität entsteht. Als introvertierte, idealistische und unabhängige Persönlichkeiten lehnen sie Mehrheitswerte ab, stehen im Widerspruch zu bürokratischer Loyalität und Konformität, sind aber zugleich unfähig, sich darüber zu erheben. Diese Ambivalenz führt zu Unsicherheit und einem gestörten Verhältnis zur Autorität. Trotz seiner Funktion, Veränderungen anzustoßen, ist der ambivalente Typ für die bürokratische Situation ungeeignet.
Auf Grund der in großen Organisationen herrschenden Logik

und der Unfähigkeit, humane Arbeitsplätze zu schaffen, diagnostiziert der Verf. eine gravierende, gesellschaftliche Innovationen betreffende Dysfunktion und plädiert für kritische Überprüfung altbewährter Denk-, Ordnungs- und Verhaltensmuster. Dies werde durch das Zulassen von Kritik und Wandel bewirkende Konflikte gefördert.
Im Nachwort zur deutschen Ausgabe prüft Renate Mayntz die Übertragbarkeit der Analyse auf bundesrepublikanische Verhältnisse und urteilt, dass sie – abgesehen von historischen und kulturellen Differenzen – in allen wichtigen Zügen Gültigkeit beanspruchen kann. Kritisiert werden die Unvollständigkeit und Undifferenziertheit der Typologie sowie ihr ungleichgewichtiger Rekurs auf psychologische und sozialstrukturelle Erklärungsfaktoren. In der überarbeiteten Ausgabe, die die Argumentation mit neueren sozio-ökonomischen Daten und Untersuchungen modifiziert, analysiert Presthus abschließend Faktoren des sozialen Wandels, konfrontiert auf Partizipation und organischen Strukturen basierende Organisationsmodelle mit Max Webers pessimistischer ›iron cage-These‹ – die Unverzichtbarkeit von Rationalität und Bürokratie für Effektivität und Produktivität – und kommt zum Ergebnis, »that the movement toward new liberating departures in organizational structure and processes will have only a marginal impact« (S. 267). Sichtet man neuere Managementliteratur, bspw. zu ›Lernender‹ oder ›Virtueller Organisation‹, so scheint heute die Überwindung des bürokratischen Modells greifbar nah. Moderne, gesellschaftliche Aspekte beachtende Organisationstheorie gibt sich diesbezüglich skeptischer. Das Verschwinden von Hierarchie und Autorität und ihren von Presthus aufgezeigten Implikationen ist danach nicht in Sicht.

Jürgen Grieger

Probst, Gilbert J.B.
Organisation: Strukturen, Lenkungsinstrumente, Entwicklungsperspektiven. Landsberg/Lech 1993, 636 S.

Ziel ist es, den Leser mit anwendungsorientiertem Wissen über Instrumente, Methoden und Perspektiven der Gestal-

tung, Lenkung und Entwicklung der Organisation zu versorgen. Aus diesem Grunde ist das Buch in drei ›Tätigkeitsfelder‹ bzw. Phasen des Organisierens gegliedert: 1. Die Gestaltung der Organisation, 2. Führen des organisationalen Wandels und 3. Fördern der Organisationsentwicklung. Diese Einteilung spiegelt gleichfalls den inhaltlichen Schwerpunkt des Buches wider: Dem Leser die Denkweise einer ganzheitlichen, systemischen Unternehmensführung und Organisationsentwicklung nahe zu bringen, die auf dem Verständnis von Organisationen als zwar lenk- und strukturierbaren, aber nicht vollständig kontrollierbaren, dynamischen Sozialsystemen in dynamischen Umwelten basiert, sodass Gestaltung, Führung und Entwicklung der Organisation ein fortlaufender Prozess ist. Allgemeine Grundlagen zur Organisationsgestaltung werden dabei jedoch nicht vernachlässigt, sondern als Teilbereich einer ganzheitlichen Systementwicklung in das Spannungsfeld zwischen notwendigen Stabilisierungsfaktoren des Systems auf der einen Seite und notwendigen Flexibilisierungsfaktoren auf der anderen Seite einbezogen.
So werden im ersten Kapitel zunächst die formalen Gestaltungsaspekte und Anforderungen an die Organisation und Führung von Unternehmen dargestellt. Hierzu werden die wichtigsten Ziele, Prinzipien und konkrete Instrumente zur Gestaltung und Umsetzung der Aufbau- und Ablauforganisation anhand von Beispielen erläutert und bezüglich ihrer Vor- und Nachteile diskutiert. Dieses grundsätzliche Rüstzeug zur Gestaltung des Organisationsrahmens wird in die Darstellung eines ganzheitlichen Organisations- und Managementverständnisses eingebettet, welches Organisationsgestaltung als einen notwendigen, zielgerichteten Prozess der Ordnungsbildung und Schaffung eines Bezugsrahmens betrachtet, der jedoch immer auch durch die Eigendynamik des Systems selbst und seiner Umwelt beeinflusst wird und diese berücksichtigen muss. Entsprechend geht es im zweiten Kapitel um die durch diese Änderungsdynamik bewusst oder unbewusst ausgelösten Wandlungsprozesse und die Frage, wie dieser Reorganisationsprozess gezielt gesteuert werden kann und welche Methoden und Mittel dabei eingesetzt werden können. Durch die detaillierte, phasenorientierte Darstellung der Reorganisation wird hierbei nicht nur eine Vorgehensweise samt

Instrumenten zur konkreten Durchführung einer Reorganisation erläutert, sondern gleichfalls auf Reorganisationsfaktoren hingewiesen und die Wirkungen und Probleme von und bei der Reorganisation bzw. Wandlungsprozessen aufgezeigt. Das letzte Kapitel schließlich konzentriert sich darauf, wie man den organisatorischen Wandel zukunftsorientiert begleiten und fördern kann. Dabei stehen Basiskonzepte, Annahmen, Bedingungen und Prinzipien eines entwicklungsorientierten Managements und mögliche Gestaltungsinstrumente zur Umsetzung im Zentrum, die durch aktuelle Struktur- und Managementtendenzen für die Zukunft abgerundet werden. Zusammenfassend lässt sich festhalten, dass die Perspektive des Buches die eines Organisators oder Managers ist, der vor der Aufgabe steht, sein Unternehmen zu gestalten, zu lenken und weiterzuentwickeln. Für diesen Zweck liefert das Buch einen sehr guten, praxisorientierten Überblick über Grundlagen, Sichten, Instrumente und Methoden der Organisationsgestaltung, die hierzu im Laufe der Organisationstheorie entwickelt worden sind. Auf Grund der problem- oder tätigkeitsorientierten Sicht geht es folglich weniger um die Erklärung der Organisation und entsprechender Organisationstheorien als vielmehr um das Aufspannen eines Bogens, der von klassischen Gestaltungs- und Managementkriterien bis hin zu aktuellen, systemischen Struktur- und Führungskonzepten reicht, die in Organisationstheorie und -praxis diskutiert werden. Hervorzuheben ist, dass hier bereits Grundbausteine für die aktuelle Diskussion um ein Modell ›lernender Unternehmen‹ gelegt sind. Die besondere Leistung dieses Werkes liegt dabei darin, dass es durch die zugrundeliegende Perspektive einer ganzheitlichen, systemtheoretischen Organisationssicht gelingt, eine Integration zwischen formalen und informalen Aspekten der Organisation, zwischen grundlagenorientiertem, klassischem Organisationswissen und spezifisch systemtheoretischem Wissen und schließlich zwischen praxisorientiertem Wissen und theoretischen Hintergründen herzustellen.

Weiterführende Literatur:

Probst, G.J.B.: Selbst-Organisation: Ordnungsprozesse in sozialen Systemen aus ganzheitlicher Sicht. Berlin usw. 1987.

Lilia Stünzner

Pugh, Derek S./Hickson, David J.
Organizational Structure in its Context. The Aston Programme I. Westmead, Farnborough 1976, 231 S.
Pugh, Derek S./Hickson, David J. (Hrsg.)
Organizational Structure. Extensions and Replications. The Aston Programme II. Westmead, Farnborough 1976, 192 S.
Pugh, Derek S./Payne, R.L. (Hrsg.)
Organizational Behaviour in its Context. The Aston Programme III. Westmead, Farnborough 1977, 188 S.

Das in den drei Bänden behandelte Forschungsprogramm der Aston-Gruppe von der University of Birmingham repräsentiert einen wesentlichen Teil des sog. ›situativen Ansatzes‹ der Organisationsforschung. Untersuchungen dieser Art haben insbesondere in den 60er und 70er Jahren die empirische Organisationsforschung nachhaltig bestimmt. Ziel ist die Erklärung empirisch vorfindbarer organisatorischer Phänomene durch empirisch gut bestätigte Gesetzeshypothesen, wobei eine gewisse Ausrichtung am Forschungsideal der Naturwissenschaften zu erkennen ist. Der große Erfahrungsbereich empirisch vorfindbarer organisatorischer Phänomene wird in Konzession an messtheoretische Erfordernisse auf einen deutlich eingeschränkten Gegenstandsbereich von formalisierten Merkmalen der Organisationsstruktur reduziert. Unterschiede bzgl. der Ausprägungen dieser Merkmale werden zurückgeführt auf Unterschiede im Kontext bzw. in der Situation der Betriebe. Bei einer solch knappen Charakterisierung ist allerdings zu beachten, dass sich hinter dem Attribut ›situativ‹ (bzw. ›kontingenztheoretisch‹) im Einzelnen sehr verschiedenartige Ansätze verbergen (s. z.B. Frese 1992; Kieser 1999). Das Forschungsprogramm der Aston-Gruppe lässt sich einer Richtung zuordnen, die versucht, im Wege der statistischen Analyse einen kausalen Zusammenhang zwischen Einflussgrößen in der Situation der Betriebe und Organisationsstrukturmerkmalen der Betriebe aufzudecken.
Im ersten Band wird der situative Ansatz auf eine Gruppe von 46 englische Industrieunternehmen aus der Umgebung von Birmingham bezogen. Ziel der Untersuchung war es, Ausprägungen von Merkmalen der Organisationsstrukturen auf

Merkmale der Situation zurückzuführen. Als Kern der umfangreichen Forschungsergebnisse können die Aussagen gelten, welche die folgenden vier Organisationsstrukturmerkmale thematisieren: Grad der Spezialisierung, Grad der Standardisierung, Grad der Formalisierung und Grad der Zentralisierung. Das Ergebnis lässt sich in zwei Aussagen zusammenfassen:

Größere Organisationen haben tendenziell einen höheren Grad an Spezialisierung, Standardisierung und Formalisierung und: Mit steigender Größe nimmt der Grad der Entscheidungszentralisierung ab. Die aufgezeigte Größenauswirkung kann darauf zurückgeführt werden, dass eine detaillierte Aufgabenfestlegung für Spezialbereiche sowie eine weit gehende Regelung durch standardisierte Verfahren und formalisierte Berichte den Aufgaben- und Kommunikationszusammenhang stabilisieren. Sie erlauben daher die Delegation von Entscheidungen, ohne die Koordination des Gesamtsystems zu gefährden. Ein gewisser Mangel dieses Erklärungsversuchs liegt jedoch darin, dass die als Voraussetzung für eine stärkere Entscheidungsdezentralisation genannte höhere Spezialisierung, Standardisierung und Formalisierung nicht in ihrer Abhängigkeit von der Größenvariation interpretiert werden. Unmittelbar einleuchtend ist das Ergebnis hinsichtlich des höheren Grades an Spezialisierung in größeren Organisationen. Die Bildung homogener Aufgabenkomplexe und ihre Zuordnung zu Spezialeinheiten sind erst bei bestimmten Größenverhältnissen wirtschaftlich zweckmäßig. Der erhöhte Grad an Spezialisierung erklärt unter Umständen auch zu einem Teil den erhöhten Grad an Formalisierung und Standardisierung. So ist die Wahrscheinlichkeit der schriftlichen Ausarbeitung detaillierter Verfahrensregeln in Organisationen mit spezialisierten Betriebsorganisationsabteilungen sicher größer als in Organisationen ohne entsprechend spezialisierte Betriebsorganisationsabteilungen. Da der Kommunikationsprozess in größeren Systemen häufig mehrere Stufen umfasst, bildet die Schriftform außerdem ein Mittel, um die Gefahr von Informationsfilterungen und Informationsmanipulationen zu verringern.

Der zweite Band ist in drei Teile gegliedert. Im ersten Teil werden die Grundlagen der Vorgehensmethode erläutert. Dieser Teil bezieht sich auf »The Aston Programme I«. Dann dehnen die Verf. ihren Forschungsansatz auf Non-Profit-Betriebe aus. Untersucht werden Gewerkschaften, öffentliche Verwaltungen, Kirchen und Schulen. Es lässt sich festhalten, dass die Anwendung des für Industrieunternehmen konzipierten Forschungsansatzes auch für Non-Profit-Betriebe gelingt, wenn man entsprechende Veränderungen bzgl. der Merkmale von Organisationsstruktur und Situation vornimmt. Im dritten Teil schließlich wird der Forschungsansatz modifiziert, indem versucht wird, eine Verbindung herzustellen zwischen Merkmalen der Organisationsstruktur, Merkmalen des Managements und Merkmalen des Erfolges von Betrieben. Dieser Versuch trägt deutlich ›explorative‹ Züge. Sein Ergebnis wird dann auch von der Aston-Gruppe selbst als problematisch eingeschätzt.

Im dritten Band wird der situative Ansatz zwar beibehalten, es erfolgt jedoch ein deutlicher Wechsel hinsichtlich der untersuchten abhängigen und unabhängigen Variablen. Statt formalisierter Merkmale wie Entscheidungskompetenzen und Kommunikationsbeziehungen steht nun menschliches Verhalten als abhängige Variable im Vordergrund. Dieses menschliche Verhalten wird auf die Einflussgrößen der Umwelt, der Organisationsstruktur und des Betriebserfolges zurückgeführt. Damit baut die Untersuchung auf den Forschungsergebnissen der vorhergehenden Untersuchungen I und II auf. »The Aston Programme III« ist in drei Teile aufgeteilt, von denen jeder Teil eine besondere abhängige Variable thematisiert. So bezieht sich der erste Teil auf Rollen, der zweite Teil auf Gruppenstrukturen und der dritte Teil auf das Organisationsklima. In einem zusammenfassenden Kapitel präsentieren die Verf. schließlich ein zusammenfassendes Konzept zur Integration der im Einzelnen sehr unterschiedlichen Untersuchungsergebnisse der drei Teile.

Das Forschungsprogramm der Aston-Gruppe muss hinsichtlich der methodischen Fundierung und der empirischen Breite als bemerkenswert angesehen werden. Die Einordnung in den situativen Ansatz der Organisationsforschung führt allerdings dazu, dass die gegen den situativen Ansatz formulierbare Kritik auch gegen das Forschungsprogramm der Aston-Gruppe vorgebracht werden kann (s. z.B. Schreyögg 1998). Insbesondere muss kritisiert werden, dass ein geschlossener theoretischer Bezugsrahmen nicht vorliegt und dass der Untersuchungsansatz einen kausalen Determinismus unterstellt, der die Existenz beachtlicher Gestaltungsspielräume von Managern verkennt. Unter Würdigung dieser Umstände sind die Untersuchungsergebnisse der Aston-Gruppe daher kaum als Orientierungshinweis für die erfolgreiche Gestaltung von Organisationsstrukturen verwendbar. Sie geben eher eine *Anregung* für die Richtung, in der Handlungsalternativen zu suchen sind.

Weiterführende Literatur:

Frese, E.: Organisationstheorie. Historische Entwicklung – Ansätze – Perspektiven. 2. Auflage, Wiesbaden 1992; Kieser (→Hrsg.); Schreyögg, G.: Organisation. Grundlagen moderner Organisationsgestaltung. 2. Auflage, Wiesbaden 1998.

Matthias Graumann

Rastetter, Daniela
Sexualität und Herrschaft in Organisationen. Opladen 1994, 300 S.

Sexualität als Synonym für die erotischen, emotionalen sozialen Beziehungen wird in ihren rationalisierten Erscheinungsformen in Organisationen auf der Grundlage des politikorientierten Ansatzes nach Türk bzw. Türk/Stolz thematisiert. Organisationen sind demnach kulturelle Kooperationsformen, die herrschaftskonforme Kommunikation zur Regulation sozialer Beziehungen ermöglichen. Eine Reflexion der historisch-kulturell entwickelten Formbestimmungen von Organisation der Ordnung (Rationalisierungs-, Disziplinierungs- und Normalisierungsdimension), des Gebildes (institutionelle Differenzierung und Aneigung von Arbeitserträgen) und der Vergemeinschaftung (Prozesse von Inklusion und Exklusion) zeigt evolutionäre Potentiale in Organisationen. Die herrschaftsförmige Zurichtung der Sexualität bildet über ihre Ordnungs- und Disziplinierungsfunktion normative, hierarchiestützende Geschlechterdimorphismen aus. Das Gebilde der Organisation nutzt das geschlechtsspezifische Arbeitsvermögen in der Qualifikation, der Motivdisposition und der Sozialkompetenz und überträgt damit die Trennung in Produktions- und Reproduktionsarbeit auf die Organisation. Die Funktion der Vergemeinschaftung bildet die legitimatorischen Muster in der kulturellen Überhöhung dieser exkludierenden und inkludierenden Differenz. Sexualität als zentrales Handlungsmotiv des Menschen bedingt im institutionellen Kontext der Kooperationsdimension die Widerständigkeit gegen ihre vollständige zeitlich-räumliche Rationalisierung und Kontrolle. Ihre identitätstheoretischen Annahmen über die Vergeschlechtlichung in der Organisation bezieht die Verf. erstens auf die Gegenstände der Desexualisierung bzw. die Mechanismen der Geschlechtertrennung (Kontrolle von Zeit und Räumen, Strafen und Geboten), zweitens auf die Verdinglichung von Emotionalität, drittens auf die Bagatellisierung, Tabuisierung und Externalisierung der sexuellen Belästigung. Hier nur kurz skizzierbar, wendet sie die genannten Dimensionen der Organisation auf die Gegenstände an und konstatiert viertens, dass die sexuell-romantischen Beziehungen am Arbeitsplatz im Rahmen der Ordnungsdimension, die unversalistischen, funktional gestalteten Beziehungen ›stören‹, indem sie gerade auf Nicht-Austauschbarkeit exklusiver Liebesbeziehungen rekurrieren. Sie bilden möglicherweise Irritationen für einen hierarchischen Status, indem die Emotionalität einen Graben überbrückt, den die scheinbar neutralisierende Funktionalität gebildet hat. Das Gebilde der typisierten Arbeitsteilung in der Organisation strukturiert eine sexuell-romantische Beziehung zumeist hierarchisch und trifft diskriminierende Bewertungen als Affäre, Karrierebegünstigung, meist zu Ungunsten der Frauen. Die Vergemeinschaftungsdimension wird durch die Exklusivität einer Zweierbeziehung hochgradig irritiert, weil zum einen die exklusive Bedeutung des entsexualisierten Männerbundes angezweifelt wird, zum anderen die individuelle Vereinzelung durch ein ›pairing‹ aufgehoben worden ist. Die Anpassung an die organisationalen Erfordernisse kann eine Erotisierung der Arbeitsbeziehung zur Produktivitätserhöhung einsetzten oder gemeinsam an einem Projekt arbeitende Paare mit einem hohen Commitment ausstatten.

Die Dominanz organisationaler Herrschaft prägt jedoch immer die Form der Erlebnismöglichkeit. Die Verf. fordert – deshalb eher normativ – zur Veränderung von Herrschaft eine Reerotisierung der sozialen Beziehungen. Handlungsüberschüsse und nicht rationalisierbarer emotionaler Eigensinn bieten die Räume zum authentischen Handeln. Weiterhin wird die Möglichkeit der Redefinition der Geschlechterdualismen durch den vermehrten Einsatz von Frauen im Management wahrgenommen, was mit einer Erweiterung der Handlungsmöglichkeiten von Frauen und Männern einhergehen kann. Die Rekonstruktion der latenten sozialen Prozesse der Sexualität könnte zur Vitalisierung sozialer Beziehungen führen. Ihre Aufklärung über Herrschaftsformen bietet die Grundlage organisationaler und subjektiver Emanzipation von patriarchalen Strukturen in Organisationen. Kritisierbar ist, dass ihre identitätstheoretische Perspektive dazu verleitet, die Differenzen zwischen Frauen und Männern zu reproduzieren.

Weiterführende Literatur:

Fineman, S. (Hrsg.): Emotions in Organization. London usw. 1993; Gherardi, S.: Gender, Symbolism and Organizational Culture. Thousand Oaks usw. 1995.

Iris Koall

Reed, Michael
Redirections in Organizational Analysis. London usw. 1985, 234 S.

Der Verf. möchte mit diesem Buch zur Überwindung zentraler konzeptioneller Probleme der Organisationstheorie beitragen. Im Zuge eines kritischen Überblicks resümiert er die wesentlichen Entwicklungen der Organisationstheorie in den letzten fünfzig Jahren. Seine Hauptkritik gegenüber einem heterogenen Feld klassischer Studien betrifft die Vernachlässigung der Dimension sozialer Praxis. Hier verortet er sein eigenes Modell, das ›practice framework‹, das die Einseitigkeit bestehender Theorieangebote vermeiden soll.
Bereits in der Einleitung wird deutlich, dass es ihm weniger um isolierte Konzepte als um die ihnen zugrundeliegende Epi-

stemologie geht. Diese wiederum stellt er in den Kontext gesellschaftlicher Entwicklungen. Die langjährige Dominanz des ›technokratischen Paradigmas‹ zum Beispiel sieht er darin begründet, dass es mit Grundüberzeugungen der westlichen Gesellschaft im Einklang stand. Organisationen konnten demnach verstanden werden als »Inseln der Rationalität in einem Meer menschlicher Irrationalität« (S. 4). Im selben Maße, wie derartige Rationalitätsversprechen an Glaubwürdigkeit verloren haben, löste sich auch der ›orthodoxe Konsens‹ der Organisationstheorie auf.

Die Entstehung dieser Orthodoxie und ihre Ablösung zu rekonstruieren ist das Ziel der ersten drei Kapitel. Als frühe Inspiration der Organisationstheorie identifiziert der Verf. Marx, Durkheim und Weber. Während Marx zu Beginn eher stiefmütterlich behandelt worden sei, habe Durkheim immerhin über Parsons' Strukturfunktionalismus Spuren hinterlassen. Am eindeutigsten sei aber der Einfluss Webers, der mit seinem Rationalitätskonzept am meisten ›intellektuelles Kapital‹ zur beginnenden Organisationswissenschaft beigesteuert habe. Diese klassische Erbschaft informierte die Studien der ›Gründungszeit‹, zu der Reed die Beiträge von Barnard, Roethlisberger und Dickson sowie Simon rechnet. Diese frühen, systemtheoretisch orientierten Versuche definierten die Vorzeichen, unter denen sich die Organisationstheorie weiterentwickeln sollte. Interne Spannungen des systemtheoretischen Modells wurden durch eine Kombination von »beschränkter theoretischer Reform und wohl überlegter philosophischer Nachlässigkeit« (S. 44) geglättet. Ohnehin hatte die Systemtheorie im Zuge eines »intellektuellen Elternmordes« (S. 12) die Verbindung zur Tradition gekappt und sich einer gesellschaftstheoretischen Reflexion weitgehend enthalten.

Dies änderte sich erst, als Ende der sechziger Jahre Alternativen entwickelt wurden. Vor allem auf der Basis marxistischer Gesellschaftstheorie wurde die Ideologie der normativ integrierten Organisation umfassend kritisiert. Zum einen wurde nun versucht, den Organisationswandel im Rahmen der Politischen Ökonomie zu konzipieren, zum anderen wurde die Aufmerksamkeit auf die Kontrolle des ›labour process‹ gelenkt. Die Kritik am orthodoxen Organisationsverständnis beendete das ›Interregnum‹ der Nachkriegszeit, in dem die sy-

stemtheoretische Theorie dominiert hatte. Reed assoziiert dies nicht zuletzt mit gesellschaftlichen Umbrüchen. Der »kurze Traum immer währender Prosperität« (Burkart Lutz) war zu Ende, und damit wurden auch die Grenzen einer Theorie deutlich, die eine weitere Steigerung von Rationalität und Effizienz in Aussicht gestellt hatte. Neue soziale Widersprüche und ideologische Konflikte unterstützten alternative Theorieangebote. Dennoch habe es die Organisationstheorie im Zuge dieser Neuorientierung versäumt, das Problem der ›human agency‹ angemessen zu berücksichtigen. Dem abzuhelfen ist das Ziel des ›practice framework‹, das im vierten Kapitel vorgestellt wird. Der Determinismus bisheriger Ansätze soll dadurch ebenso überwunden werden wie der Dualismus von Struktur und Prozess. Stattdessen wird die grundlegende Ambiguität sozialer Praxis in den Vordergrund gerückt. Reed baut auf das von Christopher Harris entwickelte Modell sozialer Praxis auf, das zwischen ›primären‹ und ›sekundären‹ Praktiken unterscheidet. Primäre soziale Praktiken umfassen die umweltverändernden, produktiven Tätigkeiten, die durch sekundäre integriert und reguliert werden. Die Zusammenfassung primärer produktiver Praktiken führt zu administrativen Strukturen, die auf Grund ihrer Steuerungsfunktionen Machtpositionen definieren. In der modernen Gesellschaft sind Organisationen der vorherrschende Ausdruck sekundärer sozialer Praktiken, die sich auf viele unterschiedliche Strategien der Koordination, zum Beispiel auf vertrauens- und befehlsbasierte bzw. normative und instrumentelle, gründen.
Den praktischen Nutzen des Modells demonstriert der Verf. anhand der Rekonstruktion dreier klassischer Organisationsstudien, die er aus ihrem mehr oder weniger struktur-funktionalistischen Bezugsrahmen herauslöst: Selznicks »TVA and the Grass Roots« (1949), Gouldners »Patterns of Industrial Bureaucracy« (1954) und Croziers »The Bureaucratic Phenomenon« (1964). In allen Fallbeispielen spielt die Spannung zwischen normativ regulierten und instrumentellen, machtgesteuerten Sozialbeziehungen eine entscheidende Rolle. Die Hypothese, dass der vermehrte Einsatz instrumenteller Kontrollmittel auf Kosten von ›commitment‹ geht, wird bestätigt. Auch die Tendenz der ständigen (Re-)Politisierung der Bürokratie in Bereichen von Unsicherheit steht im Einklang mit

Prognosen des »human agency«-Ansatzes.
Im sechsten Kapitel entwirft Reed Szenarien der künftigen Entwicklung der Organisationstheorie. Den Strategien von Integration, Isolation und Imperialismus stellt er die von ihm bevorzugte Alternative des Pluralismus gegenüber. Während die Befürworter von Integration die Hoffnung auf eine große Synthese nicht aufgegeben haben, bevorzugen die Isolationisten die Arbeit am eigenen Paradigma in ›splendid isolation‹ von fremden Einflüssen. Imperialistische Ansätze berücksichtigen andere Theorieangebote nur in dem Maße, wie sie den eigenen Grundannahmen nicht widersprechen. Der Pluralismus dagegen sieht den Vorteil unterschiedlicher Erklärungsstrategien für konkrete Gegenstandsbereiche. Der Praxis-Ansatz ist ein privilegierter Vertreter dieser Entwicklungsrichtung. Er ist geeignet, der lange dominanten, aber hinderlichen ›paradigm mentality‹ zu entkommen. Analog zur anthropologischen Begründung des ›practice framework‹ plädiert Reed dafür, die Verbindung zur Tradition soziologischen Denkens wiederaufzunehmen.
Was den Ansatz auszeichnet ist die relative frühe Integration des Praxis-Motivs in die Organisationstheorie. Damit hat er allerdings auch die Schwierigkeiten dieses Konzeptes importiert, die in der soziologischen Theorie inzwischen breit diskutiert werden. Die entscheidende dürfte sein, dass der Dualismus von Struktur und Prozess nicht aufgehoben worden ist, sondern als oftmals unentschlossene ›Dialektik‹ weiter für Unruhe sorgt. Die Entwicklung der Organisationstheorie hat sich nur teilweise nach Reeds Empfehlungen gerichtet. Neue Diskurse betonen die Vielfalt der Organisationsrealität, und Reeds Diktum »we are all pluralists now« (S. 204) ist wahrer denn je. Dennoch hat sich die Hoffnung, ein Dialog innerhalb der Organisationstheorie könnte eine geteilte pluralistische Theorie etablieren, bisher nicht erfüllt. Nach wie vor werden die Kontroversen vor allem durch allgemeinere Paradigmen angeregt, zum Beispiel durch die Postmoderne-Diskussion oder die neuere Systemtheorie. Damit entspricht die Organisationstheorie aber immerhin der Forderung, die Anbindung an generelle intellektuelle Strömungen nicht zu verlieren.

Weiterführende Literatur:

Reed, M.: The Sociology of Management. New York 1989; ders.: The Sociology of Organizations. Themes, Perspectives and Prospects. New York 1992; Reed, M./Hughes, M. (→)

Boris Holzer

Reed, Michael/Hughes, Michael (Hrsg.) *Rethinking Organizations. New Directions in Organization Theory and Analysis. London 1992, 309 S.*

In drei Teilen wird ein sehr breites Spektrum an Neuorientierungen in der Organisationsforschung abgehandelt. Im ersten Teil werden einige der paradigmatischen Entwicklungen der letzten 20 Jahre diskutiert, die sich mit den Begriffen Diversität, Pluralität und Kontroverse zusammenfassen lassen. Aldrich diskutiert Populationsökologie, Neoinstitutionalismus und interpretative Perspektiven. Turner beschäftigt sich mit neuen Wahrnehmungen in der Organisationsforschung, indem er auf symbolische und kulturelle Perspektiven abhebt. »Every organization is a jungle of symbols – symbolic fields and symbolic games. All of life, inside or outside organizations, is symbolic« (S. 62). Die restlichen Texte dieses Abschnitts kreisen vornehmlich um Auswirkungen der allgemeinen Theorieentwicklung auf die Organisationsforschung sowie der akademischen Organisation von Organisationsforschung.
Eine große Herausforderung für die Organisationssoziologie stellt der Wandel organisatorischer Strukturen, also das seit den 70er Jahren beobachtete Aufkommen neuer Organisationsformen, dar. Der zweite Abschnitt beschäftigt sich vor diesem Hintergrund mit der Frage, ob man tatsächlich von neuen Organisationsformen sprechen könne und wenn ja, wodurch diese gekennzeichnet seien. Die These des Aufkommens neuer Organisationsformen hat die orthodoxe Organisationssoziologie ins Wanken gebracht. So unterschiedlich die hier zusammengefassten Texte im einzelnen auch sind, sie alle verweisen auf die Bedeutung der kulturellen Umgebung von Organisationen. Im Zentrum von Whitleys Argumentation steht die These, dass es keine objektive Rationalität gebe und dass ökonomische Phänomene und Wirtschaftspraktiken ebenso wie

organisatorische Strukturen auf Vorgaben sozialer Institutionen innerhalb einer Gesellschaft beruhten. Nach Wardell geht die Mainstream-Sichtweise sozialen und kulturellen Wandels von einer top-down Konzeption aus. Dies bedeute, dass Wandel vom institutionellen Umfeld der Organisation abhängt und initiiert wird; diese Impulse werden vom Management aufgenommen und im Sinne einer top-down-Strategie implementiert. Er setzt dem entgegen, dass durch neue Organisationsformen bottom-up Entwicklungen wachsende Bedeutung zukommt. Dies resultiert aus einer immer größer werdenden Autonomie am Arbeitsplatz, die, historisch betrachtet, das kapitalistische System verändert hat und die Erfüllung von Zielen des Managements durch ausgefeilte Kontrolle der Arbeit erschwert. Im Zentrum des Textes von Whitaker steht die Wirkung kultureller Rahmenbedingungen fortgeschrittener Industriegesellschaften, während sich Burrell den unterschiedlichen Vorstellungen von Zeit und deren Wirkungen auf die Organisationsanalyse widmet und besonders hervorhebt, dass lineare Zeitvorstellungen, wie sie in der westlichen Moderne vorherrschten, andere Sichtweisen des Management of change mit sich brächten als zyklische oder zirkuläre.

Im dritten Teil schließlich sind Texte versammelt, die den ›cultural turn‹, teilweise auch den ›postmodern turn‹, in der Organisationsanalyse repräsentieren. Gerade in diesem Abschnitt finden sich für die neuere Diskussion zentrale Texte. Dies ist zum einen der Beitrag von Gergen, der insbesondere an die Schriften von Michel Foucault und hier an dessen Konzept von Macht anschließt. Zwei der wichtigsten Vertreterinnen feministischer Organisationstheorie, Smircich und Calàs, fühlen sich von poststrukturalistischen Ansätzen angezogen und gehen der Frage nach, wie »the idea of ›gender‹ can be a strategy through which we can question what has been represented as organization theory« (S. 227). Insgesamt verfolgen sie das Konzept eines postmodernen Feminismus. Auch Cooper bezieht seine Ausführungen in theoretischer Hinsicht in erster Linie auf Michel Foucault und untersucht anhand dreier (historischer) empirischer Beispiele, wie es Organisationen gelingt, Kontrolle über Distanz auszuüben. Die Problematik von Management in der Postmoderne wirft schließlich Blackler auf, indem er darauf verweist, dass die Postmoderne nicht

mit geplantem Wandel vereinbar sei. »At a time of considerable social and organizational upheaval, conventional assumptions about the management of ›planned change‹ in organizations must be discarded, for it is a mistake to assume that disjunctive social changes can be managed in a rational, ordered and consistent way« (S. 293).
Dieser Sammelband dokumentiert die Lebendigkeit der Organisationsforschung in Großbritannien. Allerdings ist das Spektrum, das abgedeckt wird, nicht ganz so breit, wie der Titel dies glauben macht. Im Vordergrund stehen poststrukturalistische und postmoderne Ansätze, gefolgt von der Diskussion der Vereinbarkeit verschiedener Paradigmen der Organisationsforschung. Insofern sind die Sektionsüberschriften wie auch die Aufteilung der Texte etwas irreführend und es kann auch der Anspruch, aufzuzeigen, dass sich die Organisationsforschung nunmehr ›beyond incommensurability‹ (Burrell/Morgan 1979) befinde, nicht ganz eingehalten werden.

Weiterführende Literatur:
Burrell/Morgan (→).

Petra Deger

Roethlisberger, Fritz Jules/Dickson, William J. (with the assistance and collaboration of Harold A. Wright) Management and the Worker. An Account of a Research Program Conducted by the Western Electric Company, Hawthorne Works, Chicago. 1. Auflage 1939, 17. Auflage Cambridge, Mass. 1976, XXIV, 615 S.

Darstellungen der Untersuchungen in den Hawthorne-Werken werden vor allem mit dem Namen Elton Mayo in Verbindung gebracht. Dieser hat in verschiedenen Arbeiten die wichtigsten Untersuchungsergebnisse zusammenfassend vorgestellt. Eine genaue und detailreich alle Verästelungen wiedergebende Darstellung des Untersuchungsverlaufs findet sich in dem Buch. Sowohl die verteidigenden Ausführungen von Landsberger (1958) wie auch die kritischen Anmerkungen von Carey (1967) oder Sykes (1965) fußen auf dieser ausführlichen Darstellung.

Ausgangspunkt der Untersuchung waren arbeitswissenschaftliche Fragestellungen zum Zusammenhang zwischen Beleuchtungsstärke am Arbeitsplatz und Arbeitsleistung, um die optimale Helligkeit bei der Telefonrelais-Montage zu ermitteln. In einer experimentellen Versuchsanordnung mit Test- und Vergleichsgruppe zeigte sich, dass in beiden Gruppen die Leistung anstieg. Das verwirrende Ergebnis, das gleich bleibende Lichtverhältnisse genauso wie größere und geringere Helligkeit positive Wirkungen erbrachten, ließ sich mit dem Hawthorne-Effekt erklären: Es war die (persönliche) Aufmerksamkeit, die den Testpersonen zuteil wurde, die diese als angenehm empfanden, was positiv zu ihrer Arbeitszufriedenheit beitrug und damit die Leistungssteigerung bewirkte. Anders als im Taylorismus unterstellt, verhielten sich die untersuchten Personen nicht ausschließlich ökonomisch rational kalkulierend, sondern als wesentlich komplexere Akteure.
Mit weiteren Experimenten und Befragungen wurden die positiven Zusammenhänge zwischen dem sozialen Klima, der Zufriedenheit der Beschäftigten und der sich einstellenden höheren Leistung untersucht. Das Besondere des Buches ist, dass es eine lückenlose Wiedergabe des Verlaufs einzelner Untersuchungsabschnitte, der Konflikte zwischen den Testpersonen, ihren Vorgesetzen und den Forschern, aber auch der festgestellten individuellen Dispositionen sowie der persönlichen und privaten Verhältnisse der Testpersonen enthält. Neben der Beschreibung der Untersuchung werden theoretische Überlegungen zur Natur der Organisation als sozialem System vorgestellt, das aus zusammengehörenden Teilen (formelle und informelle Organisation) besteht: Eine Organisation erfüllt zwei Funktionen, »that of producing a product and that of creating and distributing satisfactions among the individual members [...]« (S. 552). Die Organisation bestehe vor allem aus einzelnen Gruppen, die sich auf Grund unterschiedlicher organisationsexterner und -interner Faktoren bilden (Alter, Geschlecht, Betriebszugehörigkeit, Professionen oder auch Nationalität) und eine Fülle von Einstellungen und Werthaltungen begründen: »Each group in the organization manifests its own powerful sentiments« (S. 557). Zugleich etabliert sich in der Organisation ein Statussystem, das durch technische Rationalisierung und Organisationswandel angetastet wird, so-

dass die Organisation aus einem systemischen Gleichgewichtszustand herauskommt. Dies kann geschehen, weil technischer Wandel wesentlich schneller zu vollziehen ist, als Veränderungen der etablierten Interaktionsmuster und Einstellungen. Folge einer fehlenden Synchronisation der einzelnen sich wandelnden Bereiche kann Widerstand oder Boykott der Maßnahmen durch die Beschäftigten sein.
Hieraus ergibt sich die eigentliche Managementaufgabe, nämlich den ökonomischen Bestand abzusichern und das systemische Gleichgewicht so zu erhalten, dass die einzelnen Mitarbeiter durch ihr Mitwirken persönliche Befriedigung erfahren und deshalb zur Kooperation bereit sind. Grundlage hierfür ist ein Evaluationsprozess, den alle Beteiligten ausführen, indem sie die eigene Situation und das eigene Verhalten, aber auch das Verhalten aller anderen kontinuierlich aus ihrer eigenen Perspektive heraus analysieren. Management ist damit in vielen Fällen darauf angewiesen, die Individuen (ihre Einstellungen oder auch die zwischen den Akteuren etablierten Kommunikationsstrukturen) neu einzustellen bzw. ins Gleichgewicht zu bringen. Kritiker wie Carey und Sykes haben hierin ein zu harmonisches Grundverständnis der Organisation gesehen, da der Grundwiderspruch zwischen Kapital und Arbeit ausgeblendet würde.

Weiterführende Literatur:

Carey, A.: The Hawthorne Studies: A Radical Criticism. In: American Sociological Review, Vol. 32, June 1967, S. 403-416; Landsberger, H.A: Hawthorne Revisited. Management And the Worker, its Critics, and Developments in Human Relations in Industry. Ithaca, N.Y. 1958; Sykes, A.J.M.: Economic Interest and the Hawthorne Researches. A Comment. In: Human Relations, Vol. 18, August 1965, S. 253-263.

Bernd Steffensen

Savage, Mike/Witz, Anne
The Gender of Organizations. In: dies. (Hrsg.): Gender and Bureaucracy. Oxford/Cambridge 1992, 282 S., S. 3-62.

Der Artikel bietet einen informativen Durchgang durch eine

Vielzahl von Diskussionsbeiträgen zum Thema ›Organisation und Geschlecht‹. Die Verf. verstehen ihre Arbeit als ›ground clearing exercise‹, mit der sie die Absicht verbinden, einen systematisch-theoretischen Analyserahmen für die Konzeptionalisierung des Verhältnisses von Organisation und Geschlecht zu entwerfen. Das Hauptanliegen ist die Begründung eines ›Gender-Paradigmas der Organisation‹, das in Abgrenzung zu älteren klassischen Modellen der Organisationstheorie – hier wird insbesondere Weber genannt – entwickelt werden soll. Sie fragen nach den Gründen für die erst späte Auseinandersetzung zwischen feministischer Theorie und Organisationstheorie, die darin gesehen werden, dass sich feministische Theorie vor allem im Rahmen und als Kritik von Theorien sozialer Ungleichheit wie etwa klassentheoretischer Analysen entfaltet hat, während die Organisationstheorie mit ihrer Bezugnahme auf Weber zunächst einer eher instrumentellen Art der Denkens verhaftet geblieben sei. Annäherungen werden dann indirekt auf die Bedeutung der Arbeiten von Giddens, Foucault und Clegg im Rahmen neuerer Organisationstheorie und auf den konkreten Nachweis des ›gendered subtext‹ von Organisationen im 19. und frühen 20. Jh. zurückgeführt, den historisch-empirische Frauenforschung auch in Einzelfallstudien erbracht hat.
Die Organisations- bzw. Bürokratiekritik der klassischen feministischen Ansätze von Kanter, Ferguson und Pringle und ihr jeweils unterschiedliches Verständnis von Organisationen als geschlechtsspezifische Phänomene bilden einen weiteren Fokus der Auseinandersetzung. Kanter gilt dabei als Vertreterin einer liberal-feministischen Position, die für Frauen die stärkere Partizipation an organisationalen Machtressourcen anstrebt und organisationale Geschlechterasymmetrien auf die geschlechtsspezifisch unterschiedliche Verfügung über Macht zurückführt. Ferguson formuliert dagegen eine bürokratie- und diskurstheoretisch orientierte, radikal-feministische Bürokratiekritik mit der Absicht, demgegenüber alternative feministische Kooperationformen und Diskurse anzuregen. Bürokratische Organisationen befördern nach Ferguson auf unterschiedlichen Wegen eine Feminisierung von Subordination. Pringle formuliert eine poststrukturalistische Kritik organisationaler Rationalität, die auf einer bestimmten Kon-

struktion von Maskulinität beruhe und mit der Exclusion und dem Unsichtbarmachen des Persönlichen, Femininen und Sexuellen einhergehe. Schließlich zeichnen die Verf. wesentliche Argumentationslinien in verschiedenen feministischen Staatstheorien einerseits und Beiträgen zum Verhältnis von Organisation und Sexualität andererseits nach, die als die beiden thematischen Hauptfelder der Debatte um Organisation und Geschlecht ausgemacht werden.

Diverse feministische Theorien des Staates werden u.a. nach dem Kriterium einer nominellen oder substanziellen Definition seines patriarchalen Charakters unterschieden. Im ersten Fall ist demnach die unmittelbar in männlicher Hand liegende Macht des Staates das Problem, wohingegen im zweiten Fall der Staat als systematisch die kollektiven Interessen von Männern repräsentierend vorgestellt wird. Die kontroverse Diskussion um emanzipatorische Strategien in Bezug auf den Staat wird dann am Beispiel der australischen demokratischen Bewegung aufgezeigt. Für eine patriarchatskritische Analyse erinnern sie schließlich – in Abgrenzung zur neueren Hinwendung zu einem poststrukturalistischen Paradigma des Verhältnisses von »Geschlecht und Staat« – nochmals an die zentrale Bedeutung der bürokratischen Organisierung des Staates nach Weber. In Bezug auf die Frage nach der Möglichkeit, das Genderparadigma durch ein Sexualitätsparadigma der Organisation zu ersetzen, die sich insbesondere vor dem Hintergrund der in diesem Feld einschlägigen Studien von Foucault abzeichnet, äußern sich die Autorinnen eher spektisch. Spezifische Topoi der Debatte um Organisation und Sexualität stellen hingegen eine eindeutige Bereicherung gegenüber älteren organisationstheoretischen Konzepten dar. Hierzu gehören die Ausführungen zur organisationalen Desexualisierung von Arbeit von Gibson Burrell einerseits und andererseits Konzepte, die eine spezifische Sexualisierung als grundlegendes, strukturierendes Prinzip von Organisationen ausweisen oder Sexualität, wie Pringle, als versteckte, organisationale Ressource analysieren. Nach dem hier formulierten Genderparadigma der Organisation ist Geschlecht vor allem als in organisationale Machtverhältnisse eingelagert theoretisch zu konzipieren. Organisationen sind demnach wandelbare Arenen politischer und sozialer Kämpfe, in denen sich je

spezifische Geschlechterkonfigurationen formieren.
Der Artikel liefert einen Einblick in das breite Spektrum der Facetten, Positionen und Vertreterinnen der Debatte um Organisation und Geschlecht. Insofern wird hier – in Verbindung mit neueren Forschungsarbeiten – eine gute Einführung in die Thematik geboten. Kritisch ist allerdings die zugrundeliegende Weber-Rezeption zu beurteilen. Absicht und Methode der Bürokratietheorie von Weber werden verfehlt, dessen Herrschaftstheorie bleibt ausgeblendet.

Monika Schäfer

Scott, William Richard
Institutions and Organizations. Thousand Oaks usw. 1995, XVI, 178 S. Nachdruck 1996.

In dem Buch wird eine vorläufige Bestandsaufnahme des gesamten Neoinstitutionalismus gezogen. Die ersten Texte stammen aus dem Ende der 70er Jahre (Meyer/Rowan →; Zucker 1977), seit den 80er Jahren entstehen mehr und mehr Arbeiten, die sich dieser Richtung verpflichtet fühlen. Leitidee dieser Herangehensweise ist, dass Organisationen weit weniger von kulturell neutralen Effizienzüberlegungen abhängen als vielmehr von einem institutionalisierten Umfeld, in dem bestimmte kulturelle Werte präsent sind. Organisationsstrukturen werden als Antwort auf normative Vorschriften in eben dieser Umwelt gesehen. »Institutions consist of cognitive, normative, and regulative structures and activities that provide stability and meaning to social behavior. Institutions are transported by various carriers – cultures, structures, routines – and they operate at multiple levels of jurisdiction« (S. 33). Soziale Institutionen basieren auf relativ dauerhaften gesellschaftlichen Glaubenssystemen und gesellschaftlich organisierten Praktiken, die mit unterschiedlichen Arenen sozialer Systeme – Religion, Arbeit, Familie, Politik – zusammenhängen. Diese Bedingungen werden allerdings für Produktionsorganisationen als weniger bedeutsam angesehen als für Dienstleistungsorganisationen.
Der Verf. gliedert das Buch in sieben Kapitel, wobei die ersten drei den theoretischen Grundlagen des Neoinsitutionalismus

gewidmet sind und die Kap. 4-6 sich mit unterschiedlichen Aspekten empirischer Forschungen beschäftigen. In Kap. 7 schließlich werden im Sinne einer Zusammenschau unterschiedliche Richtungen innerhalb des Neoinstitutionalismus sowie neuere Entwicklungen dargestellt. Neoinstitutionalismus schließt an klassische institutionelle Theorien an, in der Organisationsforschung begründet durch Selznick (1952). Doch schon in klassischen soziologischen Texten seit dem Ende des 19. Jahrhunderts sind einzelne zentrale Überlegungen für den Neoinstitutionalismus zu finden (z.B. Durkheim und Weber). Insgesamt stellt Scott eine außerordentlich breite Basis der Vordenker vor, fast alle soziologischen Klassiker werden herangezogen. In Kap. 3 stellt der Verf. einige aktuelle Ansätze des Neoinstitutionalismus dar, die sich in erster Linie durch unterschiedliche Vorstellungen der Wirkmacht von institutionellen Vorgaben unterscheiden. Diese unterschiedlichen Vorgaben sind regulativer, normativer oder kognitiver Art.

Während die ersten Schriften vornehmlich theoretischer Natur waren, findet sich mittlerweile auch eine ganze Reihe empirischer Analysen. Ein kleinerer Teil davon beschäftigt sich mit der Genese und Veränderung institutioneller Vorgaben, also »how institutions themselves arise, persist and diffuse« (S. 89). Diese auf den Zeitverlauf orientierte Frage ist zentral, da sie eine wesentliche Grundlage für die Entwicklung von Organisationen thematisiert (Kap. 4). Die folgenden Kapitel sind den Effekten institutioneller Vorgaben auf gesellschaftliche Bereiche, Gruppen/Populationen von Organisationen (Kap. 5) und auf organisatorische Strukturen (Kap. 6) gewidmet. Die zentralen Akteure im institutionellen Feld sind der Staat und die Professionen, auf die sich Organisationen zu beziehen haben. »Organizational structures [...] are viewed as signalling purposefulness and rationality internally but especially to external audiences – as demonstrating the organization's connection to and congruence with wider belief and rule systems« (S. 134). Der Neoinstitutionalismus stellt für den Verf. insofern eine wichtige Weiterentwicklung der Organisationsforschung dar, als eine intermediäre Analyseebene, jene der Organisationsfelder, eingeführt wird, die zwischen gesellschaftlichen Strukturen und einzelnen Organisationen angesiedelt ist. Trotz der scheinbaren Einheitlichkeit des Ansatzes nennt der Verf. auch drei anhaltende Kontroversen innerhalb des Neoinstitutionalismus (Kap. 7): Die Differenz zwischen sozialkonstruktivistischen und realistischen Sichtweisen des institutionellen Umfeldes; die Erörterung des Stellenwertes rationalen Handelns und die Frage, ob man Institutionen als Handlungsprodukte oder als Handlungsdeterminanten konzeptualisiert. Insgesamt bietet das Werk einen außerordentlich breiten Überblick über das Feld des Neoinstitutionalismus. Allerdings sind die Schwerpunkte weitgehend makrosoziologisch orientiert und zielen auf eine deutliche Verbindung zur Populationsökologie ab.

Weiterführende Literatur:

Meyer/Rowan (→); Scott, R.W.: The Adolescence of Institutional Theory. In: Administrative Science Quarterly 32, 1987, S. 493-511; Selznick, P.: A Theory of Organizational Commitment. In: Merton, R. et al.: Reader in Bureaucracy. New York 1952, S. 194-202; Zucker, L.: The Role of Institutionalization in Cultural Persistence. In: American Sociological Review 42, 1977, S. 726-743.

Petra Deger

Scott, William Richard
Organisations: Rational, Natural and Open Systems. 1. Auflage Englewood Cliffs. N.J. 1981, XVIII, 381 S., 4. Auflage Upper Saddle River, N.J. 1998; XVI, 416 S. Aus dem Amerikanischen übersetzt von Hanne Herkommer: Grundlagen der Organisationstheorie. Frankfurt/M. usw. 1986, 484 S.

Das Werk ist eine Einführung in die soziologische Organisationsforschung. Einleitend erläutert der Verf. die Bedeutung von Organisationen in der modernen Gesellschaft als Instrumente zur Erreichung kollektiver Ziele und als soziale Akteure. Verschiedene Disziplinen und Perspektiven werden gegenübergestellt und die jeweils spezifischen Forschungsinteressen und Analysezugänge erläutert. Grundbegriffe zur Charakterisierung von Organisationen (Struktur, Organisationsziel und -mitglieder, Technologie sowie Umwelt) werden kurz und einführend erörtet.

Im zweiten Teil der Schrift wird zwischen drei Perspektiven bei der Fassung von Organisationen unterschieden: Rationale, natürliche und offene Systeme. Die ausführliche Charakterisierung dieser Zugänge dient dabei zugleich der Klassifizierung organisationstheoretischer Konzepte und macht die unterschiedlichen Schwerpunktsetzungen und Forschungsfragestellungen deutlich. Organisationen als rationale Systeme werden durch relativ spezifische Ziele und eine relativ stark formalisierte Sozialstruktur gekennzeichnet. Im Vordergrund steht die Konzeptualisierung von Organisationen als rationale Instrumente der Zielerreichung. Als Schulen oder Paradigmen, die diesen Zugang repräsentieren, werden Taylors wissenschaftliche Betriebsführung (→), Fayols Adminstration Theory (→), Webers Bürokratietheorie (→) und Simons Entscheidungstheorie (→) recht ausführlich dargestellt. Als natürliche Systeme sind Organisationen demgegenüber dann zu charakterisieren, wenn vor allem die kollektiven Interessen der Mitglieder am Fortbestehen des Systems und informell strukturierte Kollektivaktivitäten dominieren. Dieser Sicht auf Organisationen werden die Human-Relations-Schule, Barnards kooperatives System (→), Selznicks institutioneller Ansatz (→) und Parsons' (→) Theorie sozialer Systeme zugeordnet. Die Perspektive, Organisationen als offene Systeme zu betrachten, rückt hingegen vor allem die Einbettung von Organisationen in ihre Umwelt in den Vordergrund. Als umweltoffene Systeme sind Organisationen Koalitionen wechselnder Interessengruppen, die ihre Ziele in Verhandlungen entwickeln und wo die Struktur der Koalitionen, ihre Aktivitäten und getroffenen Entscheidungen stark durch die Umwelt geprägt werden. Der Ansatz wird durch solche Konzepte wie dem System-Design-Ansatz, der Kontigenztheorie und Weicks Modell des Organisierens repräsentiert. Der Verf. zeigt, dass die kontrastierenden Perspektiven durchaus nebeneinander existieren, es in der Entwicklung der Organisationsforschung einen Wandel in den Zugängen gegeben hat und gibt und verschiedene Kombinationen (rational/geschlossen, natürlich/geschlossen, rational/offen und natürlich/offen) entwickelt wurden.

Im dritten Teil »Environments, Strategies und Structures«

analysiert Scott verschiedene Auffassungen von Umwelt und geht der Frage nach, warum Organisationen existieren und wie sie entstehen, diskutiert Organisationsstrukturen in Abhängigkeit von verschiedenen (technischen und institutionellen) Umwelteinflüssen, die Rolle von Technologie in Organisationen und wie Ziele und Strategien in Organisationen zu Stande kommen. Bei all diesen Fragestellungen wird wiederum anhand konkreter organisationstheoretischer Konzepte analysiert, welchen Beitrag die Betrachtungen von Organisationen als rationale, natürliche oder offene Systeme zu leisten vermögen. Im letzten Teil werden organisationale Pathologien sowie Methoden zur Erreichung organisationaler Effektivität dargestellt. Auch hier ist wiederum die zentrale These, dass unterschiedliche Auffassungen und Kriterien organisationaler Effizienz vom bevorzugten theoretischen Modell abhängen.

Die Schrift eignet sich sehr gut als eine Einführung in die Organisationstheorie, versucht der Verf. doch, in systematischer Weise verschiedene organisationstheoretische Ansätze darzustellen und sie in Typen zu ordnen. Auch wenn gerade Letzteres häufig kritisiert wird, gelingt so doch eine systematische Darstellung. In der 4. (überarbeiteten) Auflage werden auch neuere Ansätze (Neoinstituionalismus, Giddens‘ Strukturationstheorie u.a.) erwähnt und zugeordnet. Zugleich gibt das Buch einen guten Überblick über die historische Entwicklung der Organisationsforschung und den Wandel von Fragestellungen und theoretischen Konzepten.

Karin Lohr

Scott, William Richard/Meyer, John W. (Hrsg.) Institutional Environments and Organizations. Structural Complexity and Individualism. Thousand Oaks usw. 1994, XI, 328 S.

Der Sammelband präsentiert jüngere, überwiegend auch anderweitig veröffentlichte Aufsätze aus jener Schule des Neuen Institutionalismus in der Organisationsforschung, die mit den Namen der Hrsg. aufs Engste verbunden sind. Im Unterschied zu gängigen Theorien, die die Autonomie von Organisationen

gegenüber ihren Umwelten betonen bzw. Organisationsstrukturen auf technische Erfordernisse zurückführen, setzen die Institutionalisten die grundlegende These, dass Organisationen von institutionellen Umwelten abhängig sind. Während in früheren Arbeiten zunächst hervorgehoben wurde, dass Organisationen rationalisierte Elemente und kognitive Modelle ihrer institutionellen Umwelten in symbolisch-zeremonieller Weise inkorporieren, um Legitimität zu gewinnen (Meyer/Rowan →), rückt in den vorliegenden Arbeiten die Annahme in den Vordergrund, dass Organisationen – und Individuen – als zurechnungs- und handlungsfähige Identitäten durch institutionelle Regeln erst konstituiert werden. Sie sind dabei Manifestationen generalisierter Regeln einer Umwelt, deren universalistische Binnenstruktur die Institutionalisten im Anschluss an Max Webers These der Rationalisierung der Wertsphären beschreiben und dabei als Weltgesellschaft bzw. Weltkultur kennzeichnen.
Der Begründung und Entfaltung dieser und weiterer Argumente ist der erste Abschnitt gewidmet. Er wird eröffnet durch einen programmatischen Beitrag über »Ontology and Rationalization in the Western Cultural Account« (vgl. Meyer/Boli/Thomas →). Es folgt ein Aufsatz über »Rationalized Environments«, in dem der kulturelle Rationalisierungsprozess (ebenfalls) auf einer weltgesellschaftlichen Ebene verortet wird und eine globale Isomorphie in den Prozessen des Organisierens diagnostiziert wird. Die Weltgesellschaft wird hier als ›meaningful collective system‹ konzeptualisiert, das strukturell auf einem in hohem Maße fragmentierten Organisationszusammenhang beruht (Nationalstaaten, supranationalen Organisationen, Professionen, Unternehmen, Interessengruppen etc.). Professionen und wissenschaftliche Communities, aber auch internationale Organisationen und Verbände spielen darin eine besondere Rolle, weil sie – trotz Handlungsschwäche – rationalistische Ideen, Angemessenheitsregeln und Organisationsmodelle formulieren, vermitteln und verbreiten, »that make sense in terms of larger (nowadays universalized and rationalistic) community« (S. 47). Die damit aufgeworfene Frage nach den ›Institutional Conditions for Diffusion‹ steht im Zentrum eines weiteren Aufsatzes. Die weltweite Durchsetzung standardisierter Muster des Organisierens be-

ruht auf der Entwicklung und Dominanz von ›culturally theorized understandings‹; sie definieren kollektive Ziele und angemessene Mittel, formulieren auf Kategorisierungen beruhende Ähnlichkeiten zwischen inhomogenen sozialen Einheiten und erleichtern und beschleunigen auf dieser Grundlage selektive Kopier- und Adaptionsprozesse. In den zwei verbleibenden Aufsätzen dieses ersten Abschnittes gibt der Verf. einen Überblick über Kernkonzepte, Argumentationstypen und -ebenen sowie theoretische Entwicklungslinien dieses organisationssoziologischen Institutionalismus und grenzt ihn auch gegen andere Theoriezweige des so genannten ›Neuen Institutionalismus‹ ab (Williamson 1985 →, March/Olsen 1989 →).
Der zweite Teil versammelt Beiträge, die anhand von empirischen Gegenständen aufzeigen, dass und auf welche Weise der Druck institutioneller Umwelten zur Expansion und zum Wandel organisatorischer Strukturen beiträgt. Dieser Frage wird am Fall organisatorischer Rechenschaftslegung (accounting) sowie in drei weiteren Aufsätzen anhand der Steuerungsstrukturen im amerikanischen Erziehungssystem nachgegangen. Im Zentrum steht dabei die Identifizierung variierender Orte und Ebenen der ›structure elaboration‹ sowie die Frage nach Struktureffekten und ihren Relationen untereinander (Bürokratisierung, Zentralisierung, Komplexität, Fragmentierung).
Der dritte Abschnitt fragt schließlich nach den Folgen der langfristigen und heute weltweit beschleunigten Rationalisierung des Individuums als einer institutionell konstruierten, mit Rechten, Status, spezifizierten Kompetenzen und psychologisch kategorisierten Eigenschaften ausgestatteten Akteursfolie. Am Fall des individuellen Rechts auf geistige Gesundheit wird den besonderen – insgesamt schwach integrierten und intransparenten – legitimierenden Regeln und Konzepten nachgegangen, unter denen das ›mental health organizational system‹ in Amerika operiert. Die verbleibenden drei Aufsätze beschreiben Aspekte des ›human resource management‹ in Wirtschaftsorganisationen. Unter Zurückweisung rationalistischer Erklärungen rekonstruieren die Verf. einerseits die Entwicklung organisatorischer Ausbildungsprogramme (training) als zunehmende Durchsetzung eines ›organizational citizenship‹ und andererseits die Herausbildung unterneh-

mensinterner Arbeitsmärkte als organisatorische Reflexion rechtlicher Kontexte.

Das Werk dokumentiert ausgesprochen interessante und empirisch fruchtbare Weiterentwicklungen eines Theorieansatzes, der sich vom Mainstream der Organisationstheorie vor allem dadurch abhebt, dass er die (über mehrere Dekaden unbearbeitet gebliebene) Frage nach dem Verhältnis von Organisation und Gesellschaft aufgreift und dabei einen organisationsspezifischen Zugriff auch auf jene Entwicklungen anbietet, die heute unter dem Stichwort der ›Globalisierung‹ diskutiert werden. Deutlich wird dabei, dass die weltweiten Strukturähnlichkeiten zwischen Nationalstaaten, Organisations- und Managementformen sowie auch Akteursfolien wie Wissenschaftlern und Professionen soziologisch nur im Rahmen eines Konzeptes von Weltgesellschaft verstehbar sind. Trotz der beeindruckenden Arbeiten, die in diesem Band dokumentiert werden, wird auf dem erreichten Entwicklungsstand des Ansatzes nun auch deutlicher erkennbar, dass der Institutionalisierungsbegriff konzeptionelle Unschärfen und (gesellschafts-)theoretische Grenzen hat. Neben der noch unzureichend erscheinenden Identifizierung der kommunikativen – sich selbst tragenden – Grundlagen der Reproduktion ausdifferenzierter weltgesellschaftlicher Kontexte betrifft das nicht zuletzt die Unterscheidung zwischen den institutionalisierten Diskursen (z.B. des Individualismus, der Menschenrechte, der Gerechtigkeit etc.) und der Institutionalisierung von Differenzierungsformen (Wissenschaft, Politik, Recht, Wirtschaft, Erziehung etc.). Inwieweit Weiterführungen des Ansatzes in der Folge auch die These einer Homogenisierung und Standardisierung (Isomorphie) in den weltweiten Prozessen des Organisierens relativiert, wird abzuwarten sein.

Veronika Tacke

Selznick, Philip
An approach to a theory of bureaucracy. In: American Sociological Review, Vol. VIII, 1943, S. 47-54.

Der Verf. verwendet die Begriffe von Bürokratie und Bürokratisierung in einem breiten Kontext der allgemeinen Organisationssoziologie. Das Augenmerk liegt dabei auf dem Problem der Bestandserhaltung, während die Kategorien von Zweckverfolgung und Effizienz, wie sie aus der Weberschen Bürokratietheorie bekannt sind, in den Hintergrund des Interesses treten. Der Autor stellt die Entdeckung informeller Gruppen durch die ›Human-Relations‹-Forschung dabei in einen demokratietheoretischen Zusammenhang der Oligarchiebildung in Organisationen. Informelle Gruppen zeichnen sich aus durch gruppenspezifische Erwartungen und Glaubenssätze, eigener Kommunikationsstruktur, eigenen Sanktionen und eigenen Zielen. Bestandsnotwendig ist die Herausbildung informeller Gruppen mit eigenen Zielen, weil Gründungsmotive von Organisationen zu global sind, um handlungsinstruierend sein zu können. Informelle Gruppen bilden ein Interesse an sich selbst aus, grenzen sich von ursprünglichen und formal geltenden Zielen ab und ersetzen diese durch eigene Zwecke. Diesen Mechanismus beschreibt er als Bürokratisierung, die mit der Ersetzung ursprünglich gesetzter Ziele durch das Interesse an der Bestandserhaltung der Organisation als solcher einsetzt.

Träger dieser Entwicklung sind die Inhaber von Ämtern mit Entscheidungsbefugnis, sie bilden die Oligarchie der Organisation. Ihre Herausbildung und die damit einhergehende Zielverschiebung formulierte Robert Michels (→) streng als das ›Eherne Gesetz der Oligarchie‹. Das Interesse der Oligarchie richtet sich mehr und mehr nach Bestandsgesichtspunkten als dem eigentlichen Handlungsmotiv aus, während die Zweckverfolgung diesem Prozess untergeordnet wird. Dabei wird die Handlungsweise der Entscheidungsträger für die breite Basis der Mitglieder zunehmend undurchsichtig. Auch die Organisierung oppositioneller Interessen unterliegt diesem Gesetz und Politik (im weiteren Sinne von ›Entscheiden‹, nicht nur als Parteipolitik) findet daher ausschließlich zwischen Oligarchien statt – Pareto spricht vom ›Kreislauf der Eliten‹. Der Verf. teilt diese Position, allerdings hält er es für eine Frage des Einzelfalls, bis zu welchem Grad sich dieser Prozess der Bürokratisierung herausbildet.

Die Untersuchung der Funktion informeller Strukturen in Organisationen ist wegweisend für ganze Zweige der Organisationssoziologie gewesen und daher in ihrer Bedeutung kaum zu überschätzen. Und die Figur der Zielverschiebung in Organisationen trifft man heute in der politikwissenschaftlichen Verbändeforschung ebenso an wie sie in der praktischen Tagespolitik zu beobachten ist. Selznick zeigt sich also durchaus als aktueller Autor.

Matthias Heidenscher

Selznick, Philip
Leadership in Administration. A Sociological Interpretation. Illinois usw. 1957, 162 S.

Die rationalistische Euphorie herkömmlicher Organisationstheorien findet ihre Erklärung in der einseitigen Betonung des Mitteleinsatzes, während die Seite der Zwecksetzung unterbelichtet bleibt. Der Institutionalismus Selznicks hat zum Ziel, diese Lücke zu füllen. Daher ist die Kategorie der Institution zentral und er gewinnt sie aus der Abgrenzung zur bloßen Organisation. Während Organisationen ein neutrales Werkzeug zur effizienten Erreichung bereits gesteckter Ziele sind, meint Institutionalisierung den Prozess der Zweckfindung auf der normativen Grundlage gemeinsam geteilter Werte der Organisation. Da unter Bestandsgesichtspunkten die normative Orientierung an Werten für jede Organisation (auch für die betriebswirtschaftliche) konstitutiv wichtig ist, besitzt jede Organisation immer auch institutionelle Momente.

Die zentrale Unterscheidung Selznicks ist die von effizientem Management und institutionellem ›leadership‹. Während ersteres lediglich situationsgebundene Mittel-Entscheidungen fällt, um die Organisation in Gang zu halten, besteht die Aufgabe der Führungsarbeit darin, die Organisation mit Werten zu infiltrieren und ihr damit zu einer Identität zu verhelfen, diese zu erhalten oder eine neue zu setzen. Im Gegensatz zu Routineentscheidungen des Managements handelt es sich bei der identitätsstiftenden Aufgabe der Führungsarbeit um ›kritische Entscheidungen‹. Zur Verdeutlichung denke man an die Webersche Unterscheidung von Politik und Verwaltung: Während Politik an Werten orientiert ist und sich auf sie be-

ruft, neue setzt und sie zu implementieren versucht, arbeitet die Verwaltung normativ indifferent und routiniert. Der Prozess der Institutionalisierung meint diese Orientierung der Organisation an einer Identität.
Institutionalisierung impliziert eine Spezifizierung der Organisation im Innen- und Außenverhältnis. Im Binnenverhältnis meint dies spezifische Anforderungen und Erwartungen an die Mitglieder, im Außenverhältnis meint das die Fokussierung auf eine ausgesuchte Klientel. Selznick nennt das die ›spezifische Kompetenz‹. Sie ist einerseits zwingend notwendig, um die Organisation an gesellschaftliche Erwartungen anzuschließen und ihr so den Bestand zu sichern, andererseits muss sie bezahlt werden mit Unzulänglichkeiten und Inkompetenz in jeder anderen Hinsicht. So kann eine gesinnungsethische Partei nicht gleichzeitig auch eine verantwortungsethische sein, ein Hersteller für Massenprodukte nicht gleichzeitig für qualitativ hochwertige Einzelanfertigungen stehen.
Die institutionelle Absicherung der Organisationsstabilität und -handlungsfähigkeit ist nicht zu verwechseln mit dem instrumentellen Erfolg der Organisation, etwa gemessen an Bilanzen oder Mitgliederzahlen. Das eine ist sehr wohl ohne das andere möglich, besonders deutlich in ›people-processing-Organisationen‹ oder an normativ in der Gesellschaft verankerten, politischen Organisationen, wie zum Beispiel den Gewerkschaften. Institutionalisierung geht notwendigerweise einher mit einem strukturellen Konservatismus von Organisationen, denn die implantierten Werte erlangen ihre eigene Stabilität und immunisieren sich gegen Erfolgskriterien. Durch den Prozess der Institutionalisierung bekommt die Organisation eine eigene Geschichte und betreibt eine eigene Geschichtsschreibung, die maßgeblichen Einfluss darauf hat, wie und was die Organisation macht. Der Verf. berührt hier Themen der Trägheit von Organisationen, ihre (Hyper-)stabilität und damit ihre Unfähigkeit zu lernen. Der Prozess der Institutionalisierung ist historisch-evolutionär, denn die Herausbildung einer Identität und die Festlegung auf spezifische Ziele wird nicht als das Ergebnis eines bewussten Entscheidungsprozesses verstanden, sondern als natürliche, ungeplante Anpassungsleistung der Organisation an Umweltfaktoren wie

gesellschaftliche und personale Erwartungen. Dabei ist nicht in allen Organisationen und zu allen Zeiten die Notwendigkeit zum leadership gleichermaßen gegeben; besonders stark ist sie in denjenigen Organisationen, die keine klaren Zielvorstellungen haben und in Zeiten, in denen technische oder Sachzwänge die Operationsweise nicht vorgeben.
In der Gesamteinschätzung muss man sagen, dass das Werk viele aktuelle Themen aufgreift und in der Lage ist, sie in einem theoretischen Rahmen zu behandeln. Dies gilt für Bestand versus Erfolg von Organisationen, die massiven Lernbarrieren von Organisationen und ihr struktureller Konservatismus, Elitenbildung und die interne Differenzierung in Interessensgruppen, die Entstehung von informellen Gruppen etc. Es handelt sich um ein Arbeit mit vielen interessanten Anregungen auch für aktuelle Diskussionsbezüge. Viele Ansätze neueren Datums sind hier bereits angelegt.

Matthias Heidenescher

Selznick, Philip
TVA and the Grass Roots. A Study in the Sociology of Formal Organization. 1. Auflage Berkeley usw. 1949, VIII, 274 S., 1. paperback print 1984, XIV, 274 S.

Die Untersuchung ist nicht nur ein herausragender Beitrag zur soziologischen Theorie der Organisation, sondern die in den Rang eines Klassikers aufgestiegene Beschreibung einer von großen Hoffnungen begleiteten wie umkämpften Episode der neueren amerikanischen Geschichte. Die Tennessee Valley Authority (TVA) war neben den Gewerkschafts- und Sozialgesetzen der dritte Pfeiler der Rooseveltschen New Deal-Reformen. Mit ihrer Gründung wurde allerdings sehr viel weiter gehend in die individualistisch-marktwirtschaftliche Ordnung eingegriffen als mit den Sozialgesetzen, die als Korrektur der Verteilungsergebnisse des Kapitalismus verstanden wurden. Die Aufgabe der TVA bestand in der öffentlichen Produktion von Energie und Düngemitteln in ausdrücklicher Verbindung mit neuen gesellschaftspolitischen Konzepten einer umfassenden Sozial- und Regionalplanung. Verwaltungstechnisch wurde mit der TVA in doppelter Weise Neuland betreten. Sie steht außerhalb der bundesstaatlichen Organisation und ihr territorialer Einflussbereich erstreckt sich über sieben Staaten. Die TVA wurde als wohlfahrtsstaatliches Experiment gesehen. Ihre Programmatik richtete sich auch gegen die totalitären Bestrebungen der kommunistischen Sowjetunion, des nationalsozialistischen Deutschlands und des faschistischen Italiens. Dieser Hintergrund macht deutlich, welche politische Signifikanz Selznicks theoretischen Konzepte der ›unbeabsichtigten Konsequenzen‹ und der ›Kooptation‹ im damaligen Meinungsstreit hatten. Eine Organisation in einem Kraftfeld konfligierender Meinungen nimmt Gestalt an und wird zum Gegenstand von Beeinflussungsversuchen, die von der Führung einer Organisation berücksichtigt werden müssen, will sie nicht Gefahr laufen, durch äußere Widerstände paralysiert zu werden. Dabei läuft sie aber Gefahr, ihre eigentlichen Ziele aufzugeben und zum Gefangenen jener Kräfte zu werden, deren Widerstand sie überwinden wollte.

Als wesentliche soziologische Elemente seines Untersuchungsrahmens bezeichnet der Verf. die folgenden Einsichten: Formale Organisation wird durch Kräfte geformt, die ihrer rational geordneten Struktur und ihren erklärten Zielen exogen sind. Jede formale Organisation ist darauf angewiesen, zur Erreichung ihrer Ziele menschliche und technische Ressourcen zu mobilisieren. Die individuellen Teilnehmer dieses Systems zeichnen sich aber durch die Eigenschaft aus, dieser Instrumentalisierung Widerstand entgegenzusetzen. Außerdem ist jede Organisation auch Teil einer institutionellen Matrix und deshalb Forderungen dieser Umwelt ausgesetzt, denen sie im Interesse ihrer Legitimität und Überlebensfähigkeit zu entsprechen hat. Aus diesen Gründen ist eine Organisation sowohl anpassungsbedürftig wie anpassungsfähig. Daraus folgt, dass innerhalb einer Organisation eine informelle Struktur ausgebildet wird. Mit ihr äußern sich die spontanen Anstrengungen von Individuen und Subgruppen, die Bedingungen ihrer Existenz zu kontrollieren. Es entstehen außerdem informelle Informations- und Einflusskanäle zu anderen Organisationen ihrer Umwelt. Diese informellen Strukturen erfüllten überlebenswichtige Funktionen für die Organisation. Gleichzeitig haben sie aber auch Konsequenzen für das formale System der Delegation von Herrschaft und ihre Überwachung. Jede wirksame Organisation von Herrschaft ist auf ein Minimum von Zustimmung der Betroffenen angewiesen. Informelle Strukturen gäben der Führung Mittel in die Hand, ihre Absichten zu kommunizieren und Interesse zu mobilisieren. Das soziologische Interesse richtet sich nicht auf alle Konsequenzen der formalen Institutionalisierung einer Organisation, sondern allein auf jene, die ihren Bezugspunkt in einem System objektiver organisatorischer Bedürfnisse und Mechanismen haben. Zu diesen Bedürfnissen zählt er die Sicherheit der Organisation in ihrem Verhältnis zu den sozialen Kräften ihrer Umwelt, die Stabilität ihrer inneren Struktur einschließlich der informellen Beziehungsmuster, die Kontinuität in der Bestimmung ihrer Aufgaben und die Homogenität der Eigen- und Fremdwahrnehmung der Organisation, was ihre Bedeutung und ihre Aufgaben betrifft. Die soziologische Perspektive bedeutet weiter, die laufende Erfüllung ihrer Aufgaben unter dem Aspekt der daraus resultierenden Wirkungen auf die Organisation selbst und ihre Beziehungen zu anderen Organisationen zu untersuchen. Darüber hinaus gilt die Aufmerksamkeit den strukturellen Bedingungen innerer und äußerer Organisationspolitik. Von soziologischem Interesse sind jene Bedingungen, die die Bandbreite von Handlungsmöglichkeiten beschränken und damit das Entscheidungsverhalten in einer bestimmten Weise beeinflussen. In Folge der grundsätzlichen Bedeutung, die den Bedingungen innerer und äußerer Organisationspolitik zugeprochen wird, rücken Spannungen und Widersprüche in den Mittelpunkt der Forschung. Als deren wichtigste Quelle gilt die natürliche Widerspenstigkeit der Mittel kollektiven Handelns. Jedes zweckgerichtete Handeln ist in soziale Verhältnisse eingebettet, die sich durch eigene Bedürfnis- und Machtlagen auszeichneten und die sich zwischen den Handelnden und sein Ziel stellen.

Diese soziologischen Gesichtspunkte, über die die Bedeutung organisatorischer Sachverhalte ermittelt werden soll, führen weg von der Frage nach ihren Ursachen und damit auch von den Absichten, die mit ihnen erklärtermaßen verfolgt werden. Die Bedeutung von Handlungen soll stattdessen anhand ihrer Konsequenzen festgestellt werden. Diese sind nur ausnahmsweise mit jenen Faktoren bzw. ausdrücklichen Bestrebungen identisch, die sie auslösen. Unbeabsichtigte Konsequenzen müssen nicht zwangsläufig negativ und unerwünscht sein. Ganz im Gegenteil kann dieses Ergebnis zu einer besseren Anpassung der Organisation an ihre inneren und äußeren Bedingungen führen. Die formalen Strukturen und die offizielle Hierarchie interessieren nicht als solche, sondern in ihrer Eigenschaft, zum Ausgangs- und Bezugspunkte der Ausbildung informeller Strukturen zu werden, die zu ersteren in Widerspruch geraten können.

Elmar Rieger

Senge, Peter M.
The Fifth Discipline. The Art and Practice of the Learning Organization. New York 1990, VIII, 424 S. Aus dem Amerikanischen übersetzt von Maren Klostermann: Die fünfte Disziplin. Kunst und Praxis der lernenden Organisation. 1. Auflage Stuttgart 1996, 562 S., 6. Auflage 1998.

Das Buch stützt sich auf Erfahrungen, die der Verf. durch jahrelanges Training von Führungskräften gemacht hat. Theoretisch greift er auf Forresters systemdynamischen Ansatz und auf die kognitionspsychologischen und kommunikationstheoretischen Arbeiten von Argyris/ Schön (→) und Bohm zurück. Organisationen lernen nur, wenn die Mitglieder elementare Denk- und Interaktionsfähigkeiten trainieren: die fünf Disziplinen Systemdenken, Personal Mastery, Mentale Modelle, Gemeinsame Vision und Team-Lernen. Personal Mastery bezeichnet die Fähigkeit, eine verantwortliche, lernbereite und visionäre Haltung zum Leben einzunehmen. Menschen, die nach Personal Mastery streben, bemühen sich um ein klares Verständnis der gegenwärtigen Realität und entwickeln gleichzeitig eine persönliche Vision, die sie aktiv zu verwirklichen suchen. Dadurch ergebe sich eine kreative Spannung, die die Energie und Neugierde liefere, die Möglichkeiten zur Realisierung der eigenen Zielvorstellung herauszufinden und zu nutzen. Die Einsicht der Kognitionspsychologie, dass Menschen ihre Realität durch einen kognitiven Filter vergangener Erfahrungen und kulturell vermittelter bzw. intellektuell erwor-

bener Konzepte, Normen und Werte wahrnehmen, bildet die Grundlage für die Disziplin ›Mentale Modelle erkunden und reflektieren‹. Hier geht es darum, sich in alltäglichen Interaktionen der Existenz individueller mentaler Modelle und der daraus resultierenden unterschiedlichen Sicht- und Handlungsweisen bewusst zu sein und angemessen darauf zu reagieren. Dies bedeutet, das eigene Denken nicht defensiv zu verteidigen, sondern die Grundannahmen und Zwischenschritte, die zu einer spezifischen Interpretation geführt haben, offen zu legen, so dass sie überprüfbar sind. Teams stellen die wichtigsten Lerneinheiten in Organisationen dar, weil die meisten Entscheidungen im Team getroffen werden bzw., weil Teams individuelle Entscheidungen praktisch umsetzen. Die kollektive Fähigkeit ›Team-Lernen‹ stützt sich auf die Unterscheidung von zwei Gesprächsformen. Während die Diskussion, bei der eine Meinung präsentiert und verteidigt wird, üblich ist, sei die Kunst des Dialogs, bei der die TeilnehmerInnen frei und kreativ komplexe Fragen erforschen, ohne sich von vorneherein auf eine Ansicht festzulegen, verloren gegangen. Ohne eine echte ›Gemeinsame Vision‹, für die sich die Organisationsmitglieder freiwillig und intrinsich motiviert engagieren, bleiben die Kräfte, die auf die Erhaltung des status quo zielen, übermächtig. Nur hoch gesteckte Ambitionen zwängen zu neuen Denk- und Handlungsweisen und ermöglichen generative Lernprozesse.
Systemdenken, abgeleitet aus den Feedback-Konzepten der Kybernetik und der technischen Theorie der Servomechanismen, ist für den Verf. als ›Sprache der lernenden Organisation‹ die zentrale (fünfte) Disziplin. Systemdenken soll ein veraltetes Denkmuster ablösen, ein fragmentarisches, lineares Ursache-Wirkungsdenken und durch eine ganzheitliche, vernetzte Betrachtungsweise ersetzen, die Wechselwirkungen und Rückkopplungsschleifen zwischen Systemteilen berücksichtigt. Es soll dynamischer Komplexität gerecht werden, bei der Ursache und Wirkung subtil sind, kurzfristige sich von langfristigen Folgen unterscheiden bzw. in einem Teil des Systems nicht genauso auftreten wie in einem anderen. Systeme bestehen aus immer wiederkehrenden Strukturmustern, den Systemarchetypen. Diese setzen sich zusammen aus unterschiedlichen Variationen der drei Systembausteine: Verstär-

kendes Feedback, ausgleichendes Feedback und (Wirkungs-) verzögerungen. Mit Hilfe der Systemarchetypen ließe sich die grundlegende Wirkungsweise von Systemen entschlüsseln. Unintendierte Handlungsfolgen werden vermieden und es wird möglich, mit relativ geringen Anstrengungen Hebelwirkungen auszulösen.
Senges Ansatz, handlungs- mit systemtheoretischen Überlegungen zu verbinden, ist ein Versuch – wenn auch ein problematischer, weil er die Dynamik sozialer Systeme kybernetisch modelliert –, der Dualität von Strukturen gerecht zu werden. Da er mit Absicht populärwissenschaftlich präskriptiv schreibt, ignoriert er viele theoretisch relevante Fragen. So klärt er nicht die analytischen Schwierigkeiten um den Begriff des organisationalen Lernens oder fragt nach systematischen Lernblockaden in Unternehmen, wie sie z.B. aus mikropolitischen Phänomenen resultieren könnten, sondern trägt pragmatische Forschungsergebnisse zusammen. Sein Buch erfreut sich großer Beliebtheit und hat zahlreiche Arbeitskreise hervorgerufen. Welche Ergebnisse sich durch das Training der fünf Disziplinen in Organisationen verwirklichen lassen bzw. welche Probleme ihre Einführung und Umsetzung bereitet, muss empirisch geprüft werden.

Weiterführende Literatur:

Senge, P.M/Kleiner, A./Roberts, C./Ross, R.B./ Smith, B.: The Fifth Discipline Fieldbook. Strategies and Tools for Building a Learning Organization. London 1994, 593 S. deutsch: dies.: Das Fieldbook zur Fünften Disziplin. 1. Auflage, Stuttgart, 1996, 687 S., 2. Auflage, 1997, übersetzt von Maren Klostermann.

Kerstin Leichthammer

Silverman, David
The Theory of Organizations. A Sociological Framework. London usw. 1970, IX, 246 S. Aus dem Englischen übersetzt von E. Entlicher: Theorie der Organisation. Soziologische Aspekte zu System, Bürokratie und Management. Wien usw. 1972, 228 S.

Es handelt sich um ein fast singuläres Buch innerhalb der Organisationssoziologie, es wurde zwar rezipiert, wirkte jedoch nicht schulbildend und leitete nur wenige empirische Studien an. Der Verf. wendet sich explizit gegen die konventionelle Organisationssoziologie der 60er Jahre, in erster Linie gegen die dominanten systemtheoretischen Konzepte sowie gegen die Kontingenztheorie. Man kann es als einen Versuch lesen, die thematische Verengung der Organisationssoziologie auf die Kontingenzfrage Organisation/Umwelt aufzubrechen und dieser eine Theorie von Organisation gegenüberzustellen, die von der Konzeption sozialen Handelns geleitet ist. Anstatt Handlungen als Ergebnis von Systembedingungen zu betrachten, sieht der Verf. Handelnde als reflexiv hinsichtlich ihrer Strategien, eigene Ziele innerhalb einer formalen Organisation zu erreichen. »Im Systemansatz wird Verhalten oft als Reflexion der Merkmale des sozialen Systems gesehen. [...] Im Handlungsbezugsrahmen wird betont, dass Handlungen aus den Bedeutungen stammen, die Menschen ihren eigenen Handlungen und denen anderer beimessen« (S. 119). Der handlungstheoretische Ansatz hat selbst keine Organisationstheorie entwickelt und soll am besten als Methode verstanden werden, die sozialen Beziehungen in Organisationen zu analysieren.

Das Buch gliedert sich im Wesentlichen in drei Teile. In Kapitel 1 befasst sich Silverman mit der Frage, was Organisationen überhaupt sind. Als wesentliche Merkmale erachtet er deren Entstehen zu einem bestimmten Zeitpunkt, verbunden mit der Festsetzung von Regeln und Zielen. Organisationen sind künstliche Gebilde und zeichnen sich insbesondere durch das Vorherrschen von Versuchen der Durchführung beabsichtigter Änderungen aus. Obwohl sich diese Definition nicht grundlegend von jener systemtheoretischer Konzeptionen unterscheidet, widmet der Verf. den folgenden Teil einer Kritik der klassischen und konventionellen Organisationssoziologie, insbesondere dem angenommenen Dualismus System – Umwelt, der Organisationspsychologie sowie der Kontingenztheorie. Die restlichen Kapitel sind der Entwicklung eines alternativen, handlungstheoretisch geleiteten Verständnisses gewidmet. Kap. 6 dient der Verdeutlichung von Unterschieden zwischen Natur- und Sozialwissenschaft, wobei sich letztere mit Bedeutungen als sozial konstruierte Phänomene beschäftigt, was eine positivistische Herangehensweise unmöglich mache. Solche sozial konstruierten Phänomene sind auch Or-

ganisationen. Er verfolgt aus handlungstheoretischer Perspektive jene Fragen, die im Rahmen der Systemtheorie recht prominent verhandelt wurden: die Erklärung der Entstehung von Organisationen, die Art des Verhaltens innerhalb von Organisationen und den Wandel von Organisationen. Nachfolgend werden Einstellungen und Strategien analysiert, allerdings in deutlicher Abgrenzung zu den konventionellen Herangehensweisen an das Thema, bei dem Strategien als grundsätzlich auf das Organisationsziel abgestellte betrachtet werden. Dem stellt er die Überzeugung entgegen, dass Handelnde auch in Organisationen sehr wohl eigene Ziele verfolgen, die entweder jene der Organisation gar nicht tangieren oder aber auch diesen zuwiderlaufen können. Sind mehrere Akteure an einer Interaktion beteiligt, so gelten immer noch die durch die Perspektive des Handlungsbezugsrahmens geltenden Grundbedingungen. Strategien werden abhängig von der Situationsdefinition in Interaktionen eingesetzt, institutionalisierte subjektive Sichtweisen führen zu Spielregeln, die allen Beteiligten als Anhaltspunkt dienen. Bei all diesen Themen geht es in erster Linie darum zu zeigen, dass die organisatorischen Vorgaben – insbesondere Rollenzuschreibungen, abgeleitet aus Zielen – von den Akteuren nicht unbedingt übernommen werden müssen, dass diese vielmehr große Autonomie im Hinblick auf subjektive Interpretationen und Handlungsstrategien haben.
Silverman hat sich in den 70er und 80er Jahren – nach eigenen Aussagen – etwas von der sozialkonstruktivistisch-phänomenologischen Position wegbewegt und stärker auf die Ethnomethodologie hin orientiert, was schon im Nachwort zur deutschen Ausgabe anklingt.

Weiterführende Literatur:

Silverman, D.: Communication and Medical Praxis. London 1987;
Silverman, D.: Interpreting Qualitative Data: Methods for Analyzing Talk, Text and Interaction. London 1993.

Petra Deger

Simon, Herbert A.
Administrative Behavior. A Study of Decision-Making Processes in Administrative Organization. 1. Auflage New York 1949, XVI, 259 S., 4. Auflage New York 1997, XV, 368 S.

Das Werk stellt Entscheidungen in das Zentrum der Organisationstheorie, die demnach beschreibt, welche Entscheidungen von welchen Personen in der Organisation getroffen werden und welchen Einflüssen sie dabei ausgesetzt sind. Der Organisation wird dabei das Potential zugeschrieben, die begrenzte Rationalität der Individuen zu kompensieren. Der Betrachtung organisationaler Entscheidungen ist die Klärung der Frage vorgelagert, unter welchen Bedingungen Individuen zu Organisationsteilnehmern werden. Sie wird durch Rekurs auf die erstmals von Barnard (1938) formulierte Anreiz/Beitrags-Theorie beantwortet. Danach erhalten Organisationsteilnehmer von der Organisation Anreize zur Partizipation und leisten dafür Beiträge. Anreize sind Leistungen der Organisation, die zur Erreichung der persönlichen Ziele der Individuen beitragen; Beiträge sind Leistungen, die die Organisationsteilnehmer für die Organisation erbringen. Ein Individuum wird sich dann zur Teilnahme an bzw. zum Verbleib in der Organisation entscheiden, wenn sein/ihr persönliches Anreiz/Beitrags-Gleichgewicht gewahrt ist. Eine positive Teilnahmeentscheidung bedeutet, eine bestimmte organisationale Rolle zu akzeptieren.
Mit der organisationalen Rolle akzeptieren die Organisationsteilnehmer mittelbar die Organisationsziele. Darunter versteht der Verf. solche Ziele, die mit den Rollen der Organisationsspitze verbunden sind. Aus diesen sind wiederum die Ziele und Rollen auf allen darunter liegenden Ebenen der Hierarchie abgeleitet. Die Akzeptanz von Zielen, Rollen und damit verbundenen Handlungen ist nicht grenzenlos; vielmehr existiert ein Akzeptanzbereich (area of acceptance), innerhalb dessen Organisationsteilnehmer Weisungen akzeptieren, der nicht ex ante festgelegt ist. So schreibt er einerseits, ein Beschäftigter unterschreibe mit dem Arbeitsvertrag einen ›Blankoscheck‹. Andererseits vergleicht er das Management einer Organisation mit einem Busfahrer, den seine Passagiere ver-

lassen werden, wenn er nicht dorthin fährt, wo diese hin wollen. Das individuelle Entscheidungsverhalten wird als begrenzt rational aufgefasst einerseits in Hinblick auf die Organisationsziele: Die persönlichen Ziele der Individuen können und werden häufig von den Zielen der Organisation abweichen, so dass individuelle und organisationale Rationalität auseinander fallen. Andererseits ist die individuelle Rationalität begrenzt vor dem Hintergrund der Modell-Rationalität des homo oeconomicus, deren Forderung nach vollständiger Information ein empirisch vorfindbares Individuum nicht nachkommen kann. »Die Notwendigkeit für eine Organisationstheorie ruht in der Tatsache, dass es praktische Grenzen der menschlichen Rationalität gibt und dass diese Grenzen nicht statisch sind, sondern von der organisatorischen Umwelt abhängen, in der die individuellen Entscheidungen getroffen werden.« (Simon 1981).

Die Organisation beeinflusst nun die Individuen in einer Weise, die es ihnen erlaubt, ihre bloß subjektive, begrenzte Rationalität zu Gunsten einer höheren organisationalen Rationalität zu transzendieren. Mechanismen organisationaler Einflussnahme sind Arbeitsteilung, Standardisierung, Hierarchie, Vorgabe der Informationswege sowie die organisationale Sozialisation. Durch diese Einflussmechanismen werden Ziele und Informationen vorgegeben und ihre Informationsverarbeitung sowie ihr Entscheidungsverhalten so beeinflusst, dass die Organisationsteilnehmer sie rational im Sinne der Organisationsziele entscheiden. Trotz begrenzter individueller Rationalität wird auf diese Weise die umfassendere organisationale Rationalität gewährleistet.

Der Verf. liefert die grundlegende Kritik der klassischen homo oeconomicus-Rationalität in der Organisationstheorie, die als solche bahnbrechend gewesen ist. Die Idee der begrenzten Rationalität kann mittlerweile als Gemeinplatz innerhalb der Organisationstheorie und auch beispielsweise in der betriebswirtschaftlichen Entscheidungstheorie gelten. Auch die neuere Institutionenökonomie (Transaktionskostenansatz, Agencytheorie) bezieht sich auf Simons ›administrative man‹. Kritik an dessen Ansatz zielt insbesondere in zwei Richtungen. Erstens ist ihr Blindheit gegenüber Macht vorzuwerfen; die Illusion gleichberechtigter und freier organisationaler Akteure, wie sie etwa der Anreiz/Beitrags-Theorie zu Grunde liegt, kann sicherlich nicht aufrecht erhalten werden (Ortmann 1976). Zweitens erscheint die Vorstellung der Aufhebung individueller Rationalitätsdefizite in einer umfassenderen organisationalen Rationalität nicht plausibel, weil deren Genese nicht im Rahmen der Simonschen Theorie erklärt werden kann (Becker/Küpper/Ortmann 1988; Ortmann 1976).

Weiterführende Literatur:

Becker, A./Küpper, W./Ortmann, G.: Revisionen der Rationalität. In: Küpper/Ortmann (→); Ortmann, G.: Unternehmungsziele als Ideologie. Zur Kritik betriebswirtschaftlicher und organisationstheoretischer Entwürfe einer Theorie der Unternehmungsziele. Köln 1976; Simon, H. A.: Entscheidungsverhalten in Organisationen. Eine Untersuchung von Entscheidungsprozessen in Management und Verwaltung. Landsberg/Lech 1981.

Albrecht Becker

Smircich, Linda
Concepts of Culture and Organizational Analysis. In: Administrative Science Quarterly 28, (3), 1983, S. 339-358.

Die Verf. geht der Frage nach, welchen Beitrag unterschiedliche Kulturkonzepte leisten. Dabei unterscheidet sie zwei Forschungsströmungen. Die erste betrachtet Kultur als kritische Variable (eine Organisation hat Kultur), die zweite sieht Kultur als Metapher (eine Organisation ist Kultur). Ansätze, die Kultur als Variable betrachten, lokalisieren diese entweder außerhalb oder innerhalb der Organisation. Im ersten Fall geht es um das Auffinden (landes-)kultureller Unterschiede und Gemeinsamkeiten, deren Einfluss auf formale Organisationsstrukturen, kognitive Strukturen oder das Verhalten der Organisationsmitglieder sowie deren Implikationen für den Organisationserfolg. Im zweiten Fall wird das soziokulturelle Subsystem neben traditionellen organisationsinternen Variablen in die Betrachtung von Organisationen einbezogen. Organisationen selbst werden zu Kultur hervorbringenden Phänomenen, die gekennzeichnet sind durch spezifische Werte, Normen, Rituale und Zeremonien. Vertretern des Variablen-

Ansatzes geht es insbesondere darum, Kausalzusammenhänge aufzuzeigen und Aussagen über den Organisationserfolg zu generieren. Die Gestaltung der Organisationskultur gewinnt damit an Bedeutung. Die diesem Ansatz zugrundeliegenden Annahmen basieren auf einer positivistischen, objektivistischen Sicht sozialer Realität. Demgegenüber sehen Vertreter des Metapher-Ansatzes die soziale oder organisationale Realität nicht als objektiv gegeben und messbar. Realität wird vielmehr sozial konstruiert und ausgehandelt. Smircich ordnet diesem Ansatz drei thematische Schwerpunkte zu. Der erste betrachtet kognitive Schemata oder Interpretationsschemata, durch die Organisationsmitglieder ihre Welt sehen und beschreiben. Der zweite untersucht symbolische Handlungen und Prozesse, die zur Entstehung dieser Interpretationsschemata führen. Dem dritten geht es darum, die den organisationalen Manifestationen hinterlegten unbewussten, objektivlatenten Sinnstrukturen zu erschließen. Die Kulturmetapher gründet auf Erkenntnissen der Anthropologie und den Basisannahmen eines interpretativen, subjektivistischen Zugangs zu sozialer Realität. Sie ermöglicht eine radikal neue Sicht auf Organisationen und zielt damit auf die Entwicklung eines neues Forschungsparadigmas.

Weiterführende Literatur:

Smircich, L./Calás, M.B.: Organizational Culture: A Critical Assessment. In: Jablin, F.M./Putnam, L.L./Roberts, K.H./Porter, L.W. (Hrsg.): Handbook of Organizational Communication. Newbury Park 1987, S. 228-263.

Indre Maurer

Sofsky, Wolfgang/Paris, Rainer
Figurationen sozialer Macht. Autorität – Stellvertretung – Koalition. Frankfurt/M. 1994, 390 S.

Die Verf. sehen Macht als eine zentrale Form der Vergesellschaftung. »Macht entsteht, wenn Menschen aufeinander treffen und zusammen handeln [...].« Dabei ist sie nichts Ehernes, keine vom Menschen losgelöste Wirklichkeit, obwohl das so scheinen mag, sondern Folge komplexer Prozesse von Handlungen und Zuschreibungen: »Macht wird gemacht.« Ihr Ziel, eine allgemeine Organisationssoziologie der Macht, versuchen sie mit Hilfe dreier empirischer Feldanalysen zu erreichen. Ein mittelständischer Maschinenbaubetrieb in Süddeutschland, eine norddeutsche Alternativdruckerei und eine westdeutsche Kommunalverwaltung werden mit einem Methodenmix im Hinblick auf Bildung, Reproduktion und Verlust von Macht untersucht, wobei drei elementare Machtfigurationen im Mittelpunkt stehen: Autorität, Stellvertretung und Koalition. Hierin sehen sie die Bausteine der sozialen Welt und die Grundmuster jeder Ordnung. »Eine Machtfiguration ist ein komplexes Geflecht asymmetrischer und wechselseitiger Beziehungen, in dem mehrere Personen, Gruppen oder Parteien miteinander verknüpft sind und in dem Veränderungen einer Relation auch die anderen Relationen verändern.« Autorität wird von unten zugeschrieben, setzt Überlegenheit und Anerkennung voraus und muss eine gewissen Autonomie demonstrieren. Der Unterlegene zeigt Achtung und Ehrfurcht in teilweise ritualisierter Selbstinszenierung. »Autorität schafft Ordnung durch Unterordnung«, sie hat also im sozialen System eine zentrale Ordnungsfunktion. An Autoritätstypen in Organisationen wird unterschieden in Amts-, Sach-, Funktions- und charismatische Autorität im Hinblick auf Autoritätsprozesse in Aufbau und Reproduktion sowie Zerfall. Stellvertretung wird als triadische Figur gesehen: »Eine Gruppe entsendet ihren Repräsentanten, der sie gegenüber Dritten und Vierten zu vertreten hat.« Der Stellvertreter gerät als intermediäre Instanz unvermeidlich in einen Intra-Rollenkonflikt. »Die Ambiguität seiner Position ist unaufhebbar.« Ausführlich beschrieben und analysiert werden die Vertretungsmuster, die stets drohende Verselbstständigung, das Publikum, die Rhetorik der Repräsentation, die Transformationen und die Revolution. Koalitionen werden als Machtfigurationen gesehen, bei denen sich mindestens zwei Parteien gegen eine dritte verbünden, »die selbst wiederum nach Alliierten Ausschau hält, um der Gegenseite Paroli bieten zu können.« Subtil behandelt werden Koalitionsstrukturen, -typen und -bildungen sowie ihre Stabilität und ihr Zerfall. Wie auch bei der Stellvertretung beziehen sich die Verf. hier des Öfteren auf Parteien, Verbände, Betriebsräte und auf die ›große Politik‹ und nicht so

sehr auf produzierende und verwaltende Organisationen, das Gesagte lässt sich aber weithin auch auf die dort ablaufenden mikropolitischen Prozesse übertragen.
Das Werk ist ein wichtiges Korrektiv zu vielen betriebswirtschaftlichen Organisationslehren und aus ihnen abgeleiteten Reformkonzepten für die öffentliche Verwaltung, bei denen in verwegener Reduktion von Komplexität hinter modisch-englischem Begriffsschnickschnack noch immer ein apparathaftes und simples Organisationsbild zu finden ist: Alle Macht liegt beim Herrn im Weberschen Sinne und wer den Knopfdruck – sprich: richtiges Führen – versteht, hat alles verstanden. Was die Innenwelt von Organisationen betrifft, eröffnen sie uns also wertvolle Einblicke, auf der Makroebene hingegen lässt ihr Ansatz einige Fragen offen. Was ist mit der Sachautorität des Meisters und der Zuschreibung durch die ihm unterstellten Arbeiter, wenn ihre Firma geschlossen und sie alle beide gefeuert werden? Macht und Herrschaft existieren also auch überindividuell und anonym, sind historisch geronnen und treten dem Individuum durchaus gemacht gegenüber. Was die Verf. stillschweigend unterstellen, nämlich die Gleichheit aller Akteure in einem quasi von der (kapitalistischen) Gesamtgesellschaft und der Welt als solcher losgelösten geschlossenen System, ist im Falle großer Organisationen (leider) nicht die Wirklichkeit. Trotzdem – oder gerade deswegen – ist ihre ›Grammatik sozialer Machtprozesse‹ so faszinierend.

Horst Bosetzky

Sydow, Jörg
Strategische Netzwerke – Evolution und Organisation. Wiesbaden 1992, XIII, 372 S., Nachdruck 1994.

Der Verf. definiert das strategische Unternehmungsnetzwerk als »eine auf die Realisierung von Wettbewerbsvorteilen zielende, polyzentrische, gleichwohl von einer oder mehreren Unternehmungen strategisch geführte Organisationsform ökonomischer Aktivitäten zwischen Markt und Hierarchie, die sich durch komplex-reziproke, eher kooperative denn kompetitive und relativ stabile Beziehungen zwischen rechtlich selbstständigen, wirtschaftlich jedoch zumeist abhängigen Unternehmungen auszeichnet« (S. 82). Er sieht empirische Evidenzen für die Existenz dieser Organisationsform z.B. in den japanischen Keiretsu, Zuliefernetzwerken der Automobilindustrie oder Franchising-Netzwerken wie McDonalds und Benetton, aber auch im frühkapitalistischen Verlagssystem. Ungeachtet der auch von ihm hervorgehobenen konstitutiven Merkmale der Kooperation und der Reziprozität vermag er einen eigenständigen Koordinationsmechanismus sozialen Handelns, der für Netzwerke typisch sein könnte, nicht zu erkennen. Netzwerke seien vielmehr wie konkrete Märkte und Hierarchien sozio-ökonomische Institutionen, die im Prinzip ähnliche Instrumente zur Koordination ökonomischer Aktivitäten einsetzen, nämlich die marktliche Koordination durch Preise und die hierarchische Koordination durch Anweisung, wenngleich in unterschiedlichem Ausmaß und in unterschiedlicher Kombination. Daher seien Netzwerke als Organisationsform nicht »jenseits« von, sondern »zwischen« Markt und Hierarchie zu verorten. (S. 100, 102) Im Vergleich zur hierarchischen Organisation können strategische Unternehmungsnetzwerke als »lose gekoppelte Systeme« bezeichnet werden (S. 86). Sie entstehen durch Prozesse der Quasi-Externalisierung zuvor unternehmungsintern organisierter Arbeitsbereiche und Funktionen sowie durch Prozesse der Quasi-Internalisierung im Zuge einer intensivierten Zusammenarbeit zwischen Unternehmungen (S. 105ff.). Strategische Netzwerke erlauben einerseits gegenüber der hierarchisch integrierten Organisation eine größere Flexibilität und reduzieren andererseits die mit Marktbeziehungen verbundene Unsicherheit. Die Vorteile strategischer Netzwerke können sich jedoch unter veränderten Bedingungen in Nachteile verwandeln. Daher will Sydow sie als eine mögliche, aber nicht als die einzige Organisationsform der Zukunft verstanden wissen. Personellorganisatorische und technisch-organisatorische Strukturierungen wie verschachtelte Aufsichtsratsmandate, gegenseitiger Personalaustausch, abgestimmte Managementsysteme oder gemeinsam genutzte Informationssysteme sind typische Momente von strategischen Unternehmungsnetzwerken, während Kapitalverflechtungen nach Sydows Auffassung kein konstitutives Merkmal sind (S. 87).

Er diskutiert verschiedene theoretische Ansätze zur Erklärung der Evolution und Organisation strategischer Unternehmungsnetzwerke. Dabei kritisiert er vor allem ausführlich den Transaktionskostenansatz, der in der Diskussion über Netzwerke eine prominente Rolle spielt. Die wichtigsten Kritikpunkte beziehen sich auf die unklare Abgrenzung und Operationalisierung des Transaktionskostenbegriffs, die irreführende Fokussierung auf Kostensenkung anstatt auf Gewinnmaximierung als das eigentliche Ziel kapitalistischer Unternehmungen, das der neoklassischen Theorie entlehnte Effizienzkonzept, das zugrundeliegende Menschenbild, die vertragstheoretische Grundlegung des Organisationsbegriffs und die Vernachlässigung von Produktionskosten, institutionellen Transaktionsbedingungen, Machtverhältnissen und Konflikten (S. 145ff.). Beim Durchgang durch eine Vielzahl von alternativen ökonomischen, politischen und politökonomischen Ansätzen sowie Interorganisationstheorien kommt der Verf. zu dem Ergebnis, dass sie häufig wichtige Einsichten vermitteln können, die Evolution und Organisation von strategischen Unternehmungsnetzwerken jedoch nicht befriedigend zu erklären vermögen. Er visiert ausdrücklich eine ›eklektische‹ Netzwerktheorie bzw. eine ›multi-paradigmatische‹ Analyse an, die sich im Rahmen eines interorganisationstheoretischen Zugangs die verschiedensten Ansätze zu Nutze macht. Die bisherigen Interorganisationstheorien seien funktionalistisch geprägt. Demgegenüber gelte es, in stärkerem Maße evolutionstheoretische, mikropolitische und kognitionstheoretische Argumentationslinien aufzugreifen (S. 234f.). Dabei ist sich Sydow darüber im Klaren, dass auch eine eklektische Theorie nicht einfach additiv verfahren kann, da die verschiedenen Ansätze teilweise inkommensurabel sind oder sich widersprechen.

Auf diesem Befund aufbauend wird das Konzept des kollektiven strategischen Managements diskutiert unter Rückgriff auf evolutionstheoretische, mikropolitische und kognitionstheoretische Begriffe, organisationstheoretisch fundiert und auf die kollektive Strategiebildung in strategischen Netzwerken bezogen, um zu einer stärker prozessbezogenen Analyse netzwerkartiger Organisationsformen zu gelangen. Die so gewendete Strategietheorie ist jedoch nur ein Baustein für eine Netzwerktheorie, die darüber hinaus auch die von ökono-

mischen, politökonomischen und interorganisationstheoretischen Ansätzen herausgearbeiteten Determinanten für die Ebenen der Netzwerkumwelt, des Netzwerks, der Organisation und des Individuums berücksichtigen müsste.
Die Arbeit erschließt und systematisiert ein neues Forschungsfeld. Dass dabei, wie der Verf. selbst feststellt, mehr Fragen aufgeworfen als beantwortet werden, ist unvermeidlich. Bis heute dürfte es sich hier jedoch in theoretischer Hinsicht um die am breitesten angelegte und ausführlichste Arbeit über strategische Unternehmungsnetzwerke handeln.

Thomas Sablowski

Schein, Edgar H.
Organizational Culture and Leadership: A Dynamic View. San Francisco 1985, XX, 358 S., 2. Auflage 1992, XIX, 418 S. Aus dem Amerinanischen: Unternehmenskultur: Ein Handbuch für Führungskräfte. Frankfurt/M. 1995, 355 S.

Der Verf. begründet eine struktur-funktionalistische Perspektive auf die Organisationskultur, die für die Forschung und Praxis bestimmt ist. Organisationen werden als dynamische, offene und sich entwickelnde Systeme definiert, die wie Gruppen handeln (Schein 1965). Er gliedert seine Analyse in fünf Teile, wobei er in jedem Teil seine Thesen anhand seiner Erfahrungen als Berater zweier Unternehmen verdeutlicht.
Struktur. Er definiert Organisationskultur als ein »Muster gemeinsamer Grundprämissen, das die Gruppe bei der Bewältigung ihrer Probleme externer Anpassung und interner Integration erlernt hat, das sich bewährt hat und somit als bindend gilt« (S. 25). Sie sei tief in der Organisation verhaftet, komplex und verantwortlich für die Resistenz von Organisationen. Die Kultur entspringe den Überzeugungen, Werten und Prämissen der Unternehmensgründer, den Lernerfahrungen der Gruppenmitglieder und den Überzeugungen, Werten und Prämissen, die neue Mitglieder einbringen. Der Verf. lokalisiert die Organisationskultur auf drei Ebenen. Auf der obersten Ebene sind Artefakte (sichtbare Strukturen und Prozessen wie die räumliche Umgebung, Sprache, Technologie,

Rituale etc.) verortet. Sie sind mehrdeutig und daher schwer zu entziffern. Auf der nächsten Ebene ist Organisationskultur in Werten und Normen der Organisation repräsentiert (Strategien, Ziele, Philosophien etc.). Auf einer tieferen Ebene ist die Kultur durch Prämissen repräsentiert. Das sind unbewusste Wahrnehmungen, Kognitionen und Gefühle, die die essentielle Quelle von Werten und Handlungen bilden. Sie sind kaum sichtbar und resistent, aber identitätsbildend. Zugleich funktionieren sie als kognitive Abwehrmechanismen auf Störungen. Die Analyse zielt darauf ab, das Kulturparadigma deutlich zu machen, das durch die Struktur der Grundprämissen definiert ist. Er postuliert einen klinischen Forschungsansatz, der externe Kulturforscher als Berater eines Klienten definiert.

Inhalt. Die Inhalte der Organisationskultur entwickelten sich als Antwort auf zwei Herausforderungen: Im Prozess externer Adaptation dient Organisationskultur dem Überleben, im Prozess interner Integration der Entwicklung und Stabilisierung von Beziehungen. Es werden zentrale Kategorien der Adaptation und Integration typologisiert und in Bezug auf ihr Management beschrieben, das für den Wandel verantwortlich ist. Wesentlich dabei sind die Kategorien der abstrakteren Ebene, d.h. Prämissen über das Wesen von Wirklichkeit und Wahrheit, den Raum, den Menschen bzw. menschliche Handlungen und menschliche Beziehungen.

Diagnose. Schein präsentiert ein Methodenrepertoire zur Analyse der Prämissen und macht den klinischen Ansatz explizit. Die Analyse läuft auf Intervention hinaus, denn eine Analyse der Organisationskultur beginnt damit, dass sich eine Organisation verändern will. Der Verfasser beschreibt in zehn Stufen die Analyse von außen, wobei die Betrachtung der Organisation und die Identifikation engagierter Organisationsmitglieder im Zentrum stehen.

Intervention. Hier wird die Rolle des Managements unter der Prämisse erörtert, dass zunächst Firmengründer die Organisationskultur implementieren; sie sozialisieren das Management durch einen Lernprozess und verankern ihre Voraussetzungen. Primäre Mechanismen (z.B. Kontrolle, Beurteilung und Selektion des Personals) erzeugen ein Betriebsklima, das die kulturellen Prämissen manifestiert. Sekundäre Mechanismen wie z.B. die Gestaltung des Unternehmens, Rituale und Mythen etc. dienen der Bekräftigung der Organisationskultur. Nach der Gründungsphase kommt es zur Differenzierung des Unternehmens und seiner Kultur. Es bilden sich subkulturelle Gruppen, die das kulturelle Paradigma verändern. Schein typologisiert die Differenzierungskriterien der Organisation und verweist darauf, dass die Führung in Bezug auf diese Kriterien die Integration und Koordination der Subgruppen steuern muss.

Kulturmanagement. Der fünfte Teil beschäftigt sich mit dem Kulturwandel durch Führung. Schein adaptiert dazu Lewins feldtheoretische Studien zur Einstellungsänderung in Gruppen. Eine Veränderung der kulturellen Prämissen erfolgt demnach in drei Stufen: Auftauen, kognitive Umstrukturierung und ›Wieder-Einfrieren‹. Er geht davon aus, dass alle menschlichen Systeme nach Wahrung ihres Gleichgewichts und maximaler Autonomie gegenüber ihrem Umfeld streben. Das Auftauen sei eine Erschütterung des Gleichgewichtes. Es setzt Wandel in Bewegung, der nicht selbstwertbedrohlich sein darf, typologisiert verschiedene Mechanismen und beschreibt diese anhand der Erfahrungen in den Unternehmen.

Lernen. Im letzten Teil propagiert der Verf. die Konzepte der lernenden Kultur und Führung. Er systematisiert Merkmale der lernenden Kultur anhand der zentralen Kategorien zur Dekodierung der Prämissen und stellt einen Katalog an normativen Standpunkten auf. Führungspersönlichkeit wird in der Rolle des lernenden Kulturmanagers identifiziert, die strategisch kulturelle Prämissen implementiert.

Schein postuliert einerseits einen interpretativen Ansatz zur Dekodierung der Prämissen einer Organisationskultur, die dem Zweck der Systemsteuerung dient. Andererseits bietet er einen funktionalistischen Standpunkt, der Kategorien und Variablen zur Identifikation der Prämissen systematisiert. Gruppenprozesse seien für Integrations- und Differenzierungsprozesse ausschlaggebend, weil sie Kultur und Identität konstituierten. Wie aber die Identitätsbildung erreicht wird und wie die Kulturtransformation abläuft, bleibt weitgehend unklar (vgl. Whetten/Godfrey 1998). Subkulturelle Gruppen sind zu sehr als passive Rezipienten der Signale des Managements repräsentiert. Sackmann (1991) hat auf der Grundlage des

Ansatzes eine alternative Theorie zur Entstehung und Funktion des kulturellen Wissens vorgelegt, der die kognitiven Prozesse der Enstehung und Vermittlung von Organisationskultur präziser fasst (vgl. Nagel 1995).
Schultz (1994) weist in ihrer hervorragenden theoretischen und empirischen Vergleichsstudie des funktionalistischen und symbolischen Ansatzes auf weitere Schwächen hin: Scheins empirische Analysen seien unsystematisch, böten kaum Operationalisierungsvorschläge und seien dabei äußerst umfangreich. Seine Analyse konzentriere sich zu sehr auf klassische Organisationsformen und sei erst noch auf andere Syteme zu übertragen. Schultz zeigt, dass die Überlebensprämisse zu einfach ist, gerade weil Inkonsistenzen der Organisationskultur funktional sein können. Insgesamt präsentiert sich die Analyse wie ein Konzept zum Ausbau eines ideologischen Systems zur Sicherstellung der Loyalität von Mitarbeitern. Dadurch wird die Komplexität einer Organisationskultur zu leichtfertig auf den Aspekt ihres Managements reduziert.

Weiterführende Literatur:

Nagel, C.: Zur Kultur der Organisation: Eine organisationspsychologische Untersuchung in der Automobilindustrie. Frankfurt/M. 1995; Sackmann, S.: Cultural Knowledge in Organizations: Exploring the Collective Mind. Newbury Park, CA 1991; Schultz, M.: On studying organizational cultures: Diagnosis and understanding. Berlin 1995; Whetten, D.A./Godfrey, P.C.: Identity in Organizations: Building Theory Through Conversations. Thousand Oakes, CA 1998; Schein, E.H.: Organizational Psycholoy. Englewood Cliffs, CA, 1965. 3. Auflage (reprint) 1980; deutsch: ders.: Organisationspsychologie. Wiesbaden 1980.

Andreas Zick

Schreyögg, Georg
Umwelt, Technologie und Organisationsstruktur. Eine Analyse des kontingenztheoretischen Ansatzes. 1. Auflage Bern usw. 1978, Vorwort 4 S., XXXII, 342 S., 3. Auflage 1995, 272 S.

Die Überlegungen reflektieren mit einer betriebswirtschaftlichen Perspektive die Eignung kontingenztheoretischer Aussa-

gen für Probleme der Gestaltung von Organisationsstrukturen. Die Variablen, die in ihrer Bedeutung für Struktur detailliert analysiert werden, sind die Umwelt und die Technologie als konkurrierende Erklärungsperspektiven. Die Vorgehensweise zielt darauf, zunächst zu explizieren und rekonstruieren, was die Kernaussagen zur Beeinflussung der Organisationsstruktur (abhängige Variable) durch Umwelt und Technologie (unabhängige Variable) beinhalten. Solche Kernaussagen werden mit empirischen Untersuchungen konfrontiert und auf konzeptionelle Probleme und Operationalisierungsprobleme hin reflektiert. Die Frage nach der Bedeutung der Umwelt hat ihren wesentlichen Ausgangspunkt in den Studien von Burns/Stalker (→), deren Ansatz von Lawrence/Lorsch (→), die der Verf. genau in den Blick nimmt, durch die Einführung von Subsystemen und die Strukturmerkmale Differenzierung und Integration erweitert wird. Die Behauptung von Lawrence/Lorsch, dass es unter Erfolgsgesichtspunkten erforderlich ist, das Ausmaß an Differenzierung hinsichtlich z. B. Turbulenz der dem Unternehmen objektiv gegenüberstehenden Umweltsegmente in der Organisationsstruktur abzubilden und durch ein hohes Ausmaß an Integration zu begleiten, wird mit Blick auf andere empirische Untersuchungen in ihrer Verallgemeinerbarkeit in Zweifel gezogen. Dieser Zweifel wird durch methodische Erwägungen, die sich insbesondere auf die Operationalisierung von Umwelt beziehen und auf zirkulare Argumentationsketten verweisen, erhärtet.
Die Überlegungen, die zur Technologie diskutiert werden, beziehen sich als Ausgangspunkt auf Woodward (→). Es wird plastisch, wie die ursprüngliche Vorstellung technischer Komplexität als Operationalisierungsbasis Ergänzungen und Modifikationen erfährt durch Einbeziehung von Kontrollsystem, Varietät und Unsicherheit. Mit dieser Erweiterung geht eine Abnahme der Präzision von Beziehungen zwischen Technologie und Organisationsstruktur einher, ohne dass die Idee eines technologischen Imperativs systematisch überwunden würde. Nachfolgende empirische Untersuchungen vermitteln dagegen das Bild großer Varianz ohne systematische Beziehungen zu Erfolgskriterien. Eine Operationalisierungsfragen mitberücksichtigende Reflexion der konzeptionellen Basis führt zur grundsätzlichen Infragestellung kontingenztheo-

retischen Denkens, das auf die Suche nach Kausalrelationen setzt. Organisationen sind aber zu denken als Kulturphänomene, in denen es nicht um Ursache-Wirkungs-Relationen, sondern um Intentionen und Folgen im Zusammenhang von Interdependenzen und funktionalen Äquivalenzen geht. Es sind nicht objektivierte Relationen zwischen voneinander unabhängigen Variablen, die – mit ökonomischer Notwendigkeit – zu bestimmten Organisationsstrukturen führen, sondern es existieren Handlungsspielräume, die sich nicht nur beziehen auf die Art der organisatorischen Einbindung von Technologien, sondern auch auf die Gestaltung der Technologien selbst. In ähnlicher Weise hat grundsätzlich auch zu gelten, dass die Umwelt nicht als unabhängige Variable zu konzeptualisieren ist, sondern von Handlungen der Organisation beeinflusst wird. Handeln in Organisationen tritt so in Gegensatz zu kontingenztheoretischen Erklärungen, die Strukturen als durch organisationsexterne Faktoren determiniert sehen. Es geht um Entscheidungsspielräume und Wahlmöglichkeiten, die in Organisationen absichtsgeleitet genutzt werden (sollen). Diese handlungstheoretische Orientierung wird aus Konzepten der konstruktiven Wissenschaftstheorie entwickelt und verweist auf die zentrale Rolle des Deutens von Prozessen, in denen Strukturgestaltung als politische Auseinandersetzung im Zusammenhang unterschiedlicher Interessen zu interpretieren ist.

Diese Überlegungen beenden für die deutsche organisationstheoretische Diskussion die Akzeptanz von deterministischen Ansätzen von Kontingenz- oder Situationstheorie. Sie öffnen den Blick auf mikropolitische Fragestellungen und begründen methodologisch ein Verständnis, das soziale Konstruktion von Realität als Perspektive der Organisationstheorie ermöglicht. Implizit bedeutet die handlungstheoretische Perspektive im Zusammenhang betriebswirtschaftlicher Gestaltungsorientierung Distanzierung von systemtheoretischen Ansätzen, die Organisationen als Systeme auf sich selbst verweisen und den Handlungsbezug eliminieren.

Klaus Bartölke

Staehle, Wolfgang H.
Management – Eine verhaltenswissenschaftliche Perspektive. 1. Auflage München 1980, XI, 676 S., 8. Auflage überarbeitet von Peter Conrad und Jörg Sydow, München 1999, XVI, 1098 S.

Das Lehrbuch des Managements in und von Organisationen in der 8. Auflage ist gegenüber der 1. Auflage nicht nur umfangreicher, sondern auch in Bezug auf die konzeptionellen Schwerpunkte stark verschoben. In diesen Änderungen spiegeln sich die Entwicklungen der Managementforschung und des Managementwissens wider. Unter dem Begriff Management werden Prozesse und Funktionen der Steuerung arbeitsteiliger Leistungserstellung verstanden. Diese Leistungen sind in erwerbswirtschaftlichen Organisationen (Unternehmungen) zu erbringen, aber beispielweise auch in öffentlichen Verwaltungen (New Public Management) und Verbänden. Der Verf. konzentriert sich auf Management in und von Unternehmungen. Damit rückt zugleich die spezifisch ökonomische Ausrichtung modernen Managementwissens in den Vordergrund.
Das Lehrbuch gliedert sich in drei Teile: Management als Gegenstand von Forschung und Lehre, Verhaltenswissenschaftliche Grundlagen des Managements und Anwendung verhaltenswissenschaftlicher Erkenntnisse im Management. Teil 1 liefert einen Überblick über die historischen Wurzeln modernen Managements und einen Überblick über die disziplinären Quellen der Managementforschung. Dazu gehören wirtschafts- und sozialwissenschaftliche Ansätze ebenso wie rechts- und ingenieurwissenschaftliche. Die Managementforschung wird als eine *interdisziplinäre* Wissenschaft konzipiert. Die Betriebswirtschaftslehre dient dabei als Grundlagenwissenschaft. Sie leitet die Integration der Wissensbestandteile, die für die Bearbeitung theoretischer und angewandter Probleme des Managements in und von Unternehmungen relevant werden können. Management wird aus einer verhaltenswissenschaftlichen Perspektive dargestellt. Probleme des strategischen Managements, der Unternehmungsorganisation und des Personalmanagements sind die Schwerpunkte. Die verhaltenswissenschaftlichen Grundlagen dafür werden in

Teil 2 gelegt. Dabei werden drei Ebenen des Verhaltens unterschieden: Verhalten auf der Ebene des Individuums, der Gruppe und Verhalten der Organisation als Ganzes. Die Beschreibung und Erklärung des Verhaltens von Individuen und Gruppen reicht von Prozessen individuellen Lernens und der Motivation über die Analyse von Führungsprozessen bis hin zur Analyse von Konflikt, Macht und Vertrauen als Aspekte des Verhaltens in Gruppen. Die Beschreibung und Erklärung des Verhaltens von Organisationen als Ganzes befasst sich in erster Linie mit der Analyse von Organisationsstrukturen und -prozessen und den Beziehungen zwischen Organisation und (ökonomisch relevanter) Umwelt. Es werden grundlegende ›Bausteine‹ von Organisationen vorgestellt (Teilnehmer, Ziele, Struktur und Kultur z.B.). Diese Analyse wird ergänzt durch den Blick auf Entscheidungsprozesse, Planungs- und Kontrollprozesse, Koordinationsprozesse und Prozesse des Wandels von Organisationen. Auf diesen theoretischen Grundlagen baut Teil 3 auf (Anwendung verhaltenswissenschaftlicher Erkenntnisse im Management). Dieser Teil ist stärker an praktischen Problemen des Managements in und von Organisationen, insbesondere Unternehmungen, orientiert. Dem Lehrbuchcharakter folgend, wird Grundlagenwissen dargelegt und kritisch gewürdigt. Darüberhinaus werden neuere Ansätze der wissenschaftlichen Diskussion aufgenommen (etwa Netzwerkorganisation, Prozessorganisation, ressourcenbasierte Strategieansätze).
Vier Themenfelder werden bearbeitet: 1) Das Management der System-Umwelt-Beziehungen (Unternehmungsstrategie) wird mit Hilfe eines Phasenkonzeptes der Entwicklung von Unternehmungsstrategien aufgearbeitet. 2) Das Management der Strukturen wird differenziert in Arbeitsorganisation (Mikro-Ebene) und Unternehmungsorganisation (Makro-Ebene). Kernbereiche der betriebswirtschaftlichen Organisationslehre (Aufgabenanalyse und -synthese, Stellen- und Abteilungsbildung, Hierarchisierung, Organisationsformen) werden behandelt. 3) Im Kapitel über das Management des Humanpotentials wird ein Überblick über die Entwicklung personalwirtschaftlicher Denkansätze gegeben und es werden die Politikfelder Personalmotivation, Personalführung und Personalentwicklung näher beleuchtet. 4) Schließlich werden Mög-

lichkeiten der gezielten Entwicklung und Veränderung von Organisationen (Management des Wandels) aufgezeigt. Der Schwerpunkt liegt in der Darstellung und Würdigung von Strategien und Techniken, organisationale Veränderungen zu steuern. Wechselseitige Abhängigkeiten zwischen diesen vier Managementfeldern werden berücksichtigt. Beispielweise werden Anforderungen an das Humanpotential als Folge und Begrenzung der Realisierung von Wettbewerbsstrategien erörtert.
Der Verf. tritt für die Nutzung verhaltenswissenschaftlicher Erkenntnisse innerhalb der Betriebswirtschaftslehre ein. Er ist Vertreter einer interdisziplinären Managementforschung, bei der die Betriebswirtschaftslehre als anleitende Disziplin für die Managementforschung fungiert. Mit Blick auf die organisationstheoretische Forschung hat das Werk vor allem dazu beigetragen, Dialoge und wechselseitige Verknüpfungen zwischen Betriebswirtschaftslehre und verhaltenswissenschaftlich fundierter Organisationstheorie zu stärken.

Weiterführende Literatur:

Staehle, W.H.: Funktionen des Managements. 3. Auflage, Bern usw. 1992; Managementforschung. Jährlich erscheinender Sammelband zu aktuellen Fragen der Managementforschung, alternierend herausgegeben von Peter Conrad, Georg Schreyögg und Jörg Sydow. Berlin usw.

Frank Schirmer

Starbuck, William H.
Congealing Oil: Inventing Ideologies to Justify Acting Ideologies Out. In: Journal of Management Studies, 19, 1982, S. 3-27.
Starbuck, William H.
Organizations as Action Generators. In: American Sociological Review, 48, 1983, S. 91-102.

Bei dem Verf. kommt organisationale Rationalität, wie bei Meyer/Rowan(→), nurmehr zersplittert und gebrochen vor, in Opposition zu Gegenbegriffen: zu Ritualen und Symbolen, zu stilisierter Sprache und Zeremonien, Klischees und Wahrneh-

mungsfiltern, vor allem aber, wie einer der Titel sagt: zu Ideologien, erfunden, um Aktivitäten zu rechtfertigen, welche eben diese Ideologien in die Tat umsetzen.
Das liest sich auf den ersten Blick vielleicht wie eine Satire. Und doch kennen wir alle diesen zirkulären, rekursiven Zusammenhang: Unsere Praxis bedarf der Rechtfertigung, dazu ersinnen wir Alltagstheorien, Quasi-Theorien (Hall/Hewitt 1970; Hewitt/Hall 1973), Ideologien, in deren Licht sie gerechtfertigt erscheint, und diese Praxis reproduziert, festigt, bestätigt und stabilisiert als mitlaufendes Resultat die rechtfertigende Ideologie, die sodann – es schließt sich der Kreis der Rekursivität – unsere weitere Praxis orientiert und steuert. Solche Alltagstheorien können als Beispiele für den Wahrnehmungszyklus Neissers (1976) gelten, in dem ein Schema die Wahrnehmung dirigiert, die Wahrnehmung aber das Schema reproduziert, unter dem die weitere Wahrnehmung erfolgt – und sofort, ad infinitum.
Auch Organisationen pflegen zu handeln, ehe sie gedacht haben: Das ist Starbucks beherrschendes Denkmotiv. Und seine Begründung gleicht weitgehend der Meyer/Rowanschen – es wird dies der Organisation durch ihre soziale Umwelt aufgenötigt: »Societal ideologies say that actions ought to be justified and that they are justified if they solve problems, so people crystallize problems in order to legitimize their actions.« (Starbuck 1982, S. 19). Organisationen seien zu allererst Handlungsgeneratoren, nicht Problemlöser. Nur selten agierten sie im Problemlösungs-Modus, das meint so, dass – wie wir es uns gewöhnlich vorstellen – am Anfang Probleme stehen, die die Suche nach geeigneten Lösungen und schließlich action als Problemlösungspraxis evozieren. Meist sei es genau umgekehrt: »Organizations are fundamentally action generators rather than problem solvers. [...] Automatic, nonreflective action is built into organizations. They advertise not because they have identified a specified problem and have decided that advertising is the best solution, but because they have set up advertising departments and there are people whose sole responsibility is to advertise. Organizations create budgets because they possess forms and procedures and specialists for making budgets, not because they have explicitly decided that budgets will solve clearly identified problems

that exist here and now.« (Starbuck 1982, S. 20).
An dieser Stelle kann man gut erkennen, dass der Verf. seine Idee überzieht. Natürlich wird es in der Genese der Werbeabteilung und der Budgetierungsverfahren jene dezidierte, auf Problemlösung abstellende Entscheidung in vielen Fällen – nicht immer! Blindes Nachahmen darf nicht unterschätzt werden – gegeben haben und es wird auch weiterhin von Zeit zu Zeit einen Blick auf ihre Problemlösungskapazität geben. Zweck und Vorwand, problem-solving mode und action-generating mode bleiben rekursiv aufeinander verwiesen. Mit dieser mäßigenden Modifikation aber dürfte jeder Kenner organisationaler Praxis seiner bissigen Analyse von Herzen zustimmen.
Mit ihr steht er nicht nur in der Tradition Meyers und Rowans, sondern ersichtlich auch in derjenigen Cohens und Marchs, die schon 1974 den Gedanken ausgearbeitet haben, dass Pläne Symbole, Reklame und Vorwände für Interaktionen sind und insofern retrograd interpretiert werden können: als nachträglich wirksame und rückwärtsgerichtete Garanten der Sinnhaftigkeit und Legitimität des Handelns (Weick →).

Weiterführende Literatur:

Cohen, M.C./March, J.G.: Leadership and ambiguity. New York 1974; Hall, P./Hewitt, J.P.: The quasi-theory of communication and the management of dissent. In: Social Problems 18, 1970, S. 17-27; Hewitt, J.P./Hall, P.: Social problems, problematic situations, and quasitheories. In: American Sociological Review 38, 1973, S. 367-374; Neisser, K.: Cognition and Reality. San Francisco 1976 (deutsch: Kognition und Wirklichkeit. Prinzipien und Implikationen der kognitiven Psychologie, Stuttgart 1979); Weick(→).

Günther Ortmann

Tacke, Veronika
Rationalitätsverlust im Organisationswandel. Von den Waschküchen der Farbenfabriken zur informatisierten Chemieindustrie. Frankfurt/M. 1997, 280 S.

Zwei Themenstränge werden in diesem Buch verfolgt und aufeinander bezogen: (1) Die empirisch-deskriptive Rekon-

struktion der Rationalisierungsentwicklung ›Von den Waschküchen der Farbenfabriken zur informatisierten Chemieindustrie‹ mündet im Befund eines organisatorischen Wandels, der durch Komplexitätszuwachs und Rationalitätsverlust gekennzeichnet ist. (2) Die theoretisch-analytische Absicht liegt in der Darlegung eines genuin organisationstheoretischen Konzeptes für die industriesoziologische Rationalisierungsforschung, die unter einem fortgesetzten Theoriedefizit leidet.
Das organisationstheoretische Konzept der Rationalisierung wird in einem ersten Schritt im Anschluss an die Arbeit von Thompson (→) entfaltet. Organisationen werden als soziale Systeme verstanden, die Technologien in unsicheren Umwelten betreiben. Ein organisatorisch eingebetteter Technologiebetrieb erfordert die Schließung eines technologischen (Produktions-) Kerns, wodurch einerseits zweckbezogene Rationalisierung erst ermöglicht, andererseits Unsicherheitsabsorption durch organisatorische Gewährleistung notwendig wird. Der reflexiv angelegte Zusammenhang von Organisation, Technologie und Unsicherheitsbearbeitung durch Gewährleistung bildet das Suchraster, mit dem im zweiten Schritt die Rationalisierungsverläufe in der Chemieindustrie rekonstruiert werden.
Für die Analyse des Wandels der Produktionsarbeit in der Chemieindustrie nutzt die Verf. die reformulierten Typen der Verkettungs-, Verbund- und Intensivtechnologie Thompsons. Die Voraussetzungen der Rationalisierung und deren organisatorische Folgeprobleme werden typisierend in drei Teilphasen zerlegt. Der Übergang von den Waschküchen der Farbenfabriken des 19. Jahrhunderts zur großtechnischen Massenproduktion steht für den Typus der Verkettungstechnologie. Dessen primäre Rationalitätsnorm der Ökonomisierung erzeugt Unsicherheitszonen und organisatorische Beherrschungsprobleme durch technisch eng gekoppelte Anlagensysteme, hohe Spezialisierung, verstärkte Marktabhängigkeiten und führt in der Folge zur Gewährleistungsstrategie der vertikalen Integration. Als Verbundtechnologie werden die Rationalisierungsverläufe beschrieben, die im Zusammenhang mit der lateralen Integration großtechnischer Anlagen und der zunehmenden Divisionalisierung der Organisationsformen entstehen und zu den chemietypischen Formen der Kuppelpro-

duktion geführt haben. Die Automatisierung der chemischen Produktion hat in dieser Phase dazu geführt, »daß durch Technisierungen (Verkettung!) erzeugte Unsicherheiten durch weitere Technisierungen (Automatisierung!) bearbeitet wurden« (S. 188). Der in diesem Prozess wiederholt entstehende Bedarf an organisatorischer Gewährleistung wird mit Bainbridge als ›Ironie der Automatisierung‹ bezeichnet und findet seine Fortsetzung in der dritten Phase, dem Übergang von der Automatisierung zur Informatisierung der Produktion. Diese Phase wird mit dem Typus der Intensivtechnologie verbunden. Informatisierte Produktionsarbeit zeichnet sich durch informationelle Vernetzung, modellbezogene Programmierung der Prozessschritte sowie Formalisierung und Mediatisierung der Arbeit aus. Organisatorisches Folgeproblem ist ein erneuter Gewährleistungsbedarf, der sich im Kern auf das Problem der Koordination reziproker Interdependenzen bezieht. Es entsteht das Bild eines mehrdimensionalen und brüchigen Entwicklungsprozesses im Übergang von einem ›perfekten‹ zu einem ›imperfekten‹ Technologiebetrieb. Die klassische Form ökonomischer Rationalität wird über den Drang zur Komplexitätssteigerung und die Entstehung systemischer Rationalisierungsformen durch eine reflexiv angelegte Rationalisierung von Technologie und Organisation abgelöst. Im Ergebnis beobachtet die Verf. einen zunehmenden Rationalitätsverlust der Rationalisierung.
Im dritten Teil rekonstruiert sie das zentrale Bezugsproblem der Rationalität organisatorischen Wandels unter Bedingungen von Unsicherheit auf der begrifflich-konzeptionellen Ebene. Unter Rückgriff auf die Organisationstheorie Weicks (→) werden die Grundzüge eines evolutionären Paradigmas der Organisation erarbeitet und dem technologischen Paradigma gegenübergestellt. Wenn das technologische Paradigma darauf abstellt, Unsicherheit durch immer neue Gewährleistungskonzepte organisatorisch abzufangen und damit an seine Grenzen stößt, dann wird das zugrundeliegende Rationalitätskonzept selbst mit Unsicherheit infiziert. Sie schlägt vor, die Rationalitätsfrage – konstruktivistisch gewendet – als Systemrationalität (Luhmann) zu reformulieren. Der Prozess des ›Normalorganisierens‹ ist dann in der Fluchtlinie neo-institutionalistischer Theorien der Organisation (March/Olsen

→, Powell/DiMaggio →) nicht mehr als Logik der Konsequenzenorientierung zu verstehen, sondern bezieht seine Rationalität aus den Regeln der Angemessenheit, die selbst Produkt organisierter Prozesse sind.
Das Buch liefert einen Beitrag zu dem seit Mitte der achtziger Jahre zyklisch geführten Krisendiskurs der Industriesoziologie, in dem die Leistungsfähigkeit der klassischen analytischen und begrifflichen Werkzeuge der industriesoziologischen Rationalisierungsforschung, das Verständnis von Arbeit, Herrschaft, kapitalistischer Subsumtions- und Substitutionslogik angesichts veränderter historischer Rahmenbedingungen und neuer Rationalisierungsmuster einem zunehmenden Zweifel ausgesetzt wurden. Die Verf. führt mit der doppelt angelegten Perspektive auf die Entwicklungsdynamik des Organisationswandels in der Chemieindustrie und auf den Erneuerungsbedarf von Rationalitätskonzepten über diesen Krisendiskurs hinaus. Sie zeigt Ansatzpunkte für eine organisationstheoretisch gewendete Modernisierung der Industriesoziologie auf, die sich zukünftig »auf die Reflexivität der Entwicklung ihres Gegenstandes durch reflexiv angelegte Theorien einstellen« müsste (S. 262).
Die Analyse liefert reichhaltige empirische und theoretische Befunde, die einen stärkeren Bezug der Rationalisierungsforschung auf Organisationstheorie nahe legt. Stellenweise gerät die mehrdimensional aufeinander bezogene Argumentation – die empirisch rekonstruierten Rationalitätsbrüche, der theoretisch entfaltete Wechsel der Rationalitäts-Paradigmen und die eingeforderte paradigmatische Wende der Industriesoziologie – sehr kompakt. Das Buch ist nicht als Lehrbuch angelegt, es informiert aber lehrreich über die system- und evolutionstheoretisch wie neo-institutionalistisch orientierte organisationssoziologische Diskussion und zeigt zugleich empirische Verwendungsmöglichkeiten auf. Insofern eröffnet es neue Forschungsperspektiven im analytischen Übergang von Betrieb zu Organisation.

Uwe Borchers

Tannenbaum, Arnold Sherwood
Control in Organizations. New York 1968, XII, 325 S.

Auf der Basis der Annahme, dass es in Organisationen immer auch um Ordnung und in der Tendenz gleichförmiges Handeln und Verhalten geht, wird Kontrolle als soziale Kausierung zur zentralen Variablen organisationstheoretischer Analyse. Kontrolle drückt sich dabei aus in jedem Prozess, in dem eine Person, eine Gruppe oder eine Organisation absichtsgeleitet andere Personen, Gruppen oder Organisationen zu determinieren versucht. Kontrolle in diesem Verständnis ist Obergriff zu Macht, Autorität und Einfluss. In 21 Beiträgen werden unter Mitarbeit verschiedener Verf. theoretische und methodologische Konzepte und Fragen entwickelt und über empirische Studien in sehr verschiedenen Organisationstypen berichtet.
Das Modell, mit dem die Verteilung von Kontrolle in Organisationen beschrieben wird, ist der Kontrollgraph. Er gibt auf der Basis von Befragungen in Form von Likert-Skalen der Organisationsmitglieder an, wie viel Kontrolle den verschiedenen hierarchischen Ebenen zugeschrieben wird. Diese Verteilung wird durch zwei Variablen charakterisiert, ihre Steilheit – die relative Differenz zwischen hierarchischen Ebenen – und ihr Niveau, ausgedrückt als Summe der den verschiedenen Ebenen zugewiesenen Ausmaße von Kontrolle. Für das Konzept der Kontroll-Summe gilt das Nicht-Nullsummen-Prinzip. Kontroll-Zuwachs in unteren Ebenen impliziert bei Gegenseitigkeit von Beeinflussungsprozessen nicht Abnahme in oberen. Organisationen weisen so Varianz sowohl in der hierarchischen Differenzierung von Kontrolle als auch in der Gesamtmenge ausgeübter Kontrolle auf. Der Kontrollgraph als vereinfachende Abstraktion ist empirisch sowohl als unabhängige als auch abhängige Variable interpretiert und geprüft worden. In seiner Interpretation als primär abhängige Variable liegen zwei Buchveröffentlichungen mit Ländervergleichen vor, die zunächst die USA, Kibbutzim in Israel, Italien, Jugoslawien und Österreich und dann Bulgarien, die Bundesrepublik Deutschland, Irland, Mexiko, Ungarn und Rumänien einschließen. Die gefundenen Unterschiede zwischen den Ländern sind in erheblichen Teilen plausibel, zeigen aber Am-

bivalenzen, die auch mit zu vermutenden Reliabilitäts- und Validitätsproblemen zusammenhängen.
In der Variante als unabhängige Variable sind Wirkungen auf Organisationsmitglieder und die Funktionsweise von Organisationen untersucht worden. Auf individueller Ebene gilt in einer für viele Situationen und Befragtengruppen gültigen Tendenz, dass perzipierte Kontrolle positiv assoziiert ist u.a. mit Motivation, Zufriedenheit und Identifikation und dass Selbsteinschätzungen relativ niedriger Kontrolle begleitet werden durch relativ starke Wünsche nach mehr Kontrolle. Ähnliches gilt für Wahrnehmungen von mit Hierarchie in aller Regel systematisch verbundenen Variablen wie Entgelt und Eigenschaften der in Rollen und Aufgaben ausgedrückten Tätigkeitsmerkmale. Auf der Analyseebene Organisation zeigt sich, dass weniger die Steilheit der Verteilung als die Gesamtmenge von Kontrolle Wirkungen zu erzeugen scheint. Organisationen mit größerer Gesamtsumme scheinen effizienter und effektiver zu sein. Dies wird in Beziehung gesetzt zu wachsender Kohäsion der Organisationsmitglieder, zu größerer Dichte gegenseitiger, wenn auch asymmetrisch bleibender Kontrollprozesse und größerer Vorhersehbarkeit des Handelns der Organisationsmitglieder.
Diese programmatische Forschungsrichtung kann insofern als zeitweilig diskussionsprägend gekennzeichnet werden, als sie die Ausprägungen der Konsequenzen von Hierarchie als allgemeines, aber differenziert sozial konstruiertes Strukturmerkmal vergleichsweise verallgemeinerungsfähig ausweist. Die Kritik an ihr ist methodologischer Art und betrifft Basisannahmen. Der Kontrollgraph vermittelt grundsätzlich ein statisches Bild von Struktur und vernachlässigt Fragen der Prozesse, die zu spezifischen Kontrollverteilungen führen und sie erhalten oder auflösen. Er ist zudem unspezifisch in Bezug auf relevante Unterschiede zwischen Macht, Autorität und Einfluss. Die in der Interpretation seiner empirischen Erscheinungsformen und Wirkungen entstandenen Aussagen besitzen jedoch unmittelbare Anknüpfungspunkte an Diskussionen um starke und schwache Organisationskultur, disfunktionale Wirkungen von Hierarchie und Abflachung von Hierarchie.

Weiterführende Literatur:

Tannenbaum, A.S./Kavcic, B./Rosner, M./Vianello, M./Wieser, G.: Hierarchy in Organizations. San Francisco 1974; Tannenbaum, A.S./ Rozgonyi, T. (Hrsg.): Authority and Reward in Organizations. An International Research. Ann Arbor, Mi. 1986.

Klaus Bartölke

Taylor, Frederick Winslow
The Principles of Scientific Management. New York 1911, 144 S. Aus dem Amerikanischen übersetzt von Rudolf Rösler: Die Grundsätze wissenschaftlicher Betriebsführung. München usw. 1913, XX, 156 S., Reprint Weinheim 1995, LVII, 156 S.

»Wir sehen, wie die Wälder dahinschwinden, die Wasserkräfte vergeudet, der Boden und seine Schätze ins Meer gewaschen werden; die Erschöpfung der Kohlen- und Eisenerzlager ist nur noch eine Frage der Zeit. Weniger offensichtlich, weniger leicht zahlenmäßig darstellbar und deshalb leider nur hier und da in ihrer Bedeutung erkannt ist die viel größere tagtägliche Vergeudung menschlicher Arbeitskraft durch ungeschickte, unangebrachte oder unwirksame Maßnahmen [...]«, leitet der Verf. zu Beginn des 20. Jahrhunderts seine »Grundsätze wissenschaftlicher Betriebsführung« ein. Das Programm eines ›Scientific Management‹ soll der Vergeudung von Arbeitskraft und Arbeitszeit ein Ende setzen und zugleich – auf wissenschaftlich-objektiver Grundlage – Willkür und Beliebigkeit im Verhältnis von Arbeitgebern und Arbeitnehmern beseitigen und zur Vereinigung der Interessen beider beitragen. An wenigen Beispielen der Organisation einfacher manueller Arbeiten (Entladen von Roheisen, Umschaufeln von Kohle oder Aussortieren fehlerhafter Teile) demonstriert er die Elemente einer wissenschaftlichen Arbeitsorganisation: Auslese und Anlernen des für jeden Arbeitsgang jeweils am besten geeigneten Arbeiters; Arbeitsstudium, Bewegungsanalysen, Zeitmessung und Normierung der Arbeitsgänge; Standardisierung der Werkzeuge; Einsetzung von Funktionsmeistern, die nicht mehr für die Werkstatt, sondern lediglich für Teilfunktionen des Arbeitsprozesses verantwortlich sind;

Festlegung eines Arbeitspensums, an dessen quantitative und qualitative Erfüllung die Vergabe einer Prämie als Bonus zusätzlich zum Grundlohn geknüpft ist.
Das Prinzip ›Wissenschaftlicher Betriebsführung‹, dem diese einzelnen Elemente der Arbeitsorganisation gehorchen, enthüllt sich nicht so sehr in einer fortschreitenden Zergliederung ganzheitlicher Arbeitsaufgaben (auf die der ›Taylorismus‹ mitunter verkürzt wird) oder im Bild einer allein ökonomischen Anreizen zugänglichen Natur des Menschen, sondern in der Vervollkommnung, ja Perfektion des betrieblichen Herrschaftssystems. Die Erfahrung, das Detailwissen, über das der Arbeiter in seinem Kopf bislang individuell verfügte, wird enteignet, durch Arbeitsstudium und Arbeitsnormung herausgesogen, entprivatisiert und auf der Ebene ›des Systems‹ in Gestalt zentraler Arbeitsvorbereitung und -steuerung zusammengefasst. Während bis dahin der Arbeiter über den Einsatz seiner Ressourcen an Wissen und Können disponierte, disponiert nun das System der Wissenschaftlichen Betriebsführung über ihn, macht ihn in seiner Leistungsfähigkeit durchsichtig und in seinem Leistungsergebnis berechenbar. Die Entpersonalisierung von Herrschaft schreitet fort: Nicht mehr Arbeitgeber und Arbeitnehmer stehen sich gegenüber, sondern die unpersönliche Ordnung der Wissenschaftlichen Betriebsführung steuert ihre zu gemeinsamer Arbeit verbundenen Anstrengungen. Stand vorher »die Persönlichkeit an erster Stelle, wird in Zukunft die Organisation und das System an erste Stelle treten«.
Taylors Vorstellungen einer wissenschaftlichen Betriebsführung sind kaum irgendwo buchstabengetreu, wohl aber dem Sinn nach in der Praxis der Arbeitsorganisation umgesetzt worden. Rationalisierungskonzepte gelten in der Gegenwart vor allem dann als ›tayloristisch‹, wenn sie nicht nur Aufgabenzuschnitte verengen, sondern individuelle oder kollektive Dispositionsmöglichkeiten durch ein Übermaß an formalisierter Kontrolle beschneiden. Soweit Arbeitszerlegung und zentralisierte Dispositions- und Kontrollstrukturen als Königsweg der Rationalisierung galten, wurde diesem Paradigma frühzeitig widersprochen (Friedmann 1959). Mit dem Ende der Massenproduktion (Piore/Sabel 1985) deuten sich neue Produktionskonzepte an (Kern/Schumann 1984), die der tay-

loristischen Organisation entpersonalisierter Herrschaft und zentralisierter Kontrolle zumindest Inseln autonomer Gruppenarbeit als Formen anthropozentrischer Organisationsgestaltung entgegensetzen (Brödner 1985).

Weiterführende Literatur:

Brödner, P.: Fabrik 2000. Berlin 1985; Friedmann, G.: Grenzen der Arbeitsteilung. Frankfurt/M. 1959; Kern, H./Schumann, M.: Das Ende der Arbeitsteilung? München 1986; Piore, M./Sabel, C.F.: Das Ende der Massenproduktion. Berlin 1985.

Thomas Edeling

Thompson, James D.
Organizations in Action: Social Science Bases of Administrative Theory. New York usw. 1967, XI, 192 S.

Der Verf. startet mit dem Anspruch, zwei konkurrierende Perspektiven angloamerikanischer Organisationstheorie miteinander zu verknüpfen. Er begreift Organisationen weder als natürlich-offene noch als rational-geschlossene Systeme, sondern integriert diese Perspektiven als eine genuine Doppelstruktur: Als offene Systeme sind sie mit Unsicherheit konfrontiert, als geschlossene Systeme stehen sie unter dem Anspruch der Rationalitätssteigerung, die wiederum den weitgehenden Ausschluss von Unsicherheit voraussetzt. Damit fokussiert der Verf. jene Problemlage, die später von Autoren wie Weick oder Luhmann als Grunddilemma organisationaler Entscheidungsprozesse gefasst wird: die strukturelle und prozedurale Gleichzeitigkeit von Geschlossenheit und Offenheit organisierter Sozialsysteme. Diese konzeptionelle Integration wird genutzt, um den Prozess des Organisierens als ›Paradox of Administration‹ offen zu legen: Einerseits bewegen sich Organisationen in turbulenten und unsicheren Umwelten, andererseits benötigen sie planbare Kontexte und Sicherheit; einerseits erfordert die Dynamik der Umwelt flexible Anpassungsstrategien, andererseits werden zur Erstellung von Leistungen stabile Strukturen benötigt: »Uncertainty appears as the fundamental problem for complex organizations, and coping with uncertainty, as the essence of the administrative

process.« (S. 159).
Zur Bearbeitung dieses Grundproblems entwickeln Organisationen zwei unterschiedliche Rationalitäten: Die technologische Zweck-Mittel-Rationalität des Kerns operiert nach Maßgabe eines Wissens um Kausalwirkungen, über das technische Lösungen und Verbesserungen realisiert werden. Sie ist dabei abhängig von zu erstellenden Voraussetzungen, die ihrerseits nicht mit der gleichen Logik bewirkt werden können. Diese Funktion der Sicherung von Ressourcen und der Gewährleistung dauerhafter Ausgangsbedingungen wird zur Aufgabe einer organisationalen Rationalität, die aktiv den Kern gegenüber Unsicherheiten und Veränderungen der Umwelt puffert, stabilisiert und schützt. Organisationen benötigen also beide Rationalitäten, und deren Verschachtelung macht sie zu komplexen Systemen. Zum zentralen Problem und zum Rationalitätskriterium für Organisationen wird deshalb die Koordination der unterschiedlich operierenden Teile. Dazu entwickelt Thompson die Maxime der ›minimalen Koordinationskosten‹, die besagt, dass Organisationen dann rational genannt werden können, wenn sie die realisierbaren Koordinationsformen so nutzen, dass die internen Transaktionskosten minimal sind und die zu beherrschenden Interdependenzen effizient gehandhabt werden können. Für dieses Koordinationsproblem zweiter Ordnung gäbe es aber keine höherwertige Rationalität. Die Anordnung der eigenen Interdependenzen kann nur als ›lose gekoppelt‹ (Weick), also als veränderlich, gedacht werden. Organisationen unterliegen dem kalten Postulat der beschränkten Rationalität.
Die Argumentation ist breit rezipiert und zugleich oft auf den Grundgedanken der ›Pufferung‹ reduziert worden. Wenig beachtet blieb insbesondere der zweite Teil des Buches, der aufbauend auf das Problem der Unsicherheitsabsorption darauf abstellt, wie Organisationen unter den Bedingungen der Stabilitätserfordernis Flexibilität aufbauen können: »When the immutable facts of organizational life have been faced and the contingencies spelled out, organizations have choices.« (S. 99).
In diesem Sinne wird in den Kapiteln 8-11 der Frage nachgegangen, unter welchen Bedingungen Organisationen Ermessens- und Entscheidungsspielräume auf- und ausbauen können. Dazu nutzt der Verf. die Figur der Indifferenz für Fragen

der Mitgliedschaft in Organisationen (Barnard, Simon), das Konzept der dominanten Koalition (Cyert/March) für Fragen des Konflikts und der Ausübung von Macht und Kontrolle. Es sind die politischen Dimensionen der organisationsinternen Prozessgestaltung wie auch des Grenzstellenmanagements bezüglich institutioneller Umwelten, die hier im Vordergrund stehen. Insofern ist Thompson zu Unrecht als Kontingenztheoretiker behandelt worden.

Das Werk liefert keine leichtfertigen Lösungsvorschläge, vielmehr zeichnet es sich dadurch aus, dass die Paradoxie des Organisierens konsequent als Dualität (S. 148f.) problematisiert wird – und damit bereits Grundzüge einer Theorie der Strukturation (Giddens) ausleuchtet. In einer auch für die angloamerikanische Organisationsliteratur ungewohnt knappen und präzisen Formulierungsweise destilliert der Verf. die Essenz des Organisierens. Sein Beitrag zur Organisationstheorie liegt weniger in der Erfindung neuer Theoreme – hier greift er auf bestehende Konzepte zurück, die er weiterentwickelt: Die Unterscheidung natürlicher und rationaler Systeme (Gouldner), die Differenzierung der Organisation in technische, managerielle und institutionelle Ebenen (Parsons), die Idee des ›coalignment‹ zwischen Organisationen und ihren institutionellen Umwelten (Selznick) sowie die Analysen von Simon und March zu begrenzter Rationalität und Entscheidungsprozessen in Organisationen. In der problemorientierten Systematisierung dieser und anderer Konzepte gelingt hier die Skizzierung einer Landkarte, die dem Leser in komprimierter Form die »sozialwissenschaftlichen Grundlagen« so der Untertitel, für eine Theorie der Organisation nahe bringt. »Organizations in Action« beansprucht den Leser und lädt zum mehrmaligen Lesen ein. Der schmale Band ermöglicht Entdeckungsreisen, die bei jedem Lesen neue Perspektiven und Einsichten eröffnen. Dieses Buch ist wahrhaftig ein Klassiker der Organisationstheorie.

Uwe Borchers / Christof Wehrsig

Türk, Klaus
»Die Organisation der Welt«. Herrschaft durch Organisation in der modernen Gesellschaft. Opladen 1995, 306 S.

Das Buch vereint sieben Abhandlungen, eine Einleitung und einen Anhang mit begrifflichen Erläuterungen zur Programmschrift einer kritischen Organisationssoziologie mit hohem gesellschaftstheoretischen Anspruch. Ziel ist es, der Ubiquität und Zentralität des Organisationsphänomens in modernen Gesellschaften theoretisch gerecht zu werden (1). Die dabei durchgehaltene kapitalismus- und herrschaftskritische Orientierung fokussiert, »was mit dem Modus moderner Organisation in der Welt angerichtet wird« (S. 100), und reflektiert die unorganisierten und nicht-organisierbaren Bedingungen, Grenzen und möglichen Alternativen von Organisation (2). In den einzelnen Abhandlungen kommt eine Fülle von Aspekten und Konstellationen zur Sprache, auf die eine so instruierte Organisationsforschung historisch, analytisch wie empirisch das Augenmerk richtet und an der sie sich weiter zu bewähren hat (3).

(1) Der Verf. zeichnet die Umrisse einer Kritik der politischen Ökonomie der Organisation. Benjamins Diktum zum Leitmotiv erhebend, wonach die Organisation das eigentliche Medium der Verdinglichung menschlicher Beziehungen ist, tritt hier, im Unterschied zu gängigen Lesarten der Theorie von Marx, die Organisation an die Stelle von Maschinerie oder Markt als »adäquate Sozialform des Kapitals« (S. 41). Die Herrschaft durch Organisation rückt in den Vordergrund und wird, in Anlehnung an Weber, in ihren Ordnungs- (als spezifisch okzidentaler Rationalitäts-, Disziplinierungs- und Normalisierungsdiskurs), Gebilde- (als rechtlich abgestützte institutionelle Form) und Vergemeinschaftungsdimensionen (als Prozess sozialer Integration und Schließung) zum herausgehobenen gesellschaftstheoretischen Problem. Herausgehoben, weil Organisationen im sozialen Gesamtzusammenhang eine zentrale intermediäre Funktion erfüllen: sie dienen »als programmatisch-herrschaftliche Filter oder [...] Destillierkolben zwischen lebendiger Ko-Operation und real-abstraktiven Systemen« (S. 201). Was das im Einzelnen bedeutet, arbeitet er

im Anschluss an systemtheoretische Argumentationsfiguren heraus. Funktionale Differenzierung in die Teilsysteme der Wirtschaft, Politik, Bildung und Wissenschaft meint dort zunächst Durchsetzung besonderer Perspektiven des Weltbezugs, von Leitdifferenzen bzw. Präferenzcodes, die die Systemoperationen und Kommunikationen regulieren. Da diese systemischen Bezugs- und Regulationsweisen sich aber (realabstrahierend) auf eine materielle bzw. lebensweltliche Basis richten, die selbst kein Systemelement ist, erweisen sich die durchgesetzten Leitprinzipien zum einen als ideologisch, zum anderen bedürfen sie der Spezifikation und Operationalisierung in Form von Programmen, die dennoch eine hinreichende Kopplung zwischen System und (Lebens-)Welt sicherstellen. Genau aus solcher aus- und zurichtenden Programmierung besteht nun im Wesentlichen die institutionalisierte Praxis formaler Organisationen. Auch die Abhängigkeit aller Teilsysteme von einem kapitalistischen Leitprogramm vermittelt sich über die Organisationsform: über organisationale Programmkorrespondenzen, deren gemeinsamer Kern der ›extroverse‹, aneignend-regulative Zugriff auf Ressourcen ist. Somit haben Organisationen eine mehrfache intermediäre Funktion: Transformation von konkreten Leistungen und Interaktionen in abstrakte Systemfunktionen und umgekehrt, Verkörperung und Reproduktion von Herrschaft und Ungleichheit, Verbindung der gesellschaftlichen Teilsysteme untereinander. Der soziale Destillierkolben der Organisation leistet dies durch Definition und Gewinnung eines bestimmten ›Extraktes‹ als Output, in welchem sich komplexe soziale Prozesse und lebendige Arbeit in gesellschaftlich legitimierte und konstruierte Normalformen verwandelt haben.

Der Überbau organisationaler Herrschaft erhebt sich und lastet indes auf der Basis realer menschlicher Praxis, die das zu organisierende Material liefert. Als dialektischer Gegenpart von Organisation bezeichnet der Begriff der ›Ko-Operation‹ diesen wirklichen materiellen Lebensprozess: das, »was organisiert werden soll und was trotzdem unorganisierbar bleibt« (S. 97). Die Organisation der Welt ist somit nur als emergentes Resultat des Zusammen- und Gegeneinanderwirkens zweier Logiken analysierbar: der (Verwertungs- und Herrschafts-) Logik der Organisierung und der Logik der Ko-Operation. Da

die Leitpräferenzen und Codierungen der gesellschaftlichen Teilsysteme von der sozialen Totalität abstrahieren und Genesis wie Einbettung ihrer Objekte ausblenden, bedarf es der vermittelnden Organisationsform; sie bezieht sich indes, anders als die Systemkommunikation, immer direkt auf lebendige Arbeit, nutzt die Produktivität von Ko-Operation. Damit wird Organisation zum eigentümlichen Spannungsfeld: »Organisationale Aneignung ist angewiesen auf lebendige Arbeit, muss deren Lebendigkeit aber fürchten; organisationale Produktionen sind angewiesen auf ideologische, legitimatorische, qualifikatorische, politische und materielle Ressourcen, die Organisationen nicht selbst produzieren können.« (S. 88).
(2) Hierauf insistiert die Kritik und setzt die Organisation der Welt resolut in Anführungszeichen. Die primäre Perspektive ist nicht auf die organisationsförmig vermittelte Systemintegration, sondern auf den realen Prozess menschlicher Ko-Operation gerichtet; es wird danach gefragt, wie dieser Prozess vom Organisationszugriff »interpunktiert, konfiguriert, strukturiert sowie auf vielfältige Weise zerschnitten und zusammengefügt, ausgebeutet und beherrscht, entmutigt und ermutigt wird.« (S. 38) Die radikale Organisationskritik thematisiert mithin vor allem die organisational ausgeblendeten und unterdrückten Aspekte des Sozialen, die willkürlichen Durchtrennungen und Reduktionen von Ko-Operation, die im Zuge organisationsförmiger Abstraktionen von der Vielschichtigkeit realer Produktionen und ihrer Verknüpfung durchgesetzt werden. Benjamins Hoffnung, die Organisationsform sei zugleich das Medium der Überwindung von Verdinglichung, kann eine solche Organisationskritik nicht mehr teilen. Organisation ist ihr allein Modus von Entfremdung und Herrschaft. Herrschaftskritik muss sich freilich auf bereits vorhandene, wie immer vage Vorstellungen von Nicht-Herrschaft stützen. Ihre Kritik an Deutungs-, Orientierungs- und Praxismustern trifft nur, wenn sie auch als Ermutigung und Verstärkung dessen wirkt, was ohnehin zumindest rudimentär geschieht und erfahren wird. Dieses Andere der Organisation ist als keimhafte Erfahrung von Nicht-Herrschaft in realen Ko-Operationen immer schon virulent. Unter diesem Gesichtspunkt gilt, historisch wie aktuell, das Besondere Interesse dem Aufspüren derjenigen Elemente von Ko-Operation,

die Modelle für Alternativen der Organisationsform darstellen könnten. Die Suche nach alternativen Regulationsweisen von Ko-Operation stößt allerdings auf Grenzen bisheriger Theoriebildung: »Für kollektive Zwecktätigkeit, die nicht organisationsförmig ist, fehlt jede theoretische Kategorie und jede grundlagentheoretische Klärung.« (S. 16).

(3) Der vor allem in der Einleitung entworfene theoretische Rahmen und die eher material ausgerichteten Abhandlungen eröffnen ein weites Feld für empirische Forschungen und theoretische Rekonstruktionen. In einer diachronen Forschungsperspektive geht es um die Aufklärung der historischen Genese und Entwicklung der ›Organisation der Welt‹. Die Thesen und Argumentationsskizzen zum geschichtlichen Primat von Organisation vor Markt und Maschinerie, zum Zusammenhang von Expansion der kapitalistischen Warenproduktion, Selektion von Leitdifferenzen und Entstehung funktionaler Teilsysteme oder zur Entwicklung von Kontroll- und Nutzungsformen des Arbeitsvermögens sind als Anleitung weiterführender historischer Studien angelegt und auf solche angewiesen. In einer synchronen Forschungsperspektive ist die Fruchtbarkeit des Ansatzes weiter in verschiedenen Bereichen zu erproben; auch in solchen (wie schon beispielhaft am Bildungssystem gezeigt), die die traditionelle Organisationssoziologie vernachlässigt. In konzeptueller (wie auch empirischer) Perspektive bleibt u. a. die angeschnittene Frage nach der angemessenen Fassung der »implizite[n] Sozialorientierungen kollektiver Zwecktätigkeit« (S. 96) und damit nach den möglichen Vorboten ihrer nicht-organisationsförmigen Regulation zentral. Angedeutete Suchrichtungen und Überlegungen (zum Begriff des Tuns, zu Anknüpfungsmöglichkeiten am Begriff der moral economy oder, in einer neueren Veröffentlichung, zum Begriff der Institution vgl. Türk 1997) erscheinen ebenso viel versprechend, anregend und ermutigend wie das gesamte Projekt einer gegen den Strom schwimmenden Organisationssoziologie mit kritisch-gesellschaftstheoretischen Ambitionen, für das dieses Buch ideenreich plädiert.

Weiterführende Literatur:

Benjamin, W.: Politisierung der Intelligenz (1930). In: Angelus Novus. Ausgewählte Schriften 2, Frankfurt/M. 1988, S. 422-428, hier:

S. 423; Bruch, M.: Betriebliche Organisationsform und gesellschaftliche Regulation. In: Ortmann/Sydow/Türk (→), S. 181-210; Türk, K.: Organisation als Institution der kapitalistischen Gesellschaftsformation. In: Ortmann/Sydow/Türk (→), S. 124-176.

Harald Wolf

Türk, Klaus
Neuere Entwicklungen in der Organisationsforschung. Ein Trendreport. Stuttgart 1989, 184 S.

Das Buch ist aus einer Vorlesung entstanden. Es erhebt in erster Linie nicht den Anspruch eines geschlossenen Textes, der eine eigene Theorie entwickeln möchte, sondern es soll die Vielzahl der neuen Ansätze und begrifflichen Konzepte darstellen und ordnen, die seit Mitte der 70er Jahre innerhalb der Organisationsforschung entstanden sind. Diese Ansätze und Konzepte werden in einen allgemeineren soziologischen Kontext eingeordnet und insbesondere im Hinblick auf ihre theoretische Tragfähigkeit hin geprüft.
Den Ausgangspunkt bildet die detaillierte Darstellung der umfangreichen Kritik des bis in die Hälfte der 70er Jahre dominanten, ›Kontingenztheoretischen Ansatzes‹. Der Verf. versucht, Gegenpositionen auszumachen, die ihrerseits theoretisch brauchbar sind. Er erblickt in der im Rahmen dieser Kritik und ihrer Gegenkritik deutlich werdenden Grundlagendebatte Anzeichen für eine Resoziologisierung der Organisationsforschung, die dem dominanten Paradigma dadurch paroli bietet, dass man einerseits an klassische Fragestellungen der allgemeinen Soziologie anschließt und andererseits das dominante Paradigma als nur eines von vielen und denkbaren Deutungsmustern der Realität relativiert. Er systematisiert seine Darstellung anhand zentraler Themen der gegenwärtigen Organisationsforschung. Dabei stehen solche Ansätze im Vordergrund, die von einer grundsätzlichen paradigmatischen Unzulänglichkeit bzw. Unangemessenheit der herkömmlichen Theoriebildung ausgehen und hierzu Gegenpositionen formulieren. Der herkömmliche Organisationsbegriff lässt sich dabei wie folgt beschreiben: »Organisationen sind zielorientierte, rational geplante Systeme mit einer auf Dauer gestellten objektiv-versachlichten Struktur«. Der Verf.

konzentriert sich auf folgende Kritikpunkte an dieser konventionellen Bestimmung von Organisationen:
1) Organisationen können nicht als real-abstrahierende Systeme begriffen werden, sie sind vielmehr lebensweltlich konstituierte Handlungszusammenhänge mit eigenen spezifischen Kulturen und Subkulturen. 2) Organisationen verfügen nicht oder nur rudimentär über eine objektiv-versachlichte Struktur, sondern vielmehr über subjektiv bzw. begrenzt kollektiv differierende »cognitive maps« der eigenen Organisation. 3) Organisationen sind nicht oder nur rudimentär auf Dauer stabil, vielmehr sind sie permanent in Bewegung. 4) Organisationen sind nicht zielorientierte, geplant-monolithische Blöcke, sondern widerspruchsvolle politische Ökonomien, in denen um die Kontrolle über Ressourcen zum Aufbau materieller, kultureller und sozialer Kapitalien gerungen wird.
Im Anschluss an eine Typologie von Benson bildet der Verf. vier Themenbereiche: 1) »Fiktionen und Fassaden«. Hier geht es um die in einer kritischen Diskussion um die Rationalitätsannahmen konventioneller Organisationsforschung angelegte Entmythologisierung der Organisationstheorie. 2): »Zeit und Bewegung«. Die Betrachtung der Entwicklung von Organisationen im Zeitablauf führt zu einer Dymanisierung der Organisationstheorie. 3): »Kultur und Lebenswelt«. In diesem Theoriestrang geht es um die Analyse von Organisationen als lebensweltlich integrierten Kollektiven von Menschen, damit verbunden ist eine Rehumanisierung der Organisationstheorie. 4): »Kontrolle und Widerspruch«. Mit der Untersuchung von Organisationen als ›politischen Ökonomien‹ ist eine Politisierung der Organisationstheorie angelegt. Diese vier Theoriestränge werden hinsichtlich ihrer jeweiligen Fragestellungen und -perspektiven sowie wichtiger Beiträge dargestellt, kritisch diskutiert und um weiterführende Fragestellungen sowie durch umfangreiche Literaturangaben ergänzt.
Über diese systematisierende theorieorientierte Darstellung hinaus wird ein eigener Bezugsrahmen einer politisch-ökonomischen Organisationsanalyse skizziert. Dieser steht in Verbindung zu mikropolitischen Ansätzen (etwa der strategischen Handlungsanalyse von Crozier/Friedberg), stellt zugleich aber den Anspruch, die dort vorgenommene, nur formale, sozialtheoretische Herangehensweise mit einem gesellschaftstheoreti-

schen Ansatz, der materialistischen politischen Ökonomie, zu verbinden, der die Analyseebenen von Makro-, Meso- und Mikropolitik umspannen soll. Türk greift hierzu auf das Konzept der Handlungslogiken von Karpik zurück. Mit diesem Instrument kann er mit Kooperationslogik, Verwertungslogik und Herrschaftslogik drei spezifische kapitalistische Organisationslogiken beschreiben.
Die Bedeutung dieses Buches liegt in zwei Aspekten: Zum einen werden zum ersten Mal im deutschsprachigen Raum neuere organisationstheoretische Entwicklungen dargestellt. Zum anderen skizziert der Verf. die Umrisse einer gesellschaftstheoretisch orientierten Organisationssoziologie, die in späteren Beiträgen weiter entfaltet wird.

Weiterführende Literatur:

Türk, K. 1995 (→); Türk, K.: Organisation als Institution der kapitalistischen Gesellschaftsformation. In: Ortmann/Sydow/Türk (→).

Thomas Metz

Volmerg, Birgit/Senghaas-Knobloch, Eva/Leithäuser, Thomas
Betriebliche Lebenswelt. Eine Sozialpsychologie industrieller Arbeitsverhältnisse. Opladen 1986, 285 S.

In der Tradition einer Öffnung der Organisationsforschung gegenüber den internen Umwelten ihres Forschungsobjektes – wie sie von Elton Mayo in die Diskussion eingebracht wurde – steht das Projekt der Verf.. ›Humanisierung des Arbeitslebens‹ ist der weitere Projektkontext, in den diese Studie eingebunden ist. Ziel ist, aus sozialpsychologischer Perspektive das Verhältnis von Mensch und Arbeitssituation zu verstehen. Dementsprechend lautet der ursprüngliche Projekttitel »Arbeitserfahrung und Bewusstseinsbildung – eine sozialpsychologische Untersuchung über die subjektive Bedeutung der Arbeit in sozialen Problemsituationen«. Die für ein qualitatives Vorgehen typische Situationsabhängigkeit manifestiert sich in dieser Einzelfallstudie eines Unternehmens der Unterhaltungselektronikbranche in der Untersuchung der Arbeitsbedingungen unterschiedlicher Statusgruppen angesichts einer Beschäftigungskrise, die wiederum zurückgeht auf umfassende Rationalisierungs- und Automatisierungs maßnahmen zu Beginn der achtziger Jahre. »Denn ein wesentliches, mit dem Humanisierungsanspruch verbundenes Forschungsinteresse bestand darin zu untersuchen, wie die Arbeitenden mit solchen Gefährdungen ihrer beruflichen und sozialen Existenz umgehen und welche Handlungsmäglichkeiten und Chancen in ihrem Arbeitsbewusstsein und ihrer Praxis bestehen, einer menschenfeindlichen Technisierung der Arbeit im Interesse einer humanen Gestaltung der Arbeitsplätze und eines humanen Technikeinsatzes entgegegenzuwirken.« (S. 18)

Die Verf. verwenden einen theoretisch-methodischen Ansatz, der aus einer Verknüpfung von Phänomenologie, Ethnomethodologie, Psychoanalyse und der empirischen Sozialforschung der kritischen Theorie hervorgeht. Dies impliziert folgende Elemente des Forschungsprozesses: Eine weitgehende Aufhebung der Trennung von Forschungssubjekt und -objekt dadurch, dass die am Forschungsprozess Beteiligten auch an der Auswertung beteiligt sind; die tendenzielle Aufhebung der Trennung von Erhebung und Auswertung dadurch, dass diese Auswertungen im Laufe der Diskussionsprozesse stattfinden; eine hermeneutische Interpretation der Ergebnisse, die nach den subjektiven Wahrnehmungs-, Aneignungs-, und Bearbeitungsmustern der Beteiligten sucht und die Aufhebung der von Habermas postulierten Trennung von System und Lebenswelt, was letztendlich eine Konsequenz der o.g. Öffnung der Organisationsforschung für interne Umwelten darstellt. Schließlich beabsichtigen die Verf., aus einer kritischen Position heraus Vorgaben für eine weitere Humanisierung des Arbeitslebens zu erarbeiten.

›Betriebliche Lebenswelt‹ entspricht in seiner Struktur nicht der klassischen Einteilung der Darstellung von Forschungsergebnissen. Im Zentrum steht die Darstellung des Forschungsprozesses. Hierbei werden Erhebungs- und Auswertungsphase gleichgewichtig behandelt. Am Ende des Buches finden sich methodologische Anmerkungen zur Vorgehensweise. Um eine Vergleichbarkeit der Aussagen der einzelnen betrieblichen Statusgruppen zu gewährleisten wurden aus den Erhebungsprotokollen zwei Themenkomplexe herausgearbeitet. Die Er-

lebnisperspektive der jeweiligen Gruppe beinhaltet die subjektive Bedeutung der Arbeit und Vorstellung von der Zukunft der Arbeit in dem jeweiligen Bereich. Im zweiten Themenkomplex geht es um potenzielle Verbesserungen der Arbeit, dafür werden Humanisierungsbarrieren und Humanisierungsbedürfnisse der Mitglieder der jeweiligen Statusgruppen ermittelt. Wesentliche Spannungen ergeben sich vor allem aus den subjektiven Bedürfnissen und den betrieblichen Vorgaben. Sei es bei den Vorgesetzten in der Fertigung das professionelle Selbstverständnis, das auf die Erwartungen von Seiten der Geschäftsführung und die spezifischen Widerstände von Seiten der Untergebenen prallt, sei es bei den Facharbeitern die teilweise Unvereinbarkeit ihres ganzheitlichen Selbstbildes und der partialisierten Erfordernisse der Massenproduktion oder sei es bei den Ungelernten der Konflikt zwischen dem Bedürfnis nach Teilhabe an der Erwerbsarbeit und den Arbeitsbedingungen am Band, die zum Teil menschliche Grundbedürfnisse verletzen. Was die Humanisierungsbedürfnisse und -barrieren betrifft, so werden die sozialen Strukturen im Unternehmen kaum berührt. Allein die Vorgesetzten in der Fertigung thematisieren die Notwendigkeit eines Wandels der Interaktion mit der Geschäftsführung. Die Facharbeiter warnen vor zu viel Formalisierung und Standardisierung, beharren jedoch auf ihrer betrieblichen Position und fordern Erleichterungen für die KollegInnen am Fließband, ohne eine Überwindung dieser Arbeitsorganisation zu fordern. Bei den Ungelernten schließlich dominiert die Angst, entlassen zu werden, die eigenen Unzufriedenheiten und Spannungen. Am Ende bleiben Verbesserungsvorschläge im Hinblick auf den Arbeitsplatz und der zaghaft geäußerte Wunsch nach mehr Kompetenzen.
Diese Arbeit stellt nicht nur einen wichtigen Baustein des Projektes ›Humanisierung der Arbeitswelt‹ dar, sondern kann darüber hinaus als Beginn einer erfolgreichen Wiederbelebung der betrieblichen Ethno- bzw. Soziographie verstanden werden, die u.a. auf Paul F. Lazarsfeld und Marie Jahoda zurückgeht.

Weiterführende Literatur:

Volmerg, B./Senghaas-Knobloch, E.: Technikgestaltung und Verantwortung. Bausteine für eine neue Praxis. Opladen 1992.

Birgit Blättel-Mink

Weber, Max
Wirtschaft und Gesellschaft. Grundriss der verstehenden Soziologie. 1. Auflage Tübingen 1922, X, 840 S., 5., revidierte Auflage Tübingen 1990, XXXIII, 945 S.

Das Werk zählt zweifellos zu einem der Hauptwerke der Soziologie schlechthin. Neben Themen der Wirtschaftssoziologie kommen auch Themen der Religions-, Rechts-, Politischen Soziologie, Soziologie der sozialen und politischen Gemeinschaften und ein Abriss der soziologischen Grundbegriffe zur Sprache. Für die Auffassung, dass es sich um ein Werk zur allgemeinen Soziologie handelt, sprechen auch die ungeheuren Stoffmassen, die darin verarbeitet wurden, und der Versuch des Verf., die Ergebnisse seiner breit angelegten, universalhistorischen Untersuchungen zusammenzufassen. Allerdings war es gar nicht seine Absicht gewesen, eine solche allgemeine Soziologie zu verfassen, sondern die Zusammenhänge zwischen den für die moderne Kultur bedeutsamen Wirtschaftsphänomenen und den maßgeblichen gesellschaftlichen Institutionen (Recht, Religion, Herrschaft) systematisch auszuleuchten. Das ist mehr als eine Wirtschaftssoziologie, wenngleich sein Interesse an Wirtschaftsfragen immer einen zentralen Rang in seinen Arbeiten einnahm.
Das Werk ist in zwei Halbbände gegliedert, dessen erster Teil – die soziologische Kategorienlehre (ein posthum eingeführter Titel) – die soziologischen Grundbegriffe, die soziologischen Kategorien des Wirtschaftens (Kapitel II), die Typen der Herrschaft (Kapitel III) und Stände und Klassen (Kapitel IV) umfassen. Der zweite Teil (Die Wirtschaft und die gesellschaftlichen Ordnungen und Mächte) umfasst sechs Kapitel, wovon nur zwei (Kapitel II und VI) der Wirtschaftssoziologie zuzurechnen sind. Die restlichen Kapitel sind Abhandlungen zur Rechtssoziologie (Kapitel I), in denen grundlegende Begriffsbildungen geklärt werden: Unterscheidungen zwischen einem soziologischen und juristischen Rechtsbegriff, das Verhältnis von Recht und außerrechtlichen Normen (Sitte, Konvention)

und die allgemeine Bestimmung des Verhältnisses von Wirtschaft und Recht. Weiterhin folgt ein Kapitel über Familie und deren Beziehung zur Wirtschaft (Kapitel III), in dem die ökonomischen Grundlagen des Zusammenlebens in der Familie erschlossen werden (Hausgemeinschaft, Nachbarschaft, Sippe, Erbrecht, Auflösung der Hausgemeinschaft). Kapitel IV widmet sich der Ethnosoziologie mit besonderer Betonung des ethnischen Gemeinsamkeitsglaubens und der Herausbildung politischer Gemeinschaften (Rasse, Stamm, Volk und Nation). Kapitel V behandelt die Typen religiöser Vergemeinschaftung mit der besonderen Stellung des Propheten und der Gemeinde bzw. den Trägergruppen des heiligen Wissens. Es enthält auch eine Kurzfassung der in den Weber-Studien zur Wirtschaftsethik der Weltreligionen bedeutsamen Theodizee-Problematik und der darin aufscheinenden Spannung zwischen Religion und Welt bzw. des Einflusses der Erlösungswege auf die Lebensführung. Im zweiten Halbband werden noch einmal Themen der Rechtssoziologie (Kapitel VII), der politischen Gemeinschaften (Kapitel VIII), der Herrschaftssoziologie mit den Unterthemen Herrschaft durch Organisation, patrimoniale, hierokratische und charismatische Herrschaft und deren Veralltäglichung abgehandelt. Weiterhin folgt eine berühmte Studie zur nicht-legitimen Herrschaft mit ihrer Typologie der Städtebildung. Abgeschlossen wird das Werk durch Webers Staatssoziologie, d.h. die Analyse des rationalen Staates als anstaltsmäßigem Herrschaftsverband mit dem Monopol legitimer Gewaltsamkeit, bürokratischer Verwaltung, Parteienorganisation und modernem Parlamentarismus.
Man kann die Fülle der angesprochenen Themen hier auch nicht annähernd skizzieren. Für die Organisationssoziologie bedeutsam geworden ist die Analyse der legal-bürokratischen Herrschaft, also der sachbezogenen, entpersönlichten, betrieblichen Organisation als Voraussetzung für jedes Gebilde größerer Ordnung. Legitim ist diese Herrschaft wegen des absichtsvoll gesetzten Regelsystems, der Widerspruchsfreiheit, tendenziellen Lückenlosigkeit und damit Berechenbarkeit statt Willkür. Da die Allgemeinheit des Gesetzes im Zusammenhang mit Gerechtigkeit steht, ist die rationalisierte Machtausübung, etwa durch hauptberufliche Beamte, zugleich Garantie für Befehlsgehorsam. Vielfach wurde dagegengehalten, dass

die Regel nicht nur der besseren Abwägung von Zwecken und Mitteln diene, sondern die Tendenz habe, zum Selbstzweck zu werden. Als nachteilig erwies sich in der Organisationstheorie die Tatsache, dass die wirtschaftliche Betrachtung von den anderen Aspekten des Weberschen Denkens getrennt wurde. Das war vor allen Dingen in der amerikanischen Rezeption des Verf. lange Zeit der Fall. Auf diese Weise wurde übersehen, dass sich wirtschaftliches und politisches Handeln in Wirklichkeit überschneiden, dass es sich bei der bürokratischen Herrschaft nur um einen Idealtypus handelt und dass bürokratische Herrschaft ein typisches Kennzeichen moderner Gesellschaften insgesamt ist, die zwar eine Welt der wissenschaftlichen Rationalisierung, der effizienten Entscheidung, der rechtlichen Kontrolle, zugleich aber auch eine solche der Entzauberung, Verrechtlichung, Entpersönlichung und Entfremdung ist. Deswegen setzt er auch auf das Engagement der Gewissensentscheidung sowie auf die Entschlusskraft, den Mut zu Neuerungen und die Fähigkeit, Engagement zu wekken und Gehorsam zu finden, wie sie vom charismatischen Führungstypus ausgehen.

Weiterführende Literatur:

Aron, R.: Hauptströmungen des soziologischen Denkens. Bd. II. Köln 1971; Bendix, R.: Max Weber – Das Werk: Darstellung, Analyse, Ergebnisse. München 1964; Bogner, A.: Zivilisation und Rationalisierung. Die Zivilisationstheorien Max Webers, Norbert Elias' und der Frankfurter Schule im Vergleich. Opladen 1989; Kaesler, D.: Einführung in das Werk Max Webers. München 1979.

Robert Hettlage

Weick, Karl Edward
The Social Psychology of Organizing. 1. Auflage Reading, Mass. 1969, VI, 121 S., 2. Auflage, 1979, IX, 294 S. Aus dem Amerikanischen übersetzt von Gerhard Hauck: Der Prozeß des Organisierens. Frankfurt/M. 1985, 412 S., 2. Auflage 1995, 411 S.
Weick, Karl Edward
Sensemaking in Organizations. Thousand Oaks usw. 1995, XII, 231 S.

Die Arbeiten zeichnen sich dadurch aus, dass sie wichtige Einsichten der Kognitionspsychologie für eine Theorie evolutionären Wandels von und in Organisationen fruchtbar machen. Der Verf. beschreibt die Evolution kollektiver kognitiver Schemata, die in organisierten Kontexten zur Bedeutungsgenerierung herangezogen werden. Er geht davon aus, dass nicht nur Kognition soziales Handeln bestimmen kann, sondern dass auch umgekehrt »Handlung Erkenntnis definiert« (1985, S. 238), indem Handeln dem Wahrnehmen zeitlich vorangeht. Intentionalität wird sozialem Handeln damit zwar nicht grundsätzlich abgesprochen, der Fokus liegt jedoch auf den unreflektierten, routinisierten, für selbstverständlich gehaltenen Komponenten, durch die soziales Handeln überwiegend bestimmt ist. Dies bedeutet, von vertrauten Annahmen der Organisationstheorie Abschied zu nehmen. So stellt er in »Prozess des Organisierens« einleitend fest, dass Rationalitätszuschreibungen reine Beobachtungskategorien sind und kein Qualitätsmerkmal von Organisationen. In seiner Theorie spielt der Rationalitätsbegriff keine Rolle, in »Sensemaking in Organizations« kommt er gar nicht mehr vor. Ebenso distanziert er sich von gängigen Prämissen der Evolutionstheorie, etwa der Annahme, dass evolutionäre Selektion adaptiv erfolgt und verbesserte Umweltanpassungen prämiert und geht davon aus, dass evolutionäre Selektion »Anpassung ebenso wohl verhindern wie fördern kann« (1985, S. 186).

In »Prozeß des Organisierens« werden die evolutionstheoretischen Grundlagen der Organisationstheorie des Verf. ausgearbeitet. Sein Modell des Organisierens besteht aus den vier Elementen: 1. ökologischer Wandel (Veränderungen in der Umwelt), 2. Gestaltung (Variation), 3. Selektion (Sinnerzeugung) und 4. Retention (Gedächtnis), die zu Prozessen des Organisierens verbunden werden. Zwischen diesen Prozessen finden Rückkopplungen statt, und zwar zwischen Gestaltung und ökologischem Wandel, zwischen Retention und Selektion sowie zwischen Retention und Gestaltung. Das Hauptproblem formaler Organisationen besteht darin, Mehrdeutigkeit zu reduzieren. Auf die Reduktion von Mehrdeutigkeit konzentrieren sich Prozesse des Organisierens. *Ökologischer Wandel*: Ökologische Veränderungen sind Unterschiede, die einen Unterschied machen und Mehrdeutigkeit produzieren. Mehrdeu-

tige Ereignisse im Erfahrungsbereich von Organisationsmitgliedern müssen von diesen gedeutet und mit Sinn belegt werden, um weiterverarbeitet werden zu können. Der Verf. begreift ökologische Veränderungen daher als gestaltbare Umwelten, die das ›Rohmaterial‹ liefern für Sinnerzeugungsprozesse. *Gestaltung*: Den evolutionstheoretischen Begriff der Variation ersetzt Weick durch den Begriff der Gestaltung. Damit verweist er auf den aktiven Part, den Organisationsmitglieder übernehmen bei der Konstruktion dessen, was als Umwelt der Organisation wahrgenommen wird. Im Gestaltungsprozess werden Umweltsegmente ausgewählt, mit denen eine Organisation sich weiter beschäftigen kann. Ob und wie sie das tut, wird im Selektionsprozess festgelegt. *Selektion*: Welche Variationen für die weitere Verwendung in Organisationen bestimmt werden, hängt in erster Linie von organisationalen Entscheidungsprämissen ab, die Kriterien der Selektion bereitstellen. Der Selektionsprozess umschließt die Phase der Sinnerzeugung, in der eine Verständigung über akzeptierbare Interpretationen ausgewählter Effekte eigenen Handelns herbeigeführt wird. *Retention*: Im Selektionsprozess erzeugter Sinn wird im Retentionsprozess als Wissen aufbewahrt, das in Form von Handlungsmustern zur Reduktion von Mehrdeutigkeit in künftigen Fällen herangezogen werden kann.
Die mikrotheoretische Fundierung des für Organisierungsprozesse zentralen Konstrukts der Sinnerzeugung arbeitet der Verf. in »Sensemaking in Organizations« aus. Erkenntnistheoretischer Ausgangspunkt ist der kognitionsorientierte Konstruktivismus, der in handlungstheoretisch-interpretativer Perspektive zur Beschreibung evolutionärer Prozesse organisationalen Wandels herangezogen wird. Anders als rationalistische Organisationstheorien vertritt er die Auffassung, dass Sinnerzeugung überwiegend retrospektiv erfolgt: Handlungen und Ereignisse werden nachträglich mit Sinn belegt. Diesen Gedanken illustriert sein programmatischer Satz: »Wie kann ich wissen, was ich denke, bevor ich sehe, was ich sage?«. Das Konstrukt der Sinnerzeugung gewinnt seine Profilierung in Auseinandersetzung mit dem Interpretationsbegriff. Der Interpretationsbegriff ist mit der Konnotation belegt, dass in der Welt Interpretationsangebote vorrätig sind, die es zu entdecken gilt. Interpretieren bezeichnet den Vorgang, der die

in der Welt vorhandene Bedeutung eines Textes erschließt. Ebenso scheint ihm der Interpretationsbegriff zu statisch, weil er auch ein Produkt, das Interpretierte, meinen kann. Davon unterscheidet sich der Begriff des Sinnerzeugung, den der Verf. für geeigneter hält, um den Prozesscharakter der kontinuierlichen Hervorbringung von Realität zu beschreiben. Sinnerzeugung betont die aktive Generierung von Sinn, die nicht schon in den Gegenständen enthalten ist. Im Unterschied zum Entdeckungsvorgang des Interpretierens kommt Sinnerzeugung eher dem Erfinden gleich. Sinnerzeugung akzentuiert der Interpretation vorgelagerte Konstruktionsprozesse. Der Verf. gibt den Interpretationsbegriff also keineswegs auf, sondern behandelt ihn als Teil von Sinnerzeugung, die beides umfasst: »creation as well as discovery« (1995, S. 8).

Kritisch bleibt anzumerken, dass die Weicksche Theorie das Gestaltungspotential institutioneller Umwelten systematisch unterbewertet. Aus Sicht der fokalen Organisation beschreibt er das Verhältnis von Organisationen zu ihren Umwelten als gestaltbares, wobei die radikale Binnenperspektive auf jede Spezifikation relevanter Umwelten verzichtet. Damit wird einiges an Erklärungspotential verschenkt, und zwar sowohl in Bezug auf eine nähere Bestimmung kognitiver Prozesse als auch im Hinblick auf eine theoretische Reflexion gestaltender Umwelten. Ein zweiter Kritikpunkt betrifft nicht nur den Verf., sondern mit ihm weite Teile der kognitionsorientierten Organisationstheorie. Er bezieht sich auf die Frage, wie der theoretische Status kultureller kognitiver Schemata organisationssoziologisch zu verorten ist. Damit ist das ungeklärte Verhältnis von individueller und organisationaler Ebene angesprochen, das die Organisationstheorie bislang nicht überzeugend zu konzeptualisieren vermochte. Dieses Problem bleibt ungelöst, weil er an theorietechnisch entscheidender Stelle nicht konsequent soziologisch argumentiert. In seinen Arbeiten bleibt der Psychologe erkennbar, der den radikalen Schritt zu einer soziologischen Kommunikationstheorie nicht tut. Bezugspunkt organisierten Handelns der Weickschen Organisationstheorie ist der ›Mensch‹, nicht soziale Kommunikation.

Weick gehört zu den exponiertesten Vertretern der interpretativen Organisationstheorie. Sein Werk umfasst neben den besprochenen Büchern eine Vielzahl von Aufsätzen, in denen er Prozesse retrospektiver Sinnerzeugung und deren Einbettung in organisiertes Verhalten empirisch untersucht. Wichtig zu erwähnen ist sein frühes Konzept des ›loose coupling‹, das in der Organisationstheorie breit rezipiert wurde.

Petra Hiller

Westerlund, Gunnar/Sjöstrand, Sven-Erik
Organisationsmythen. Stuttgart 1981, 217 S.

Das Buch ist unverwechselbar in der langen Reihe praxisnaher organisationspsychologischer und organisationssoziologischer Literatur. Nicht nur im Stil, sondern auch im Durchdringungsgrad theoretischer und deswegen praxisrelevanter Fragen ragt es aus dem Allerlei der Organisationsberaterliteratur hervor.

Die Verf. setzen am Begriff des Mythos an und verwenden diesen für klassische organisationstheoretische Begriffe und Konstrukte, denen sie Antimythen entgegensetzen. Dadurch entsteht ein brisantes und amüsantes Wechselspiel, in dem manche Mauer der Selbstverständlichkeit durchbrochen wird. In einer Argumentationskette handeln sie die von Praxis und Theorie gerne gepflegten Mythen von System, Ziel, Optimierung, Strategie, Information, Wandel, Rationalität, Entscheidung und Hierarchie umfassend ab. Sie suchen ihren Ausgangspunkt in der Auseinandersetzung mit der System- und Kontingenztheorie der Organisation. Es sei eine Illusion, dass ein Betrachter das ganze System von außen betrachten könne; eine Schwierigkeit bereits bei der Bestimmung der Organisationsgrenze. »Vielleicht sollten wir Organisationen nicht länger als klar unterscheidbare Einheiten in der Gesellschaft beschreiben, sondern sie vielmehr als Verdichtungen menschlicher Aktivitäten (ohne deutliche Grenzen) betrachten.« (S. 49). Diese Verdichtungen sind nun ihres Erachtens auch nicht dazu da, um Ziele zu erreichen, wie ein weiterer Mythos uns denken lässt. Ziele sind in der Organisation weitgehend unbestimmt und kaum von den Mitteln der Zielereichung zu trennen. Vielmehr sehen sie Organisationen durch ein vielfälti-

ges Zielgemisch gekennzeichnet, aus dem selektiv Teilziele je nach Situation und Interesse besonders betont werden.
Daran anschließend geraten auch die Vorstellungen von Optimierung und Strategie ins Kreuzfeuer ihrer Kritik. Ebenso wie die erreichte Befriedigung bei der Wahl einer Alternative oft eher ein Zeichen von Müdigkeit ist, weil die weitere Suche entweder zu lange dauert oder zu viel kostet, sind auch die im Strategiebegriff verbundenen Vorstellungen von Kalkulierbarkeit und Langfristigkeit in der Realität der Organisation kaum einzulösen. Entsprechend wird auch die Vorstellung des Chefs in der Hierarchie, der als Visionär seiner Organisation den Weg weist, ad absurdum geführt. Oder, in den Worten der Verf. ausgedrückt, »Wir meinen [...], daß die Kunststücke, die der Boss mit seinem Surfbrett hoch auf der Woge vorführt, zwar seinen Sturz verhindern oder verzögern können. Den weiteren Verlauf der Woge vermögen sie aber höchstwahrscheinlich nicht zu beeinflussen. Manager führen gewisse Kunststückchen vor, dafür wird ihnen manchmal Ap-plaus zuteil. Ebenso oft werden sie aber übersehen oder kritisiert. Manager surfen, Strategen sind sie nicht.« (S. 163). Vor diesem Hintergrund ist organisatorischer Wandel selten geplanter Wandel, sondern Veränderungen in Organisationen finden kontinuierlich an allen Stellen und in den meisten Situationen statt. Deswegen sind sie auch immer multirational, und Rationalität ist nicht viel mehr als eine Ehrenbezeugung für diejenigen, die nach Maßgabe der Bewertenden handeln.
Das Werk setzte eine zuvor schon in der Chicagoer Schule von Simon/March (→) und Meyer/Rowan (→) begründete Tradition der deskriptiven, praxisnahen Organisationsanalyse fort, die sich nicht an den Rationalitätsfassaden von Theorie und Praxis aufhält, sondern beansprucht, hinter diese und auf das wirkliche Geschehen zu blicken. Der entscheidende Fortschritt dieser Arbeiten liegt in der systematischen Scheidung von jenem, was Akteure und Organisationen als Legitimitätsfassaden, Mythen oder funktionale Fiktionen für sich selbst und andere aufbauen, und dem, was ein Beobachter hinter den Rationalitätsversprechen der Organisation entdecken kann. Der auf diese Art und Weise bereits früh vollzogene Bruch mit allen präskriptiven Organisationstheorien wird auf einen programmatischen Punkt gebracht, der in der Tradition von

Weick hilft, die Organisationsberatung vom Kopf auf die Füße zu stellen. Der nachhaltige Effekt, den die Arbeit und andere entfalteten, lässt sich nicht nur an der derzeitigen Relevanz des Institutionalismus erkennen, sondern auch an einer ganzen Bandbreite von Arbeiten, die begonnen vom Ritual der Buchhaltung bis zur Investitionsrechnung heute auch die ›heiligen Kühe‹ der unternehmerischen Rationalität hinterfragen.

Markus Pohlmann

Whyte, William H. jr.
The Organization Man. New York 1956. Aus dem Amerikanischen übersetzt von George S. Martin: Herr und Opfer der Organisation. Düsseldorf 1958, 410 S.

Der Verf., z.Zt. der Abfassung des Manuskriptes seines Werkes Journalist beim ›Fortune‹, legt eine seinerzeit viel beachtete, Disziplingrenzen überschreitende Studie über mittlere und leitende Angestellte großer Organisationen vor. Seine Arbeit gehört in eine ganze Reihe von Untersuchungen, die sich in den fünfziger Jahren in den USA mit den, auch persönlichkeitsbezogenen, Folgen weit gehender Durchsetzung großer, formaler Organisationen befasst. Er behauptet die Entstehung eines neuen Typus von ›Gruppenmenschen‹, der sich den strukturellen Mechanismen dieser Organisationen angepasst hat und insofern eine ihr adäquate Persönlichkeitsstruktur ausbildet. Damit geht eine Erosion alter amerikanischer Handlungsorientierungen einher, die vor allem durch einen individualistischen Kalvinismus geprägt waren. Weit davon entfernt, etwa beklagend oder simplifizierend in eine Niedergangsrhetorik zu verfallen, analysiert der Verf. in geradezu ›dialektischer‹ Manier die neuen strukturellen Mechanismen. Er bezieht sich dabei nicht nur auf Großunternehmungen, sondern gleichfalls auf staatliche Verwaltungen, Hochschulen und Verbände.
Der neue ›Organization man‹ ist eingefangen in ein Dilemma von individualistischem und gruppenkonformistischem Dispositiv. In der Regel siegt der Zwang zur Einpassung in organisational etablierten Gruppennormen und -verhaltenswei-

sen. Aus diesem Spannungsverhältnis resultieren auf der Persönlichkeitsebene Neurosen, auf der Organisationsebene die Unterdrückung von besonders herausragenden Kompetenzen, auf der Gesellschaftsebene eine Verminderung von Innovationen sowie eine Homogenisierung von Arbeits- und Lebenszusammenhängen. Unterstützt wird dies durch Prozesse der Verwissenschaftlichung, auch und gerade bezüglich der Gestaltung und Führung von Organisationen, die zu einem Methodenmonismus führt, der keine Abweichung toleriert. Beipiele dafür sind die Personalauswahlverfahren und Führungstheorien. Das Problem dieses ›Scientismus‹ liegt nach Whyte – im Gegensatz zu vielen anderen Gesellschaftskritikern – gerade nicht darin, dass diese ›wissenschaftlichen‹ Methoden funktionieren, sondern darin, dass sie nicht funktionieren, gleichwohl aber in erheblicher Weise (nicht intendierte) Wirkungen auf die Gesellschaft erzeugen, wozu außer den oben bereits genannten Folgen auch Zwänge in Richtung auf Übereinstimmung, Zugehörigkeit zu Gruppen, soziale Schließungen und Neigung zur Unterwerfung unter formale Autoritäten gehören.

In differenzierter Weise untersucht der Verf. die ›Ausbildung zum Gruppenmenschen und Bürokraten‹ vor allem in Schulen und Universitäten, die Widersprüchlichkeiten industrieller Einflussnahme auf diese Prozesse, Tendenzen zur Verbetrieblichung auch der Hochschulen, Selektionsprozesse im Übergang zur Organisationsmitgliedschaft. Er beschränkt sich aber nicht nur auf die Persönlichkeits- und die Organisationsebenen, sondern geht den Konstitutionsprozessen des modernen Bürokraten auch im Bereich von Wohnen und Konsum nach. Er untersucht typische Vorstadtstrukturen mit den dortigen gruppenhaften Milieus, den Netzen der Freundschaft sowie die neue Orientierung zum ›unauffälligen Konsum‹ (als Gegenthese zu Veblen), einer Konsumhaltung, die auf Einpassung in ein mittleres Niveau von Lebenshaltung in Relation zu den Bezugshaushalten aus ist – auch hier also Prozesse der Definition der eigenen Person als Teil einer homogenen Gruppe. Das Buch endet mit einer Anleitung, ›wie man bei Persönlichkeitstesten schwindelt‹.

So viel Aufmerksamkeit das Werk seinerzeit auch auf sich zog, so vergessen ist es heute. Dies liegt weniger an einer mangelnden Aktualität (man lese nur einmal die Kapitel über die Hochschulen!) als wohl eher daran, dass die Sozialwissenschaften vom Vergessen leben; denn vieles von dem, was heute als neue Erkenntnis auf dem Wissenschaftsmarkt angeboten wird, ist schon längst vor noch gar nicht so langer Zeit formuliert worden. Dies gilt auch für Arbeiten wie die von Richard Sennett (The Corrosion of Character, New York usw. 1998), bei dem Whyte nicht einmal vorkommt!

Klaus Türk

Williamson, Oliver E.
The Economic Institutions of Capitalism. Firms, Markets, Relational Contracting. New York 1985, XIV, 450 S. Aus dem Amerikanischen übersetzt von Monika Streissler: Die ökonomischen Institutionen des Kapitalismus. Unternehmen, Märkte, Kooperationen. Tübingen 1990, XV, 382 S.
Williamson, Oliver E.
The Economics of Organization: The Transaction Cost Approach. In: American Journal of Sociology 87 (3), 1982, S. 548-577.

Aufbauend auf früheren institutionenökonomischen Arbeiten expliziert der Verf. in diesen Veröffentlichungen eine Theorie, welche verschiedene Institutionen kapitalistischer Wirtschaftssysteme erklären soll. Die zentrale These lautet, dass diese Institutionen vor allem die Funktion und den Effekt haben, die bei der Anbahnung, Vereinbarung und Abwicklung von Austauschprozessen entstehenden Transaktionskosten zu minimieren. Seine deshalb so genannte Transaktionskostentheorie zielt darauf, zu bestimmen, welche Arten von Transaktionen (die sich in bestimmten kostenrelevanten Charakteristika unterscheiden) in welchen vertraglich fixierten institutionellen Arrangements (die sich ebenfalls hinsichtlich verschiedener kostenrelevanter Charakteristika unterscheiden) relativ am kostengünstigsten abgewickelt und organisiert werden können. Im Gegensatz zu früheren Ansätzen, welche ökonomische Institutionen z.B. aus Klasseninteressen, technologischen Gegebenheiten oder Monopolinteressen erklären woll-

ten, legt die Transaktionskostentheorie analytisch damit eine vertragstheoretische, mikro-ökonomische Perspektive an, welche die einzelne Transaktion und ihre institutionelle Abwicklung in das Zentrum der Betrachtung rückt.
In einem Prolog legt der Verf. zunächst offen, welche historischen Ahnen in der Ökonomie, im Recht und in der Organisationsforschung seine Denkweise geprägt haben. In den ersten drei Kapiteln seines Buches führt er nacheinander die drei Grundbausteine seiner Theorie ein und zeigt jeweils die Gemeinsamkeiten und Unterschiede seiner Sichtweise zu anderen auf. Kapitel 1 entwickelt die Konzepte der Transaktion und Transaktionskosten. Kapitel 2 führt die zentralen Erklärungsvariablen der Transaktionskostentheorie ein: zwei Verhaltensannahmen (Wirtschaftssubjekte handeln erstens begrenzt rational sowie zweitens eigeninteressiert und opportunistisch) und drei Charakteristika der abzuwickelnden Transaktion (das Ausmaß, in dem sie mit spezifischen Investitionen und Unsicherheit verbunden ist sowie die Häufigkeit, in der sie erfolgt). Ausgehend von Macneils Typologisierung von Vertragsformen diskutiert Kapitel 3 drei institutionelle Grundformen der vertraglichen Gestaltung von Transaktionsbeziehungen: klassische Vertragsbeziehungen marktlichen Austausches, neoklassische langfristigere Verträge mit Sicherungsklauseln sowie relationale Verträge, wie sie etwa die Austauschbeziehungen in Organisationen regulieren, welche nicht mehr nur auf die einzelne Transaktion zielen, sondern die gesamte (auch soziale) Beziehung zwischen den Transaktionspartnern einbeziehen. Der Verf. begründet in diesen Kapiteln, warum marktliche Austauschbeziehungen das vorteilhafteste institutionelle Arrangement für solche Transaktionen darstellen, die nicht mit transaktionsspezifischen Investitionen verbunden sind, und warum mit zunehmenden Ausmaß transaktionsspezifischer Investitionen und zunehmender Unsicherheit dann langfristige Verträge mit Sicherungsklauseln, bei hohem Niveau transaktionsspezifischer Investitionen schließlich die organisationsinterne Leistungserstellung, vorteilhaft werden. Kapitel 4 bis 8 vertiefen und differenzieren die zuvor postulierten theoretischen Zusammenhänge. Kapitel 4 und 5 diskutieren das paradigmatische Kernproblem der Transaktionskostentheorie, die Entscheidung über Eigen- oder Fremd-

erstellung von Leistungen. Kapitel 6 bietet mit dem Hinweis auf Anreizdefizite und Bürokratiekosten eine Antwort auf die Frage von Coase nach den Grenzen der Internalisierung von Transaktionen. Kapitel 7 und 8 zeigen auf, dass wechselseitige spezifische Investitionen der Transaktionspartner eine effiziente Alternative zur Integration von Leistungsbeziehungen darstellen können. Kapitel 9 bis 13 wenden das analytische Instrumentarium der Transaktionskostentheorie beispielhaft auf die Erklärung verschiedener Institutionen kapitalistischer Wirtschaftssysteme an, um die Tragfähigkeit und Allgemeinheit der Theorie zu demonstrieren und sie mit konkurrierenden Erklärungsmustern zu vergleichen. Williamson diskutiert in diesen Kapiteln hierarchische Weisungsbeziehungen, interne Arbeitsmärkte, die Diversifizierung und Divisionalisierung von Unternehmungen, Unternehmensverfassungen sowie Franchisesysteme. Kapitel 14 zeigt Implikationen auf, welche aus der Transaktionskostentheorie für eine effiziente Gestaltung staatlicher Wettbewerbspolitik abgeleitet werden können, insbesondere für die Behandlung von Kartellen und vermeintlich wettbewerbsbeschränkender vertraglicher Vereinbarungen zwischen Unternehmungen. Das Schlusskapitel fasst die Kernthesen der Transaktionskostentheorie nochmals zusammen, zeigt Grenzen der Theorie auf und identifiziert zukünftigen Forschungsbedarf.
Williamsons Thesen haben eine enorme Wirkung entfaltet. Die Transaktionskostentheorie zählt heute zu den dominanten Ansätzen der Organisationsforschung. Sie hat dort, aber auch in anderen Fachgebieten wie dem Marketing, der Finanzierung und der Politikwissenschaft, eine sehr große Zahl empirischer Untersuchungen angeregt, welche die Kernaussagen der Theorie im Grossen und Ganzen bestätigen. Zugleich ist die Theorie aber auch einer Reihe von Kritiken ausgesetzt, die sich insbesondere auf die vereinfachenden Annahmen beziehen (vgl. Ebers/Gotsch 1999).

Weiterführende Literatur:

Coase, R.H.: The Nature of the Firm. In: Economica 4, 1937, S. 386-405; Coase, R.H.: The Problem of Social Cost. In: Journal of Law and Economics 3, 1960, S. 1-44; Commons, J.R.: Institutional Economics. Madison, WI, 1937; Ebers, M./Gotsch, W.: Institutionenökonomische Theorien der Organisation. In: Kieser, A. (Hrsg.): Organisationstheorien. 3. Aufl., Stuttgart 1999; Klein, B./Crawford, R.G./Alchian, A.A.: Vertical Integration, Appropriable Rents and the Competitive Contracting Process. In: Journal of Law and Economics 21, 1978, S. 297-326; MacNeil, I.R.: The Many Futures of Contracts. In: Southern California Law Review 47, 1974, S. 691-816; MacNeil, I.R.: Contracts: Adjustments of Longterm Economic Relations under Classical, Neoclassical and Relational Contract Law. In: Northwestern University Law Review 72, 1978, S. 854-905; Williamson, O.E.: Markets and Hierarchies. Analysis and Antitrust Implications. New York 1975.

Mark Ebers

Woodward, Joan
Industrial Organization. Theory and Practice. 1. Auflage London 1965, 281 S., 2. Auflage Oxford 1994, XL, 281 S.

Das Werk wird zu den Klassikern innerhalb der Theorien der Organisation gezählt. Wie schon der Untertitel ihres Buches deutlich macht, haben wir es hier weder mit einer allgemeinen akademischen Abhandlung noch einem rein empirischen Forschungsbericht zu tun. Vielmehr sollten insbesondere Managern Handlungsempfehlungen mit auf den Weg gegeben werden, wie sie ihren Betrieb ausgehend von bestimmten situativen Bedingungen erfolgreicher gestalten können. Im Unterschied zu den bis in die fünfziger Jahre vorherrschenden Managementkonzepten, die nach allgemein gültigen Organisationsprinzipien suchten und diese als ›one best way‹ propagierten, wurde hier der Versuch unternommen, der spezifischen betrieblichen Ausgangslage ein stärkeres Gewicht anhand einer empirisch-vergleichenden Studie zu geben. Zwar wird auch hier, anknüpfend an die klassische Managementlehre von Fayol (→), Taylor (→) oder Weber (→), immer noch angenommen, dass die formale Organisationsstruktur einen großen Einfluss auf die Effizienz und damit den Erfolg von Unternehmen hat. Im Zentrum der Arbeit steht jedoch die Frage, welche situativen Faktoren für die Varianz von Organisationsstrukturen verantwortlich sind. Im Unterschied zu anderen, ungefähr zur selben Zeit und in Folge durchgeführten, empirischen Analysen, welche die Dynamik der Marktumwelt

(Burns/Stalker →) oder die Größe von Organisationen (Pugh/ Hickson →) als die entscheidenden strukturbildenden situativen Merkmale ausmachten, untersuchte Woodward den Einfluss von Unterschieden in den primär angewandten Fertigungssystemen auf die Struktur einer Organisation.
Mitte der fünfziger Jahre führte die Verf. mit ihrer Forschergruppe eine empirische Erhebung in ca. 100 mittelenglischen Industriebetrieben mit mehr als 100 Mitarbeitern durch. Im ersten Teil der Studie werden die generellen Trends der quantitativen Untersuchung vorgestellt, die im zweiten Teil durch vertiefende qualitative Fallbeschreibungen erweitert werden. Der dritte und letzte Teil behandelt ergänzende und weiterführende konzeptionelle Überlegungen zu den empirischen Ergebnissen. Die Argumentation folgt der zentralen Fragestellung, inwieweit unterschiedliche Fertigungsverfahren, hier differenziert in Einzel- und Kleinserienfertigung, Großserien- und Massenfertigung sowie kontinuierliche Prozessfertigung, Einfluss auf die Ausgestaltung der internen Organisationsstruktur haben. Die Auswirkungen der Produktionstechnologie wurden anhand von verschiedenen organisationalen Strukturmerkmalen gemessen und diskutiert. Die empirischen Ergebnisse lassen sich anhand von vier Kernaussagen wie folgt zusammenfassen: Es wurde erstens festgestellt, dass die Anzahl der Managementebenen mit zunehmender Komplexität der eingesetzten Fertigungsart wächst. Zweitens konnte gezeigt werden, dass die Anzahl der von einem Manager geführten Mitarbeiter mit dem Grad der Automation sinkt. Damit verbunden wurde drittens eine drastische Verschiebung der Relation von arbeitsvorbereitenden und ausführenden Tätigkeiten festgestellt. War das Verhältnis von indirekten und direkten Arbeiten bei der Einzel- und Kleinserienfertigung noch 1:9 bzw. 1:4 in der Großserien- und Massenfertigung, so ergab sich für die Prozessfertigung ein Verhältnis von 1:1. Darüber hinaus konnte viertens gezeigt werden, dass die Kontrollspanne eines Werkstattmeisters in der Massenproduktion am höchsten ist. Diese Ergebnisse ließen die Verf. zu dem Schluss kommen, dass Unternehmen, die primär Massenfertigungstechnologien anwenden, dem Idealtypus der Weberschen Bürokratie am nächsten kommen. Im Kontrast dazu wurde jedoch nachgewiesen, dass sowohl Betriebe mit Ein-

zel- und Kleinserienfertigung als auch solche mit Prozessfertigung weniger bürokratisierte Verfahren und Regeln anwandten. Erstere, weil sie traditionell an den Formen der direkten und persönlichen Kontrolle durch den Vorgesetzten festhielten und letztere, weil durch den hohen Automationsgrad eher höher qualifizierte Spezialisten zum Einsatz kamen und mehr Freiräume für eigenverantwortliche Formen der Arbeitsorganisation entstanden waren. Obwohl sie in ihren Ausgangsüberlegungen folgend aufzeigen konnte, dass es keinen ›one best way‹ der Organisationsentwicklung gibt, machte sie dennoch darauf aufmerksam, dass erfolgreiche Unternehmen keine unterdurchschnittlichen Messwerte hinsichtlich ihrer Strukturmerkmale aufweisen dürfen, wenn sie mit einer bestimmten Fertigungstechnologie arbeiten. So lassen die Ergebnisse der Studie die Schlussfolgerung zu, dass es für Produzenten von Massenprodukten durchaus sinnvoll ist, wenn sie ihre Verfahren und Abläufe in einem höherem Maße bürokratisch gestalten als Unternehmen mit alternativen Produktionstechnologien. Hoch automatisierten Fertigungsunternehmen und Betrieben mit Einzel- und Kleinfertigung werden dagegen eher flexible und partizipative Formen der Organisationsgestaltung nahe gelegt.

Obwohl die Ergebnisse der Studie heute eher unspektakulär erscheinen mögen, war der von Woodward hergestellte Zusammenhang von Fertigungsverfahren, Organisationsstruktur und Erfolg damals durchaus innovativ und wurde auf vielfältige Weise sowohl in der empirischen Organisationsforschung als auch in der organisationstheoretischen Debatte aufgriffen und kritisch hinterfragt. In der aktuellen Debatte über neue Fertigungstechniken vertreten allerdings nur noch wenige Organisationsforscher die Meinung, dass der Einsatz bestimmter Fertigungstechniken organisatorische Strukturen und Prozesse determiniert. Neuere Studien zeigen vielmehr, dass der Einsatz von Technik in Unternehmen sowohl Gestaltungskorridore und Handlungsalternativen eröffnen als auch verriegeln kann. Anders als in Woodwards Analyse werden die Entstehung und der Einsatz von Fertigungstechnologien nicht als objektiv gegeben, sondern als interaktiver und mikropolitischer Prozess verstanden.

Mike Geppert

Zucker, Lynne G.
Organizations as Institutions. In: Bacharach, Samuel B. (Hrsg.): Research in the Sociology of Organizations. Vol. 2. Greenwich, Conn. usw. 1983, S. 1-47.

In modernen westlichen Industriegesellschaften lässt sich ein Institutionalisierungsprozess der Koordinationsform ›Organisation‹ nachweisen. Darunter versteht die Verf. Strukturen der Koordination von Handlungen, die sich vor allem durch einen hohen Formalisierungsgrad und durch Positionen auszeichnen, die jenseits persönlicher Merkmale angesiedelt sind, d.h. Menschen sind austauschbar. Diese Koordinationsform steht vor allem im Gegensatz zu dem sozialen Muster Familie und Verwandtschaft, das in vorindustriellen Gesellschaften dominiert. ›Organisationen als Institutionen‹ stehen, so die hier vertretene These, im Zentrum moderner Industriegesellschaften. Als solche wirken sie handlungsanleitend und weisen einen hohen Grad an Beharrung auf. Empirische Evidenzen für diese These findet sie vor allem im Bereich der Wirtschaft. So steigt im Laufe der Industrialisierung der Anteil an Aktiengesellschaften und sinkt der Anteil an Selbstständigen. Die Institutionalisierung der Organisation zeigt sich darin, dass vor allem im Produktionssektor alles organisierter wird und damit auch unpersönlicher.
Die Verf. verkehrt somit in ihrem Forschungsprogramm das weit verbreitete Verständnis des Verhältnisses von Organisation und Institution in sein Gegenteil. »The view that organizations are constrained by the larger institutional strucure will be delineated and compared with the view that organizations are themselves institutions.« (S. 3). Analytisch erweitert dies vor allem Ideen des kontingenztheoretischen Ansatzes in der Organisationsforschung um eine institutionalistische Perspektive. Statt einer mono-kausalen Beziehung wird eine Wechselwirkung zwischen Organisationen und institutionellen Umwelten konstatiert. (Formale) Organisationen ändern institutionelle Strukturen von Gesellschaften. Die verwendete Methode basiert auf historischen Untersuchungen und vergleichenden interkulturellen Analysen.

Birgit Blättel-Mink

Referentinnen und Referenten des Bandes

Bartölke, Klaus, Prof. Dr., Bergische Universität - GH Wuppertal, FB Wirtschaftswissenschaft, Studienschwerpunkt »Arbeit und Produktion«.

Becker, Albrecht, Dr., Freie Universität Berlin, FB Wirtschaftswissenschaft, Institut für Allgemeine Betriebswirtschaftslehre.

Beyer, Jürgen, Dr., Max-Planck-Institut für Gesellschaftsforschung, Köln.

Blaettel-Mink, Birgit, Dr., Universität Stuttgart, Lehrstuhl für Technik- und Umweltsoziologie, Abteilung für Soziologie II, Institut für Sozialwissenschaften.

Borchers, Uwe, Universität Bielefeld, Institut für Innovationstransfer IIT – future work.

Bosetzky, Horst, Prof. Dr., Fachhochschule für Verwaltung und Rechtspflege, Berlin.

Brentel, Helmut, PD Dr., Johann-Wolfgang-Goethe-Universität Frankfurt am Main, Fachbereich Gesellschaftswissenschaften, Institut für Gesellschafts- und Politikanalyse.

Bruch, Michael, Dr., Bergische Universität - GH Wuppertal, FB Gesellschaftswissenschaften, Professur für Soziologie, insb. Soziologie der Organisation.

Deger, Petra, Dr., Universität Regensburg, Philosophische Fakultät III, Institut für Soziologie.

Ebers, Mark, Prof. Dr., Universität Augsburg, Wirtschafts- und Sozialwissenschaftliche Fakultät, Lehrstuhl für Unternehmensführung und Organisation.

Edeling, Thomas, Prof. Dr., Universität Potsdam, Wirtschafts- und Sozialwissenschaftliche Fakultät, Professur für Organisations- und Verwaltungssoziologie.

Frese, Erich, Prof. Dr., Universität zu Köln, Seminar für Allgemeine Betriebswirtschaftslehre und Organisationslehre.

Frost, Jetta, Dr., Universität Zürich, Institut für betriebswirtschaftliche Forschung.

Geppert, Mike, Humboldt-Universität zu Berlin, Philosophische Fakultät III, Institut für Sozialwissenschaft, Soziologie der Arbeit und Geschlechterverhältnisse.

Graumann, Matthias, Dr., Universität zu Köln, Seminar fü Allgemeine Betriebswirtschaftslehre und Organisationslehre

Grieger, Jürgen, Dr., Bergische Universität - GH Wuppertal FB Wirtschaftswissenschaft.

Heidenescher, Mathias, Dr., Universität Bielefeld, Fakultät für Soziologie.

Hettlage, Robert, Prof. Dr. Dr., Universität Regensburg, Institut für Soziologie.

Hiller, Petra, Dr., Universität Bielefeld, Fakultät für Soziologie.

Holzer, Boris, London School of Economics and Political Science, Department of Sociology.

Japp, Klaus P., Prof. Dr., Universität Bielefeld, Fakultät für Soziologie.

Kassner, Karsten, Johann Wolfgang Goethe-Universität Frankfurt am Main, Fachbereich Gesellschaftswissenschaften, Institut für Gesellschafts- und Politikanalyse.

Kieserling, André, Dr., Ludwig-Maximilians-Universität München, Sozialwissenschaftliche Fakultät, Institut für Soziologie.

Koall, Iris, Bergische Universität - GH Wuppertal, FB Wirtschaftswissenschaft.

Leichthammer, Kerstin, Johann Wolfgang Goethe-Universität Frankfurt am Main, FB Gesellschaftswissenschaften, Institut für Gesellschafts- und Politikanalyse.

Lemke, Thomas, Dr., Bergische Universität - GH Wuppertal, FB Gesellschaftswissenschaften, Professur für Soziologie, insb. Soziologie der Organisation.

Lohr, Karin, Philosophische Fakultät III, Institut für Sozialwissenschaft, Soziologie der Arbeit und Geschlechterverhältnisse.

Maurer, Indre, Universität Augsburg, Wirtschafts- und Sozialwissenschaftliche Fakultät, Lehrstuhl für Unternehmensführung und Organisation.

Metz, Thomas, Dr., Universität Trier, FB IV Betriebswirtschaftslehre, Arbeit – Personal – Organisation.

Meyer, Margit, Prof. Dr., Justus-Maximilians-Universität Würzburg, Wirtschaftswissenschaftliche Fakultät, Betriebswirtschaftliches Institut, Lehrstuhl für Betriebswirtschaftslehre und Marketing.

Neuberger, Oswald, Prof. Dr., Universität Augsburg, Wirtschafts- und Sozialwissenschaftliche Fakultät, Lehrstuhl für Psychologie I.

Nollmann, Gerd, Dr., Westdeutscher Verlag GmbH, Wiesbaden.

Ortmann, Günther, Prof. Dr., Universität der Bundeswehr Hamburg, FB Wirtschafts- und Organisationswissenschaften, Professur für Allgemeine Betriebswirtschaftslehre.

Osterloh, Margit, Prof. Dr., Universität Zürich, Institut für betriebswirtschaftliche Forschung.

Pohlmann, Markus, Dr., Friedrich-Schiller-Universität Jena, Fakultät für Sozial- und Verhaltenswissenschaften, Institut für Soziologie, Arbeitsbereich Arbeits-, Industrie- und Wirtschaftssoziologie.

Reihlen, Markus, Dr., Universität zu Köln, Seminar für Allg. Betriebswirtschaftslehre, Betriebswirtschaftliche Planung und Logistik.

Rieger, Elmar, Dr., Universität Bremen, Zentrum für Sozialpolitik.

Sablowski, Thomas, Dr., Johann Wolfgang Goethe-Universität Frankfurt am Main, FB Gesellschaftswissenschaften, Wissenschaftliche Betriebseinheit Produktion/Sozialstruktur.

Schäfer, Monika, Bergische Universität - GH Wuppertal FB Gesellschaftswissenschaften, Professur für Soziologie, insb. Soziologie der Organisation.

Schirmer, Frank, Dr., Universität Hannover, Institut für Betriebsforschung, Abteilung Personal und Arbeit.

Schreyögg, Georg, Prof. Dr., Freie Universität Berlin, FB Wirtschaftswissenschaft, Institut für Management, LG Organisation und Führung.

Steffensen, Bernd, Dr., Universität Stuttgart, FB Geschichts-, Sozial- und Wirtschaftswissenschaften, Institut für Sozialwissenschaften.

Stracke, Stephan, Bergische Universität – GH Wuppertal, FB Gesellschaftswissenschaften, Professur für Soziologie, insb. Soziologie der Organisation.

Stuenzner, Lilia, Dr., Universität Trier, FB IV, Betriebswirtschaftslehre/Wirtschaftsinformatik.

Sydow, Jörg, Prof. Dr., Freie Universität Berlin, FB Wirtschaftswissenschaft, Institut für Allgemeine Betriebswirtschaftslehre.

Tacke, Veronika, Dr., Universität Bielefeld, Fakultät für Soziologie.

Tauchnitz, Thomas, Bergische Universität – GH Wuppertal, FB Gesellschaftswissenschaften, Professur für Soziologie, insb. Soziologie der Organisation.

Theuvsen, Ludwig, Dr., Universität zu Köln, Seminar für Allgemeine Betriebswirtschaftslehre und Organisationslehre.

Thom, Norbert, Prof. Dr., Universität Bern, Institut für Organisation und Personal.

Türk, Klaus, Prof. Dr., Bergische Universität - GH Wuppertal, FB Gesellschaftswissenschaften, Professur für Soziologie, insb. Soziologie der Organisation.

Vollmer, Hendrik, Universität Bielefeld, Fakultät für Soziologie.

Wachtler, Günther, Prof. Dr., Bergische Universität - GH Wuppertal, FB Gesellschaftswissenschaften, Professur für Soziologie/ Sozialpsychologie.

Wagner, Dieter, Prof. Dr., Universität Potsdam, Wirtschafts- und Sozialwissenschaftliche Fakultät, Lehrstuhl für Betriebswirtschaftslehre mit dem Schwerpunkt Organisation und Personalwesen.

Walgenbach, Peter, PD Dr., Universität Mannheim, Fakultät für Betriebswirtschaftslehre, Lehrstuhl für Allgemeine Betriebswirtschaftslehre und Organisation.

Wehrsig, Christoph, Dr., Universität Bielefeld, Fakultät für Soziologie.

Windeler, Arnold, Dr., Freie Universität Berlin, FB Wirtschaftswissenschaft, Institut für Allgemeine Betriebswirtschaftslehre.

Witt, Frank, Dr., Bergische Universität – GH Wuppertal, FB Wirtschaftswissenschaften, Betriebswirtschaftslehre.

Wolf, Harald, PD Dr., Universität – GH Kassel.

Woywode, Michael, Dr., Universität Mannheim, Fakultät für Betriebswirtschaftslehre, Lehrstuhl für Allgemeine Betriebswirtschaftslehre und Organisation.

Zick, Andreas, Dr., Bergische Universität – GH Wuppertal, FB Gesellschaftswissenschaften, Sozial- und Organisationspsychologie.